高等学校应用型本科金融学"十三五"规划教材

天津市级精品课程教材

# 金融学

## FINANCE

(第二版)

主　编　高晓燕　郭德友

中国金融出版社

责任编辑：王效端　张菊香
责任校对：刘　明
责任印制：陈晓川

## 图书在版编目（CIP）数据

金融学/高晓燕，郭德友主编．—2 版．—北京：中国金融出版社，2020.9
高等学校应用型本科金融学"十三五"规划教材
ISBN 978 – 7 – 5220 – 0645 – 1

Ⅰ．①金… Ⅱ．①高…②郭… Ⅲ．①金融学 Ⅳ．①F830

中国版本图书馆 CIP 数据核字（2020）第 099063 号

金融学（第二版）
JINRONGXUE（DI – ER BAN）

出版
发行　中国金融出版社

社址　北京市丰台区益泽路 2 号
市场开发部　（010）66024766，63805472，63439533（传真）
网 上 书 店　www.cfph.cn
　　　　　　（010）66024766，63372837（传真）
读者服务部　（010）66070833，62568380
邮编　100071
经销　新华书店
印刷　保利达印务有限公司
尺寸　185 毫米 × 260 毫米
印张　24.5
字数　550 千
版次　2017 年 3 月第 1 版　2020 年 9 月第 2 版
印次　2024 年 7 月第 4 次印刷
定价　54.00 元
ISBN 978 – 7 – 5220 – 0645 – 1
如出现印装错误本社负责调换　联系电话　（010）63263947
编辑部邮箱：jiaocaiyibu@126.com

# 前　言

金融学（Finance）是金融学科的主干课程，是经济学课程体系中必修的核心课程之一。金融学是以融通货币和货币资金的经济活动为研究对象，具体研究个人、机构、政府如何获取、支出、管理资金以及其他金融资产的学科，是从经济学中分化出来的学科。其核心内容是货币供给和需求、利率的决定以及对宏观金融经济现象的解释和相应的政策建议。

本书是一本创新型金融学教材，在体系结构方面整合了传统货币银行学与现代金融学的内容，反映金融理论与金融实践的发展，旨在构建"宽口径"和与时俱进的金融学知识体系。本教材分为四部分内容，第一部分为金融学基础知识，诠释货币、信用、利息的基本原理；第二部分为金融机构和市场，介绍金融机构的主要业务活动、基本管理原则，以及金融市场的功能、要素和分类；第三部分为货币理论与宏观调控，研究货币供应与需求、货币均衡、货币政策与宏观调控；第四部分讨论了金融风险、金融创新、我国金融改革与实践等问题。

在全球经济一体化的背景下，金融业的发展出现了下述三个方面的趋势：

一是金融业已进入新的全球化发展阶段：资金在全球流动，提高了资源配置效益；大规模高速度无序的资金流动可能会引发危机；资金流的规模和速度远远高于物流；全球大规模追逐利润；全球相互依赖性大大加强。二是银行业走向多元化，所提供的服务更是整合存放款、信托投资、保险及各种理财等综合性的金融套餐。三是金融机构与金融科技的紧密结合，包括大数据、人工智能、区块链在内的新技术正在得到金融机构的持续关注和投入。本书的第二版力争在各章中体现上述变化，将其纳入原有的知识框架内。

本书的特色是：

1. 理论性强。在货币、信用、金融机构、金融市场、金融创新、金融风险、货币政策等方面体现了国际、国内的金融学理论，传统的货币银行学理论和现代理论。

2. 系统精练。强调对金融基础知识、基本理论和基本技能的掌握，注重内容体系的精练概括，做到简明扼要、重点突出。紧密结合金融业发展趋势，将新情况、新问题纳入其中。

3. 与时俱进。本教材尽可能反映国内外金融理论和实践的最新发展，加入党的十九大报告内容和中国金融改革实践。增加了可读性，有利于提高学生的学习兴趣。

4. 方便教学和自学。在提纲设计和编写过程中，本教材力求突破已有同类教材的框架，各章均提炼了本章小结、重要概念、思考题，以便学生抓住要点进行必要的总结和自主性学习。

本教材系天津市级精品课程教材，基于教研室同仁们的长期教学实践，第二版从内容到形式都有较大的更新。教材框架由天津财经大学金融学院货币教研室的高晓燕教授、郭德友教师设计，教材内容由货币金融教研室教师与部分研究生撰写完成。第一章由高晓燕、王汉昆、焦云撰写，第二章、第十八章由姜雪冰撰写，第三章由高晓燕、张帆、刘亚楠撰写，第四章、第十六章由李向前撰写，第五章由高晓燕、陈曼、李可新撰写，第六章由高晓燕、张世杰、刘畅撰写，第七章由张庆君、苏明政撰写，第八章、第十章、第十一章由杜金向撰写，第九章由于博撰写，第十二章由安翔撰写，第十三章由郭红、弓雯瑞撰写，第十四章、第十七章由郭德友撰写，第十五章由卢紫珏撰写，第十九章由王森撰写，第二十章由安翔、于博、杜金向、郭强撰写，第二十一章由高晓燕、李自磊、韩泽金、赵晓卉撰写，第二十二章由高晓燕、张丹俊、任坤撰写。本教材可供高等学校经济类、管理类各专业开设金融学课程使用，也可作为经济金融工作者的自学教材。

编写组

2019 年 11 月 5 日

# 目　　录

| | | | |
|---|---|---|---|
| 1 | **第一章　导论** | 49 | 第二节　利率的分类和计量 |
| 1 | 第一节　金融与经济的辩证关系 | 52 | 第三节　利率的决定原理 |
| 6 | 第二节　金融学学科体系 | 56 | 第四节　金融资产及金融资产价格 |
| 8 | 第三节　金融主体 | 59 | 第五节　利率的功能及中国的利率市场化改革 |
| 11 | 【本章小结】 | | |
| 11 | 【重要概念】 | 64 | 【本章小结】 |
| 12 | 【思考题】 | 64 | 【重要概念】 |
| | | 64 | 【思考题】 |
| 13 | **第二章　货币与货币制度** | | |
| 13 | 第一节　货币的产生和职能 | 66 | **第五章　金融体系** |
| 16 | 第二节　货币形态的演变 | 66 | 第一节　金融机构体系 |
| 20 | 第三节　货币的概念及层次划分 | 69 | 第二节　金融市场 |
| 22 | 第四节　货币制度 | 78 | 第三节　中国的金融体系 |
| 30 | 【本章小结】 | 82 | 【本章小结】 |
| 31 | 【重要概念】 | 82 | 【重要概念】 |
| 31 | 【思考题】 | 82 | 【思考题】 |
| 32 | **第三章　信用与信用体系** | 84 | **第六章　商业银行** |
| 32 | 第一节　信用及其与货币的关系 | 84 | 第一节　商业银行概述 |
| 34 | 第二节　信用活动要素 | 87 | 第二节　商业银行的负债业务 |
| 36 | 第三节　信用形式 | 89 | 第三节　商业银行的资产业务 |
| 38 | 第四节　信用工具 | 91 | 第四节　商业银行的中间业务和表外业务 |
| 41 | 第五节　信用评级 | 94 | 第五节　商业银行经营管理 |
| 45 | 【本章小结】 | 99 | 【本章小结】 |
| 45 | 【重要概念】 | 99 | 【重要概念】 |
| 45 | 【思考题】 | 100 | 【思考题】 |
| 47 | **第四章　货币的时间价值与利率** | 101 | **第七章　中央银行** |
| 47 | 第一节　货币的时间价值和利息 | 101 | 第一节　中央银行的产生与发展 |

| | | | | |
|---|---|---|---|---|
| 103 | 第二节 中央银行的职能 | | 177 | 第三节 债券市场 |
| 107 | 第三节 中央银行的业务 | | 179 | 第四节 投资基金 |
| 112 | 第四节 中央银行的制度类型 | | 182 | 【本章小结】 |
| 114 | 第五节 中央银行的相对独立性 | | 183 | 【重要概念】 |
| 118 | 【本章小结】 | | 183 | 【思考题】 |
| 119 | 【重要概念】 | | | |
| 119 | 【思考题】 | | 184 | **第十二章 衍生金融市场** |
| | | | 184 | 第一节 衍生金融工具概述 |
| 120 | **第八章 政策性银行** | | 186 | 第二节 衍生金融工具市场和交易 |
| 120 | 第一节 政策性银行概述 | | 198 | 第三节 衍生工具定价 |
| 122 | 第二节 开发政策性银行 | | 200 | 【本章小结】 |
| 124 | 第三节 农业政策性银行 | | 200 | 【重要概念】 |
| 126 | 第四节 进出口政策性银行 | | 200 | 【思考题】 |
| 129 | 【本章小结】 | | | |
| 129 | 【重要概念】 | | 201 | **第十三章 外汇市场** |
| 129 | 【思考题】 | | 201 | 第一节 外汇市场概述 |
| | | | 206 | 第二节 外汇交易 |
| 130 | **第九章 非银行金融机构与影子银行** | | 212 | 第三节 外汇风险 |
| 130 | 第一节 非银行金融机构 | | 221 | 【本章小结】 |
| 141 | 第二节 影子银行 | | 222 | 【重要概念】 |
| 148 | 【本章小结】 | | 222 | 【思考题】 |
| 148 | 【重要概念】 | | | |
| 148 | 【思考题】 | | 223 | **第十四章 货币需求** |
| | | | 223 | 第一节 货币需求的内在含义 |
| 149 | **第十章 货币市场** | | 226 | 第二节 货币需求理论 |
| 149 | 第一节 货币市场概述 | | 233 | 【本章小结】 |
| 150 | 第二节 同业拆借市场 | | 234 | 【重要概念】 |
| 155 | 第三节 回购协议市场 | | 234 | 【思考题】 |
| 156 | 第四节 国库券市场 | | | |
| 158 | 第五节 大额可转让定期存单市场 | | 235 | **第十五章 货币供给** |
| 161 | 第六节 票据市场 | | 235 | 第一节 中央银行的货币供给：基础货币 |
| 164 | 【本章小结】 | | 239 | 第二节 商业银行的货币供给：存款创造 |
| 165 | 【重要概念】 | | 245 | 第三节 货币供给的内生性与外生性 |
| 165 | 【思考题】 | | 251 | 第四节 中国的货币供给 |
| | | | 255 | 【本章小结】 |
| 166 | **第十一章 资本市场** | | 256 | 【重要概念】 |
| 166 | 第一节 资本市场概述 | | 256 | 【思考题】 |
| 169 | 第二节 股票市场 | | | |

## 第十六章　货币政策

- 257　第一节　货币政策与最终目标
- 263　第二节　货币政策操作目标与中介目标
- 265　第三节　货币政策工具
- 270　第四节　货币政策传导机制
- 273　第五节　货币政策有效性
- 276　【本章小结】
- 276　【重要概念】
- 276　【思考题】

## 第十七章　通货膨胀

- 277　第一节　通货膨胀概述
- 281　第二节　通货膨胀成因
- 284　第三节　通货膨胀的经济影响
- 287　第四节　通货膨胀的治理
- 288　第五节　中国改革开放后的通货膨胀
- 292　【本章小结】
- 292　【重要概念】
- 292　【思考题】

## 第十八章　金融风险与管理

- 293　第一节　金融风险概述
- 295　第二节　金融风险的种类
- 297　第三节　金融风险管理的基本理论与流程
- 302　第四节　主要金融风险的度量方法
- 311　【本章小结】
- 311　【重要概念】
- 311　【思考题】

## 第十九章　金融监管

- 312　第一节　金融危机
- 317　第二节　金融监管
- 322　第三节　巴塞尔资本协议
- 330　【本章小结】
- 331　【重要概念】
- 331　【思考题】

## 第二十章　金融创新与金融发展

- 332　第一节　金融创新理论及主要内容
- 336　第二节　金融创新的原因及对经济发展的影响
- 340　第三节　中国农村金融的发展
- 345　第四节　互联网金融及其在中国的发展
- 348　【本章小结】
- 349　【重要概念】
- 349　【思考题】

## 第二十一章　十九大报告与我国金融改革实践

- 350　第一节　十九大报告的理论精髓
- 353　第二节　十九大报告中相关的金融改革论述
- 357　第三节　我国现代金融改革趋势
- 362　第四节　我国金融监管的改革
- 364　【本章小结】
- 364　【重要概念】
- 364　【思考题】

## 第二十二章　构建中国绿色金融体系

- 365　第一节　绿色金融的概念
- 366　第二节　绿色金融在国外的发展实践
- 369　第三节　我国绿色金融发展历程
- 372　第四节　我国绿色金融机构的发展
- 374　第五节　我国绿色金融产品与市场的发展
- 379　第六节　我国绿色金融监管的发展
- 380　【本章小结】
- 380　【重要概念】
- 381　【思考题】

382　**参考文献**

384　**相关网站**

# 第一章

# 导　论

## 第一节　金融与经济的辩证关系

### 一、衡量金融发展的基本指标

一个社会的金融体系是由众多的金融工具、金融机构组成的，金融工具的数量、种类、先进程度以及金融机构的数量、种类、效率等的综合，形成不同发展程度的金融体系。

一个社会的金融发展程度越高，该社会的金融工具和金融机构的数量、种类就越多，金融的效率就会越高。

衡量一个社会金融发展的基本指标有以下两个方面。

(一) 货币化率

经济货币化是当代经济发展的趋势。货币化率即社会货币化程度，是指一定经济范围内通过货币进行商品与服务交换的价值占国民生产总值的比重，3个常用指标是：实际金融资产存量/国民生产总值、实际金融资产存量/有形财富总量以及人均实际货币量。随着商品经济的发展，使用货币作为商品与服务交换媒介的范围越来越广。针对这种现象，可称为社会的货币化程度不断提高。

(二) 金融相关率

金融相关率，是指一定时期内社会金融活动总量与经济活动总量的比值。经济活动的总量则用国民生产总值表示。金融活动总量一般用金融资产总额表示。它包括：非金融部门发行的金融工具（即股票、债券及各种信贷凭证）；金融部门，即中央银行、存款银行、清算机构、保险组织和二级金融交易中介发行的金融工具（如通货与活期存款、居民储蓄、保险单等）和国外部门的金融工具等。

衡量金融发展程度，实际上是衡量金融机构的状态。为此，西方经济学家雷蒙德·W. 戈德史密斯提出5个需要考虑的数量指标：(1) 金融资产总额与实物资产总额的比重；(2) 金融资产与负债在各金融机构间的分布；(3) 金融资产与负债在金融机构与非金融机构之间的分布；(4) 各金融部门拥有的金融资产与负债总额；(5) 由金融机构发行、持有的金融工具的总和。

## 二、实体经济是金融产生与发展的基础

（一）商品货币关系的发展产生了金融

在今天的经济生活中，居民都离不开货币以及由货币引起的金融活动。然而，金融的产生则完全有赖于实体经济的发展。

人类社会最初是以实物交换为特征的自然经济，然后发展到以货币交换为特征的商品经济，再由简单的商品经济发展到以大工业和银行为基础的货币经济。目前，又处于传统的货币经济向金融经济转化的过程之中。在这几千年的转化过程中，每一步都是由经济的发展，经济活动方式的变化引起的：从物物交换中发展出货币形式，用于解决物物交换的供求不一致、交换双方在时间上要求不一致以及交换双方在空间上要求不一致的矛盾，促进了商品交换；又从货币兑换业务中派生出货币保管业务，然后，从货币保管业务的发展中又产生了银行，以解决商品经济中对资金供求不一致的矛盾；随着资金融通规模不断扩大，资金融通方式日益多样化，金融机构的种类与数量不断增加，金融市场不断完善，金融经济的轮廓也不断清晰和完整。金融正是商品货币关系发展的必然产物。

（二）实体经济发展使金融体系更趋完善

一方面，随着实体经济的发展使社会的收入总体水平不断提高，富裕起来的人们对金融投资和理财服务的需求增强。人们对金融服务的依赖性不断增长正是社会金融业发展的动力来源。

另一方面，经济发展形成越来越多的大企业集团，这些大的企业集团要求与其融资需求相匹配的现代金融机构为其提供服务。这意味着金融机构的融资规模必须更大，融资的效率必须更高，融资的手段必须多样化，承担风险的能力必须更强。同时，众多新生的、有发展前景的企业也需要金融机构为之提供能适应其需求的服务。因此，这种经济发展所带来的企业规模及类型变化成为金融工具、金融机构多样化和金融效率迅速提高的重要基础。没有这种强大的实体经济做后盾，完善、健全的金融体系就不可能形成。

## 三、金融是实体经济的上层建筑

最早期的金融活动始于自然经济发展到一定程度，物物交换不能适应其发展，于是，出现了货币。作为交换媒介，货币充当一般等价物，促进商品经济的发展。到了封建社会后期，由于商品生产和商品流通规模扩大，借贷、兑换和汇兑业务相继大发展，金融活动范围随之扩大，从而促进了资本主义生产方式的诞生。在自由资本主义时期，以信用为中心的金融活动迅速发展，以银行为主体的金融机构广泛建立，从而加速了资本积累和生产集中，使资本主义从自由竞争时代进入垄断阶段。在垄断资本主义阶段，金融垄断资本与工业垄断资本的相互渗透、密切结合，形成了金融资本；金融资本控制

了资本主义经济的命脉，成为资本主义经济生活的中心。托马斯·梅耶在《货币银行与经济》一书中指出："金融是经济发展到一定程度的反映。因此，从某种意义上讲，人们可以把金融体系看成经济结构中的上层建筑。"

现代经济的一个显著特征是高度专业化和社会化。没有这种高度的专业化和社会化，我们的生产力和生活标准就会大大低于现在的水平。正是这种高度专业化使人们能够最有力地利用各类地区的各种生产力，集聚了大量专业知识和资本，并实现扩大生产规模所带来的节约。但是，如果没有一个同样高度发达的金融体系，这种专业化就不可能实现。

## 四、非对称发展的金融和经济

20世纪80年代，发展中国家出现了较为普遍的债务危机，发展中国家的债务理论由此发展起来。20世纪90年代，自1994年墨西哥金融危机之后，1997年又爆发了东南亚金融危机，1998年继俄罗斯的金融危机之后，又爆发了巴西的金融危机。发展中国家的一系列金融危机，使得人们开始重视对金融发展与经济发展的对称性问题的研究，尤其是研究政府如何制定适合本国经济发展的金融政策，如何对金融市场进行有效的监管，使之更好地为本国的经济服务。

早在1973年，美国经济学家爱德华·肖和罗纳德·麦金农基于对发展中国家金融状况的考察，分别发表了他们的著作《经济发展中的金融深化》和《经济发展中的货币和资本》，两书探讨了发展中国家的各种与经济发展不协调的金融政策及其所带来的问题，提出了金融抑制论与金融深化论。经过随后几十年其他学者的补充，目前已经形成较完整的理论。

爱德华·肖和罗纳德·麦金农的金融抑制论认为，发展中国家的金融管理政策对经济成长和经济发展来说并不是中性因素，它既能起到促进的作用，也能起到阻滞的作用。关键取决于政府的政策和制度选择。在许多发展中国家，政府当局对金融活动进行强制干预：人为压低利率，实行信贷限额和信贷指标配给，高估本国货币币值并对外汇市场进行严格的管制等。

1997年巴塞尔银行监管委员会主席德·斯旺对导致金融风险特别是信贷风险的成因作了精辟分析。他认为：

第一类主要成因是宏观经济的不稳定。通货膨胀率居高不下，在宏观经济周期的顶峰期，银行往往过度乐观而超量放贷，进而引发泡沫经济。

第二类主要成因是未成熟的金融自由化。从长远看金融自由化提高了金融资源配置的效率，也加剧了金融业竞争。然而金融管理者、经营者目前缺乏足够的技能去有效控制伴随金融自由化产生的金融风险。金融自由化带来的系列不良影响，在20世纪90年代初的墨西哥、巴西相继发生。当局者已从金融危机中吸取了深刻的教训。

第三类主要成因是政府介入。国有商业银行经常被用来为政府支出提供低息贷款，一些私有银行也被迫对特定地区、特定行业发放贷款，从而具有了半财政性质。这些活动中长期会削弱银行的实力。

第四类主要成因是不合理的内部控制机制。

第五类主要成因是不健全的市场基础构架。他强调,不完善的会计系统、不完备的信息披露制度、滞后的法规建设都阻碍了银行的有效监管和市场规划的运行。

总而言之,金融抑制对经济增长形成各方面的阻滞,必然带来收入的增长缓慢,收入的增长缓慢又带来需求的增长缓慢,需求的增长缓慢又带来投资的增长缓慢,使经济难以得到收入增长—需求增长—投资增长—收入增长的良性循环。

### 五、对称发展的金融与经济

所谓金融深化,就是政府放弃对金融市场的过度干预,放松对利率和汇率的严格管制,使利率和汇率成为反映资金供求和外汇供求对比变化的信号,即完善金融市场机制,用市场代替官僚机构,以此促进储蓄和投资的增加,促进经济的增长。

金融深化论认为,为了消除金融对经济的抑制,必须推行金融市场化政策,充分发挥金融市场在动员和分配国内储蓄和国外储蓄方面的功能。金融市场化的核心是放开金融资产的价格,特别是利率和汇率,使金融资产价格真实地反映供求关系,从而恢复金融市场调节资金供求的能力。

爱德华·肖认为,金融深化是获得收入效应、储蓄效应、投资效应、就业效应和分配效应的一种手段,而这些效应有助于一个国家摆脱贫困。具体地说,从储蓄效应看,金融深化可以纠正扭曲的金融价格,使储蓄者对收入预期发生变化,从而会鼓励其减少当前消费,增加储蓄,有利于提高一国私人储蓄对收入的比率,使金融机构有能力给投资者提供更多的借款机会。从投资效应看,金融深化使有限的资金能够在竞争中进行有效的分配,真正起到奖优罚劣的作用,从而取得较好的投资收益。从分配效应看,金融深化还使少数大企业的信贷资金特权分配受到限制,阻止了腐败现象的发生,有利于促进收入的公平分配和政治稳定。从就业效应和产出效应看,金融深化有利于抑制信贷超分配和稳定通货,有利于创造良好的经济环境,有利于劳动密集型产业的发展,从而能够推动就业和产出的增长。

金融深化是发展一国经济的必经之路。金融深化使政府放松对金融市场和金融体系的过度干预,使利率和汇率能够充分反映资金和外汇的实际供求情况,并能有效地抑制通货膨胀。由于在经济活动中,金融与经济发展息息相关,金融深化的实质是要求实行金融体制改革,以便能更好地发挥金融在现代经济中的核心作用。所以,金融深化必然会不断促进经济良性增长。

大量历史和现实的经验都告诉我们,要推动经济发展,必须搞好金融改革,实施正确的金融政策,使金融发展与经济发展相协调。这是因为,金融业发展的好坏在很大程度上制约着经济发展的快慢和稳定与否。

20世纪50年代初期,面对国民党统治时期遗留下来的严重通货膨胀,我国政府及时制定了"三统一平"的方针,即统一财政收支、统一现金收支、统一物资调拨,达到财政收支、现金收支和物资供求综合平衡。由于集中力量加强了金融调控,所以,很快就抑制了通货膨胀,稳定了物价,给新中国的经济建设创造了良好的金融环境,促进了经济发展,取得了令人瞩目的成就。

改革开放以来，我国在经济建设中充分重视金融改革先行。在20世纪80年代初就形成了中央银行体制，以后逐渐发展为以中央银行为领导，以国有商业银行和其他商业银行为主体，包括证券、保险等多种金融机构在内的一个比较完整的金融体系。与此同时，我国加大了金融市场建设的力度，已经建立了包括股票市场、债券市场、同业拆借市场、贴现与再贴现市场、回购市场、保险市场、外汇市场、期货市场在内的金融市场体系，在发挥以银行贷款为主的间接融资功能的同时，以有价证券形式筹资的直接融资也取得了长足发展。金融业改革的成果对推动我国国民经济快速增长，起到了极为重要的促进作用。

专栏1-1
金融体制改革目标明确、成效显著

近年来，在党中央、国务院的领导下，我国重点围绕货币政策调控、金融监管体制改革、金融机构改革和金融市场体系建设等，持续深入推进金融体制改革，取得了丰硕成果。金融业稳健发展和服务实体经济水平持续提高，重点领域的风险防控能力进一步增强。

其一，中国人民银行货币政策调控更加灵活精准。主要包括创设临时流动性便利（TLF）、常备借贷便利（SLF）、中期借贷便利（MLF）等流动性调节工具，"削峰填谷"保持市场流动性稳定；将差别准备金动态调整机制升级为宏观审慎评估（MPA），从资本和杠杆、资产负债、资产质量等七个方面引导银行业加强自我约束和自律管理；实施定向降准，鼓励金融机构更多将信贷资源配置到"三农"、小微企业等重点领域和薄弱环节；强化价格型调控传导机制，构建利率走廊机制，引导货币政策工具从数量型向价格型转变等。

其二，金融监管体制改革深入推进，格局重塑。主要包括成立国务院金融稳定发展委员会，统筹负责金融改革发展与监管，研究系统性金融风险防范处置和维护金融稳定重大政策；组建成立中国银行保险监督管理委员会，集中整合监管资源，提高监管质量和效率；强化功能监管、综合监管和行为监管，推动建立更为规范的资产管理产品标准规制，形成金融发展和监管强大合力；发挥金融监管协调部际联席会议作用，构建跨市场金融风险监测分析框架，健全金融监管部门之间的风险通报机制。

其三，金融机构改革步伐加快，方案获批。主要包括国家开发银行、中国农业发展银行和中国进出口银行改革实施方案获得国务院批准；中国人民银行下发《关于全面推开中国农业银行三农金融事业部改革的通知》，将农业银行全国范围的县域支行纳入"三农"金融事业部深化改革范围，交通银行深化改革方案获得国务院批准；中国东方资产管理股份有限公司和中国长城资产管理股份有限公司挂牌成立，中国信达资产管理股份有限公司赴港上市。

其四，金融市场体系建设日趋完善。在产品创新方面，创新推出绿色金融债券、SDR债券、标准债券远期等金融产品，开展高风险行业环境污染强制责任保险、"两权"抵押贷款、投贷联动试点。在制度建设方面，国务院印发资本市场"新国九条"，出台上市公司退市制度，开展优先股试点；提高全国中小企业股份转让系统企业挂牌、股票发行和并购重组的审查效率；启动运行连接香港与内地的"沪港通""深港通""债券通"，多层次资本市场建设有效推进。

资料来源：樊志刚. 深化金融体制改革的重大突破［N］. 中国财经报，2018-07-14（A01）.

## 第二节　金融学学科体系

### 一、金融的含义与特点

"金融"这一名词在过去相当长的一段时期内，被人们狭义地理解为资金的融通。融通的主要对象是货币和货币资金；融通的方式是有借有还的信用形式；而组织这种融通的机构则为银行及其金融机构。因此，金融涉及货币、信用和银行三个范畴，三者相互联系、相互依存、相互促进，共同构成金融活动的整体。具体地说，货币和货币资金的收付、货币资金的借贷、票据的买卖、债券与股票的发行和转让以及外汇的买卖等，都属于金融活动。

从历史发展过程来看，最早出现的是货币和货币资金的收付活动。随着商品货币关系的发展，各种借贷活动相应产生，并出现组织借贷活动的各类机构。于是，货币和货币资金的收付日益与信用资金收支、银行资金收支相互渗透、相互结合，构成密不可分的统一活动过程。因此，单纯地、孤立地用货币或信用的概念已不足以概括这种统一活动的过程，而金融正是用于概括货币银行或货币信用及与此直接相关的经济活动的总称。

在现代经济条件下，金融不仅是货币资金的融通，其含义已有很大的扩展，即是一个由多种要素组合而其又相互制约、相互作用的大系统，是货币资金的筹集、分配、融通、运用及其管理的全过程。具体地说，金融应包括：货币的流通及其管理；货币资金的筹集（含银行和非银行金融机构及企业、个人的有偿筹集，财政的无偿筹集）；财政、银行的资金分配；企业内部的资金分配；资金的间接融通和直接融通，纵向融通和横向融通，国内融通和国际融通；资金的配置和调度；信贷资金结构的调整和管理；资金周转速度及资金运用效率的管理等。可以说，凡是有关货币资金的筹集、分配、融通、运用及其管理的种种活动，都是金融活动，它存在于整个社会的经济活动之中。因此，广义的金融是指与物价有紧密联系的货币流通，涉及银行与非银行金融机构体系、短期资金拆借市场、证券市场、保险系统以及国际金融等领域。而狭义金融专指信用货币的融通。

金融的特征有以下几个方面：

1. 金融是信用交易。

（1）信用。经济学上的信用，是一种商品交易的形式，对应于现货交易（即时清结的交易）。

信用是金融的基础，金融最能体现信用的原则与特性。在发达的商品经济中，信用已与货币流通融为一体。

（2）信用交易的应有特点：①一方以对方偿还为条件，向对方先行移转商品（包括货币）的所有权，或者部分权能；②一方对商品所有权或其权能的先行移转与另一方的相对偿还之间，存在一定的时间差；③先行交付的一方需要承担一定的信用风险，信用交易的发生是基于给予对方信任。

2. 金融原则上必须以货币为对象。

3. 金融交易可以发生在各种经济成分之间。

## 二、金融学学科体系

金融学的学科体系是由从不同角度研究金融系统各个方面的活动及其规律的各分支学科综合构成的有机体系（见图1-1）。黄达教授认为："按通常理解的金融口径，金融学学科体系应大体分为宏观金融分析（Macro-Financial Analysis）和微观金融分析（Micro-Financial Analysis）；微观金融分析有两大分支：金融市场分析和金融中介分析；在金融市场分析与金融中介分析之下是技术层面和管理层面的学科。"

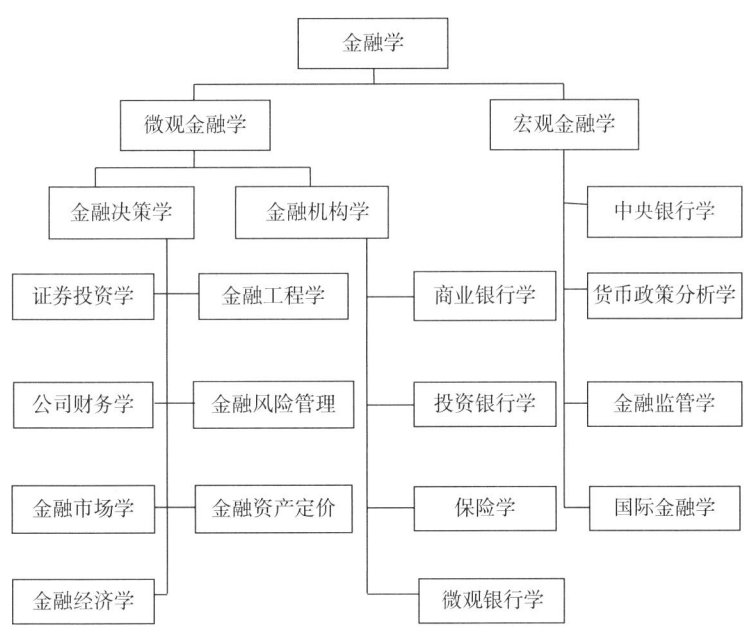

图1-1 金融学的学科体系

微观金融分析和宏观金融分析分别从个体和整体角度研究金融运行规律。金融决策分析主要研究金融主体投融资决策行为及其规律，服务于决策的"金融理论由一系列概念和定量模型组成"。"这样的金融决策理论是个人理财、公司理财，乃至一切有理财要求的部门所共同需要的。"该领域的分支学科包括证券投资学、公司财务学、金融市场学、金融经济学、金融工程学、金融风险管理、金融资产定价等。近几十年该领域的研究得到十分迅速的发展，并取得了许多重大的成就，多次获得了诺贝尔经济学奖，在推动金融理论研究和金融市场发展方面作出了重要的贡献。

金融中介分析主要研究金融中介机构的组织、管理和经营，包括对金融机构的职能和作用及其存在形态的演进趋势的分析，金融机构的组织形式、经济效率、混业和分业、金融机构的脆弱性、风险转移和控制等。其主要的分支学科包括商业银行学、投资银行学、保险学、微观银行学等。该领域的研究虽然历史悠久，并且在19—20世纪初金融理论和实践的发展中占有重要的地位。但是，20世纪中叶以来，与迅速发展的金融决策学相比，金融机构学的发展则相对滞后，远不能适应世界金融业飞速发展的需要。21世纪金融机构学的研究具有巨大的发展空间。

宏观金融分析从整体角度讨论金融系统的运行规律，重点讨论货币供求均衡、金融与经济关系、通货膨胀与通货紧缩、金融危机、金融体系与金融制度、货币政策与金融宏观调控、国际金融体系等问题。其主要的分支学科有中央银行学、货币政策分析学、金融监管学、国际金融学等。

## 第三节 金融主体

金融主体主要由金融中介和金融市场两个部分组成。

### 一、金融中介

金融中介机构是金融活动的重要参与者和中介人，能够通过提供各种金融产品和服务来满足经济发展中各部门的融资需求，最终促进储蓄向生产性投资的转化。金融中介一般由银行金融中介及非银行金融中介构成，具体包括商业银行、证券公司、保险公司以及信息咨询服务机构等中介机构，金融是现代经济的核心。

在现代市场经济中，金融活动与经济运行关系密切，金融活动的范围、质量直接影响到经济活动的绩效，几乎所有金融活动都是以金融中介机构为中心展开的，因此，金融中介在经济活动中占据着十分重要的位置。

金融中介的功能主要有：

1. 充当信用中介，促进资金融通；
2. 充当支付中介，便利支付结算；
3. 提供金融服务，降低交易成本；
4. 解决信息不对称问题，防止逆向选择和道德风险；
5. 转移和分散金融风险。

### 二、金融市场

金融市场是资金融通市场，是指资金供应者和资金需求者双方通过信用工具进行交易而融通资金的市场，广而言之，是实现货币借贷和资金融通、办理各种票据和有价证券交易活动的市场。金融市场主体包括居民、企业、政府、金融机构等。

（一）个人与金融

1. 个人消费与金融。自从把金融引入经济系统，人们的日常生活就离不开金融活动了。没有了金融这一环节，整个社会经济生活将无法进行。通过货币的支付，人们可以随意地购买到任何自己喜欢的商品，享受到各种所需的服务，而金融体系可以帮助家庭和个人实现其金融决策，满足各种现代生活的需求。这不仅可以使人们在现有的支付能力基础上获得商品和服务，还能让人们超越时间和空间的障碍，获得更多的需求满足。

2. 个人储蓄与金融。

（1）古代储蓄。古代储蓄主要采取实物和金银的形式。实物储蓄是人们储存积蓄一些生产资料和生活资料，以维持自身生存和再生产的需要；金银储藏始于商品货币经济的萌芽之后。"随着商品流通的扩展，货币——财富的随时可用的绝对社会形式——的权力也日益增大。"于是，随着货币作为与一切产品都能交换的一般等价物的地位逐渐确立，人民对货币日益表现出极大的热情。这时人们对财富的追求，越来越表现为对单纯货币的追求。与此相适应，人们储蓄财富的形式也逐渐由直接储存实物而转向储存货币。

（2）当代储蓄。当代储蓄是一种信用活动，是公民与银行等金融机构以货币为载体的信用关系，又是储户的一种特殊的货币储藏的方法。这里的信用关系是在货币储藏职能基础上建立起来的，而货币储藏则是通过信用方式实现的。随着生产力水平的提高和商品经济的发展，人们的收入不断增多。于是，储蓄无论从数量上还是形式上都有了巨大的变化。储蓄的形式主要分为以下几种：

①活期储蓄。活期储蓄指不约定存期、客户可随时存取、存取金额不限的一种储蓄方式。活期储蓄是银行最基本、常用的存款方式，客户可随时存取款，自由、灵活调动资金，是客户进行各项理财活动的基础。活期储蓄适合于个人生活待用款和闲置现金款，以及商业运营周转资金的存储。

②定期储蓄。定期储蓄即事先约定存入时间，存入后，期满方可提取本息的一种储蓄。它的积蓄性较高，是一项比较稳定的信贷资金来源。定期储蓄的开户起点、存期长短、存取时间和次数、利率高低等均因储蓄种类不同而有所区别。

中国各大银行的定期储蓄主要包括整存整取定期储蓄存款、零存整取定期储蓄存款、存本取息定期储蓄存款、定活两便储蓄存款、通知存款、教育储蓄存款、通信存款等。

③华侨人民币储蓄。是专为华侨和港澳同胞举办的一种储蓄。华侨和港澳同胞把从国外和港澳地区汇入或携入的外币、黄金、白银卖给中国银行，用所得的人民币参加这种储蓄，利率优惠。存储时凭外汇兑换证明（或侨汇证明书）办理开户手续。存款到期只能支取人民币。

④外汇储蓄。根据《中华人民共和国外汇管理条例》《个人外汇管理办法》和《个人外汇管理办法实施细则》等相关法规，境内个人和境外个人，持本人有效身份证件，均可在中国银行办理外币储蓄存款业务。

⑤其他储蓄包括邮政储蓄、代发工资储蓄、住房储蓄等。

（二）企业与金融

企业是制造产品和提供服务的实体。与家庭一样，企业的规模和形式也是多种多样。一种极端情况是小作坊、零售摊点和由个人或家庭经营的小餐馆；另一种极端情况如三菱和通用这样的巨型公司，拥有成千上万或更多的员工。

为了提供商品或服务，所有的企业，不论大的还是小的，都需要资本。建筑物、机器设备和其他用于生产过程的中间输入产品等，被称为实物资本。用于融资而购买实物资本的股票、证券和贷款等，被称为金融资本。任何企业必须作出的第一个决策，是它要从事哪个行业，这被称为战略计划。战略计划涉及对成本和收益在一定时间跨度中的估算，所以它在很大程度上也是一个金融决策的过程。

在日常生产和销售中，企业必须注意现金的流入和流出是否在时间上完全匹配。必须及时从客户那里收款，在账单到期前按时支付；必须保证营运现金流出现赤字时得到融资，并且在现金有盈余时进行有效率的投资，从而获得好的收益等。

因此，企业在经营活动中会与其他企业或部门发生债权债务关系，需要委托银行办理货币收付与转账结算，从而使银行成为企业与各部门的出纳员。银行还充分挖掘潜力，拓展其他业务，提供内容丰富的高质量的金融服务。如为企业商品交易活动提供票据承兑、担保、汇兑；代为买卖证券；代为保管贵重物品以及证券、文件；代为处理财产；提供信息咨询服务等，通过开展广泛的金融业务更好地为企业的生产经营服务。

### 专栏 1-2
### 吴忠市破解中小企业融资难问题

**一、努力改善中小企业融资环境**

一是加大信贷投放。截至2017年6月末，全市各项贷款余额552.3亿元，同比增长13.5%，比上年同期增加7.9个百分点，全市中小微型企业贷款余额214.8亿元，同比增长16.5%，上半年累计新增小微企业贷款15.6亿元，占全部企业新增贷款的70.3%。二是设立产业基金。截至2017年7月末，全市11只担保基金规模达13亿元，撬动银行贷款31.25亿元。三是加强中小企业金融服务宣传。召开银企对接会，在将银行好的产品推向企业的同时，将优质企业推荐给银行，督促各银行积极向上级机构反馈信息，进一步改进产品，满足企业需求。

**二、全面建立中小企业诚信体系**

一是设计开发吴忠市小微企业信用信息服务平台。累计采集小微企业信息67万余条，涉及企业1.5万户，利用平台信息累计对860户小微企业进行了融资培育，促成196户无贷款小微企业与银行建立信贷业务关系，融资金额6.9亿元。二是加快吴忠市信用信息共享平台建设。初步完成平台搭建、各部门操作培训和Ukey发放，共归集自然人信用信息143条，法人和其他组织信用信息13188条。三是开发建设吴忠市小微企业融资服务平台。2017年6月末，辖区政府融资平台贷款余额6.8亿元，较年初增加1.5亿元，增幅27.9%。四是有序推动债委会组建。推动辖区银行业机构对9户企业成立债委会，涉贷银行40家，涉贷金额47亿元。

**三、不断完善中小企业融资机制**

一是加快金融产品创新。推出小企业"养殖通宝""发票贷""增信贷""善融贷""税贷通""创新担保贷""特色创业贷"等产品；针对新三板或拟上新三板的小企业推出"股权质押贷、投联贷、挂牌贷"等一系列以信用贷款为主的信贷产品；成立了支持小微企业的信贷专营机构——吴忠小贷分中心，引入德国 IPC 小微信贷调查模式，突破了传统的信贷调查、审查、审批，做到及时快捷的信贷投放。二是资本市场建设取得重大突破。宁夏嘉泽新能源股份有限公司成为我区继 2003 年以来首家主板上市企业。截至目前，全市有 130 家企业在资本市场挂牌上市，累计募集市场资金 20 亿元。上陵牧业已进入上市辅导阶段，知学云科技、德泓国际绒业正在进行上市股改。三是落实自治区"降成本 30 条"政策。申报 2017 年自治区新型工业化发展资金项目，宁夏汇高科技集团等 16 家企业申报担保基金贷款 9.15 亿元；金昱元化工等 89 家企业申报贷款贴息 3500 万元；宁杨清真食品等 8 家小微企业申报贷款风险补偿项目有望获得 1200 万元贷款支持。

❶ 资料来源：李学霞、尚自芳、刘和平. 关于破解我市中小企业融资难的建议. 吴忠日报［N］. 2018 - 01 - 10（A02）.

（三）政府与金融

宏观经济政策是一国政府有意识、有计划地运用一定的政策工具调节和控制宏观经济的运行，以达到充分就业、经济增长、物价稳定和国际收支平衡这四大经济目标。这些政策的实施都直接或间接地利用了金融系统的功能。中央银行的职能就是代表政府对宏观经济进行调节和控制，而金融市场和金融工具又为政府调节经济运行提供了重要的渠道和手段。

1. 政府收入与金融。中央银行是政府的银行或国家的银行，为政府提供金融服务。例如，国家财政收入一般交由中央银行代理。政府的收入通过财政部在中央银行内开立的各种账户进行。具体包括按国家预算要求协助财政、税收部门收缴库款、代理国库。当政府发生财政困难时，中央银行可以对政府进行资金融通，向政府提供短期贷款，以解决国家财政收支出现的暂时性困难，可以通过发放政府债券抵押贷款和推销国债的方式向政府提供资金。

2. 政府支出与金融。不论是政府对公共建设投资，还是对公共产品购买，还是政府实施的转移支付，都离不开金融系统。中央银行实际上充当了政府财政出纳，管理着政府的国库收入。同时，还为政府支付各种开支，如国防费开支、行政事业开支、公用事业开支、政府债券的偿付等。

## 【本章小结】

本章论述了金融学的含义及学科体系，论述了金融中介与金融市场的内容，在个人与金融的关系中，论述了个人消费支出与金融、个人储蓄与金融的关系；论述了企业与金融的关系；在政府与金融的关系中，论述了政府收入与金融的关系、政府支出与金融的关系。

## 【重要概念】

经济货币化率　金融相关率　金融市场　金融中介　普通股　优先股　储蓄

## 【思考题】

1. 如何理解金融体系的建立和完善是现代人们经济生活中的客观需要？
2. 金融的含义是什么？金融的基本特点有哪些？
3. 现代经济中政府与金融的关系如何？
4. 金融发展的基本指标有哪些？
5. 论述实体经济与金融的辩证关系。
6. 何谓金融抑制？何谓金融深化？

# 第二章

# 货币与货币制度

现代社会中，货币对于个人的日常生活、企业、机构，甚至主权国家和整个国际社会的运转都发挥着必不可少的作用，其特有的影响力已经渗透到经济社会的方方面面；在金融学专业领域，货币相关知识的掌握更是日后学习的基石和敲门砖。本章作为货币知识的开篇，将从货币的起源、产生、职能、形态演变、层次划分和货币制度几个方面作以介绍，以期读者能够从历史、内涵、功能和制度的层面了解货币的相关基础知识。

## 第一节 货币的产生和职能

人类在地球上生活已经有250多万年的历史，而货币是在5000多年前出现的，中西方学者在货币的产生、本质和职能方面进行了大量的探索和研究。本节对货币的起源、本质和职能进行介绍。

### 一、货币的起源和本质

(一) 货币的起源

1. 中国古代的货币起源学说。(1) 货币王权论。君王为了便于统治，选定某些特殊贵重商品作为货币。(2) 货币信用论。伴随商品交换的发展，在人们的交换中发挥共同信用物功能的商品就成为了货币。

2. 西方的货币起源学说。(1) 公元前300多年，亚里士多德提出早期的货币国定论。亚里士多德认为，货币是由国家根据法律或协议创造出来的，货币的价值可以由法律来确定和废除。(2) 15世纪，重商主义学派有关货币起源的观点是货币金属论。重商主义学派认为金银就是货币，金银越多国家就越富有。因此主张"少买""多卖"的贸易方针，从而增加本国金银数量。(3) 17世纪的货币国定论。在对于重商主义的批判中，货币国定论成为重要的理论依据，其主要观点是：货币是国家创造的，只要有君主的印鉴，任何金属都可以有价值，都可以充当货币。(4) 17世纪末古典学派的货币商品论。古典学派的代表人物亚当·斯密认为，货币是商品交换过程中，聪明的人们为了克服物物交换困难而自发选择的结果，因此称为货币商品论。(5) 19世纪末20世纪初的现代货币国定论。后起的资本主义国家德国为了摆脱黄金匮乏的限制，借鉴奥地利、匈牙利币制改革的经验，德国新历史学派经济学家克拉普等人提出了现代货币国定论和货币名目论。

3. 马克思的货币起源学说。马克思从商品的内在矛盾和价值形态角度对货币的起源进行解释。马克思认为，在原始社会中，既不存在商品也不存在货币。随着社会的发展，出现了社会分工和私有制，劳动产品也转化成了专门为交换而生产的商品。商品具有两种属性，一是使用价值，即能满足人们某种需要的物品的效用；二是价值，即凝结在商品中的一般的无差别的人类劳动，价值只能通过商品交换由另一种商品表现出来。随着商品交换的发展，也就产生了不同的价值形式。商品的价值形式先后经历了四个发展阶段：简单的（或偶然的）价值形式、扩大的价值形式、一般的价值形式和货币形式。

（二）货币的本质

1. 货币是商品。货币具有一切商品的共性，有使用价值和价值，这也是它能够与其他一切商品相交换充当一般等价物的基础。

2. 货币是固定充当一般等价物的特殊商品。货币是世界上唯一能够衡量其他一切商品社会劳动价值的特殊商品。同时，货币具有直接同一切商品交换的能力，是人们普遍接受的商品，是财富的代表，拥有它，就避免了物物交换的不便，就意味着能够去换取任何其他商品的使用价值。

3. 货币是社会生产关系的反映。这是马克思货币本质学说的核心。社会大分工后，生产者在社会生产过程中，出于生产生活的需要，必须建立联系，私有制的社会环境下，这种联系只能通过商品交换来实现，通过货币这个一般等价物作为媒介和手段来实现。货币本身没有阶级性，它只是反映出商品生产者之间的交换关系，体现出产品归不同所有者占有，并通过等价交换发挥自身的媒介作用进而体现出它们之间的社会生产关系。

## 二、货币的职能

货币的职能是其本质的具体表现，是人们使用货币的客观需要。马克思将货币的职能分成价值尺度、流通手段、贮藏手段、支付手段和世界货币五个方面。

（一）价值尺度

货币执行价值尺度职能的前提是其自身必须有价值，自身没有价值，则不能表现和衡量其他商品的价值。货币执行价值尺度时，并不需要真实货币的存在，只需人们观念中的货币即可，此时，商品价值的货币表现形式叫作价格，因为不同商品价值大小不同，商品价格的货币表现也不同，此时需要一个货币计量单位来进行比较衡量，这里的货币计量单位我们称为价格标准。

价值尺度和价格标准既有联系又有区别。货币的价值尺度依靠价格标准发挥作用，价格标准为价值尺度服务。但是，二者是完全不同的概念。首先，价值尺度代表的是一定的社会劳动，衡量不同商品的价值，而价格标准代表的是一定的货币数量，只是用来衡量货币自身的多少；其次，价值尺度的出现是在商品交换中自发形成，不依赖于人们的主观意志，而价格标准是人为规定的，准确地说是国家法律规定的；最后，价值尺度随着商品劳动生产率的变化而变化，而价格标准则不受劳动生产率的影响。

（二）流通手段

在商品交换过程中，货币发挥交换媒介的作用便执行了流通手段的职能。

作为流通手段的货币，与价值尺度不同，要求必须是现实中的货币，但是由于买卖过程中，货币只是交换的媒介，人们更关注它的购买力，因此不足值的铸币和货币符号的纸币可以替代足值铸币执行流通手段的职能。

（三）贮藏手段

货币一旦退出流通，被人们贮藏起来，就执行了贮藏手段的职能。被贮藏起来的货币，不能是观念中的货币，也不能是不足值的铸币，而必须是足值的金属货币或者是作为货币材料的贵金属。

在金属货币前提下，货币作为贮藏手段，具有像蓄水池一样自发调节货币流通的作用。当流通中的货币量大于商品流通所需货币量时，多余的货币会退出流通领域，被人们贮藏起来；当流通中的货币量小于商品流通所需时，贮藏货币又会重新进入流通，使之与商品流通相适应。在现代经济社会，世界各国都使用信用货币，信用货币则不能发挥蓄水池的调节作用。

（四）支付手段

商业信用产生后，在商品生产循环和周转中，某些生产者会由于资金周转多余或者不足，产生商品赊销、延期付款等信用支付方式。此时货币将脱离商品运动进行单方面转移，即执行支付手段的职能。货币作为支付手段，进一步克服了流通手段一手交钱一手交货的局限，极大地促进了商品交换。

伴随商品生产发展，货币的支付手段已经超越商品流通领域，扩展到工资、佣金、租金等支付领域。同时，信用货币在货币执行支付手段过程中产生，如汇票、支票、期票等。商品赊销延期付款等商业行为，加上债权债务相互抵销等因素，都会影响市场对货币流通的需求量。

（五）世界货币

当货币在国际市场上发挥一般等价物的作用时，便执行了世界货币的职能。世界货币职能主要包括三个方面的内容：第一，作为一般的购买手段用于购买外国的商品；第二，作为一般的支付手段用于平衡国际收支差额；第三，作为社会财富的代表，由一国转移到另一国，如国际贷款、转移财产、战争赔款等。

当货币执行世界货币职能时，能充当世界货币的必须是有价值的货币商品——黄金、白银。但当代，一些西方发达国家或地区的货币如美元、英镑、欧元等已经成为各国普遍接受的国际货币，作为本国外汇储备的一部分，也用来作为国际间的支付手段和购买手段，实际上发挥着世界货币的职能。

## 第二节 货币形态的演变

回顾几千年的发展历程,货币的币材随着社会生产力的发展和社会的演进而变化,大体经过了实物货币—金属货币—代用货币—信用货币四个发展阶段。

### 一、实物货币

古代货币史上,各国常常选择贸易中大量出现的商品实物作为货币。这些实物货币的特点是其作为非货币用途的价值与作为货币用途的价值相等,是全值货币,其交换价值以生产它所耗费的社会劳动作为依据,而供给量则受到当时社会的生产水平和自然资源的制约。实物货币的具体形态根据不同区域自然资源和人们的生活方式而各不相同。

中国最早的货币是海贝,观察我国的文字可以推断出"贝"作为货币长期存在的历史,很多与金钱财富相关的字都以"贝"作部首,如财、贸、贿、账、货、贫、贷等。同时,日本以及非洲、美洲的一些地区也有用贝做货币的记载。

在古代意大利、波斯、古希腊等地,都用牛、羊作为货币,非洲和印度也曾用象牙作为货币,美洲土著人和墨西哥人用可可豆、烟草、玉石、布帛、鱼钩等作为交换中的货币。现代太平洋的部分偏僻岛屿上,仍有居民使用实物货币。

实物作为货币的币材,有很明显的局限性:第一,实物质地不均匀,难以准确衡量交换商品的价值;第二,实物货币体积大、价值小、不便携带;第三,实物货币不便分割,或者分割后价值大大减损;第四,实物货币不能长期储存;第五,实物货币的数量受到限制,无法满足商品经济发展的需要。

### 二、金属货币

第二次社会大分工后,铜器、青铜器和铁器得到广泛应用。随着社会生产力的发展和商品交换的扩大,金属在满足货币币材的特征方面的优势越来越明显——价值稳定、容易分割、容易保存、便于携带。关于此,马克思的至理名言是"金银天然不是货币,但货币天然是金银"[①]。因此世界历史上比较发达的国家,先后迈上了由实物货币向金属货币的过渡之路。

(一)金属作为货币币材是大体但非严格意义上的从贱金属到贵金属的选择过程

1. 铁作为货币币材的情况较少,主要因为其价值较低,过于笨重,易锈蚀不便保存。据史料记载:中国五代十国时期使用过铁钱,古希腊斯巴达在公元前6世纪也使用过铁钱,但都时间较短,流通范围有限。

2. 铜和金在中国商代开始作为最早的货币金属进入流通。商朝的墓葬中发现铜制的贝,而后经西周、春秋战国、秦汉直至民国期间,铜币一直处于商品流通之中;而黄

---

① 马克思,恩格斯. 马克思恩格斯全集[M]. 中文1版. 第13卷. 北京:人民出版社,1962:145.

金，据史料记载，战国时期已被用于估价、赏赐、馈赠，西汉时期更是被大量使用作为赏赐，但东汉以后却因数量剧减而丧失其充当货币的地位。中东、西亚和地中海沿岸地区，铜作为货币币材的时间在公元前1000年—公元800年。

3. 随着商品经济发展，大宗贸易增多，白银成为主要币材。铜币作为币材价值较小，因此，在中国宋代到民国时期，白银成为主要的货币材料；在其他古文明国家，白银成为币材也在公元1000年前后。

4. 黄金进入流通领域。公元13世纪，西欧金币数量增加，到19世纪上半期，世界主要国家都采用金银复本位制，即黄金与白银同时作为本位币材，金币与银币都具有无限法偿能力，都可以自由铸造、流通、输出、输入。到20世纪初，币材基本由黄金垄断。

（二）铸币在第三次社会大分工后大量出现

金属货币最初进入流通时，没有固定形状和重量，每次交换时都需要经过称重量、辨成色、再分割等程序，极不方便。第三次社会大分工后，一些信誉好有名望的商人在金属块上标明重量和成色，以方便流通，这就是最初的铸币。随着商品交换的发展，客观上要求有一个权威的机构扮演这个信用好有名望的商人角色，对金属块的成色重量进行权威的标记证明，这个机构就是国家。自此，国家开始充当货币管理者的角色。

铸币是由国家印记证明其重量和成色的金属块。其中的印记包括花纹、文字、形状等。铸币的出现奠定了近代货币制度的基础，是货币发展历史上的一个里程碑。铸币分为全值铸币和非全值铸币：全值铸币指其内在价值如所含重量和金属成色等与其名义价值相符，如金本位币和银本位币；非全值铸币是指其内在价值如所含重量和金属成色等低于其名义价值，如金属辅币。

铸币流通过程中，市面上常会出现重量轻、成色差的劣质铸币。西汉初年，私人铸造的"半两"钱，甚至不足半两的十分之一。劣币的出现，严重干扰了货币的流通秩序，人们会把足值的货币收藏起来，导致"劣币驱逐良币"现象出现。

现代世界各国流通的铸币多采用铜、镍、锌、铝等金属材料铸造，作为辅币使用，其实际所含价值远低于名义价值，为不足值铸币。

### 三、代用货币

代用货币是指由政府或者银行发行，代替金属货币执行流通手段和支付手段职能的纸质货币。代用货币之所以能在流通领域内被接受，因为货币执行流通手段的职能，只是充当交换媒介，是交换的手段而非目的，交易者关心的不是流通手段自身价值如何，而是它的媒介功能，同时发行者承诺其背后有十足的贵金属准备，持有者可以自由地向发行者兑换成金属或金属铸币。

代用货币的产生源于商品交换规模的扩大和铸币币材的限制。随着社会经济的发展，货币需求量日益增加，而金属铸币需要按照一定的重量、成色铸造出来，币材的供应受到自然资源的限制，同时，在频繁的贸易中，铸币的携带运输、收支结算环节，都存在很多不便。因此，人们开始希望用其他材料代替金属货币执行铸币的职能，纸币的发行解决了这个问题。

代用货币最早以商业票据和银行券的形式出现在中世纪的欧洲。意大利、英国的商人为了方便起见,以可以随时兑换成金银的商业票据代替铸币流通,顾客需要时,可以随时将票据兑换成金银货币。由于商业票据的流通时间和范围都有较大的局限性,而体现银行信用的银行券可不受支付日期的限制,并可随时兑换黄金,信用基础稳固,所以银行券得以广泛使用。早期的银行券是由私人银行发行的。19世纪中叶以后,银行券发行逐渐由私人银行改由中央银行或其指定的银行发行。由于商业票据、银行券等纸质货币具有印刷成本低、容易携带运输、易于辨认计量等优点,因此,代用货币的纸质形式被广为采用。

### 四、信用货币

信用货币是指以信用作为保证,通过信用程序发行和创造的货币,是代用货币进一步发展的结果。信用货币产生于20世纪30年代,主要西方资本主义国家宣布放弃金本位和银本位制度,所发行的纸币不再兑换金银或者金银铸币。这样,信用货币应运而生。现代的信用货币主要由不兑换的纸币、非全值硬币、存款货币和电子货币构成。信用货币的流通又可以分为现金流通和非现金流通两部分。信用货币主要包括以下几种。

(一) 不兑换纸币与非全值硬币

不兑换纸币是由国家(或某些地区)发行并强制使用的,代替金属货币执行流通手段的价值符号,是当今世界各国普遍使用的货币形式。虽然其本身没有价值,但可以执行货币的部分职能:流通手段和支付手段,部分国家或地区的纸币还可以执行世界货币职能(如美元、欧元、日元等)。不兑换纸币的发行不再以金属准备为基础,代之以国家信用和银行信誉作为保证,通过信用程序发行创造货币,国家不承诺兑换黄金等贵金属,完全割裂了纸币与贵金属之间的联系。作为信用货币的不兑换纸币是当代世界各国普遍采用的货币形式。目前,世界上有200多种纸币,流通于193个独立国家和其他地区。

非全值硬币是指以非贵金属铸造而成,低于名义价值的金属硬币,包括小额主币和辅币。类似我国现在流通的1元、5角、1角、5分、2分、1分等硬币。非全值硬币与不可兑换的纸币构成了信用货币中现金流通的部分。

(二) 存款货币

存款货币是以发行该存款的储蓄机构的信用状况作为担保的信用货币,是一种特殊类型的信用货币。存款货币来源于现金货币的存入和银行贷款派生机制,主要体现在单位、个人在银行账户上的活期存款,流转于银行体系内,可用于转账结算,属于信用货币的非现金流通。

(三) 电子货币

电子货币是指用一定金额的现金或存款从发行者处兑换并获得代表相同金额的数据,通过使用某些电子化方法将该数据直接转移给支付对象清偿债务。电子货币没有物理形态,可实现转账计算、储蓄、兑现、消费等功能,支付大致有储值卡、信用卡、电子支票、电子钱包等方式。由于电子货币具有节省交易费用、节省传输费用、支付灵活方便、防伪造及防重复性、不可跟踪等优点。因此有人提出"电子货币最终将取代现金,未来是无现金社会"的观点。

此外,伴随金融管制的规避和金融制度的创新,货币的概念也在不断延伸,准货币(Quasi-Money)——又叫近似货币(Near Money)的说法出现。准货币是指以货币计值,虽不能直接用于流通但可以随时转换成通货的资产。虽然不是真正意义上的货币,但因可随时转化为现实的货币,故对货币流通有很大影响,也是目前发展中的信用货币形式之一,主要由银行定期存款、储蓄存款以及各种短期信用流通工具等构成。

**专栏 2-1**
**全球拥有首款"智慧"的货币——AIC 人工智能币**

2017 年,由北京万众金福科技有限公司开发的 AIC 人工智能币在全国推广发售,数字货币大家族迎来新的成员。

什么是数字货币呢?数字货币经常被讹误成虚拟货币。但是虚拟货币是指非真实的货币,简单来讲,数字货币是指数字化人民币,是一种法定加密数字货币,其本身是货币而不仅仅是支付工具。数字货币是电子货币形式的替代货币。数字金币和密码货币都属于数字货币。它不能完全等同于虚拟世界中的虚拟货币,因为它经常被用于真实的商品和服务交易,而不仅仅局限在网络游戏等虚拟空间中。它与支付宝、微信支付具有本质不同,支付宝、微信支付和手机银行等其实都是电子货币,并非是数字货币。这些都是基于电子账户实现的支付方式,本质上只是一种现有法定货币的信息化过程,还不是严格意义上的数字货币。它们的基础,依然是纸质形式的人民币,电子支付只不过是把活期存款数字化,把从银行取钱、支付、再存进银行的过程简化成了银行之间的直接转账。

作为全球第一款拥有人工智能技术与区块链技术双技术系统的数字货币,AIC 人工智能币不仅可以实现传统数字货币机器与机器之间进行价值转移,还能够实现机器与人之间价值转移。AI 是人工智能的英文缩写,它是研究、开发用于模拟、延伸和扩展人的智能的理论、方法、技术及应用系统的一门新的技术科学。人工智能是计算机科学的一个分支,它企图了解智能的实质,并生产出一种新的能以与人类智能相似的方式作出反应的智能机器,该领域的研究包括机器人、语言识别、图像识别、自然语言处理和专家系统等。人工智能自诞生以来,理论和技术日益成熟,应用领域也不断扩大,可以设想,未来人工智能带来的科技产品,将会是人类智慧的"容器"。人工智能可以对人的意识、思维的信息过程进行模拟。人工智能不是人的智能,但能像人那样思考,也可能超过人的智能。

自 2016 年创立以来,北京万众金福科技有限公司就致力于区块链技术研究与创新,经过长时间沉淀和多位区块链领域专家共同努力研发出 AIC 人工智能币。AIC 人工智能币核心算法采用的是与比特币相同的 scrypt 算法,发行总量为 10 亿。目前,AIC 人工智能币不但有 PC 端的电脑钱包,还有手机端的冷钱包,首发币更轻松。而且公司宣布参与官方众筹的种子用户全部都参与了官方的冻结锁仓 3 个月计划,每月解冻 10%,市场稀缺。今后一段时间,北京万众金福科技有限公司还会继续推出 AIC 人工智能交易、AIC 机器人社区、AIC VR 社区、AIC 开放社区。

数字资产的价值转换，在数字资产市场内完成。而现在数字资产将成为金融投资最有前景的选择。数字化支付将成为日后生活的主基调，与传统实体货币相比，数字货币的生产、存储、流通成本会大大降低。不仅如此，数字化货币会让我们的资产更安全，使用起来也更方便。

↻ 资料来源：网易订阅，https://dy.163.com，2017-08-14.

## 第三节 货币的概念及层次划分

### 一、货币的概念

本节从相关概念厘清、理论和实证三个角度对货币的概念进行界定。

（一）易混淆概念

1. 将货币等同于现金。提到货币，首先进入人们脑海的就是现金，或者说是纸币。但从经济学角度来看，货币包含的范畴远远大于现金，比如支票存款在流通领域中发挥与现金同样的职能，都可用于支付想要购买的商品或劳务，是货币的一种形式；同样，定期存款、银行卡、商业票据也都属于货币的范畴。因此，货币等同于现金的说法是对货币狭隘化的不正确理解。

2. 将货币等同于财富。财富意味着现金、存款、股票债券、珠宝、房产、汽车等。把货币等同于财富的看法，就是将货币等同于股票债券、珠宝、房产、汽车，是将货币的定义人为宽泛化。实际上，货币仅仅是财富的一部分，它并不等同于社会财富本身。

（二）理论视角的货币

1. 从职能角度定义货币。马克思认为：货币是固定充当一般等价物的特殊商品，是价值尺度和流通手段的统一。

2. 从普遍被接受角度定义货币。西方经济学家特别强调货币的普遍接受性。马歇尔认为，货币是在一定时间或地点购买商品或劳务时，或支付开支时能毫不迟疑地为人们普遍接受的东西；凯恩斯认为，货币是具有一般购买力的、能被用来结清债务合同和价格合同的东西；弗里德曼认为，货币是购买力的暂时栖息所，具有为一般人能接受的交易媒介的职能。

3. 从流动性角度定义货币。凯恩斯理论流行以来，流通性几乎成为货币的同义词。人们普遍认为，只要银行信誉好，结算体系畅通，活期存款与流通中的现金一样，这种看法是出于仅仅考虑流动性的角度来定义货币的范围。

（三）实证视角的货币

货币的实证定义也称作货币的计量定义，是从统计的角度对货币的层次进行划分然后计算数量。通常将其分为狭义货币和广义货币，划分的依据是其是否能直接作为购买力。广义货币中的很多信用工具可以在一定程度上执行货币的某些职能，尤其是支付手段和贮藏手段，但是它们不具备流通手段的职能，不能直接用于购买活动，这部分广义货币中除狭义货币之外的称为准货币。

## 二、货币的层次划分

**(一) 货币层次划分的依据**

世界各国中央银行在确定货币层次时,均以货币的流动性强弱作为划分标准。货币流动性是指不同的信用工具在市场上能够转化为直接支付能力的速度和方便程度。流动性高,即转化为直接支付能力的能力较强;流动性低,即转化为直接支付能力的能力较弱。例如,现金作为购买力十分方便,能够随时支付流通,对市场的影响最直接,定期存款要转化为购买力就需要到期后才能形成市场购买力。那么,相比较而言,现金就是流动性高的货币,定期存款就是流动性低的货币。货币层次划分的目的,是为了科学地掌握不同层次货币的分布和变化规律,以及由此引起的市场总供求和供求结构的变化,为中央银行金融调控提供参考依据。

**(二) 货币层次的具体划分**

各国经济与金融发展水平不同,金融工具的种类和创新程度不同,金融对经济发展的影响不同,中央银行的金融调控重点和技术要求也不同,因此,各国对货币层次划分的口径也不一样(见表2-1)。

表2-1　　　　　　　　　　　货币层次的划分口径

| 国际货币基金组织对货币层次的划分 |
| --- |
| $M_0$ = 现金 |
| $M_1$ = $M_0$ + 活期存款(私人活期存款、邮政划汇、企业活期存款) |
| $M_2$ = $M_1$ + 储蓄存款 + 定期存款 + 政府债券 |
| 中国人民银行对货币层次的划分 |
| $M_0$ = 流通中的现金 |
| $M_1$ = $M_0$ + 企业活期存款 + 机关团体部队存款 + 农村存款 + 个人信用卡类存款 |
| $M_2$ = $M_1$ + 单位定期存款 + 储蓄存款 + 外币存款 + 信托类存款 + 证券公司客户保证金存款 + 住房公积金中心存款 + 非存款类金融机构在存款类金融机构的存款 |
| $M_3$ = $M_2$ + 金融债券 + 商业票据 + 大额可转让存单等 |

**(三) 货币层次划分的现实意义**

伴随经济的发展,货币供求变动对国民经济运行的影响越发凸显,调控货币供应量,使其适应经济发展的现实需要,已经成为各个国家货币决策部门的重要任务。由此可见,对货币层次的细分具有重要意义。选定合理的货币供应量指标,作为货币政策制定部门的监控重点,有利于观察货币政策的执行效果和有效推动国民经济的发展。

## 三、货币计量的相关概念

货币量统计和分析的过程中,研究人员常常用到这样几种表达,如货币存量、货币流量、货币总量和货币增量等。这几个表达有不同的经济含义,下面从定义和数据的方面予以说明。

## （一）货币存量与货币流量

货币存量是指一国在某一时点上各经济主体所持有的现金、存款货币的总量，它强调时点的概念。中国人民银行网站公布的年度货币供应量就是对货币存量的计算。

货币流量是指一国在某一时期内各经济主体所持有的现金、存款货币的总量，它表现为一定时期内的货币流通速度与现金、存款货币的乘积，这里强调时段的概念。

## （二）货币总量与货币增量

货币总量是指货币数量的总额，其可以是某一时点上的存量，也可以是某一时期内的流量。在我国，中国人民银行官方公布的货币量统计指标是货币总量。货币增量是指不同时点上的货币存量的差额，通常是指今年与上年相比的增加额。

# 第四节 货币制度

## 一、货币制度及其构成要素

货币制度简称"币制"，是一个国家以法律形式确定的该国货币的流通结构和组织形式。它主要包括货币材料，货币单位，通货的铸造、发行和流通程序，以及准备制度等。

### （一）货币制度的形成

货币制度产生之前，货币的发行权分散，各种货币的适用区域狭小，充当货币的材料种类繁多，铸币的成色、重量参差不齐，货币流通十分混乱。这种分散、混乱的货币体系，不利于成本、价格和利润的计算，不利于广泛而稳定的信用关系的建立，也不利于商品流通的扩展以及大市场的形成，成为商品经济顺利发展的一大阻碍。

货币制度的一些要素在前资本主义社会就陆续产生，但是系统的货币制度是在资本主义经济制度产生之后形成的。资本主义经济制度的核心是统一的市场，需要有统一、稳定和规范的货币流通制度。为了改变货币流通的紊乱状况，各国政府先后以法令或条例的形式对货币流通作出种种规定。这些规定包括以下几个方面的内容：

1. 建立以中央银行为唯一发行机构的统一集中的货币发行体系，垄断货币发行；
2. 对相对稳定的货币单位作出相应规定，以保证货币制度的稳定；
3. 对贵金属充当币材并能自发调节流通中的货币量作出规定。

西方国家政府在资本主义上升时期为克服货币流通混乱的状况，将已颁布的本位货币金属，货币单位，货币铸造、发行和流通程序，发行准备等法令和条例集中起来制度化的过程，就是资本主义货币制度的形成过程。

### （二）货币制度的构成要素

1. 货币材料。确定货币材料就是规定用何种商品充当本位币的材料，是建立货币制度的首要步骤，也是建立整个货币制度的基础。选择哪一种或几种商品为币材，虽然是由国家通过法律机制确定的，但是这种选择受客观经济需要的制约。货币材料的确定实际上是对已经形成的客观事实从法律上加以肯定。理论上任何商品（普通商品和金属商品）均可确定为币材，但事实上，除贵金属外，其他商品不充分具有币材的特性，因而在历史沿革中，贵金属成为基本的货币材料。在商品经济初期，白银曾广泛地被各国规定为货币金属。当黄金随着经济发展而大量进入流通后，大多数发达国家便只将黄金确定为币材。现在各国实行的是信用货币，确定货币材料已没有什么经济意义，只是一种技术上的选择。

2. 货币单位。货币单位是国家法定的货币计量单位，这包括规定货币单位的名称与确定货币单位所包含的货币金属量两方面，也称为价格标准。例如，英国的货币单位定名为"镑"，根据1816年5月的金币本位法案规定，1英镑含成色11/12的黄金123.27447格令（合7.97克）。中国北洋政府在1914年的"国币条例"中规定货币单位名称为"圆"，每圆含纯银库平6钱4分8厘（合23.977克）。

3. 通货的铸造、发行和流通程序。一国通货，通常分为主币（即本位币）和辅币，它们有各自不同的铸造、发行和流通程序。

（1）本位币。本位币是一国的基本通货。在金属货币流通的条件下，本位币是指用货币金属按照国家规定的货币单位所铸造的铸币。

本位币作为一种足值的铸币，其铸造、发行与流通程序特点有：

①自由铸造。在金属货币流通的条件下，本位币可以自由铸造。所谓的自由铸造有两方面的含义：一方面，每个公民都有权把货币金属送到国家造币厂请求铸成本位币；另一方面，造币厂代公民铸造本位币，不收费用或只收很低的造币费。本位币的自由铸造具有十分重要的经济意义。首先，自由铸造可以保持铸币的名义价值和实际价值一致。其次，本位币的自由铸造可以自发地调节货币流通，使流通中的货币量与货币需要量保持一致。

②无限法偿。本位币具有无限的法定支付能力，即无限法偿。本位币是法定作为价格标准的基本通货。法律规定，在货币收付中无论每次支付的金额多大，用本位币支付时，收款人不得拒绝接受，故称为无限法偿币。在金属铸币流通制度下，铸币流通会有自然的磨损，为了保证本位币的名义价值与实际价值相一致，从而保证本位币的无限法偿能力，各国货币制度中通常都规定有每枚铸币的实际重量低于法定重量的最大限度，即铸币的磨损公差。

（2）辅币。辅币是本位币以下的小额货币，供日常零星交易和找零之用。

辅币的铸造、发行与流通程序具有以下特点：

①辅币用较贱的金属铸造。因为辅币的面额较小，因此使用贱金属铸造可以节省流通费用。

②辅币是不足值的铸币。其名义价值要大于实际含有的金属价值。

③辅币可以与本位币自由兑换。辅币的实际价值虽然低于名义价值，但法律规定，辅币可以按固定比例与本位币自由兑换，这样，就保证了辅币可以按名义价值流通。

④辅币不能自由铸造。即只能由国家来铸造。由于辅币的实际价值低于其名义价值，铸造辅币就会得到一部分铸造收入，所以铸造权由国家垄断，其收入归国家所有。同时，因为辅币是不足值的，限制铸造也可以防止辅币排挤本位币。

⑤辅币是有限法偿货币。国家对辅币规定了有限的支付能力，即在每一次支付行为

中使用辅币的数量受到限制,超过限额的部分,收款人可以拒绝接受。如美国规定,10分以上的银辅币每次支付限额为10元;铜镍所铸造的分币,每次支付限额为25分。但向国家纳税或向银行兑换时不受数量限制。

(3)纸币的发行和流通。在金属货币制度下,流通中的货币除了铸币形式的本位币及其辅币外,还有银行券、纸币或不兑现的信用货币。

银行券是一种信用货币,它产生于货币的支付手段职能,是代替金属货币充当支付手段和流通手段职能的银行证券。早期银行发行的银行券可以随时兑现成金属货币,1929—1933年经济危机后,各国银行券不再兑现,演变为不兑现的纸币。

纸币本身没有什么价值,是不能兑现的货币符号,它产生于货币的流通手段职能。货币在发生流通手段职能时,只是交换的媒介,而不是交换的目的,这就意味着货币符号可以替代货币进行流通。后来政府根据流通手段的这一特性,有意铸造和发行不足值铸币,直至发行本身几乎没有价值的纸币,并通过国家法律强制其流通。纸币产生的前提不是发达的信用制度,而是中央集权的国家政权和统一的国内市场。

4. 准备制度。各国货币制度中都包含有准备制度的内容。在金本位下,准备制度主要是建立国家的黄金储备,这种黄金储备保存在中央银行或国库。黄金储备主要用于三个方面:第一,作为国际支付的准备金;第二,作为扩大和收缩国内金属流通的准备金;第三,作为支付存款和兑换银行券的准备金。现在各国实行不兑现的信用货币流通制度,黄金储备的后两个作用已经不再需要。黄金作为国际支付准备金的作用依然存在,主要用于一个国家出现国际收支逆差时,在国际市场上抛售黄金,换取自由外汇,借以平衡国际收支。

目前,各国中央银行发行的信用货币虽然不能再兑换黄金,但仍然保留着发行准备制度。但归纳起来,各国作为发行准备金的有黄金、国家债券、商业票据、外汇等。

## 二、货币制度的演变

回顾历史,世界各国货币制度大体经历了银本位制、金银复本位制、金本位制和不兑现的信用货币制度的演变历程,如图2-1所示。

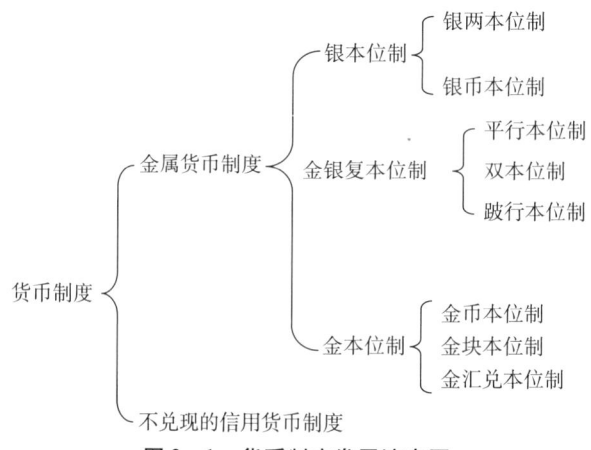

**图2-1 货币制度发展演变图**

(一) 银本位制

银本位制是以白银作为本位货币的货币制度。其特点是：银币可以自由铸造、自由熔毁；银币无限法偿；白银及银币可以自由输出入。分成银两本位和银币本位两种类型。银两本位制中，流通的货币是银块，白银的重量单位——两，作为货币的价格标准；银币本位制中流通的货币是银币，以一定重量和成色的白银，铸成一定形状的本位币来流通。

银本位制实行时间较早，持续时间较长，通常是商品生产不够发达和黄金供应较少情况下采用的币制。15世纪到19世纪，欧洲许多国家如英国、法国、意大利等，均曾有银币流通。中国在1910年4月，颁布币制条例，实行银币本位制，在此之前实行银两本位——流通中没有银铸币，而是以银的自然条块形式流通。

银本位制最主要的问题是白银价格不稳定，价值相对较小，不适于巨额支付。19世纪后期，世界各国不断有银矿被发现，白银产量激增导致市场价格剧烈波动，呈现长期下跌趋势，给实行银本位制的国家带来了非常不利的影响。因此，一些银本位制的国家开始改为金银复本位制。但一些经济落后的国家，如墨西哥、印度和中国仍在较长的时间里采用银本位制。白银丧失本位币资格后，作为辅币流通，直到纸币和更贱的金属辅币代替它流通为止。

(二) 金银复本位制

金银复本位制是指金和银两种铸币同时被确定为法定本位货币的货币制度。其特点是：金和银两种贵金属都可以自由铸造，自由输出入；金银铸币均为无限法偿货币，且这两种铸币之间可以自由兑换。金银复本位制实行的背景是资本主义城乡商品贸易和大工业的发展，大宗交易完全用白银已经很不方便，客观上需要价值更高的贵金属执行货币的职能；同时南美金矿的发现和开采，使金银复本位制具备了实行的条件。16世纪、17世纪新兴的资本主义国家都采用过这种货币制度。如英国在1717—1816年，美国在1792—1900年实行的就是金银复本位制。金银复本位制分为平行本位制、双本位制和跛行本位制。

1. 平行本位制。是指金币和银币按照实际价值流通，其兑换比例完全按照市场比价来决定，国家不规定金币和银币之间的法定比价。由于金币和银币的市场价格随供求状况频繁变动，使得不同货币表示的商品价格不够稳定，容易造成交易的混乱。

2. 双本位制。是指国家以法律形式规定金银两种货币的固定比价，并要求按法定比价进行流通的货币制度。双本位制以法律形式固定金币和银币的比价，本意是为了克服平行本位制下金币和银币比价频繁变动的弊端，但事与愿违，双本位制下形成了金银法定价格和市场比价并存的局面，因此出现"劣币驱逐良币"的现象。

"劣币驱逐良币"是指在双本位制下，国家规定金与银的法定比价，但金银市场比价仍然发生变化，在法律上被低估了的货币（即实际价值高于法定名义价值的货币，称之为良币）必然被人收藏、熔化或输出国外，而法律上被高估的货币（即名义价值高于实际价值的货币，称之为劣币）则独占市场，最后的结果是金贱则金币充斥市场，银贱则银币充斥市场。虽然在法律上规定了两种铸币可按法定比价同时流通，但实际上，在一定时期内的市场上主要只有一种铸币流通。因16世纪英国财政家汤姆斯·格雷欣在给英国女王的改铸货币的建议中使用了"劣币驱逐良币"一词，故又被称为"格雷欣法则"。

3. 跛行本位制。金银复本位制还有一种类型，叫作跛行本位制，它是一种从金银复本位制向金本位制的过渡时期采用的货币制度。在这种货币制度下，法律上仍然承认金银两种铸币的本位币地位，两种本位币都具有无限的法定支付能力，但银币不能自由铸造，只有金币可以自由铸造。因此这种货币制度被称为"跛行本位制"。19世纪70年代欧洲的一些国家，如法国、比利时、瑞士、意大利等都曾采用过这种货币制度。

（三）金本位制

金本位制是以黄金为本位货币的货币制度，包括金币本位制、金块本位制和金汇兑本位制三种形式，其中金币本位制是金本位制的典型形式。

1. 金币本位制。是指以黄金铸币作为法定的本位货币。它的主要特点是：

（1）金币可以自由铸造和熔毁；

（2）银行券可以自由兑换金币或黄金；

（3）黄金在国际上可以自由输出和输入。

金币本位制是一种相对稳定的货币制度，主要体现在国内货币的币值和外汇行市都比较稳定。英国在1816年首先实行金币本位制，此后，大部分资本主义国家相继采用。第一次世界大战期间和战后，受资本主义矛盾进一步尖锐化和战争的影响，其稳定性因素遭到破坏，金币自由铸造与自由流通的基础遭到削弱，银行券自由兑换金币的可能性受到影响，黄金在国际间的自由输出和输入受到限制。这样，许多国家相继放弃金币本位制。1924—1928年，英国、法国、比利时、荷兰等经济实力较强的国家改为金块本位制，德国、意大利、奥地利等国和一些殖民地、半殖民地国家改为金汇兑本位制。

2. 金块本位制。也称生金本位制，是指银行券仍规定一定的含金量，达到一定金额的银行券只能兑换为金块（而不是金币）。这种制度尽管承诺兑换黄金，但是有了限制条件，一般公众无能力来兑换，所以大大节省了黄金的使用，中央银行只需保留一定比例的黄金作为发行准备即可，说明黄金货币的职能开始萎缩。

3. 金汇兑本位制。也称虚金本位制，是指规定本国货币与另一个实行金块本位制的国家保持固定汇率，并在该国存放外汇黄金作为发行准备，居民可以按法定汇率购买（兑换）外汇，在联系国兑换黄金。这是一种间接的与黄金挂钩的货币制度。

金块本位制和金汇兑本位制的历史都不长，随着20世纪30年代西方国家经济大危机和接踵而来的第二次世界大战，金本位制度彻底崩溃，最终被不兑现的信用货币制度所取代。

（四）不兑现的信用货币制度

不兑现的信用货币制度是指中央银行发行的、以纸币或银行券作为本位货币且不能兑换成黄金的货币制度。

不兑现的信用货币制度是当代各国普遍实行的货币制度，具有三个特点：

1. 黄金非货币化。流通中的现金，或者称为"通货"，是中央银行发行的钞票与硬币。黄金从国内流通领域中退出。各国均以不同货币的实际购买力之比来制定和调整汇价，黄金仅作为弥补国际收支逆差的最后清偿手段。

2. 货币供给的信用化。中央银行的货币发行通过信贷程序进行，由国家法律赋予无限清偿的能力，货币不与任何金属保持等价关系，也不能兑换黄金，货币发行不以金银为保证，也不受金银数量的限制。货币流通通过银行信用活动进行调节，银行信用扩张，意味着货币流通量增加；银行信用紧缩，意味着货币流通量减少。

3. 货币的多样化。货币与信用交织在一起，各种票据和其他信用流通工具都在一定程度上作为流通手段和支付手段的替代物，使货币形式的多样化成为现实。货币形式的多样化伴随着货币供给渠道的多元化，商业银行及其他金融机构，甚至公众，都能够对改变货币供应量产生影响。

 专栏 2-2
**人民币与港元的货币制度**

（一）人民币制度

我国的人民币制度开始于解放战争即将胜利之时。1948年12月1日，中国人民银行在石家庄正式成立，同时发行人民银行券，即人民币。在此之后，随着全国的解放，人民银行迅速收兑了旧经济制度下的法币、金圆券和银圆券，同时通过逐步收兑原各解放区自行发行的货币，统一了货币，形成了新中国的货币制度。经过半个多世纪的发展、改革与完善，目前已经形成了比较完善的现代信用货币制度。

我国人民币货币制度的主要内容包括：

1. 我国法定货币为人民币。以元为货币单位，主币有7种，100元、50元、20元、10元、5元、2元、1元；辅币单位为"角"和"分"。

2. 人民币是我国的唯一合法通货。国家规定禁止金银和外汇在国内市场上计价、流通、结算和私自买卖，严禁仿造人民币。

3. 人民币的发行实行高度集中统一，人民币发行权集中于国家中央，中国人民银行是我国唯一的货币发行机构。

4. 建立严格的准备金制度。我国的黄金及外汇储备，由中国人民银行集中掌握，统一管理、统一调配。作为调节国际收支的准备金，可以起到稳定人民币价值的作用。

（二）香港的货币制度

香港的货币制度可以追溯到19世纪中叶。1842年，英国政府与清朝政府签订不平等的《南京条约》，香港被割让给英国作为殖民地。由于英国的殖民统治和中国历史传统的共同影响，香港的货币制度具有独特之处。在香港，没有垄断货币发行权的中央银行，港元的发行与货币供应量的控制由汇丰银行、渣打银行、中国银行和香港政府共同承担。在19世纪中叶至今，香港的货币制度经历了银本位制、英镑汇兑本位制、外汇汇兑本位制和联系汇率制度四个时期。1997年7月1日，香港回归以后，按照《中华人民共和国香港特别行政区基本法》，在香港特别行政区内，港元仍是唯一流通货币。但是按照我国目前的外汇管理规定，港元仍属于外汇，在除香港之外的中国境内是不能直接流通的。

港元制度的基本内容包括以下几个方面:

1. 港元为香港特区的法定货币,发行权属于香港特别行政区政府,中国银行、汇丰银行、渣打银行为港元发行的指定银行。

2. 香港特区的货币单位为"元",简称港元。主币有10元、50元、100元、500元和1000元几种面额;硬币有5分、10分、20分、50分及1元、2元和5元几种面额。

3. 港元实行与美元联系的汇率制度。

### 三、国际货币制度

(一) 国际货币制度的含义

国际货币制度是指各国政府对货币在国际范围内发挥世界货币职能所确定的原则、措施和组织形式。

国际货币制度包括以下三个方面的内容:

1. 国际储备资产的确定。即国际交往中使用什么样的货币。

2. 汇率制度的确定。即一国货币与其他货币之间的汇率应如何确定和维持。

3. 国际收支不平衡的调节方式。即当出现国际收支不平衡时,各国政府应采取什么方法弥补这一缺口,各国之间的政策措施又如何互相协调。

国际货币制度的主要作用是促进国际贸易和国际支付手段的发展。理想的国际货币制度应当能够提供足够的国际清偿力,保持国际储备资产的信心,以及保证国际收支失衡能够得到有效而稳定的调解。

(二) 国际货币制度的演变

根据国际货币制度的历史演变过程和国际上的习惯称谓,国际货币制度大体上可分为国际金本位制、布雷顿森林体系和牙买加体系。

1. 国际金本位制。国际金本位制是历史上第一个国际货币制度,其持续时间是1880—1914年,这一时期的国际金本位制建立在各主要资本主义国家国内都实行金铸币本位制的基础之上。

国际金本位制有以下特点:

(1) 黄金可以自由输出国外和输入国内。自由输出入保证了各国货币之间汇率的稳定和国际收支的平衡。

(2) 银行券可以自由兑换成黄金。自由兑换保证了各种价值符号稳定地代表一定数量的黄金进行流通,从而保证币值的稳定。

(3) 金币可以自由铸造。由于金币可以自由铸造,金币的面值与其所含黄金的价值可保持一致,金币数量就能自发满足流通中的需要。

国际金本位制具有保持汇率稳定和自动调节国际收支的作用。各国货币的含金量之比被称做铸币平价,而铸币平价是决定两国货币汇率的基础。由于供求关系,外汇市场的汇率围绕铸币平价波动,但波动有一个限度,这个限度就是黄金输入点和黄金输出点。黄金输入点是指铸币平价减黄金运送费用,这是汇率波动的下限;黄金输出点是铸币平价加黄金运送费用，这是汇率波动的上限。汇率的波动受制于黄金输入点和输出点，因此国际金本位制具有保持汇率基本稳定的作用。同时，国际金本位制还能够自动调节国际收支，当一国国际收支出现不平衡时，引起黄金流动，黄金的流动会引发有关国家货币数量的变化，进而改变其物价水平，这将通过国际贸易的增减来自动纠正这些国家的国际收支不平衡。

国际金本位制在第一次世界大战爆发后开始崩溃。一方面，世界黄金产量增加跟不上世界经济的增长；另一方面，世界黄金分布极不平衡。1913 年时，英、美、德、法、俄五国的黄金存量达到世界黄金总存量的 2/3，这就使其他国家的金本位制难以维系。同时各国银行券发行日益增加，黄金的兑换越发困难，黄金的输出入也受到越来越多的限制。第一次世界大战爆发后，各国陆续宣告停止银行券对黄金的兑换，禁止黄金输出入，国际金本位制开始瓦解。第一次世界大战后，各国试图恢复金本位制，但由于黄金存量不足与分配不均，最终恢复起来的国际金本位制实际上是金汇兑本位制度，到 1929 年经济大危机后，国际金本位制彻底崩溃。

2. 布雷顿森林体系。为消除国际金本位制崩溃后国际货币的混乱局面，1944 年 7 月，44 个国家在美国布雷顿森林召开会议，通过了以美国怀特方案为基础的《国际货币基金协定》和《国际复兴开发银行协定》，总称《布雷顿森林协定》，形成了以美元为中心的国际货币新体系，即布雷顿森林体系。

布雷顿森林体系的内容可概括为以下三个方面：

（1）建立全球性的国际金融机构。根据布雷顿森林协定，国际货币基金组织于 1946 年正式成立，其主要职能是监督成员国官方汇率，为国际收支发生逆差的国家融通资金，促进各国之间的货币合作。

（2）以黄金为基础，以美元作为最主要的国际储备货币。美元与黄金直接挂钩，确定 1 盎司黄金等于 35 美元的官方价格，形成美元与黄金挂钩，其他货币与美元挂钩的"双挂钩"制度。

（3）取消经常项目下的外汇管制，但保留对资本项目下的限制。鉴于第二次世界大战后各国采取严厉的外汇管制呈现的以邻为壑的国际经济混乱停滞的局面，布雷顿森林体系要求各国尽快放开经常项目下的外汇管制。同时为了防止国际资本流动对国际货币体系带来冲击，布雷顿森林体系允许各国对资本项目进行限制。

布雷顿森林体系面临"特里芬难题"的考验而难以长久。美元作为国际储备货币，要求美国必须提供足够数量的美元，用于满足国际间清偿的需要；同时，美国还需保证美元按照官方价格兑换黄金，以维持各国对于美元的信任度。这两方面是矛盾的：美元供给太多，则会影响其兑换黄金的能力，从而影响各国对于美元的信心；但美元供应太少，又难以满足国际市场对美元的需求，导致国际清偿力不足。这个矛盾就是著名的"特里芬难题"。

20 世纪 70 年代是布雷顿森林体系彻底崩溃的时期。由于美国国际收支状况恶化，黄金储备减少，1970 年后多次发生美元危机，各国开始纷纷取消本国货币与美元的比价，令其货币自由浮动，1973 年后布雷顿森林体系彻底崩溃。

3. 牙买加体系。布雷顿森林体系崩溃之后，各国都在寻求货币制度改革的新方案。1976年国际货币基金组织临时委员会在牙买加首都金斯敦召开会议，讨论修订国际货币基金组织协定，1978年4月1日，修改后的国际货币基金协定正式生效，从而形成了国际货币关系的新格局。

牙买加体系的特点：(1) 多种汇率制度并存；(2) 黄金的作用和地位在减退；(3) 美元的霸权地位衰弱。

牙买加体系基本上摆脱了布雷顿森林体系时期各国货币与美元挂钩后的弊端，在一定程度上解决了"特里芬难题"，对世界经济的发展起到了促进作用。多种汇率体系安排能够比较灵活地适应世界经济形势多变的状况，多种国际收支调节机制并行和相互补充，而非依靠单一调节手段，缓和了布雷顿森林体系条件下国际收支调节机制失灵的困难。但是，牙买加体系下缺乏国际金本位制下的自发调节机制，国际货币基金组织对世界经济的协调作用不显著，外汇市场动荡混乱，汇率剧烈波动，经济危机频发，对世界经济、国际贸易和国际投资也产生了消极影响。因此，进一步改革国际货币制度，是当前世界各国广泛关注的问题。

(三) 国际货币制度改革的前景

第二次世界大战结束至今，国际货币体系是以美元主导作为基本特征的。其最大弊端在于美元作为主权国家的货币成为事实上主导的国际储备货币，国际货币体系的利益往往被美国的利益所绑架，而美元的动荡也容易造成国际货币体系的动荡。由主权货币作为国际货币体系的中心货币，是有其内在缺陷的，这就是著名的"特里芬两难"。事实上，只要是以主权货币作为国际货币，都存在"特里芬两难"。

由美元、欧元、人民币、英镑和日元共同支撑的多元化国际货币体系，是未来最有可能出现的格局，其发生的概率显著高于其他情形。人民币在未来很可能成为国际货币体系的重要组成部分，2016年10月，人民币正式加入国际货币基金组织特别提款权（SDR）货币篮子，在篮子中的权重为10.92%，仅次于美元和欧元，超过英镑和日元，这显示出国际社会对于人民币国际化进程的认可。而我国日渐雄厚的经济实力、稳定的国内环境、庞大的国际贸易进出口量、不断完善的金融市场和实力增强的金融机构，都为人民币的国际化和在国际货币体系舞台上发挥更大的作用提供了强有力的支撑。在不远的将来，中国和人民币会在国际金融领域扮演更重要的角色。

# 【本章小结】

货币是伴随商品生产和商品交换而出现的产物，是现代经济社会中不可或缺的核心要素。本章从货币的起源说起，对货币的产生、职能、形态演变、货币层次的划分以及货币制度等方面的知识，进行了系统的梳理和阐述。

马克思认为货币的本质是从商品世界中分离出来，固定地充当一般等价物，并能反映出一定生产关系的特殊商品。从货币的形态发展历程上看，大体经历了从实物货币，到金属货币、代用货币和信用货币的演变。在货币的职能方面，现代经济生活中货币仍然执行着价值尺度、流通手段、支付手段、贮藏货币和世界货币五大职能。为方便对货币的计量,国际经济组织和各国根据不同情况,对货币层次进行了不同的划分。就制度层面而言,随着商品经济的发展,各国家或者地区开始以法律的形式确定了货币的流通结构和组织形式,这就是货币制度。货币制度自产生以来,经历了银本位制、金银复本位制、金本位制和不兑换的信用货币制度四种类型。第二次世界大战结束至今,国际货币体系以美元主导为基本特征,有其弊端与缺陷,仍面临许多亟待解决的问题。

## 【重要概念】

准货币　货币存量　货币流量　货币制度　无限法偿　格雷欣法则　特里芬两难

## 【思考题】

1. 货币的形式为什么会发生变化?经历了怎样的演变过程?
2. 阐述货币的本质及其职能。
3. 货币制度的构成要素有哪些?
4. 货币层次划分的依据和意义是什么?

# 第三章

# 信用与信用体系

## 第一节 信用及其与货币的关系

信用是一种以还本和付息为条件的借贷行为。借贷对象可以是商品、劳务、货币或某种金融要求权,如股票或债券。信用在私有制和商品交换的基础上产生并在发达的市场经济条件下获得了充分的发展。在信用的作用下,资金通过有偿转移和互惠互利,源源不断地从盈余部门流向赤字部门,适应了生产和消费内在发展规律的要求,提高了国民消费的总效用,也使大规模生产成为可能,提高了资金的使用效率和整个社会的生产力。

### 一、信用的含义

信用作为一种经济活动是指货币或财物的所有者,将货币或财物贷放出去,然后按照事先约定的期限收回并附带一定利息的借贷行为。

关于信用的含义需要做如下几点说明:

1. 借贷活动以本息的偿还为条件。信用的这个特点是作为现实的借贷活动得以发生的前提条件,是通过借贷双方签订符合法律规定的契约或借贷合同加以确认的。

2. 借贷活动要有利息。信用活动作为一种经济活动,是以获取最大报酬(利息)为目的的。虽然有些信用活动表面上看似没有利息收入,例如某些西方发达国家商业银行吸收的支票户存款,便属于不支付利息的存款,但存款人可获得的本质上看也是有息的存款。此外有些信用不单纯是经济行为。例如政府之间的贷款往往采取低息或无息的方式,但由于这种贷款往往包含许多非经济的因素,因此属于信用活动中的特例。

3. 信用活动的过程必然会产生债权债务关系。凡有债权债务关系的地方便有信用的存在。债权债务关系越广泛,越是深入到经济生活的各个层面,信用对经济生活发挥的作用便越大。

### 二、信用的产生及其与货币的关系

私有财产的出现是早期信用关系存在的前提条件,而商品交换则是早期信用关系赖以存在的物质基础。没有私有权的概念，就没有为满足以不改变所有权为条件的财富调剂的需要。没有剩余产品就没有商品交换，信贷就失去了实质性的内容，信用关系也就无从建立。

信用和货币一样，也是一个很古老的经济范畴。信用与货币之间自古以来就存在着紧密的关系。在产生问题上它们之间是否有制约关系？无论是货币，还是信用，它们都以私有为前提，这说明它们产生的经济前提是同源的。但从逻辑上却很难推导出谁能成为谁的前提条件。一般而言，凡有货币的地方便有信用，货币与信用是一种你中有我，我中有你的依存关系。

从历史记载中我们所看到的有关信用的材料都说明，它一直是以实物借贷和货币借贷两种形式存在的。随着货币关系的发展，货币越来越成为借贷的主要对象。但在自然经济占主导地位的前工业社会里，货币借贷一直未能全然排除实物借贷。如我国直到20世纪的上半叶，在广大农村，实物借贷依然相当广泛地存在着。只有当资本主义关系不断浸透城乡经济生活的各个角落，或者说商品货币关系在经济生活中无处不在的时候，实物借贷才丧失其大量存在的基础。

### 三、信用在现代经济中的作用

（一）促进资金再分配，提高资金使用效率

信用是促进资金再分配的最灵活方式。借助于信用就可以把闲置的货币资金以及社会各阶层的货币集中起来，转化为资本借贷，用于各种临时性需要，使闲置资金得到充分利用。同时，在信用活动中，价值规律的作用能得到充分发挥。那些具有发展潜力的产业，或者是国家优先发展的部门和企业，往往容易获得信用的支持。信用还会加速资金从利润率较低的部门向利润率较高的部门转移。通过竞争机制，在促使各部门实现平均利润化的过程中，也提高了整个经济的利润率。

（二）加速资金周转，节约流通费用

由于信用能使各种闲置资金集中起来，并投放出去，使大量处于相对静止状态的资金运动起来，这对于加速整个社会资金周转起到了重要的作用。并且利用各种信用形式，还能节约大量的流通费用，增加生产资金投入。第一，利用信用工具替代现金，节省了与现金流通有关的费用；第二，在发达的信用制度下，资金集中于银行和其他金融机构，可以减少整个社会的现金保管、现金出纳以及簿记登录等流通费用；第三，信用能加速商品价值的实现，这有助于减少商品储存以及与此有关的商品保管费用支出。此外，还可以利用非现金结算方式来处理各种债权债务关系，这不仅节约了流通费用，利用非现金结算方式来处理各种债权债务关系，还可以缩短流通时间，增加资金在生产领域发挥作用的时间，有利于扩大生产和提高利润。

（三）加快资本集中，推动经济增长

信用是资本集中的有力杠杆。因为信用可以使零星资本合并成为一个规模庞大的资本，使个别资本通过合并其他资本来增加资本规模。在现代并购活动中，很多都是利用信用方式来完成这种资本集中的。资本集中与积聚有利于大工业的发展和生产社会化程度的提高，也有利于推动一国的经济增长。

（四）调整经济结构

随着经济的发展，信用在调整经济结构方面的职能变得越来越重要。信用调节经济的职能主要表现为国家利用货币和信用制度来制定各项金融政策和金融法规，利用各种信用杠杆来改变信用的规模及其运动趋势。国家借助于信用的调节职能既能抑制通货膨胀，也能用于防止经济衰退和通货紧缩，刺激有效需求，促进资本市场平稳发展。国家利用杠杆还能引导资金流向，通过资金流向的变化来实现经济结构的调整，使国民经济结构更合理，经济发展的持续性更好。

**专栏 3-1**
**遵循信用发展规律，建设全覆盖的征信系统**

党的十九大报告和 2017 年中央经济工作会议均强调"守住不发生系统性金融风险的底线"，要为这一目标服务，征信系统目前的建设边界仍有一定的局限性。新形势下建设我国的社会信用体系，要遵循社会信用发展的客观规律，从顶层设计上充分认识征信、信用、诚信的不同属性，分层构建社会信用体系。首先，社会诚信是信用体系建设的基础层，决定了征信机制发挥作用的空间，需要在全社会加强诚信教育和宣传，树立诚信意识，建立居民诚信档案，培养诚实守信的行为规范。其次，经济信用是社会信用体系建设的核心层。要做到法律与道德约束相结合，对违法的欺诈造假行为要严厉打击，同时，要加快行业信用。信息共享体系建设，建立相应的失信惩戒机制。最后，金融征信是社会信用体系建设的重点应用层，应进一步完善目前的征信机制，扩大信息共享的范围，实现中央经济工作会议提出的预防系统性金融风险的目标。

资料来源：胡乃红．加强信用体系建设［N］．光明日报，2018-06-12（15）．

## 第二节 信用活动要素

信用的要素是指构成信用活动或实现借贷行为的必要因素，它由信用活动的主体、客体及信用活动的基础三个方面构成。

### 一、信用活动的主体

信用活动的主体指信用活动中的债权人和债务人。现代经济生活中，由于信用活动的普遍存在，经济生活中存在大量的债权、债务，自然也就有众多的债权人、债务人，主要由政府、企事业单位、公民家庭或个人及金融机构所组成。虽然从宏观角度看，政府一般处于净债务人的地位，个人一般处于净债权人的地位，企业单位及金融机构既可能处于净债权人的地位，也可能处于净债务人的地位。但从微观的角度看，即从具体的借贷活动看，上述四个信用主体，均既可以是债权人，也可以是债务人。

### 二、信用活动的客体

信用活动的客体又称信用工具或信用的载体，是指以书面的形式发行、记录或证明债权债务事实，依法保障债权人和债务人双方权益及各自应履行的义务的凭证。

信用工具既然是记载信用活动的事实及保障双方权利和义务的工具，作为规范的信用活动，必然有信用工具的产生。

信用工具除了具有记录信用活动的事实、保障债权债务双方当事人的利益、促进双方履行义务的功能，对宏观经济还发挥着重要的影响作用。由于当代经济生活中金融市场的建立及其功能的不断完善，使得越来越多的信用工具具有可转让性，即可通过金融市场的交易功能买卖信用工具。在这种情况下，由于债权人可以通过市场转让信用工具从而将货币资金提前收回，因此提高了债权人提供信用的能力，这反过来又极大地刺激了信用活动的开展，导致全社会信用规模的扩张，从而对宏观经济产生重大影响。

### 三、信用的基础

所谓信用的基础，作为信用要素来看待时，是指在所有信用要素中居于基础地位的那些要素。具体指品德、能力和资本三要素。根本来说，无论政府、企业单位还是个人作为债务人，之所以能具备借款的资格，源于债权人对他的信任。而信任的建立是以对其品德、资本和能力的了解为依据的，因此这三要素构成了信用活动实现的基础性要素。

品德作为信用要素，在这里指能体现借款人（个人或企业法人）过去履行偿债承诺的记录及个人声誉的所有信息和有关资料。应该说在信用活动中，品德堪称基础要素中的基础。

能力作为信用的基础要素主要是指借款人通过对所借资金的有效使用、管理，从而获取收益以便能按期偿付本息的能力。一般而言一个人的能力大小，与其所受教育的程度、年龄，特别是工作经验有关。此外，更重要的是看债务人是否具有偿付本息的能力。例如，作为个人借款者的偿债能力与其工薪及收入水平、家庭人口、经济负担、工作的稳定性、身体健康状况等有关。

资本也称自有资本，是指债务人的资产减去负债后的净值。债务人的资本净值越雄厚，对债券而言，信用风险便越小。不过需要说明的是，评价债务人资本净值的多少，不能仅凭有关财务资料，必须要注意债务人资产的质量以及按其应有的价值变现的能力。否则虽有资产但因其价值无法实现，或虽能变现价值却大幅下降，自然无法偿付债务。

以上三种要素各有其重要性，若按当代信用活动对债务人要求看，品德和能力较之资本更为重要。因为从大量的实践活动中反映出的情况看，若借款人具备优良的品德，再加之富有经营能力往往具有最大的偿债可能性。否则虽富有资本，而缺乏道德水准，再加之不具备经营能力，最终宣告破产者也为数不少。对于信用的三项基本要素，有后来的学者或银行家尚嫌不足，因而先后又添加担保品和商业情况共同构成信用的基础要素。

## 第三节 信用形式

信用活动是通过具体的信用形式表现出来的。随着商品经济的发展，信用形式也随之多样化，如商业信用、银行信用、国家信用、消费信用、国际信用、民间信用等。各种信用特点各异，在经济中的作用各不相同，而历史上最初的信用形式是高利贷信用。

### 一、高利贷信用

所谓高利贷，是指以追求高额利息回报为特征的借贷活动。它在人类社会中存在已久，极高的利率是其最明显的特征。它是一种通过发放实物或货币而收取高额利息的借贷活动。

高利贷信用最初出现于原始社会末期，第一次社会分工的出现使得生产力水平有了迅速的提高和商品经济的加速发展，并出现了贫富分化和私有制。穷人由于缺乏生产和生活资料，为了生存而向富人借贷，并被迫支付高额的利息，从而高利贷产生了。

高利贷的特点之一是利率极高且不统一。贷放者吸取多高的利息，是根据借款人的不同、时间季节的不同和地区的不同而有相当大的差异，贷放者跟借款人亲疏关系不同，收取的利息也不同，这些都由贷放者随意决定，借债者没有讨价还价的余地。高利贷的另一特点是具有非生产性，即小生产者借贷主要是满足生活需要，而奴隶主和封建主借贷主要是为了满足其奢靡的生活需要，因而都不具有生产性。

因此高利贷在历史上的作用主要表现在两个方面：一方面，导致生产力发展缓慢，因为残酷的高利盘剥使小生产者在极端困难的条件下维系简单再生产，从而使社会生产力发展受阻；另一方面，高利贷在客观上促进了资本主义前提条件的形成，即高利贷者手中集中了大量货币资本，实现了资本的原始积累，而大批小生产者、封建主破产，成为无产者，又为雇佣劳动创造了条件。可见，高利贷的历史作用具有两重性。

### 二、商业信用

商业信用是指工商企业之间以赊账和预付的方式买卖商品时提供的信用。商业信用的具体形式有商品赊购、赊销和分期付款。

商业信用在简单商品经济条件下就存在，其直接与商品生产和商品流通相联系。在现代市场经济条件下，商业票据是实现商业信用的主要工具（商业票据是商品赊销者与赊购者之间债权债务关系的凭证，马克思把它称之为"商业货币"）。

商业信用具有以下特征：(1) 商业信用是商品生产者或商品经营者之间相互提供的信用活动，是买卖关系和借贷关系的统一。(2) 商业信用的对象是商品资本。(3) 商业票据是实现商业信用的主要工具。(4) 商业信用的发展程度直接依赖于商品生产和商品流通的状况以及信用制度的完善程度。

商业信用的主要特征决定了它在提高资金使用效益、节约交易费用、调节企业之间资金余缺、加速商品流通、扩大销售等方面具有重要作用。但是商业信用具有一定的局限性：(1) 商业信用的授信规模有限。因为企业所能提供的商业信用的数量受其准备金数量和资本周转的限制。(2) 商业信用受商品使用价值流转方向的限制。如机器制造商可向造纸商赊销生产纸张的机器设备，但后者不能向前者赊销自己的产品。(3) 商业票据的接受性有限。商业票据只有通过贴现转换为货币，才具有广泛的接受性。(4) 信用链条具有不稳定性。商业信用是由工商企业相互提供的，如果因债务人经营不善或到期不履行契约，就可能导致整个债务链的中断，引起债务危机的发生，冲击整个信用体系。

### 三、银行信用

银行信用是指银行和非银行金融机构以货币形态向企业、社会和个人所提供的信用。银行信用是在商业信用的基础上产生和发展起来的一种更高层次的信用，它和商业信用一起构成经济社会信用体系的主体。

银行信用虽然在商业信用的基础上产生，但银行信用有别于商业信用：(1) 银行信用是一种间接信用。银行利用自己的中介职能，一方面把社会闲散资金聚集起来，另一方面又以贷款方式把资金贷放出去，从而调剂资金的余缺。而商业信用是一种直接信用，是企业之间相互提供的信用。(2) 银行信用的对象是货币资本，而不是商品资本。货币资本是集社会各方面的可贷资金，其规模大，期限较长，因而可以克服商业信用受个别企业资金数量限制的影响，可满足大额资金的借贷需求，同时又可把短期借贷资金转换为长期的借贷资金。另外，货币资本有广泛的可接受性，因而不再受资金流转方向的约束，从而在规模、范围、期限和使用方向上大大优越于商业信用。(3) 银行信用的流量、流向是宏观调控的重要手段。(4) 银行信用为商业信用的进一步发展创造条件。银行的商业票据贴现将分散的商业信用统一为银行信用，同时银行在商业票据贴现过程中发行稳定性强、信誉高的银行券，创造了适应全社会经济发展的流通工具。银行信用的主要工具是银行票据，如支票、银行汇票等。

### 四、国家信用

国家信用是指国家及其机构作为债务人或债权人，依据信用原则向社会公众和国外政府举债或向债务国放债的一种信用形式。国家信用又称公共信用，是一种古老的信用形式，它是伴随着国家机器的形成，特别是为弥补财政赤字而产生的。目前世界各国几乎都采用了发行政府债券的形式来筹措资金。向国内发行债券形成内债，向国外发行债务形成外债。一国国债规模的大小，主要通过国债负担率、国债依存度和国债占金融资产比重来衡量。

国家信用的特点有：(1) 信用主体是国家；(2) 国家债券风险减小，流动性高，收益较稳定。

由于国家信用有以上特点，在现代市场经济中，国债不仅是政府筹资的重要手段，而且成为居民、企业、政府等经济主体投资的重要工具，发挥着"准货币"的作用。同时，随着国债一、二级市场的建立和发展，国债市场成为政府利用公开市场业务进行货币政策调控的重要场所。

### 五、消费信用

消费信用是指银行和非银行金融机构、商业企业利用赊销和分期付款等方式推销耐用消费品或房屋等对消费者提供的、用于满足其消费需求的信用形式。

消费信用的主要形式有：（1）赊销。这是零售商向销售者提供的一种短期消费信用。（2）分期付款。消费者购买高档耐用品如房屋、汽车等，属于中长期消费信用。（3）消费贷款。它是银行或其他金融机构利用信用放款或抵押放款方式，对消费者发放贷款，用于购买耐用消费品、住房以及支付旅游等费用。（4）信用卡。银行和其他金融机构对个人提供信用卡，客户只需持信用卡在约定单位购买商品或支付劳务，分期与银行结账。

消费信用在一定条件下可以缓解有限购买力与需求结构的矛盾，促进了消费品的生产和销售。据估计，若不采取分期付款这一消费信用，西方汽车的销售量将减少1/3。另外，消费信用对于促进新技术的应用、新产品的推销以及产品的更新换代具有重要的作用。当然消费信用的过度膨胀，也会导致市场供求紧张，促使物价上涨。因此，对于不同经济条件的国家和地区或同一国家和地区的不同时期，消费信用会产生不同的效果。

### 六、国际信用

国际信用是指一个国家的政府、银行及其他自然人或法人对别国的政府、银行及其他自然人或法人所提供的信用。国际信用是国际间的借贷行为，它本质上是资本输出的一种方式。

按领域划分，国际信用可分为贸易信用和金融信用。贸易信用是与对外贸易业务联系在一起的信用。金融信用是银行向进口商或出口商提供的贷款（即进出口贷款）。

按期限划分，国际信用可分为短期信贷、中期信贷和长期信贷。不同国家的出口商与进口商相互提供的商业信用，通常是短期的，但在市场竞争激烈的情况下，这种信用往往具有长期的性质。此外，商业银行对进口商和出口商提供的信用大多也是短期的。中期和长期信用基本上用于购买工业装备或支付技术援助。

按贷款人划分，国际信用还可分为由私营企业、银行、经纪人等提供的私人信用，由政府直接提供或通过国营信贷机构提供的国家信用以及国际金融组织与区域金融组织提供的信用。

## 第四节 信用工具

### 一、信用工具概述

#### （一）信用工具的含义

信用工具又称金融工具，是资金供应者和需求者之间以书面形式发行和流通，借以保证债权人和债务人权利义务关系的具有法律效力的凭证。信用工具是在各种信用形式的基础上，随着信用交易方式的演变而逐步形成的。早期的信用交易采用口头协定和账面信用，但其条件并未由正式文件确定，容易引起争议，而且也不能在市场上转让。

随着信用的发展，信用交易方式主要以书面信用为主，它不仅载明支付或偿还条件，而且还可向他人转让，从而构成正式的信用工具。

（二）信用工具的分类

1. 从融资的性质划分，可分为直接信用工具和间接信用工具。直接信用工具就是没有信用中介机构参与的借贷双方直接在金融市场进行融资而签发的信用工具。间接信用工具就是借贷双方通过信用中介机构进行融资而签发的信用工具。

2. 从偿还期限划分，可分为长期信用工具（资本市场信用工具）和短期信用工具（货币市场信用工具）。

3. 从可接受性的程度划分，可分为在本国具备一般接受性的信用工具和在本国具备有限接受性的信用工具。

（三）信用工具的特征

1. 偿还性。偿还性指信用工具按照其不同的偿还期限要求偿还的性质。除股票和永久性债券只付息不还本外，其他大多数信用工具都要求还本付息。偿还期指债务人全部偿还债务之前所经历的时间。但实际上，在信用工具流通和可转让的条件下，偿还期以信用工具实际持有人或购买人的购买日期到票据到期日计算。

2. 流动性。流动性是指信用工具在短期内转变为现金而不受或少受损失的能力。信用工具有的可迅速兑现且不受损失，我们称之为流动性强，如活期存款具有完全的流动性。有的在短期内不易兑现或兑现时要遭受损失，我们称之为流动性弱，如定期存款等。通常，信用工具的流动性与偿还期呈反向变动，与债务人的信用呈正向变动，即信用工具的偿还期越长，则流动性越弱；债务人的信用程度越高，则信用工具的流动性越强。

3. 风险性。风险性指投入的本金和所获收入遭到损失的可能性。信用工具流通转让中的风险主要有：（1）违约风险，是指债务人不按合同履约，或是公司破产等因素造成持有人本息方面损失的风险。（2）市场风险，这是由于市场利率上升而引起证券价格下跌的风险。（3）购买力风险，是指信用工具的本金和利息收入所表示的实际购买力水平由于通货膨胀等因素造成下降的风险。（4）流动性风险，是指在金融市场上，因信用工具流动性下降而造成不能兑现或不易转让的风险。

4. 收益性。信用工具都有一定的利息或股息收益，尤其是可流通和转让的债券和股票在二级市场上还可能得到一定的资本利得，当然收益性包括净收益或净损失。

## 二、短期信用工具

短期信用工具一般是指期限在一年期以内的各种票据。票据是具有一定格式、一定日期，到期由付款人对持票人无条件支付款项的书面凭证。短期信用工具主要有五种。

## （一）本票

本票是一种承诺式的信用凭证。即债务人（发票人）承诺在一定日期支付一定金额给债权人（持票人）的债务凭证。按签发人不同，本票可分为银行本票和商业本票。经持票人背书后，未到期的本票可以转让或向银行贴现。

贴现是指票据所有者在票据到期以前，为获得现款而向银行贴付一定利息的票据转让行为。

## （二）汇票

汇票是一种命令式信用凭证。即由债权人签发、要求债务人在一定期间向收款人支付一定金额的支付命令书。按出票人不同，汇票可分为商业汇票和银行汇票。由于汇票是由债权人开出的，所以必须经付款人承认并兑付后才能生效。

## （三）支票

支票是活期存款的支付凭证。支票按其支付方式分为现金支票和转账支票。前者可用于支取现金，后者只能用来转账。在转账支票上往往划两条红色平行线来表示，故也称为划线支票、平行线支票或横线支票。支票按是否记名可分为记名支票和不记名支票。

## （四）国库券

国库券是政府为了解决急需的预算支出而发行的一种国家债券。由于国库券安全性高、收益稳定、流动性强，因而又被称为"金边债券"。

## （五）信用卡

信用卡是银行或专业公司对具有一定信用的客户所发行的一种信用证书。信用卡上印有发卡银行名称、号码、有效期、持卡人姓名等。持卡人可在本地或外地指定的商店、公司、旅馆，凭卡购买商品、车票及就餐。

## 三、长期信用工具

### （一）债券

债券是债务人发行的信用凭证。它是一种借款者向贷款者出具的、承担还本付息义务的书面凭证。一般可分为政府债券、企业债券和金融债券。

债券发行一般由承销商充当媒介，并代理发售给广大投资者。因此，债券发行市场由发行者、债券承销商和投资者共同构成。债券交易按交易场所划分，主要有场内交易和柜台交易；按交易付款方式划分，主要有现金交易和期货交易。

### （二）股票

股票是股份公司为筹集资金而公开发行的证明股东持有公司股份的所有权凭证。作为交易对象，股票已成为资本市场上主要的、长期的信用工具。但实际上，股票只是代表股份资本所有权的证书，其本身并没有价值，只是独立于实际资本之外的虚拟资本。股票种类很多，可依据不同的标准进行分类。

1. 按股东权利划分，股票可分为普通股票和优先股票。普通股票是股票的基本形式。其股东在法律上有权参与企业管理，对企业拥有所有权和决策的投票权，其股利随公司利润的变动而变动。它是目前世界各国发行最多的、最重要的一种股票，构成股份公司资金的基本部分。

优先股主要是指股份公司在分配红利及公司清算时分配公司资产两方面比普通股享有优先权的股票。其最大的特点是股息固定，股东基本上无权参与企业经营管理，同时其表决权有限。

2. 按有无记名，股票可分为记名股票和无记名股票。记名股票是将股东姓名载于股票票面并记入公司设置的股东名簿上的股票。记名股派发股息时，由公司书面通知股东，转移股份所有权时，须照章办理过户手续。无记名股票是指股票姓名不载入股票票面的股票，派息时不专门通知，一经转让，其所有权转移即生效，无须办理过户。

3. 按有无面值，股票可分为有面值股票和无面值股票。有面值股票是票面上注明股数和金额的股票；无面值股票未注明股数和金额，仅仅是占股本总额若干比例的股票。

股票与债券既有联系也有区别。其相同方面表现在两者都能带来收益，且可以转让，因而又称为有价证券；两者都是筹资手段，发行者可利用这种融资手段得到所需资金。但两者也有区别，主要表现在：

（1）性质不同。债券是一种债权凭证，到期可凭此收回本金和利息。股票则是一种所有权凭证，持有者对发行企业拥有股权。

（2）权利不同。债券持有人无权参与发行企业的经营决策，股票持有人拥有选举权，通过选举权行使对发行企业的经营决策和监督权。

（3）期限不同。债券票面一般规定有偿还期限；股票一般是不偿还的，股金一般不能收回，但可通过金融市场转让。

（4）收入分配形式不同。债券票面规定利率，可获得利息收入。股票一般视企业经营情况进行分红。在企业倒闭清理资产时，债券偿付在前，股票在后。

## 第五节　信用评级

### 一、信用评级

信用评级又称资信评级，是一种社会中介服务，将为社会提供资信信息，或为单位自身提供决策参考。信用评级最初产生于20世纪初期的美国，1902年，穆迪公司的创始人约翰·穆迪开始对当时发行的铁路债券进行评级，后来延伸到各种金融产品及各种评估对象。

关于信用评级的概念，到目前为止没有统一说法，但内涵大致相同，主要包括三方面：

首先，信用评级的根本目的在于揭示受评对象违约风险的大小，而不是其他类型的投资风险，如利率风险、通货膨胀风险、再投资风险及外汇风险，等等。

其次，信用评级所评价的目标是经济主体按合同约定如期履行债务或其他义务的能力和意愿，而不是企业本身的价值或业绩。

最后，信用评级是独立的第三方利用其自身的技术优势和专业经验，就各经济主体和金融工具的信用风险大小所发表的一种专家意见，它不能代替资本市场投资者本身作出投资选择。

### 二、信用评级的分类

信用评级按照评估对象来分，可以分为企业信用评级、证券信用评级、国家主权信用评级和其他信用评级四种。

1. 企业信用评级。包括工业、商业、外贸、交通、建筑、房地产、旅游等公司企业和企业集团的信用评级以及商业银行、保险公司、信托投资公司、证券公司等各类金融组织的信用评级。

2. 证券信用评级。包括长期债券、短期融资券、优先股、基金、各种商业票据等的信用评级，目前主要是债券信用评级。

3. 国家主权信用评级（Sovereign Rating）。国际上流行国家主权评级，体现一国偿债意愿和能力。主权评级内容很广，除了要对一个国家国内生产总值增长趋势、对外贸易、国际收支情况、外汇储备、外债总量及结构、财政收支、政策实施等影响国家偿还能力的因素进行分析外，还要对金融体制改革、国企改革、社会保障体制改革所造成的财政负担进行分析，最后进行评级。

4. 其他信用评级如项目信用评级，即对其一特定项目进行的信用评级。

### 三、信用评级的方法

信用评级的方法是指对受评客体信用状况进行分析并判断优劣的技巧，贯穿于分析、综合和评价的全过程。

按照不同的标准，信用评级方法有不同的分类，如定性分析法与定量分析法、主观评级法与客观评级法、模糊数学评级法与财务比率分析法、要素分析法与综合分析法、静态评级法与动态评级法、预测分析法与违约率模型法等。

其中，要素分析法主要有5C要素分析法［包括借款人品德（Character）、经营能力（Capacity）、资本（Capital）、资产抵押（Collateral）、经济环境（Condition）］、5P要素分析法［包括个人因素（Personal Factor）、资金用途因素（Purpose Factor）、还款财源因素（Payment Factor）、债权保障因素（Protection Factor）、企业前景因素（Perspective Factor）］、5W要素分析法［包括借款人（Who）、借款用途（Why）、还款期限（When）、担保物（What）及如何还款（How）］等。

### 四、信用评级指标及指标体系

（一）信用评级指标

评级机构一般均以"现金流量对债务的保障程度"作为分析和预测的核心，信用评级机构采用多变量指标，运用二维判断方法对相关风险进行定量和定性分析判断。

1. 定量指标。定量指标主要对被评估人运营的财务风险进行评估，考察会计质量，主要包括：

（1）资产负债结构。分析受评企业负债水平与债务结构，了解管理层理财观念和对财务杠杆的运用策略，如债务到期安排是否合理，企业偿付能力如何等。

（2）盈利能力。较强的盈利能力及其稳定性是企业获得足够现金以偿还到期债务的关键因素。盈利能力可以通过销售利润率、净值报酬率、总资产报酬率等指标进行衡量，同时分析师要对盈利的来源和构成进行深入分析，并在此基础上对影响企业未来盈利能力的主要因素及其变化趋势作出判断。

（3）现金流量充足性。现金流量是衡量受评企业偿债能力的核心指标，其中分析师要重点关注企业经营活动中产生的净现金流（Net Cash flow）。

（4）资产流动性。资产流动性即资产的变现能力，这主要考察企业流动资产与长期资产的比例结构。同时分析师还通过存货周转率、应收账款周转率等指标来反映流动资产转化为现金的速度，以评估企业偿债能力的高低。

2. 定性指标。定性指标主要分两大类：

一是行业风险评估，即评估公司所在行业现状及发展趋势、宏观经济景气周期、国家产业政策、行业和产品市场所受的季节性、周期性影响以及行业进入门槛、技术更新速度等。

二是业务风险评估，即分析特定企业的市场竞争地位，如市场占有率、专利、研究与开发实力、业务多元化程度等，具体包括基本经营和竞争地位、关联交易、担保和其他还款保障。

（二）信用评级指标体系

信用评级指标体系是信用评级机构在对被评对象的资信状况进行客观公正的评价时所采用的评估要素、评估指标、评估方法、评估标准、评估权重和评估等级等项目的总称，这些项目形成一个完整的体系，就是信用评级指标体系。包括以下六个方面内容：

1. 信用评级的要素。国际上对形成信用的要素有很多种说法，有5C要素、5P要素等。一般来说，国际上都围绕5C要素展开。在我国，通常主张信用状况的五性分析，包括安全性、收益性、成长性、流动性和生产性。

2. 信用评级的指标。指标的选择，必须以能充分体现评级的内容为条件。通过几项主要指标的衡量，就能把企业资信的某一方面情况充分揭示出来。

3. 信用评级的标准。明确标准是建立信用评级指标体系的关键，标准定得过高，有可能把信用好的企业排挤出投资等级。反之，又有可能把信用不好的企业混入投资等级。一般来说，信用评级的标准要根据企业所在行业的总体水平来确定，国际上通常采用全球标准，信用评级的标准要反映整个世界的水平。目前我国信用评级主要用于国内，评级标准可以只考虑国内企业的总体水平。

4. 信用评级的权重。指在评级指标体系中各项指标的重要性。信用评级的各项指标在信用评级指标体系中不可能等同看待，有些指标占有重要地位，其权重就应大一些；

有些指标的作用较小，其权重就相对要小。

5. 信用评级的等级，即反映资信等级高低的符号和级别。有的采用5级、7级、9级或10级，有的用A、B、C、D、E或特级、一、二、三、四级表示，有的用AAA、AA、A、BBB、BB、B、CCC、CC、C表示，有的用CT3A、CT2A、CT1A、CT3B、CT2B、CT1B、CT3C、CT2C、CT1C，也有的用prime1、prime2、prime3、Not prime表示。一般来说，长期债务时间长，影响面广，信用波动大，采用级别较宽，通常分为9级。而短期债务时间短，信用波动小，级别较窄，一般分为4级。

6. 信用评级的方法。通常有自我评议、群众评议和专家评议三种。如由独立的专业评估机构评级，一般多由专家评议。如由政府机关统一组织评级，可采用自我评议、群众评议和专家评议相结合的方法。

### 专栏3-2
### 国外个人征信体系管理模式

目前全球较为常见的个人征信体系分为三种。

第一种是政府主导型模式，或中央信贷登记模式，是以中央银行建立的中央信贷登记系统为主体，兼有私营征信机构的社会信用体系。中央信贷登记系统是由政府出资建立的全国数据库网络系统，直接隶属于中央银行，该系统是非营利性的，系统信息主要供银行内部使用。欧盟成员国多采用该模式。

第二种是市场主导型模式，又称民营模式，是征信机构以盈利为目的，搜集加工个人和企业的信用信息，为信用信息的使用者提供独立的第三方服务。此时，政府的作用，一方面是促进信用管理立法，另一方面是监督信用管理法律的贯彻执行。美国模式是一种典型的以市场为主导的模式。

第三种模式是会员制模式，是由行业协会为主，建立信用信息中心，为协会会员提供个人和企业的信用信息互换平台，通过内部信用信息共享机制，实现征集和使用信用信息的目的。日本采用这种社会信用体系模式。

### 五、信用评级的重要性

现在，随着我国市场经济体制的建立，为防范信用风险，维护正常的经济秩序，信用评级的重要性日趋明显，主要表现在：

1. 信用评级有助于企业防范商业风险，为现代企业制度的建设提供良好的条件。转化企业经营机制，使企业成为依法自主经营、自负盈亏、自我发展、自我约束的市场竞争主体。

2. 信用评级有利于资本市场的公平、公正、诚信。

（1）相对于一般投资者，随着金融市场的发展，各类有价证券发行日益增多，广大投资者迫切需要了解发行主体的信息情况，以优化投资选择，实现投资安全性。而信用评级可以为投资者提供公正、客观的信息，从而起到保护投资者利益的作用。

（2）可以作为资本市场管理部门审查决策的依据，保持资本市场的秩序稳定。因为信用等级是政府主管部门审批债券发行的前提条件,它可以使发行主体限制在偿债能力较强、信用程度较高的企业。

(3) 信用评级有利于企业低成本地筹集资金。企业迫切要求自己的经营状况得到合理的分析和评价,以利于银行和社会公众投资者根据自己的经营管理水平和信用状况给予资金支持,并通过不断改善经营管理,提高自己的资信级别,降低筹贷成本。

3. 信用评级是商业银行确定贷款风险程度的依据和信贷资产风险管理的基础。企业作为经济活动的主体单位,与银行有着密切的信用往来关系。其生产经营活动状况的好坏以及行为的规范与否,直接关系到银行信贷资金使用好坏和效益高低。这就要求银行对企业的各项财务指标给予科学的评价,以确定信贷资产损失的不确定程度,最大限度地防范贷款风险。

## 【本章小结】

信用是一种以还本和付息为条件的借贷行为,行为过程中产生债权债务关系。信用可以促进资金再分配、提高资金使用效率、加速资金周转、加快资本集中、推动经济增长、调整经济结构。信用的要素主要包括作为债权人和债务人的主体以及客体信用工具,而信用的实现还需要具备品德、资本和能力三要素,这是信用的基础。随着商品经济的发展,信用形式也随之多样化,如商业信用、银行信用、国家信用、消费信用、国际信用、民间信用等。各种信用特点各异,在经济中的作用各不相同,而历史上最初、最古老的信用形式是高利贷信用。信用工具主要包括各种短期的票据和长期的股票、债券等,它们都具有偿还性、流动性、风险性、收益性的特点。

在信用活动中信用评级为经济管理部门、金融机构、投资者、商业企业提供客观、公正的资信信息,以加强管理、规避风险、优化投资、促进销售、提高效益。评级机构一般均以"现金流量对债务的保障程度"作为信用评级分析和预测的核心,信用评级机构采用多变量指标,运用二维判断方法对相关风险进行定量分析和定性判断,并注重不同地区、不同行业或同行业内评级对象信用风险的相互比较。当前,我国评级行业仍处于发展的初期阶段。因此,完善信用评级体系是金融市场发展的迫切要求。

## 【重要概念】

信用 信用工具 商业信用 银行信用 国际信用 国家信用 商业汇票
银行汇票 商业本票 直接融资 间接融资 信用评级

## 【思考题】

1. 信用的要素有哪些?何谓信用的基础要素?如何理解其在信用活动中的基础作用?
2. 商业信用与银行信用各自有哪些特点?为什么说银行信用突破了商业信用的局限性?

3. 信用的形式有哪些？各种信用形式有哪些特点？
4. 信用工具有哪些特征？
5. 信用对经济的影响有哪些？
6. 简述普通股和优先股的区别与联系。
7. 什么是信用评级？

# 第四章

# 货币的时间价值与利率

在金融活动中,对货币时间价值的认识非常重要。利息和利率是度量货币时间价值的一对基础性概念。利率直接关系到我们的日常生活,并且对经济的健康稳定运行具有重要的意义。利率不仅会影响个体消费者的储蓄和消费选择,影响投资者和企业的投资决策,而且是货币当局进行宏观调控的重要手段之一。

## 第一节 货币的时间价值和利息

### 一、货币的时间价值

货币的时间价值概念是研究货币、资本跨时配置问题的基础。

在现实生活中,如果人们需要在"现在获得100元钱"和"一年后获得100元钱"两个方案中进行选择,人们通常会选择前者,也就是现在获得100元,因为可以把现在获得的货币存入银行或者购买国债等,从而获得一定的收益,因此,前者比后者具有更大的价值。一般认为,货币的时间价值是指当前拥有一定数量的货币比未来某时点拥有的等量的货币具有更高的价值。利息是货币时间价值的体现。

### 二、利息和利率

利息是借钱的费用,或者说,是租用资金所支付的价格。从贷出者的角度看,是货币所有者因为贷出货币资金而从借款者手中获得的报酬;从借款人的角度看,它是借款人使用货币资金必须支付的代价。利息实质上是利润的一部分,是利润的特殊转化形式。

利率($R$),又叫利息率,是衡量利息高低的指标,是指一定时期内利息额($I$)和借贷本金($P$)的比率。利率通常以一年期利息与本金的百分比计算。用公式表示为

$$R = I \div P \times 100\%$$

利率通常由国家的中央银行或货币当局控制,是宏观经济调控的重要工具之一。利率是经济学中一个重要的金融变量,几乎所有的金融现象、金融资产均与利率有着或多

或少的联系。

例：假设定期一年储蓄存款的利率为2.25%，定期三年储蓄存款的利率为2.79%。

若某人有一笔现金1000元，按一年期存入银行，到期后取出本息之和再存入银行，仍存一年期，到期后再取出本息，仍全数存入银行（一年期），这样，三年后的本利和如下。

第一年：本利和 = 1000 × （1 + 2.25%） = 1022.50（元）
第二年：本利和 = 1022.50 × （1 + 2.25%） = 1045.50（元）
第三年：本利和 = 1045.50 × （1 + 2.25%） = 1069.03（元）

按这种考虑复利因素的存款方式，三年后他可获得本金和利息共1069.03元。

但是，如果第一年他就以三年期存入银行，三年后得到的本利和为

1000 × （1 + 2.79% × 3） = 1083.7（元）

与第一种存款方式相比，可多获利14.67元。这就是说，银行在设计利率档次时，是充分考虑了复利因素的。确定贷款的期限利率也基本上遵循这一原则。

### 三、利息的本质

现代金融机构贷出资金收取利息已经成为很自然的事情。但是，利息来自哪里，或者说利息的本质是什么，一直存在较大的争论。

（一）古典经济学关于利息本质的观点

古典利率理论是指从19世纪末到20世纪30年代西方经济学提出的利率理论。主要代表人物有庞巴维克、马歇尔、费雪等。

庞巴维克在边际效用理论的基础上创立了"时差利息论"。该理论认为，利息的产生和利率的高低，都取决于经济主体对等量的同一商品在现在和将来两个不同时点上主观评价的差异。由于人们具有时间上的偏好，对现在财货的评价总是高于对等量的将来财货的评价，因此，等量的同一商品在不同时点上具有价值的差异，即商品价值的时差。价值时差的存在，要求开展借贷活动时，债务人必须向债权人提供价值差价的"补偿"。这种"补偿"就是利息，也就是利息是人们延期消费提供资本所获得的报酬。

费雪认为，利息的产生取决于两类因素，一是心理因素，基于心理因素的时间偏好又称为"人性不耐"，他认为人们现期不消费宁愿为将来消费积累更多的资本的忍耐，即自愿储蓄倾向决定了资本的供给；二是客观因素，即"投资机会"，资本有多种用途，人们可以在一系列投资机会中选择最佳用途，这就决定了对资本的需求。资本的供给和需求共同决定了利率水平。

（二）近代西方经济学的利息本质理论

关于利息的本质，凯恩斯提出了"灵活偏好论"，认为利息是"在特定时期以内，人们放弃货币周转灵活性的报酬"。

所谓灵活偏好，亦称流动性偏好，是指人们喜好以流动性强、周转灵活的货币资产来保存财富，以应付不时之需的一种心理倾向。由于人们对货币资产的流动性偏好，借款人欲取得一定时期的货币使用权，就必须支付一定的报酬为代价，来交换货币所有者

对货币流动性的控制权，因此，利息是人们放弃灵活偏好的报酬。

（三）马克思的利息本质学说

马克思从借贷资本运动的全过程揭示了利息的本源和本质。马克思认为，价值都是劳动创造的，职能资本家向借贷资本家支付的利息，虽然处于产业资本运动过程之外，却是以产业资本运动为基础的；职能资本家需要将生产过程取得的利润的一部分支付给借贷资本家，这部分利润就是利息。因此，马克思认为利息是利润的一部分，是剩余价值的一种转换形式。

## 第二节 利率的分类和计量

### 一、利率的分类

（一）固定利率和浮动利率

固定利率（Fixed Interest Rate）是指在借贷期间利率不随市场利率变动而变动的利率。实行固定利率，便于借贷双方锁定利率风险，对于成本与收益的计算也十分方便。

浮动利率（Floating Interest Rate）是指在借贷工具的存续期间的利率并不固定的利率。浮动利率可以即时反映市场利率的变化，适合于预计市场利率将会向有利方向变动的交易方。例如，投资者A认为市场利率将会在未来五年内持续上涨，则A倾向于购买支付浮动利率利息的债券，以获得更高的收益。

（二）实际利率与名义利率

名义利率（Nominal Interest Rate）是指未调整通货膨胀因素之前的利率。名义利率并不是投资者获得的实际收益率。如果发生通货膨胀，投资者获得的利息会发生贬值，从而导致购买力下降。

实际利率（Real Interest Rate）是指剔除了通货膨胀率之后的利率，反映了所获得利息的实际购买力。

名义利率和实际利率的关系：用名义利率减去通货膨胀率就可以得到实际利率，即有

$$i_r = i_n - \pi$$

其中，$i_n$指的是名义利率；$i_r$指的是实际利率；$\pi$指的是通货膨胀率。

（三）基准利率、公定利率和市场利率

基准利率（Benchmark Interest Rate）是指金融市场上具有普遍参照作用的利率，其他利率水平和金融资产价格都可以根据这一基准利率水平来调整，主要以同业拆借利率和回购利率为主。在中国，基准利率主要指中国人民银行对银行和其他金融机构规定的存贷款利率。

表 4-1　　　　　　　2011—2015 年中国存款基准利率调整表　　　　　单位：%

| 调整时间 | 活期 | 3 个月 | 6 个月 | 一年 | 二年 | 三年 | 五年 |
|---|---|---|---|---|---|---|---|
| 2011 年 2 月 9 日 | 0.40 | 2.60 | 2.80 | 3.00 | 3.90 | 4.50 | 5.00 |
| 2011 年 4 月 6 日 | 0.50 | 2.85 | 3.05 | 3.25 | 4.15 | 4.75 | 5.25 |
| 2011 年 7 月 7 日 | 0.50 | 3.10 | 3.30 | 3.50 | 4.40 | 5.00 | 5.50 |
| 2012 年 6 月 8 日 | 0.40 | 2.85 | 3.05 | 3.25 | 4.10 | 4.65 | 5.10 |
| 2012 年 7 月 6 日 | 0.35 | 2.60 | 2.80 | 3.00 | 3.75 | 4.25 | 4.75 |
| 2014 年 11 月 22 日 | 0.35 | 2.35 | 2.55 | 2.75 | 3.35 | 4.00 | — |
| 2015 年 3 月 1 日 | 0.35 | 2.10 | 2.30 | 2.50 | 3.10 | 3.75 | — |
| 2015 年 5 月 11 日 | 0.35 | 1.85 | 2.05 | 2.25 | 2.85 | 3.50 | — |
| 2015 年 6 月 28 日 | 0.35 | 1.60 | 1.80 | 2.00 | 2.60 | 3.25 | — |
| 2015 年 8 月 26 日 | 0.35 | 1.35 | 1.55 | 1.75 | 2.35 | 3.00 | — |
| 2015 年 10 月 24 日 | 0.35 | 1.10 | 1.30 | 1.50 | 2.10 | 2.75 | — |

资料来源：根据中国人民银行网站整理。

公定利率（Public Rate）是介于市场利率与官定利率之间，由非政府部门的金融行业自律性组织（如银行业协会）所确定的利率。

市场利率（Market Rate）是通过金融市场的市场机制而形成的利率。市场利率是借贷资金供求状况的指示器，资金需求量超过供给时，市场利率通常是下跌趋势；当资金供给量超过需求时，市场利率通常是上升趋势。

（四）存款利率和贷款利率

存款利率（Deposit Rate）是指一定时期内，存款人在银行或其他金融机构存款获得的利息额与存款额的比率。存款利率分为活期存款利率和定期存款利率。

贷款利率（Lending Rate）是指一定时期内，银行等贷款人发放贷款所收取的利息与贷款本金的比率。

（五）长期利率和短期利率

长期利率（Long-term Interest Rate）是指融资期限在一年以上的各种金融资产的利率，即资本市场的利率。

短期利率（Short-term Interest Rate）是指融资期限在一年以内的各种金融资产的利率，即货币市场的利率。

一般来讲，长期利率由于期限长，不确定性因素增大，风险较大，因此会高于短期利率。但在特定的情况下，例如预期未来利率会大幅下降时，长期利率也会低于短期利率。

（六）差别利率与优惠利率

差别利率（Differential Interest Rate）是针对不同的存、贷款种类和对象实行的不同利率，一般根据部门、期限、行业、区域等实行不同的存、贷款利率。

优惠利率（Prime rate）指对国家拟重点发展的某些经济部门、行业或产品制订优惠的贷款利率。

（七）即期利率和远期利率

即期利率（Spot Rate）是指某一给定时点上无息证券的到期收益率。借款将在未来某一特定时点连本带利全部还清，这个利率在合约中表明，它就是所谓的即期利率。[①]

远期利率（Forward Rate）是指隐含在给定的即期利率之中，从未来的某一时点到另一时点的利率。在成熟市场中，一些远期利率也可以直接从市场上观察到，即根据利率远期或期货合约的市场价格推算出来。$1 \times 2$ 远期利率，即表示 1 个月之后开始的期限为 1 个月的远期利率；$2 \times 4$ 远期利率，则表示 2 个月之后开始的期限为 2 个月的远期利率。

## 二、利息的计算方式：单利和复利

单利法（Single Interest）是指仅按照固定的本金计算利息。按照单利法，贷款期限内，只有初始本金在贷款期限中获得利息，所生利息均不加入本金重复计算利息。

复利法（Compound Interest Rate）是指对利息的利息支付，在每一个复利时段，利息被计算并加到本金上，两者之和成为下一个时段的本金并用于计算下一时段的利息，这个过程连续进行下去直到最后一个复利时段为止。

现值（Present Value）指在给定的时刻，未来某时刻的现金流在该时刻的价值。这个概念反映了货币的时间价值。现值计算为不同时间点的现金流提供了基准的比较方法，被广泛应用于商业和经济学中。

现值的计算公式为

$$P = \frac{F}{(1 + r)^t}$$

其中，$P$ 为现值；$F$ 为未来现金流量；$r$ 为折现率；$t$ 为时间。

终值（Future Value）衡量了在给定的利率下，一笔资金在未来一个特定时刻的价值。

终值的计算公式为

$$F = P \cdot (1 + r)^t$$

其中，$F$ 为终值。

## 三、利率和到期收益率

到期收益率（Yield to Maturity）是使某项资产的未来现金流的现值之和等于该项资产当前市场价格的贴现率。

---

[①] 威廉·F. 夏普. 投资学（第五版）[M]. 北京：中国人民大学出版社，1998.

投资者以 95.7876 元购买一张 5 年期的面值为 100 元的债券,票面利率为 5%,1 年支付 1 次利息,并在第 5 年末收回 100 元的债券面值。1 年后的 5 元利息的现值为 $5/(1+r)$,2 年后的 5 元利息的现值为 $5/(1+r)^2$,依此类推,第 5 年末的债券面值与利息的现值为 $105/(1+r)^5$。所以,使:

$$95.7876 = \frac{5}{1+r} + \frac{5}{(1+r)^2} + \cdots + \frac{5}{(1+r)^5} + \frac{100}{(1+r)^5}$$

求得 $r=6\%$,即该债券的到期收益率为 6%。

当期收益率(Current Yield)又称直接收益率,是指利息收入所产生的收益。对于债券,当期收益率为债券的年息除以债券当前的市场价格。

债券价格越接近债券面值,期限越长,则其当期收益率就越接近到期收益率。债券价格越偏离债券面值,期限越短,则当期收益率就越偏离到期收益率。

## 第三节 利率的决定原理

### 一、西方利率决定理论

(一)古典学派的储蓄—投资理论

古典学派的储蓄—投资理论又称实际利率理论,它关注的是生产率和节约在利率中的作用。生产率用边际投资倾向表示,节约用边际储蓄倾向表示。投资是利率的减函数,利率提高,投资额下降;利率降低,投资额增加。储蓄是利率的增函数,利率提高,储蓄额增加;利率降低,储蓄额下降。而利率的变化取决于投资流量和储蓄流量的均衡。图 4-1 说明了这种关系。

图 4-1 中,曲线 $I$ 代表投资曲线,曲线 $S$ 代表储蓄曲线,两条曲线的交点所对应的利率 $r_0$ 为均衡利率。当投资曲线 $I$ 向右移动到 $I'$ 时,均衡利率由 $r_0$ 上升到 $r_2$;当储蓄曲线向右移动到 $S'$ 位置时,均衡利率由 $r_0$ 下降到 $r_1$。

(二)凯恩斯主义的流动性偏好理论

流动性偏好理论是由凯恩斯在 20 世纪 30 年代提出的,它是一种偏重短期货币因素分析的货币利率理论。与传统的利率理论相

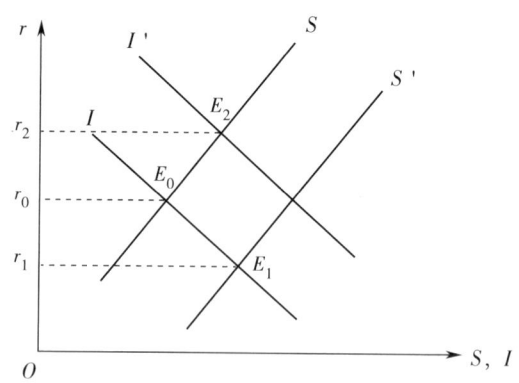

图 4-1 古典学派的储蓄—投资理论

反,凯恩斯认为,利率决定于货币供求数量,而货币需求量又基本取决于人们的"流动性偏好"。"流动性偏好"是指由于货币具有使用上的灵活性,人们宁肯牺牲利息收入而储存不生息的货币来保持财富的心理倾向。

凯恩斯从个人的行为动机出发来分析人们对流动性的需求,并将它们区分为三种动机:交易动机、预防动机和投机动机。其中,交易动机和预防动机形成的需求与收入成

正比,投机动机形成的需求与利率成反比。货币总需求等于交易需求与投机需求之和,即 $L = L_1(y) + L_2(i)$。如果人们对流动性的偏好强,愿意持有的货币数量就增加,当货币需求大于货币供给时,利率上升;反之,人们的流动性偏好弱时,对货币的需求下降,利率下降。因此,利率是由流动性偏好曲线和货币供给曲线共同决定的(见图4-2)。

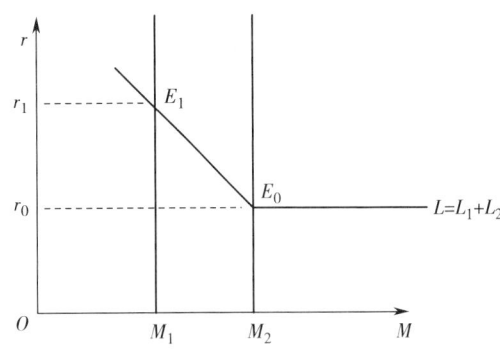

图4-2 凯恩斯主义的流动性偏好理论

当货币供给曲线与货币需求曲线的平行部分相交时,利率将维持在 $r_0$ 水平不再变动,即无论怎样增加货币供给,货币均会被储存起来,不会对利率产生影响。这就是凯恩斯利率理论中的"流动性陷阱"说。

(三)可贷资金理论

可贷资金理论是20世纪30年代提出来的,其主要代表人物是剑桥学派的罗伯逊和瑞典学派的俄林。该理论认为利率不是由储蓄与投资所决定,而是由借贷资金的供给与需求的均衡点所决定。

借贷资金的需求与供给均包括两个方面:借贷资金的需求来自某期间投资流量和该期间人们希望保有的货币金额;借贷资金的供给来自同一期间的储蓄流量和该期间货币供给量的变动。用公式表示:

$$D_L = I + \Delta M^d; S_L = S + \Delta M^s$$

其中,$D_L$ 为借贷资金的需求;$S_L$ 为借贷资金的供给;$\Delta M^d$ 为该时期内货币需求的改变量;$\Delta M^s$ 为该时期内货币供应的改变量。总体来说,均衡条件为

$$S + \Delta M^s = I + \Delta M^d$$

可贷资金理论认为在利率决定问题上,肯定储蓄和投资的交互作用是对的,但完全忽视货币因素是不当的;凯恩斯利率理论指出了货币因素对利率决定的影响是可取的,但完全否定实质性因素是错误的。可贷资金理论综合考虑了实质因素和货币因素对利率决定的影响,将社会经济的实体层面和金融层面有机地结合起来,合理地解释了利率的决定过程。

(四)一般均衡理论

"IS-LM"模型是由约翰·希克斯和阿尔文·汉森于1937年提出的用于解释凯恩斯宏观经济学理论思想的一个模型。

IS曲线描述的是产品市场处于均衡状态时的利率与产出的组合,其基本出发点是利率 $r$ 对总需求的负相关作用,以及总需求对产出(收入 $Y$)的决定性作用。LM曲线描述的是货币市场处于均衡状态时的利率与产出的所有组合,其基本出发点是货币需求时收入 $Y$ 和利率 $r$ 的函数,即 $Y$ 与货币需求正相关,$r$ 与货币需求负相关。

如图4-3所示,IS曲线与LM曲线都是由利率和收入水平确定的,两条曲线的交点

$A$ 表明：在产品市场上，总产出等于总需求，在货币市场上，货币供给等于货币需求，即在这一点上既确定了均衡的产出水平 $Y_e$，也确定了均衡利率 $r_e$。

（五）利率的期限结构理论

利率期限结构指具有相同风险、流动性及税收待遇，但期限不同的金融工具具有不同的利率水平，反映了期限长短对其收益率的影响。期限结构理论所研究的是长短期利率间的关系以及二者变动所产生的影响等问

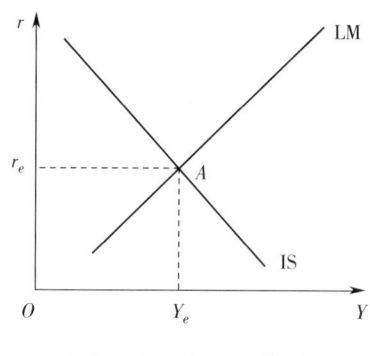

图 4-3 IS-LM 模型

题。利率期限结构理论主要有三种：预期理论、分割市场理论以及优先聚集地与流动性升水理论。

1. 预期理论。预期理论认为，对未来利率的预期是决定现有利率结构的主要因素，长短期利率的关系是由人们对未来利率的预期决定的。

预期理论又可分为无偏预期理论和有偏预期理论，两种理论的主要差异在于：前者强调，影响远期利率的因素仅为对未来短期利率的预期，未有其他因素，后者强调除了对未来短期利率的预期，还有其他影响因素。

无偏预期理论是最古老的利率期限结构理论。该理论认为，如果人们预期利率不变，长期利率将等于短期利率，形成平坦型的利率曲线；如果人们预期利率将上升，则长期利率将高于短期利率，形成渐升型的利率曲线；如果人们预期利率将下降，则长期利率将低于短期利率，形成渐降型的利率曲线。

2. 市场分割理论。市场分割理论假定不同期限的证券不能相互替代，短期证券与长期证券的投资者是完全不同的群体，他们互相只在各自所偏好的市场上活动，仅对某种期限的证券感兴趣。因此，各种不同期限的证券形成了相互独立、相互分割的市场，资金并不在长短期资金市场之间自由流动，由此，长期利率和短期利率分别是由长期资金市场和短期资金市场的供求决定的，两者之间互不影响。

该理论在一定程度上弥补了预期理论的不足，但是其也存在明显的缺陷，就是忽视了长短期资金市场之间的必然联系和重要联系。

3. 优先聚集地与流动性升水理论。优先聚集地理论认为，长期利率应该等于长期债券到期前预期短期利率的平均值，加上由于供求关系的变化决定的期限（流动性）升水。这种理论假定不同期限的债券是可以替代的，又不是完全可以替代的。

长期利率与短期利率的关系可以表述为

$$s_n = \frac{s_1 + es_{1,2} + es_{2,3} + \cdots + es_{n-1,n}}{n} + l_{nt}$$

其中，$l_{nt}$ 为 $n$ 周期债券的期限（流动性）升水。

流动性升水理论考虑了风险补偿，该理论假定，由于短期债券流动性好、风险小，因此多数投资者偏好短期债券投资。为吸引投资者持有长期债券，必须要向他们支付流

动性补偿，也就是说，长期债券的收益率应等于短期债券的收益率加上一个流动性升水，流动性升水随时间增加而增加，但是增加的幅度是递减的。

## 二、影响利率的主要因素

### （一）社会平均利润率

马克思认为，利息是利润的一部分，因此，利息量的多少取决于利润总额，利息率取决于社会平均利润率。由此，平均利润构成利率的最高理论界限，利率的总水平要适应大多数企业的负担能力。也就是说，利率总水平不能太高，太高了大多数企业承受不了；相反，利率总水平也不能太低，太低了不能发挥利率的杠杆作用。

### （二）资金供求状况

资金的供求状况是影响各个时期市场利率的决定性因素。在资金市场上，资金供给超过对资本的需求时，利率便会下跌；如果对资金的需求超过资金的供给，利率就会上升。因此，市场利率主要取决于借贷资金的供求状况。

### （三）通货膨胀预期

如果预期未来的通货膨胀率会上升，那么市场的利率也会跟着上升；反之，如果预期未来的通货膨胀率会下降，那么市场的利率也会跟着下降。

### （四）货币政策

一国的中央银行所采取的货币政策会对利率有重要的影响。比如，当一国政府采用扩张的货币政策时，中央银行供应的基础货币增加，经济运行中的货币数量增加，使名义利率下降，经济扩张，产出和就业增加，居民收入增加，收入效应对资金需求增大，拉动利率上升；经济增长和人们收入水平上升会使预期通货膨胀率上升，在通货膨胀效应作用下，利率可能上升。因此，一国的货币政策直接影响利率水平的高低。

### （五）财政政策

一国政府所采取的财政政策也会对利率产生影响。比如，一国政府采取扩张性的财政政策的直接后果是总需求增加，总需求增加导致任一利率水平上的货币需求增加，货币需求增加导致利率上升。

### （六）国际利率水平

在一个开放经济中，利率的变动会受国际因素的影响，特别是在资本的国际流动日益频繁、流动规模越来越大的情况下，国际因素对利率的影响会越来越大。国际市场利率对国内市场的影响，是通过资金在国际间的流动来体现的。在放松外汇管制，资金自由流动的条件下，若国内利率高于国际市场利率，就会引起货币资金流入国内；反之，则会引起货币资金外流。政府在制定和调整本国利率时，必须考虑国际市场利率的影响。

### （七）其他

影响利率的其他因素主要有经济周期、借贷期限和风险、国际资金的流动关系、政治因素以及自然因素等。

## 第四节 金融资产及金融资产价格

金融资产是资金融通的载体,是金融市场的交易对象。了解和掌握金融资产的种类及其定价方法,无论对投资者、筹资者,还是对金融机构等都是十分重要的。本节着重介绍金融资产及其特征和种类、金融资产的内在价值及一般定价方法等方面的内容。

### 一、金融资产概述

金融资产,是指能够带来利息或者股息收益的票据、证券及其衍生金融产品,它属于无形资产。

金融资产是资金融通的载体,是金融市场上的交易对象。一般来讲,资金的融通可以根据供求双方的关系,分为间接融资和直接融资。但无论是间接融资还是直接融资,必须采取一定的形式,以特定的载体为基础。金融资产就承担了资金融通中的载体,并承担相应的任务。

### 二、金融资产的分类

按照不同的划分标准,金融资产可划分为不同的种类。

按对未来要求权的不同,金融资产可分为债务类金融资产和权益类金融资产。债务类金融资产是指可以偿还本金并具有固定收益要求权的金融资产,它们一般有一定偿还期限,债务人有按约定条件按期还本付息的义务,体现的是金融资产的债权债务关系。权益类金融资产是指不能偿还本金但有权益要求权的金融资产,这类资产的持有者拥有公司的所有权,体现的是金融资产的所有权关系。典型的权益类金融资产是股票。

按照偿还期限的长短,金融资产可分为货币市场金融资产和资本市场金融资产。货币市场金融资产主要是指偿还期限在1年期以内(含1年期)的短期金融资产,如商业票据、短期公债、银行承兑汇票、回购协议、可转让大额定期存单等。这类金融资产的基本特征是期限短、风险小、流动性强,可随时变现。货币市场工具的交易成本相对比较低,交易活跃、持续。资本市场金融资产指偿还期限比较长,甚至无偿还期限的金融资产,如国家公债、公司债券、股票。这类金融资产的基本特征是期限长、风险大、流动性弱,不能随时变现,交易成本相对比较高,交易不活跃。

此外,随着全球金融创新的发展,衍生金融产品已经形成一个新的金融产品"家族"。衍生金融产品是一种价值依附于原生金融资产的金融产品。这种原生性标的可以是商品的价格、金融资产的价格或某种综合指数,在形式上均表现为一种合约,载明交易品种、价格、数量、交割期限及地点等,常见衍生金融产品种类有远期合约、期货合约、互换、期权等。

### 三、金融资产的特征

概括地说,金融资产主要有四个特征:偿还性、流动性、收益性和风险性。

金融资产的偿还性，是指债务人有到期无条件向债权人偿还本金，并支付利息的法定义务。除了现金和无明确偿还期限的所有权凭证（股票）之外，其他各种债务凭证都有明确的偿还期限，在金融资产到期时将进行最终清偿。

金融资产的流动性，是指金融资产在正常条件下，通过金融市场转化为现金的性质。金融资产的流动性主要取决于两个因素：一是金融资产发行的合同或条款，如商业银行的活期存款具有高度的流动性，人们可以不必支付额外费用而把存款转变成现金。二是市场活跃程度。市场越活跃，金融资产的流动性越强。金融资产的流动性对金融资产的投资价值产生影响，金融资产的流动性越强，投资价值越高。

金融资产的收益性，是指金融资产的持有者具有定期或不定期获得一定利益收入的权利，是对未来现金流的要求权。这种要求权可以是对不变的现金流的要求权，也可以是对可变的现金流的要求权。前者称为固定收益要求权，后者称为权益要求权。债券的持有者可获得利息，股票持有者可获得红利。

金融资产的风险性，是指金融资产未来收益减少和金融资产本身遭受损失的可能性和不确定性。金融资产的风险性使其持有者对未来现金流的要求面临被剥夺的危险。债券的持有者面临发行债券公司破产，从而债务有得不到偿还的风险；股票的持有者面临股价下跌从而产生的价格损失风险。

金融资产的偿还性、流动性、收益性和风险性不是孤立存在，而是相互联系、相互制约的。第一，偿还期限与流动性成反比关系。一般来说，偿还期短的金融资产比期限长的金融资产流动性好。当然，不同的金融资产，即使期限是相同的，由于发行主体信誉不同，其流动性也不同，信誉高的金融资产要比信誉低的金融资产流动性强，比如国库券与公司债券相比，前者的流动性会更好。第二，风险性与流动性反方向变化。一般情况下，流动性强的金融资产风险比较小，流动性弱的金融资产风险相对大。银行大额可转让存单与债券相比，前者的流动性强，承受的投资风险相对较小，后者则相反。第三，偿还期限与风险性正方向变化。偿还期短的金融资产，因为获得未来现金流所经历的时间比较短，因而风险相对较小，如国库券；偿还期长的金融资产，由于获得未来现金流需要经历比较漫长的过程，不确定性相应增加，因而风险相对较大，如银行长期贷款协议。第四，收益性和风险性成正比。风险大的金融资产预期收益高，风险小的金融资产预期收益低。相反，预期收益高的金融资产面临的风险就大，预期收益低的金融资产面临的风险就小。第五，偿还期限与收益性成反比例变化。偿还期限长的债券比偿还期限短的票据的预期收益要高得多。

## 四、金融资产价值及一般定价方法

金融资产的价值是根据金融资产预期现金流利用利率折算的现值。首先，由于金融资产的现金流是不确定的，因而在计算金融资产的价值时，需要对金融资产未来现金流作出估计；其次，选择用于折算未来现金流的利率，然后才能计算出金融资产的价值。这就是金融资产定价的一般方法。具体来讲，这种方法包括以下三个步骤。

（一）估计现金流

现金流是指投资于一项金融资产预期将获得的现金，与会计概念的现金流有不同的含义。无论是债务金融资产还是权益金融资产，其种类和发行人的特征决定了预期现金流的稳定程度。与债务类金融资产相比，估计权益类金融资产的现金流有较大的难度。

（二）选取现金流贴现的合适利率

估计出现金流后，下一步就是确定计算现值时应使用的合适贴现利率。对此，投资者要考虑两个问题：（1）投资者应该要求的最低利率是多少；（2）在最低利率基础上投资者要求附加多高的利率。投资者应该要求的最低利率，是金融市场上可获得的同期无违约风险利率。投资者要求获得的高于最低利率部分的利率报酬，应当反映与预期现金流相关的风险。投资者察觉到预期现金流风险越大，就会要求越高的风险报酬。当然，每一个投资者的风险态度不同，对同一风险，不同的投资者的期望报酬也不相同，因此，要求的附加利率也不一样。

（三）计算金融资产的内在价值（合理价格）

计算金融资产的价值应用的基本估价原则，是收入资本化定价方法（也称现值法），即资产的内在价值或合理价格应等于持有者在资产持有期间内预期获得的所有现金流的贴现值，用公式表示便是

$$V = \frac{CF_1}{(1+k)^1} + \frac{CF_2}{(1+k)^2} + \frac{CF_3}{(1+k)^3} + \cdots + \frac{CF_n}{(1+k)^n} = \sum_{t=1}^{n} \frac{CF_t}{(1+k)^t}$$

其中，$V$ 为金融资产的合理价格或内在价值；$CF_t$ 为在 $t(t=1,\cdots,n)$ 年的现金流量；$n$ 为金融资产的到期年数；$k$ 为适当的年贴现率。

上述估价过程如图 4-4 所示。

⭐【案例 4-1】某国债票面载明期限 2 年，面值 1000 元，年利率为 8%；到期一次还本付息。现在距到期还有 2 年，目前一年期国债利率 3.2%；投资者考虑到时间风险，要求升水 0.8%。问这种国债现值多少？

解：现金流：到期一次还本付息，2 年后得到

$1000 + 1000 \times 8\% \times 2 = 1160$（元）

贴现率：$3.2\% + 0.8\% = 4\%$

现值：$\frac{1160}{(1+4\%)^2} = 1072.5$（元）

图 4-4 金融资产估价的一般方法

适当的贴现率 $k$ 是指针对一定的风险水平，市场或投资者一致要求的资产收益率。下面将具体分析决定 $k$ 的几个要素，适当的贴现率（只是近似值）可以简单表示为

$$k = r_f + i_p + d_p + m_p + l_p + e_p$$

其中，$r_f$ 为无风险实际利率，是投资者要求的最低利率；$i_p$ 为通货膨胀溢价，是对货币预期购买力可能下降的补偿；$d_p$ 为违约风险溢价，是对贷款或债券难以偿付的本金损失的补偿；$m_p$ 为到期日溢价，是对货币长期借出的补偿；$l_p$ 为流动性溢价，是对一种资产不能随时以适当的市场价格变现的回报；$e_p$ 为汇率风险溢价，是对投资于以非投资者本

国货币表示的资产的回报。

显然,资产的合理价格或内在价值,与其适用的贴现率负相关,如果贴现率上升,则价格下降;如果贴现率下降,则价格上升。

✪【案例 4-2】假设一种 3 年期债券 100 元,每年年底付利息 10 元。显然,每年的利率为 10%,这一利率通常被称为票面利率,根据上文给出的定义:

$n = 3, CF_1 = 10, CF_2 = 10, CF_3 = 110$

假设市场真实利率为 2.25%,通货膨胀溢价 3.5%,债券违约风险溢价为 1.5%,到期日溢价为 2%,流动性溢价为 1.75%。由于现金流用人民币表示,则外汇汇率升水为 0。

这样,我们可得到贴现率为

$k = 2.25\% + 3.5\% + 1.5\% + 2\% + 1.75\% + 0 = 11.0\%$

利用估价公式,债券的合理价格(或内在价值)为

$$V = \frac{10}{(1.11)^1} + \frac{10}{(1.11)^2} + \frac{110}{(1.11)^3} = 97.56(元)$$

## 第五节 利率的功能及中国的利率市场化改革

利率是一个重要的经济杠杆,对经济活动有着极其重要的调节作用。一般来讲,利率既有对宏观经济的调节功能,又有对微观经济的调节功能;既有一般的经济功能,又有对具体经济活动主体的调节功能。

本节首先分析利率的一般经济功能,然后分析利率在不同经济主体活动中的功能,最后对中国利率市场化的内涵及其相关理论问题进行阐述。

### 一、利率的一般经济功能

利率的一般经济功能是指利率所具有的最基本的功能。利率的一般经济功能主要体现在其分配导向功能、调节功能和信息反馈功能三个方面。

(一)利率的分配导向功能

利率的分配导向功能是指通过利息参与国民收入分配和再分配,以筹集资金、合理使用资金为目的引导投资方向,从而促进国民经济发展的功能。具体来讲,这个功能包括了下面两层含义:

1. 利率的分配功能就是通过货币所有权参与对国民收入的再分配。以利息形式所参与的对任何对象的分配,归根结底都属于国民收入的分配和再分配。这种分配所凭借的是对货币资本的所有权。如果从再生产的环节观察,利息参与利润的分割,其依据就是生产资本的所有权和使用权的分离。可见,利息作为一种分配形式,使一部分利润转化为利息,只是货币资本的所有者凭借对资本的所有权参与国民收入初次分配和再分配的结果。

2. 利率的分配功能就是对资金流向和流量的调节和引导。货币资金作为一种特殊的

商品，在其借贷经营过程中，利率是一个至关重要的变量。在可贷资金总额既定的情况下，贷款者是否愿意贷出资金，关键在于利率水平的高低。一般来讲，货币资金的所有者总是愿意把资金投向收益高、安全性大的产业；产业经营者也只有在能够保证资金安全性的前提下，选择具有较高利润率从而能为货币所有者提供较高利息收入的行业进行投资，才能吸引到足额的资金来弥补生产资金的不足。这样，就决定了利率必然具有引导资金投向的功能。

由此可见，利率的分配导向功能，是以利息参与国民收入分配为前提，以筹集资金为手段，以合理使用资金为目的来引导投资方向。

(二) 利率的调节功能

利率的调节功能是指通过利率的灵活变动，促使资金运动符合客观规律，促使各种比例关系得到合理调整。

由于利率是从属于货币资金运动的，因此，货币资金的活动领域，就是利率的调节功能得以发挥的场所。在货币信用经济中，货币资金不仅是社会总资金的重要组成部分，而且也是企业、个人经济活动的重要决定因素。因此，利率具有调节社会资金总量和结构、调节企业资金供求和资金成本、调节个人储蓄和投资的功能。

(三) 利率的信息反馈功能

利率的信息反馈功能是指通过利率的灵活变化，能表明国民经济中一些有关的经济因素的变化情况并将之传播到相关经济主体的功能。

从一定意义上讲，利率是信用经济中经济不确定性的风险成本代价或风险收益。利率水平的灵活变化对经济信息的反馈主要表现在以下几个方面：首先，利率水平的变化，能表明国民经济发展的周期性变化状况。比如，拆借利率或民间借贷利率高，反映银根紧，经济发展状况好；反之，若拆借利率或民间借贷利率低，则说明经济发展状况不佳或欠佳。其次，利率水平的变化，本身就能够向广大投资者传递中央银行的货币政策和金融信息，广大投资者可以据此作出相应的预测和决策。再次，利率水平的变化，也可以观测和衡量资金使用效益的变化，比如银行贷款利息收益率、利息成本率等。

## 二、利率在不同经济活动主体中的功能

由于不同经济主体在国民经济中所处的地位不同，因此对资金价格变动的反应也不尽相同。个人或家庭把利率主要视为金融投资收益的尺度，利率变动客观上将调节个人消费、储蓄和金融投资行为；企业主要把利率视为资金的成本价格，利率变动将调节企业的投资和收益；国家则把利率视为宏观经济的调控手段，利率变动将调节社会总供求和产业结构的变化。

(一) 利率在企业经济活动中的功能

利率在企业经济活动中的功能主要体现在以下几个方面：

1. 利率是企业核算资金成本的工具。虽然从整个信用关系角度看，利息是企业创造利润的一部分，但是从企业内部来看，由于资金作为一种生产要素，因此，资金的使用成本也必须作为要素成本进入企业产品成本。在产品销售价格和其他要素成本一定的情

况下，利率是促进企业节约资金、降低产品成本和提高经营效益的重要因素。

2. 利率是企业进行筹资决策的引力杠杆。在金融市场上，企业通常可以采取发行股票、发行债券、向银行借款等方式筹集资金。作为筹资者，在多种方式可供选择时，在不影响筹资的总量、结构的条件下，其最终选择的确定，总是通过利率水平高低而作出的。同时，在同一利率水平中，又通过比较不同的利率期限结构、支付方式结构而选择最有利于企业筹资或降低筹资成本的利率结构。因此，利率是企业进行筹资决策不可缺少的工具和筛选手段。

3. 利率是企业折现未来收益的媒介。企业从事生产经营是为了获得未来收益，但有时企业需要衡量所获得的未来收益的现在价值，这就需要折现，即衡量未来一定量的价值等于多少现在的价值。利率就是企业进行未来收益折现的重要参考指标。

（二）利率在个人经济活动中的功能

利率在个人经济活动中的功能主要表现在下列两个方面：

1. 利率是调节消费和储蓄的工具。对于一个家庭和个人来说，其收入主要来自三个方面，即工资薪金收入、投资所得收入和偶然性收入（如馈赠或援助收入等）。与个人或家庭收入相对应的是个人或家庭的消费或储蓄。消费是个人或家庭即期的支出，储蓄则是未来的支出。在收入总额中，有多少用于即期支出，有多少用于未来支出，通常取决于利率水平的高低。利率水平高，则边际储蓄倾向上升，也就是说，人们会将更多的货币用于储蓄以获取较高的利息收益；反之，利率水平低，则边际消费倾向上升，也就是说，人们将更愿意把货币收入用来消费而不是用来储蓄。

2. 利率是引导个人选择金融资产的工具。在金融商品多样化的条件下，个人可选择的金融资产的种类越来越多，比如银行存款、国库券、金融债券、企业债券、股票等。人们在选择金融资产以及合理搭配各种金融资产时，通常考虑的因素主要有三个，即安全性、流动性和收益性。但在首先保证安全性的前提下，收益性就成为人们选择持有何种资产的重要标尺。利率作为计算收益的基本标准和尺度，在个人选择金融资产时，起着不可替代的作用。

（三）利率在宏观经济中的功能

利率对微观经济主体发挥着直接的调节作用，在宏观经济中，它同样发挥着十分重要的调节作用。概括地来讲，主要体现在下列五个方面：

1. 利率是调节社会总供求的重要经济变量。中央银行货币政策作为宏观经济政策，其调控货币供给总量的工具主要是存款准备率、再贴现率和公开市场业务。而这些工具要作用于货币供给量，都必须通过利率的中介或传导，才能对投资、经济增长和物价水平等发生调节作用。这样，当社会总供给和总需求不平衡时，就可以通过利率水平的调整，使货币供应量及供应结构发生变化，从而影响国民经济各部门的比例关系，实现产业结构的优化，最终实现社会总供求的平衡。

2. 利率是国家调节货币流通的重要手段。利率对货币流通的调节作用主要表现在：存款利率的高低直接影响银行吸收社会存款的规模，对实现社会购买力与商品可供量的平衡有调节作用；贷款利率的高低直接影响银行的信贷规模，决定货币供应量，对币值稳定有重要作用；贷款利率的差别，对贷款结构，进而对产业结构有重要影响，而产业结构的合理化直接关系到货币正常流通的基础；利率的高低还直接影响企业的生产规模和经营状况，从而影响社会商品的供给总量和结构，对货币正常流通有重要作用。

3. 利率是优化产业结构的重要杠杆。利率作为资金的价格，会自发地引导资金流向利润率较高的部门，实现社会资源的优化配置。同时，国家还可以适时地运用差别利率政策，对国家亟须发展的部门和行业以及相关的企业和产品，适当降低利率水平，大力支持它们的发展；对需要限制的某些加工行业以及相关的产品，适当提高利率水平，以限制其发展，从而优化产业结构，实现经济结构的合理化。

4. 利率是国家货币政策的传播和告示工具。由于利率政策是国家经济政策的重要组成部分，因此，提高或降低利率水平能够向社会公众传播货币政策以及经济、金融的信息。一般来讲，提高利率水平就意味着国家将收紧银根；反之，降低利率水平就意味着国家将放松银根。广大社会公众在得到国家货币政策及经济、金融的信息后，可作出各种预期行为并相应调整原来的行为。

5. 利率可以调节国际收支。国际收支不平衡时，可以通过利率杠杆来调节。当国际收支逆差比较严重时，可以将本国的利率水平调到高于其他国家的程度，这样，一方面可以阻止本国资金流向利率较高的其他国家，另一方面还可以吸引外资流入本国。但是，若国际收支逆差发生在国内经济衰退时期，则不宜采用调节利率水平的做法，而只能通过调节利率结构来调节国际收支。

### 专栏 4-1
#### 中国的利率市场化改革

（一）利率市场化的含义

利率市场化是利率政府化（即政府对利率进行严格管制）的对立物。其内涵是指作为资金价格的利率由市场供求双方自由决定，中央银行通过货币政策工具对市场资金供求和利率总水平进行间接调控。

利率市场化的具体含义，包括下列相互联系的四个要点：

1. 金融市场交易主体对利率具有决定权；
2. 利率的数量结构、期限结构和风险结构等由市场交易主体自由决定；
3. 货币市场利率构成市场利率的基础；
4. 中央银行通过货币政策工具调控货币市场利率，间接影响市场利率水平和结构。

此外，利率市场化不仅包括利率形成或决定过程的市场化，它还要求参与资金供求的个人、企业、金融机构以及中央银行成为真正的市场主体，这是利率市场化的一个基本前提。

（二）中国的利率市场化进程

中国利率市场化改革的目标，是逐步建立由市场供求决定金融机构存、贷款利率水平的利率形成机制，中央银行通过运用货币政策工具调控和引导市场利率，使市场机制在金融资源配置中发挥主导作用。

我国的利率市场化是和我国的利率制度改革一起进行的，大体上可以分为以下几个阶段：

1978—1989年，主要是调整利率水平，允许商业银行贷款利率在一定幅度内自由浮动；1990—1992年，以调整利率结构为主；1993—1999年，主要是进行利率机制的改革，使利率成为资源配置和宏观调控的重要手段；2000年至今，外币利率和国内金融机构存、贷款利率逐步放开。

1. 货币市场和债券市场的放开。1996年，银行间同业拆借市场利率先行放开，债券市场利率以及部分存贷款利率也随后相继放开。1999年10月，银行间市场利率、国债和政策性金融债券发行利率市场化，进行了存款利率改革的初步尝试。

至此，货币市场和债券利率已经基本放开，贴现率也在逐渐放开中。

2. 放开贷款利率上限和存款利率下限。2000年9月21日，放开了外币贷款利率，放开大额外币存款利率下限；2003年11月，小额外币存款利率下限放开（先外币后本币，先贷款后存款，先大额后小额）。

2003年以后，不断扩大贷款利率的浮动范围，存款利率的改革也在进行中。2004年10月29日，不再设置贷款利率上限和存款利率下限。至此，我国金融机构的贷款利率基本过渡到"上限放开、下限管理"的阶段；人民币存款利率则实现了"放开下限、管住上限"的既定目标。

3. 放开贷款利率下限和存款利率上限。2012年6月7日，存款利率浮动区间调整为基准利率的1.1倍，贷款利率调整为基准利率的0.8倍，7月5日，将贷款利率浮动下限调为基准利率的0.7倍，两次浮动区间的调整，拉开了利率市场化最后攻坚战的序幕。2013年7月20日起，放开贷款利率下限，至此，对贷款利率的管制全面放开，接下来就剩存款利率上限了。2014年11月12日，下调基准利率，人民币存款利率浮动区间改为基准利率的1.2倍。2015年4月10日，扩大到1.3倍，5月11日，扩大到1.5倍。2015年10月，放开商业银行和农村合作金融机构存款利率上限，标志着我国利率管制基本放开，我国利率市场化进入新的阶段。

放开存款利率上限后，我国的利率市场化开启了新的阶段，核心就是要建立健全与市场相适应的利率形成和调控机制，提高人民银行调控市场利率的有效性。在此过程中，人民银行的利率调控将更加倚重市场化的货币政策工具和传导机制。具体而言，就是要构建和完善人民银行政策利率体系，以此引导和调控整个市场利率。同时，加快培育市场基准利率和收益率曲线，使各种金融产品都有其市场定价基准，在基准利率上加点形成差异化的利率定价。以此为基础，进一步理顺从人民银行政策利率到各类市场基准利率，从货币市场到债券市场再到信贷市场，进而向其他市场利率乃至实体经济的传导渠道，形成一个以市场为主体、人民银行为主导、各类金融市场为主线、辐射整个金融市场的利率形成、传导和调控机制，使市场机制在利率形成和资源配置中真正发挥决定性作用。

4. 不断完善金融市场基准利率体系。着力培育以上海银行间同业拆借利率（Shibor）、国债收益率曲线和贷款市场报价利率（LPR）等为代表的金融市场基准利率体系，为金融产品定价提供重要参考。扎实推进Shibor、LPR应用，促进其使用范围逐步扩大。自2016年6月15日起，通过中国人民银行网站发布中国国债收益率曲线，推动市场主体提高对国债收益率曲线的关注和使用程度，进一步夯实国债收益率曲线的基准性。2017年1月3日起，Shibor发布时间由上午9：30调整为上午11：00，促进Shibor更好地反映市场利率情况，基准性进一步增强。2017年5月31日，人民银行指导全国银行间同业拆借中心推出了银行间回购定盘利率（FDR，包括隔夜、7天、14天三个期限）和以7天银行间回购定盘利率（FDR007）为参考利率的利率互换产品，完善银行间市场基准利率体系。2018年，以推进贷款利率进一步市场化为重点，推动利率体系逐步"两轨合一轨"。完善商业银行贷款市场报价利率机制，更好地发挥贷款市场报价利率在实际利率形成中的引导作用。

与贷款基准利率相比，贷款市场报价利率的市场化程度更高，能更好地反映信贷市场资金供求状况。随着银行更多运用贷款市场报价利率作为定价参考，有利于进一步疏通政策利率向贷款利率的传导，促进降低贷款实际利率。总体来看，利率市场化改革进一步深化并取得积极成效，金融机构的自主定价和风险管理能力有所提升，利率走廊初步建立，市场化利率形成机制不断健全，中央银行的利率调控和传导能力逐步增强。

## 【本章小结】

利率是在借贷期内形成的利息额与借贷本金的比率，它可以用年利率、月利率和日利率来表示。计算利息的方法有单利计算法和复利计算法两种。复利计算法体现了货币的时间价值，符合信用和利息的本质要求，因而在实际经济生活中有着重要的意义。终值与现值的计算就是一个很重要的方面，其中，现值被广泛用于投资决策和财务管理中。

依据不同的标准，可以将利率划分为不同的种类。利率一般可分为：存款利率与贷款利率、名义利率与实际利率、固定利率与浮动利率、市场利率和官定利率及公定利率、短期利率与长期利率、差别利率与优惠利率等。利率体系是指在一个经济运行体中存在的各种利率及其各种利率之间的相互关系的总和。一般而言，利率体系是由中央银行利率、商业银行利率和市场利率等组成的。

关于利率水平的决定问题，从最基本的角度来看，决定和影响利率水平的因素主要有社会平均利润率、资金供求状况、物价水平、银行的经营成本、国家经济政策和国际利率水平等。关于这方面的理论讨论，大致可分为早期的利率决定理论、近现代西方经济学利率决定理论和马克思主义经济学的利率决定理论。

利率作为一种重要的经济杠杆，对经济活动有着十分重要的调节作用。它不仅具有最基本的分配导向功能、调节功能和信息反馈等一般经济功能，而且对经济活动中不同的经济主体都能发挥其特有的调节作用。

中国利率市场化的目标是建立由市场供求决定利率水平的利率形成机制，中央银行运用货币政策工具调控和引导市场利率，使市场机制在金融资源配置中发挥主导作用。

金融资产是资金融通的载体，代表着对某种未来收益的合法索取权，是金融市场上的交易对象。金融资产具有偿还性、流动性、收益性和风险性的特征。其价值等于预期现金流的现值之和。

## 【重要概念】

利息　利率　复利法　终值　现值　名义利率　实际利率　利率体系　金融资产

## 【思考题】

1. 决定和影响利率水平的因素主要有哪些？这些因素是如何影响和决定利率水平的？

2. 简述货币供求利率论。
3. 利率的一般经济功能有哪些?
4. 利率在企业经济活动中有哪些功能?其作用机理是怎样的?
5. 利率在个人经济活动中有哪些功能?其作用机理是怎样的?
6. 简述金融资产的经济功能。
7. 谈谈我国的利率市场化改革。
8. 金融资产的特征有哪些?它们之间的关系如何?
9. 假设你得到了一张 30 年期面值是 1000 元的长期公司债,票面利率 5%,假设现在的年利率是 10%,那么这张债券现在卖多少元?

# 第五章

# 金融体系

对一个国家的金融乃至经济运行体系及其运行质量而言，金融体系是一个至关重要的变量。金融体系的组织结构是否合理、金融体系的融资机制是否健全以及金融体系的金融功能能否正常发挥等，都是我们必须研究并给予高度重视的问题。

一般来讲，金融体系由金融机构、金融市场和金融监管三种体系共同组成。对金融监管体系的论述在第十九章进行，本章主要阐述金融机构和金融市场两个体系的基本内容。

## 第一节 金融机构体系

如果把社会再生产比作一个生命机体，货币比作这一生命机体的血液的话，金融机构就是输送血液的脉络。可见，金融机构及其体系对金融活动以及社会再生产来讲，是多么重要。

这一节我们主要学习金融机构及金融机构体系、现代市场经济国家的金融机构体系及其构架以及金融机构体系的功能等方面的问题。

### 一、金融机构及金融机构体系

金融机构（Financial Institution）是指在金融活动中起中介作用的主体，在间接融资领域中的金融机构，是作为资金余缺双方进行金融交易的媒介体，如各类银行和非银行金融中介机构；在直接融资领域中的金融机构，是为筹资者和投资者双方牵线搭桥的证券公司等。此类组织结构也被称作金融中介（Financial Intermediary，Financial Intermediation）。

金融机构作为金融活动中起中介作用的主体，其作用主要体现在两个方面：一方面，金融机构充当支付中介，在不同经济主体间传递或转移货币，发挥着货币资金支付的中介作用；另一方面，金融机构充当调剂中介，为资金的盈余单位和赤字单位提供资金融通的便利，发挥了调剂资金余缺的中介作用，并通过资金的重新调配有效地配置社会资源。

相互联系的金融机构的总体构成金融机构体系。金融机构体系就是指相互作用、相互依赖的若干个金融机构组合而成的具有特定功能的整体。

每一个国家的金融机构体系，由于受到本国基本国情的影响，因而金融机构体系的构成与特征、金融机构体系内部金融机构的名称与活动特点等，也不尽相同；又由于每一个国家在不同的时期有不同的经济发展目标，因而一个国家在不同的时期，金融机构体系及其具体的运行状况也各具特色。但各国的发展历史均表明：如果金融机构体系的设置是合理的，金融机构体系的运行就是正常的，对经济活动就能够发挥积极的推动和促进作用；如果金融机构体系的设置不合理，其运行状况通常就是不正常的，对经济活动的推动和促进作用很难得以发挥，甚至会阻碍经济的发展。那么，我们应该如何考察和衡量一个国家的金融机构体系是否合理呢？

一般来讲，考察和衡量一个国家的金融机构体系是否科学合理的标准主要是：（1）金融机构体系是否符合本国国情，是否体现本国的政治经济制度的基本要求。一个科学合理的金融机构体系必须符合本国国情，并能够很好地体现本国的政治经济制度的基本要求。（2）金融机构体系能否灵活地融通社会资金，促进本国经济的发展。一个科学合理的金融机构体系必须能够有效地促进资金的融通，并能够对本国的经济活动发挥积极的推动和促进作用。（3）金融机构体系是否有利于各金融机构之间的联系和制衡，是否有利于国家对整个金融事业有效地进行调控。一个科学合理的金融机构体系，不仅要能够使各金融机构之间互相协调，而且要使之能够互相制衡，同时还必须有利于国家对整个金融事业的有效调控，以保证整个金融事业乃至整个国家经济活动的顺利开展。也就是说，一个科学合理的金融机构体系应该具备协调性、可控性、效益性、开放性和竞争性等特征。只有这样，才能更好地发挥金融体系对经济活动的促进作用。

## 二、现代市场经济国家的金融机构体系及其构架

尽管各国的金融机构体系各具特色，而且一个国家在不同时期的金融机构体系也会有所不同，但从基本构架来看，各国大致还是相同的。尤其在世界经济一体化趋势越来越明显的今天，很多国家金融机构体系的构架也越来越趋于一致。

联合国统计署统计分类处指定有国际标准产业分类法（ISIC）。其中，按经济活动类型划分，可把现今世界上的经济活动分为17个大类。Financial Intermediation，即金融中介，是其中的一个大类，包括：（1）金融中介——包括中央银行、存款货币银行、金融租赁及其他提供信用的信贷活动；（2）保险和养老金活动；（3）辅助金融中介，如证券交易所、投资银行、投资基金之类的活动。如果按中心产品分类，可分为9个大类。金融产品属于服务性质的产品，"金融中介、保险及辅助服务"包括的内容是：金融中介服务；投资银行和证券买卖、承销、包销服务；保险和养老金服务；金融中介辅助服务。

而国民经济核算体系（SNA）对金融业进行了按机构的分类，具体划分是：（1）中央银行；（2）其他存款公司；（3）不是通过吸纳存款的方式而是通过金融市场上筹集资金并利用这些资金获取金融资产的其他金融中介机构，如投资公司、金融租赁公司以及

消费信贷公司等；（4）金融辅助机构，如证券经纪人、贷款经纪人、债券发行公司、保险经纪公司等；（5）保险公司和养老基金。

基于上述不同的划分标准，通过梳理现代市场经济国家的金融机构的不同类型，我们将众多金融机构所组成的系统视为金融机构体系。其一般构架，主要是由银行和非银行金融机构等共同组成的，如图5-1所示。

从银行机构体系来看，主要包括：中央银行、商业银行和专业银行。中央银行是一个在国家金融体系中居于"中心"地位的金融机构或组织，是统领一国金融机构体系、控制全国货币供给、实施国家货币政策的最高金融机构，是一国金融机构体系的核心。商业银行是以经营各种存款、放款和汇兑为主要业务，并以利润为主要经营目标的金融机构。与其他金融机构相

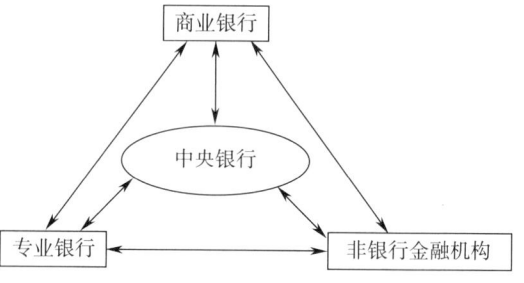

图 5 - 1 金融机构体系的一般构架

比，商业银行是从事各种银行业务的综合性银行，它的业务范围较广、服务对象较多；尤为重要的是它能以派生存款的形式创造和收缩信用。因此，商业银行是金融体系的主体，对国民经济的发展起着重要的作用。

专业银行是与商业银行相比较而言的，是指经营特定范围内的业务和提供专门性服务的金融机构。专业性银行的存在，适应了市场经济不断发展的客观要求。同时，专业性银行的存在，也适应了金融业本身不断发展的要求。虽然商业银行已经发展为综合性、多功能的银行，但其业务仍有侧重，对某些部门和行业很少涉足；而这些行业和部门中，有些是国民经济发展中必不可少的，有些则是与人们的生活密切相关的。专业性银行填补了商业银行业务活动中的空缺，使一国的资金循环和周转过程不致发生"渗漏"现象，对金融业乃至整个国民经济的发展起到了积极的促进作用。国家开发银行、中国进出口银行、中国农业发展银行，这三家政策性银行是目前我国比较典型的专业银行。

所谓非银行金融机构，是指除中央银行、商业银行及专业银行以外的其他经营金融性业务的公司或组织。也就是说，非银行金融机构属于金融机构，但不是银行。非银行金融机构属于金融机构，是因为它们与商业银行及专业银行并无本质的区别。非银行金融机构与商业银行、专业银行一样，都是以信用方式集聚资金并投放出去以达到盈利的目的。但是，非银行金融机构又与商业银行和专业银行有所不同。与商业银行相比，非银行金融机构不仅不能吸收活期存款，而且不能吸收其他任何形式的存款；非银行金融机构的业务范围也很狭窄，所能提供的服务也很有限；更为重要的是，非银行金融机构只能作资金经纪人，不具备创造信用的能力。而商业银行则不同，它最显著的特征在于它是唯一能够吸收活期存款，并可以提供综合性金融服务的金融机构，而且许多经济学家认为商业银行能够在不减少储备的情况下，增加放款和存款，具有创造信用的能力。与专业银行相比，非银行金融机构虽然同专业银行一样，业务种类和服务范围都很有

限，而且都必须在减少储备的前提下才能增加贷款，但是，专业银行可以吸收除活期存款以外的其他形式的存款，而非银行金融机构则不能。概括各国金融机构体系中非银行金融机构的种类，主要有保险公司、信托公司、信用合作社、证券公司、财务公司、租赁公司以及各种基金组织等。这些经营金融业务的非银行金融机构，种类繁杂、数量较多，在整个金融体系中也发挥着不可替代的作用，与银行机构体系共同组成了完整的金融机构体系。

### 三、金融机构的一般功能

虽然各国金融机构的具体设置形式和名称不尽相同，但从其功能来看，却大致相同。概括金融机构的一般功能，主要表现在：

1. 充当信用中介。金融机构通过自身的信用活动，充当经济行为主体之间货币借贷的中介人。这种以中介人身份形成的业务中，金融机构一方面通过吸收存款等形式，集中了一些社会闲置货币资本；另一方面它又以贷款和投资的方式，将这些闲置货币资本提供给暂时需要补充货币资本者使用。金融机构这种充当贷款者和借款者的信用中介的功能，其实质是在资金盈余者和资金短缺者之间融通资金。

2. 充当支付中介。金融机构通过办理转账结算和现金收付业务，为社会组织和个人开立账户，并按照一个客户的支付命令或通知，把货币支付给另一客户。金融机构充当支付中介的功能，有利于加速资本周转，促进生产和流通的顺利进行。

3. 创造金融工具。金融机构在充当社会信用中介和支付中介的基础上，为适应经济发展和社会经济行为主体的要求，不断创造出包括银行券、支票、银行本票、银行汇票、信用证、信用卡等多种形式的代替通货流通的信用工具，满足流通过程对流通手段和支付手段的需要。这不仅节省了结算成本，而且避免了使用现金所带来的各种风险。

4. 组织货币流通。金融机构中的中央银行可通过对货币供给量的调节和控制，影响和决定流通领域的货币量；金融机构中的商业银行则可通过存款货币的创造及信用扩张，影响货币的流通状况。由此决定了金融机构具有组织货币流通的功能。金融机构组织货币流通的功能，使其能够通过对货币流通的管理和调节，促使货币供给量适应经济发展的需要，确保货币流通状况的正常和经济健康、稳定的发展。

5. 将货币转化为资本。金融机构的基本活动就是通过吸收存款的形式，把社会各阶层居民个人闲散的货币集中起来，然后又以发放贷款或投资的形式投放给企业使用。金融机构使货币转化为资本的功能，无疑扩大了整个社会的资本总额，有利于加快生产和流通的发展。

## 第二节 金融市场

金融市场是所有金融交易关系的总和，交易各方可以借助这个市场实现资金融通，交换风险，从而提高整个社会资源配置的效率。

本节主要学习金融市场的含义、特征、要素、构成、分类、功能及发展趋势等内容，各金融市场的详细内容在以后章节中阐述。

## 一、金融市场及其特征

### （一）金融市场的产生和发展

金融市场的形成历史可以追溯到17世纪初以货币兑换业为标志的商业银行借贷活动。早期的金融市场参与者主要是银行和个体经商者，交易活动零星分散。现代意义上的金融市场形成于19世纪中叶到20世纪初的工业和商贸发达的欧美国家和地区。第二次世界大战以后，伴随各国经济的复苏和发展产生的巨大交易需求，金融市场上交易规模迅速扩大。20世纪60年代以来，在原生金融工具基础上衍生出多种创新金融工具，金融市场交易品种迅速增多，电子计算机在金融交易中的应用使金融交易方式有了创新性发展。20世纪70年代以衍生金融市场发展为标志，金融市场迈进了一个崭新的现代化发展阶段。20世纪80年代以来，随着各国经济金融的全面开放，当今的金融市场已经发展成一个24小时不间断运行的全球统一联网的大市场。金融市场经历了从无到有，从小到大，从简单到复杂，从无序到规范，从传统到现代化，从国内到国际的发展历程。

中国的金融市场走的是独具特色的发展道路。由于旧中国半封建半殖民地经济十分落后，加上国内军阀割据和外来列强的侵略，中国的金融市场畸形发展。在两次世界大战期间，外国列强聚集的租界地——上海，作为当时旧中国的金融中心，以洋人和官僚买办经营为主的银行业有了较快的发展。伴随着资金借贷市场的形成，债券市场、股票市场、黄金市场和外汇市场在当时曾有过相当活跃的发展。新中国成立以后，国家长期实行计划经济模式，排斥除银行之外的其他信用活动，停止了证券交易和黄金外汇的自由买卖。20世纪80年代，随着经济体制改革，1985年银行间同业拆借市场形成，随之企业债券和股票发行陆续出现，短短20多年间，中国的金融市场有了长足的发展。

### （二）金融市场的含义

在经济活动过程中形成的市场主要有三大类：要素市场、商品市场和金融市场。要素市场是生产要素，包括土地、劳动力、技术及资本等进行交易的市场；商品市场是商品和劳务进行交易的市场；金融市场则是一切货币资金借贷、各类金融商品及金融资产交易活动的市场。

随着商品市场和要素市场交易活动的不断扩大，金融市场的交易活动范围不断扩大，交易内容不断更新，交易形式越来越多样化。特别是随着电子通信和互联网技术的发展，交易活动发生了巨大变化，形成了明显区别于商品市场和要素市场的市场特征。由于货币资金和金融产品的同质化，金融市场的交易活动远不是传统条件下的固定场所，现代化金融交易活动将全球大市场连在了一起，遍布世界各地的金融交易活动已经形成了没有固定场所、没有国界限制、没有时间约束的无形市场。现代金融市场从货币资金借贷到货币互换，从具体的商业银行票据承兑贴现到无形的电子货币联网清算，从简单的债券股票发行交易到复杂的期货期权现期买卖与远期交割，金融市场交易的内容已不能用简单的"金融商品交易"来概括，金融市场上的交易活动已不仅仅是简单的交换关系和买卖关系，而是各种关系交织在一起所形成的复杂信用关系。金融市场上，金融活动参与者的交易目的包括筹资、投资、保值、避险、投机、干预市场调节供需等，金融市场所形成的交易关系极其复杂，一项金融活动中包含着多种和多层交易关系。因此，金融市场是多种金融关系交织而成的综合体。

在理论界，金融市场概念有狭义和广义之分。狭义的概念认为，金融市场亦称资金市场，它是融通资金与买卖金融资产的场所，包括办理各种票据、有价证券、外汇和金融衍生品买卖以及同业之间进行货币借贷的活动。广义的概念认为，金融市场是货币借贷和金融交易的总称，是指以金融资产为交易对象而形成的供求关系及其机制的总和。我们可给金融市场作如下的定义：金融市场是指以金融资产为交易对象而形成的供求关系及其机制的总和，它包括如下三层含义：(1) 金融市场是金融资产进行交易的一个有形和无形的场所。(2) 金融市场反映了金融资产的供应者和需求者之间所形成的供求关系。(3) 金融市场包含了金融资产交易过程中所产生的运行机制，其中最主要的是价格机制。

(三) 金融市场的特征

同传统的商品市场相比，金融市场有着自己独特的特点。

1. 交易对象为金融资产。金融资产是指代表未来现金收入的所有权的合约，属于无形资产。在金融市场上交易的对象是各种金融资产，既包括银行可转让大额定期存单、商业票据、政府债券、公司股票和债券，也包括金融期货、期权等衍生性金融资产。金融资产具有货币性、流动性、期限性、可分性、收益性、风险性等特征。

2. 交易价格表现为资金的利率。金融市场上的交易对象则为特殊商品——金融资产，它的价格体现为不同期限资金借贷的利率。

3. 交易目的表现为让渡或获得一定时期内一定数量资金的使用权。金融市场上金融资产的交易主要体现在使用权的交易上。资金的多余单位以各种方式让渡一定时期内一定数量资金的使用权，其目的是为了获得利息或收益；而资金的短缺单位则通过各种方式获得一定时期内一定数量资金的使用权，代价是要支付不同期限资金使用的利息。

4. 交易场所表现为有形或无形。传统的商品市场往往是一个有固定场所的有形市场，而金融市场不一定都有固定的场所。随着计算机网络技术的发展，使全球各地的终端得以连线，形成了全球外汇交易的无形市场，使资金可以每天24小时在全球流动。

## 二、金融市场的要素

(一) 金融市场主体

金融市场主体是指在金融市场上进行金融交易的交易者，这些交易者可以分为五大类，即政府部门、货币当局、金融机构、产业公司和消费者个人。

政府部门包括各国中央政府和地方政府，政府参与金融市场的主要目的是筹措资金。当国家财政预算出现赤字时，往往通过在金融市场上发行国库券融通短期资金，以支持当期的预算支出；当国家通过财政渠道支持和推动经济发展时往往通过发行债券，从金融市场上筹措中长期资金；地方政府在金融市场上融通资金主要是为了满足地方公益事业发展的需求。政府部门作为金融市场的参与主体，主要是以证券市场上的发行主体身份出现。

货币当局的典型代表是中央银行。中央银行参与金融市场交易是为了实施货币政策，通过货币政策对金融市场和货币流通进行调控，同时，中央银行也是金融市场上重要的资金供给者。作为最后贷款人，中央银行通过再贷款和再贴现给商业性金融机构融通资金；通过公开市场业务操作，在金融市场上直接吞吐证券，从金融市场回笼和供应资金。中央银行作为对外金融代表，持有本国的国际储备，接纳国际金融机构的贷款，代表政府施行国际援助等，这些国际事务均需通过金融市场才能完成。

金融机构既包括经营性银行机构，又包括非银行性金融机构。金融机构是金融市场上最主要的交易主体，其资金来源主要通过金融市场吸收和筹措，其资金运用也必须通过金融市场予以分配，金融业务活动无一不通过金融市场才能够完成。金融机构既是金融市场上主要的资金需求者，又是主要的资金供给者。但从另一角度去考察，经营性金融机构又是金融市场上重要的交易媒体，所有资金通过金融市场聚集到金融机构手中，又通过金融市场从金融机构手中分配到其他市场主体，金融机构成为金融市场中最大的中介机构。如在信贷市场上存款性金融机构既是资金的借入者，又是资金的贷出者，拆借市场更是如此。所有金融开放国家的金融机构在外汇市场上几乎都涉及外汇的兑换和交易。

产业公司主要指从事生产经营和商品流通的企业，其经营资本一般通过发行融资性票据、债券及股票从金融市场上筹措，是金融市场上的主要资金需求者。产业公司有时又是金融市场上的资金供给者，当资金出现闲置时也会将资金存入商业银行或通过其他途径暂时让渡使用权。跨国企业的跨境资金调度需要在外汇市场上进行货币兑换后完成转换，它们同样是金融市场参与者。

消费者个人参与金融市场进行金融交易，一方面是消费结余资金保值增值，成为金融市场上的资金供给者，另一方面是向商业银行的消费贷款，成为金融市场上的资金需求者。个人购买保险是通过保险机构将资金间接提供给金融市场，同样体现了金融市场参与主体的角色。

(二) 金融市场客体

金融市场客体即金融市场上的交易对象或金融资产，从性质上可划分为四类：一是货币类金融资产，如黄金、外汇、单证、票据；二是债权类金融资产，如信贷、债券、同业拆借；三是权益类金融资产，如股票、股权证；四是衍生类金融资产，如期货指数、股票指数、金融期货合约、金融互换合约、金融期权合约等。

(三) 金融市场媒体

金融市场媒体是指在金融市场上专门从事经纪业务、为金融商品买卖双方成交撮合，帮助其顺利完成交易，赚取佣金和手续费的商人或机构。金融市场媒体按性质可分为两类：一类是自然人经纪人，另一类是法人经纪人。

自然人经纪人是以个人身份为金融商品买卖的双方而撮合的经纪人。哪里有市场哪里就有经纪人，经纪人精通市场行情和交易业务，市场的交易者一般都喜欢通过经纪人撮合交易，以求在最短的时间里以最满意的价格成交并顺利交割。在发达国家的市场上都建立了比较完善的经纪人制度，要成为经纪人必须经过严格审核和批准，持有经纪人资格证方可入市从事经纪业务。按照从事业务的不同，经纪人又可分为货币经纪人和证券经纪人。货币经纪人是在同业拆借市场上专门从事货币头寸交易的中间商，在票据市场上代客买卖票据，从事票据承兑和贴现，在外汇市场上代理客户从事外汇交易。证券经纪人指活跃在证券交易所内和第三市场，专门撮合证券和零股股票交易的专业经纪人。

法人经纪人是专门从事经纪业务的金融机构。为了赚取更多的利润，大多数经纪机构在代客买卖金融商品的同时，往往运用自有资本自行交易，这类机构具有自营商的性质。按照上述情况可将经纪机构分为两类：一类是专业经纪机构；另一类是兼营经纪机构。在经济发达国家，政府对金融机构的经营逐渐放宽了业务范围，专门从事经纪业务的金融机构已比较少见，不过在金融市场上专业性经纪机构还是存在。基金公司从经营性质上也可划归到专业经纪机构的范畴。兼营经纪机构是既有自营业务又兼营经纪业务的金融机构，在金融市场上普遍存在。

（四）金融市场的价格

由于金融商品性质的特殊性，它的价格有不同的表现。尽管金融商品价格最终是以货币单位来计价，但具体的金融商品交易价格是不同的。外汇市场价格是汇率，拆借市场价格是拆息，信贷市场价格是利率，票据市场价格是贴现率，债券市场价格是债息率或收益率，股票市场上的价格则是股价指数等。随着衍生金融商品的出现，衍生金融市场价格更加特殊，它是以基础金融商品价格为基数计算出来的远期价格，时常以"保证金""保险金""点位"等作为交易"价格"，可以说衍生金融市场价格是真正的"影子价格"。

（五）金融市场的组织方式

金融市场的组织方式是将市场主体同客体建立联系并得以进行资金供求交易的方式。具体讲有下列三种组织方式。

1. 集中交易方式。集中交易方式是指在固定场所有组织有规则地进行资金交易的方式，如在资本市场中的证券交易所进行的交易。因此，这种方式又称为交易所交易方式。

2. 分散交易方式。分散交易方式是指在地点分散的诸多柜台上进行资金交易的方式，如在银行的柜台、证券公司的柜台上进行的交易。因此，这种方式又称为柜台交易方式。

3. 无形交易方式。无形交易方式是指通过计算机网络、电信等技术手段完成资金交易的方式。金融市场各要素之间是紧密联系、互相促进、相互影响的。其中，金融市场主体与客体是最基本的要素，只要有这两个要素存在，金融市场便会形成；而金融市场媒体、价格及组织方式则是自然产生的或必然伴随的，只有这些要素的存在，金融市场才更发达、更高效。

### 三、金融市场的类型

在金融市场上,由于金融交易的对象、方式、条件、期限等的不同,以及金融交易业务的交互变动使得金融市场成为一个十分复杂的巨大系统,对其进行严格的分类是一项十分困难的事情。但是从不同角度来观察和研究问题,学术界还是对金融市场进行了不同的分类。具体分类情况如图5-2所示。

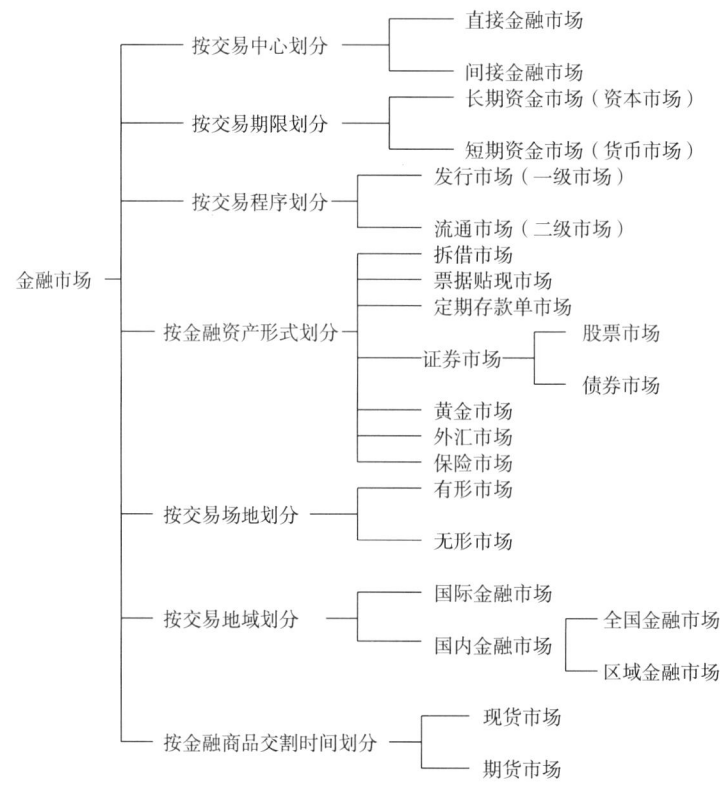

图 5-2 金融市场的类型

(一)货币市场与资本市场

按照金融交易的期限划分,金融市场可以分为短期资金市场和长期资金市场。短期资金市场是指短期资金融通的场所,一般融资期限在一年以内,其资金主要用于短期生产周转需要,偿还期短,流动性强,风险小,与货币的差别不大,此类金融工具往往被作为货币的代用品,故短期资金融通市场也称货币市场。货币市场包括短期资金拆借,商业票据的承兑贴现,可转让大额定期存款单的买卖和短期存款、放款等。长期资金市场是指长期资金融通的场所,一般融资期限在一年以上,如股票、债券和长期资金借贷。买卖这类金融资产,因其偿还期长,风险大,可以给证券持有人定期带来收益,故称资本市场。

(二)发行市场与流通市场

按照金融交易的程序来划分,金融市场可分为发行市场和流通市场。发行市场也称一级市场，是证券或票据等金融工具最初发行的市场。流通市场也称二级市场，是已发行证券和票据等金融工具的流通转让市场。

没有有价证券的发行市场，就没有有价证券的流通市场，没有有价证券的流通市场，也就没有有价证券的发行市场，二者相辅相成，共同构成了金融市场上的金融商品交易整体。

（三）有形市场与无形市场

按金融交易存在的场所空间来划分，金融市场可以分为有形市场和无形市场。有形市场有固定的交易场所，如证券交易所。无形市场则是观念上的市场，没有固定的场所，如同业拆借，证券交易的场外买卖，可以通过柜台联系成交，也可以通过电话和信息网络联系成交，所以这种无形市场交易又有电话交易、网络交易等多种形式。

有形市场和无形市场的区别，不仅是有无一个有组织的固定的交易场所的问题，更为重要的是它们的场所准入的规定和约束。这些差异的实质，主要来自各国或地区交易法律规定的差异，在于不同国家和地区金融市场的管理差异，有些国家和地区则主要源于技术的因素。

（四）现货市场与期货市场

按照金融交易的交割时间来划分，可以把金融市场划分为现货市场和期货市场。现货市场是指现金交易市场，即当天成交，当天就要交割，最迟要在三日内完成交割，即买者付出现款，收进证券或票据，卖者交付证券或票据，收进现款，钱货两清。期货市场是指交易双方达成协议后，不立即交割，而是在约定的期限（1个月、2个月或半年等）进行交割。

现货市场和期货市场的区别，在于交割时间的差别。由于从成交日到交割日之间有一段时间，这段时间内有价证券的市场价格可能会发生变化，所以，期货市场比现货市场为参与者提供了较多的投机机会和可能性。投资于现货市场，一般是为追求证券的正常收入，是真正的投资人，风险小收益低；而投资期货市场，除了套期保值，往往试图在市场价格变化的预期中谋取价格差异，从中获得投机收益，故投资期货市场往往有投机心理。所以，为了规避证券市场变动可能给投资者带来的风险，可以将现货交易与期货交易相联系，进行套期保值，使投资者避开证券市场变动风险，获得相对稳定的投资收益。

（五）拆借市场、贴现市场、证券市场和黄金市场、外汇市场

按照金融交易的标的物，或者说按金融资产的形式来划分，金融市场可以分为拆借市场、贴现市场、证券市场、黄金市场、外汇市场、保险市场等。拆借市场是在金融机构之间进行的，是银行业买卖它们在中央银行存款账户上的存款余额的场所。贴现市场是指银行以现款买进未到期商业票据或其他短期债券，对持票人提供资本的市场。证券市场是股票、债券的发行和买卖场所，包括证券发行市场和证券交易市场，在证券交易中既有证券交易所的有形市场，也有柜台交易、电话交易和网络交易的无形市场。黄金市场，是买卖黄金等贵金属的市场。外汇市场是买卖外汇的市场。

（六）间接融资市场与直接融资市场

在间接融资市场上，金融供给者将资金存入金融机构，金融机构再将资金贷放给资

金需求者。这种以银行为信用中介的融资场所就是间接融资市场。直接融资市场是资本供给者与资本需求者之间直接融通资金的市场，如企业之间的商品延期付款或预付货款，企业之间的直接融资，企业与个人之间的直接融资等。但是，企业的直接融资一般也由金融机构代理，如发行股票、债券就是通过银行或其他金融机构来完成的。

（七）网络市场与传统市场

随着金融业务网络化程度的逐步提高，金融市场的许多功能和业务将由传统业务逐步转化为网络业务。网络时代金融市场的运作将以网络形式完成。传统金融市场的诸多功能将被网络市场所代替，网络市场将逐步成为金融市场的技术主体。

**专栏 5-1**
**2019 年全球银行 1000 强榜单前十名**

| 榜单排名 | 2018 年排名 | 银行名称 | 国家 | 一级资本（十亿美元） |
|---|---|---|---|---|
| 1 | 1 | 中国工商银行 | 中国 | 338 |
| 2 | 2 | 中国建设银行 | 中国 | 287 |
| 3 | 4 | 中国农业银行 | 中国 | 243 |
| 4 | 3 | 中国银行 | 中国 | 230 |
| 5 | 5 | 摩根大通 | 美国 | 209 |
| 6 | 6 | 美国银行 | 美国 | 189 |
| 7 | 7 | 富国银行 | 美国 | 168 |
| 8 | 8 | 花旗集团 | 美国 | 158 |
| 9 | 10 | 汇丰银行 | 英国 | 147 |
| 10 | 9 | 三菱日联金融集团 | 日本 | 146 |

## 四、金融市场的功能

发达和健全的金融市场，不仅仅是资本筹措的场所，而且是金融资产交易及其价格形成的场所。对于金融市场的功能，我们可以概括如下：

（一）提高资本使用效益的功能

金融市场的存在，首先扩大了资本供给者和需求者接触的机会，便于金融交易的成立，降低资本成本，提高资本使用效益。同时，金融市场为筹资者和投资者开辟了更广阔的融资途径，投资者可以选择适合自己的投资工具；筹资者也能盘算借款成本和收益，选择最适合自己的筹资形式、工具和条件。这样，双方都要审时度势，谋求最佳经济效益，将资本投向最有利的投资项目。从表面来看，投资的去向似乎只有投资人和筹资人在较量，事实上由于市场利率的作用，金融市场上的资本去向，是由社会力量决定的，只有这样才能使社会化大生产的资本和生产得到合理配置。同时，金融市场上融资形式灵活，工具较多，有利于加速资本周转速度，减少在途占用或闲置，对节约合理地使用资本,促进商品流通,加速商品的实现,也具有积极的意义。

(二) 实现借贷资本转换的功能

金融市场上的金融交易,可以实现借贷资本的转换。这一功能首先表现在金融资产的流动性,比如商业银行在有多余的超额储备时,可以在货币市场上随时拆出,或购买短期证券和票据;而在准备不足时,又可以随时收回,变成现款。金融市场造成的金融资产的流动性,扩大了银行可以贷放的资本,可以增加其盈利。其次又表现为短期资本接续成为长期资本。有价证券具有的可分割性和流动性,使各种短期资本可以大胆地用来购买长期证券,在急需现款时,又可以在金融市场上出售证券变成现款,实现短期闲置资本的期限接续。这不仅方便短期资本的投资人,也便于企业筹集长期资本,用于扩大再生产。

(三) 引导储蓄转向投资的功能

金融市场是资本供求的中心,是储蓄向投资转化的桥梁。它把国民储蓄与企业所需资本结合起来,有利于资本的形成和经济的发展。因为个人为了预防意外事件的发生,或为了满足将来更高的生活要求,通常总要在自己的货币收入中积蓄一部分,就个人来说,这是个小的金额,但就社会来说,把这些小金额集中起来,集腋成裘,就是一笔巨大的货币资本,将其投入生产,便扩大了社会总资本。以利率为动力,引导、推动国民储蓄的集中,并转向生产事业,是金融市场的一个重要功能。

(四) 为经济活动提供信息的功能

在金融市场上,资本的供求状况决定其利率的水平,金融市场利率水平的升降就成为社会资本供求适应状况的最灵敏的指示器:资本供应不足,需求过大,利率势必上升;反之,则相应下降。同时,股票债券在市场上价格的变动与企业的经济活动和利润水平密切相关,持有证券者若预测到企业经营利润下降,证券价格亦将下落,便卖出证券;反之,则购买证券。那么利率与证券价格的变动,就成为经济发展趋势的最好的金融指标。金融市场发出的这种金融信息,既可以作为国家和中央银行进行金融决策的参考,又为企业的经营敲响了警钟。

(五) 分散社会经济风险的功能

人们在社会经济活动中,尤其是为了取得某种经济收益而进行的投资活动中,常常会碰到来自各方面的风险,这些风险会使投资者遭受经济损失。对于这些风险,投资者不可能消灭它,而只能进行预防,预防的方法是分散风险。金融市场为投资者分散风险提供了一个合适的机制。例如分散投资于数个企业单位,分散投资于数个不同类别的行业,分散投资于到期日不同的金融证券等,从而保证投资者的利益。

(六) 调节国民经济的功能

要合理地配置生产资料和劳动,必须合理配置资本,使资本和资源得到最佳结合,构成一个合理的产业结构、产品结构、技术结构,才能使国民经济稳定地发展。这种合理的资本配置,在市场经济制度下,不能完全通过人为的行政分配,而要通过市场机制,通过资本证券化,通过利润和利率的引导来实现。同时,经济的景气,货币的稳定,也可以通过对金融市场的调节来实现。国家通过中央银行实施货币政策,进行市场操作,如调整再贴现率,调整法定存款准备金率,买进或卖出有价证券等,从而向金融市场注入货币，或抽回货币，以紧缩或松动银根，借此影响金融市场的资本供求，进而影响企业资本来源和运用，达到调节国民经济的目的。

### 五、金融市场的趋势

#### （一）资产证券化

资产证券化（Asset Securitization）是指把流动性较差的资产，如金融机构的一些长期固定利率放款或企业的应收账款等，通过商业银行或投资银行予以集中及重新组合，以这些资产作抵押来发行证券，实现相关债权的流动化。资产证券化最早起源于美国。最初是储蓄银行、储蓄贷款协会等机构的住宅抵押贷款的证券化，接着商业银行纷纷仿效，对其债权实行证券化，以增强资产的流动性和市场化。从20世纪80年代后期开始，资产证券化已成为国际金融市场的一个显著特点，传统的以银行为中心的融资借贷活动，开始发生了新的变化。

#### （二）金融全球化

金融全球化意味着资金可以在国际间自由流动，金融交易的币种和范围超越国界，它具体包括：一是市场交易的国际化，即国际货币市场交易的全球化、国际资本市场交易的全球化和外汇市场的全球一体化。二是市场参与者的国际化，传统的以大银行和主权国政府为代表的国际金融活动主体正为越来越多样化的国际参与者所代替。特别是近几十年来各国金融机构之间并购重组浪潮风起云涌，以及各种各样的投资基金在全球金融市场上所取得的空前大发展，更是大大地促进了金融市场交易的国际化。

#### （三）金融自由化

金融自由化是和金融的证券化、全球化相伴而生的，主要表现为：减少或取消国与国之间对金融机构活动范围的限制；对外汇管制的放松或解除；放宽对金融机构业务活动范围的限制，允许金融机构之间的业务适当交叉；放宽或取消对银行的利率管制。

## 第三节　中国的金融体系

中国的金融体系，如同中国经济体系一样，经历了一个漫长而复杂的演进过程。改革开放之后，中国的金融机构体系不断趋于完善，金融市场也得到迅速发展，逐步建立起了与社会主义市场经济体制相适应的金融体系。

本节主要学习中国的金融机构体系和金融市场体系两方面的内容。

### 一、我国金融机构体系

#### （一）新中国成立前夕的金融机构体系

在新中国成立前夕，中国存在着两个并行的、对立的金融机构体系，即国民党统治区的金融机构体系和共产党领导下的解放区的金融机构体系。

在国民党统治区的金融机构体系中，居于垄断地位的是官僚资本银行。官僚资本银行主要包括"四行两局一库"。"四行"就是指中央银行（建立于1928年，为国民党政府的中央银行)、中国银行(中国银行的前身是户部银行,1912年改组为中国银行)、交通银行(1907年由清政府邮传部奏准设立,后被国民党政府控制)和中国农民银行(建立于1935年)。"两局"就是指国民党政府分别于1930年和1935年建立的邮政储金汇业局和中央信托局。"一库"就是指国民党政府于1946年成立的中央合作金库。

在国民党统治区的金融机构体系中,还有为数众多的中小银行和钱庄。在中小银行中,既有各地方政府开办的官僚资本银行,又有民族资本银行。其中较有影响的要数"北四行"和"南三行"。所谓"北四行"是指盐业银行、金城银行、中南银行和大陆银行;"南三行"则是指浙江兴业银行、浙江实业银行和上海商业储蓄银行。在各地所开设的钱庄中,以天津、汉口、广州、上海和济南为最多。据统计,当时天津有114家,汉口有99家,广州有85家,上海有78家,济南有68家。这些为数众多的中小银行和钱庄,为中国民族资本主义工商业的发展作出过一定的贡献。

外资银行也是当时国民党统治区金融机构体系的组成部分之一。据统计,当时的外资银行主要有14家,而其中仅美国就占了5家,英国有4家。这些外国银行为本国对中国的经济侵略奠定了基础。此外,在国民党统治区还有相当数量的信托公司、保险公司、证券公司等。在上海、天津、南京等大城市有证券交易所、票据交换所等金融机构。

中国共产党领导下的解放区的金融机构体系,主要是由银行和农村信用合作社组成的。在根据地和解放区,当时曾建立过30多家银行。根据地和解放区的银行一般分为两级机构,即省级和县级;只有中华苏维埃共和国国家银行有总行、省级行和县级行三级机构。根据地和解放区的银行除办理存款、贷款业务外,一般均发行地方性货币,以支持生产和革命事业发展的需要。

农村信用社是根据地和解放区的群众性集体金融组织,它主要是为了抵制高利贷的剥削而成立的。随着根据地和解放区的不断扩大,农村信用社也在不断发展,并在帮助农民发展生产、解决生活困难、促进解放区经济发展和支援革命战争等方面发挥了十分重要的作用。

(二) 新中国金融机构体系的建立

新中国金融机构体系是通过组建中国人民银行、合并解放区银行、没收官僚资本银行、改造私人银行与钱庄以及发展农村信用社等途径建立的。

1953年,新中国开始大规模有计划地发展国民经济,按照前苏联模式实行高度集中的计划管理体制和相应的管理方法。与此相适应,金融机构也参照当时苏联的银行模式进行了改造,建立起高度集中的国家银行模式。

(三) 1979年以来我国金融机构体系的改革

从1979年起,我国的金融机构体系进行了一系列重大的改革。从改革的具体进程和改革的主要内容来看,主要体现在以下几个方面:

1. 建立独立经营、实行企业化管理的专业银行,并在此基础上将其转变为国有商业银行。1979年2月,再次恢复了中国农业银行;1979年,中国人民建设银行也从财政部分设出来;1984年1月,成立中国工商银行。

2. 建立中央银行体制。1983年9月,国务院决定中国人民银行要专门行使中央银行职能。

3. 在国有商业银行之外，组建其他商业银行。1986年交通银行重新组建，随后又陆续成立了10余家股份制商业银行。

4. 组建政策性银行。1994年以后，一方面，为了解决专业银行向商业银行转变的困难，以便支持经济发展，经国务院批准，先后组建了国家开发银行、中国进出口银行和中国农业发展银行三家政策性银行。

5. 建立包括信用合作社、保险公司、信托投资公司、证券公司、企业集团财务公司、金融租赁公司、投资基金等在内的诸多非银行金融机构，完善金融机构体系，同时引进大批外国金融机构。

6. 建立了全国统一的证券市场、外汇市场和同业拆借市场。

（四）我国现行的金融体系

经过20多年的改革，我国（除港、澳、台地区外）现已形成了以中国人民银行为核心，国有商业银行为主体，包括政策性银行、其他商业银行和非银行金融机构在内的分工协作的这样一个较为完善的金融机构体系。具体来讲，主要包括中央银行、商业银行、政策性银行以及其他非银行金融机构。

同时，目前在我国境内设立的外资金融机构有如下两类：第一类，外资金融机构在华代表处。在华外资金融机构代表处的工作范围是：进行工作洽谈、联络、咨询、服务等非营业性活动，不得开展任何直接盈利的业务。第二类，外资金融机构在华设立的营业性分支机构和法人机构，包括外国独资银行、外国银行分行、合资银行、独资财务公司、合资财务公司等。它们的经营活动受到中国有关外资金融机构管理办法的规范。

## 二、中国的金融市场体系

（一）旧中国的金融市场

在我国，随着商品交换和商人资本的发展，在唐代就出现了许多商业城市和相当规模的金融活动。"长安的西市便是中国初期的金融市场，在这个市场里，流通着各种的信用，供给这些信用除个人性质的富商、官吏以外，有供给抵押信用的库质；有供给普通信用的公廨；有供给便利的柜坊、寄附铺等各种商店；有从事兑换业、买卖生金银的金银店；有办理兑换业务的商人组织。"南宋端平二年（1235年）都城福安（今杭州），"自五间楼北，至官巷南御街，两行多是上户，金、银、钱、引交易铺，仅百余家，门列金银及见钱，谓之看垛钱"。这不能不说是中国金融市场的雏形。到了明清时代，商人的数量和商业资本的规模有了进一步扩张，金融机构增加，金融交易活动扩大，融资形式也在不断发展。清乾隆以后，山西货币商人活跃于各商业城市，开办钱业拆借市场、银钱交易市场。到鸦片战争以后，中国的金融市场受到外国资本主义影响，逐渐具有了近代意义，金融市场活动的范围有了拓展。1891年，上海已经有了"上海股份公所"，到1905年演变成为"上海众业公所"，在这里交易的股票主要是外国企业股票、南洋"橡皮股票"。1914年"上海股票商业公会"成立，1920年改组为"上海华商证券交易所"，它标志着我国的股票交易市场基本走向正轨。其他拆借市场、贴现市场、黄金市场、外汇市场等，都得到了进一步的发展。

（二）新中国金融市场的发展

中华人民共和国成立以后，没收官僚资本银行，取缔帝国主义在华银行特权，改造民族资本主义银行，建立了以中国人民银行为主体的包括广大农村信用合作社的社会主义金融体系，它与高度集中的社会主义经济体制是相适应的。从20世纪50年代初期到70年代末，在我国社会主义经济生活中，人们没有金融市场的概念。社会主义生产中的物资运动，主要是由国家物资部门进行调拨，劳动力配置一律通过国家人事劳动部门进行调动，经济建设需要资金，基本是由财政部门供应，货币被压缩在与个人有关的经济往来中，信用集中于中国人民银行，只解决企业生产周转的临时性、季节性的短期资金需要，严格限制商业信用，禁止票据和证券的发行、流通和转让。

1978年党的十一届三中全会以后，实行改革开放的基本方针，逐步将高度集中的计划经济管理体制转变为有计划的市场经济体制。1980年国家在部分城市开始了商业票据承兑贴现的试点，1983年随着信贷体制改革，开放了拆借市场，继而社会集资和股票、债券也活跃起来，外汇的市场调剂也开办起来，一个与社会主义市场经济相适应的社会主义金融市场的雏形开始出现。

从1979年开始的新时期金融市场的发展可以划分为四个阶段。

第一阶段，中国金融市场的初创阶段。1979年，中国经济体制改革首先在农村蓬勃兴起，以"社会集资"为主的市场化形式推动了农村资金要素的重新组合。1980年在辽宁和北京出现"股票"和"股份公司"，1981年1月财政部发行了第一批"国库券"，1982年1月我国对外发行了外币债券，开始了新时期政府债券的发行。1981年2月人民银行在上海开办了第一笔银行承兑汇票的贴现业务；1984年一些银行开办了小规模资金拆借业务。1985年前的中国金融市场业务大都处于萌芽、自发、朦胧的状态，尽管当时已经出现了金融市场，但是金融工具和市场规则极不规范，企业和政府对市场的要求只是停留在筹集资金的单一层次上。

第二阶段，中国金融市场的发展阶段。1985年1月，国家实行了"统一计划，划分资金，实贷实存，相互融通"的新的信贷管理体制，对同业拆借市场的规范作出了政策指导，中国金融市场从萌芽走入了发展的轨道。其后，1985年4月中国人民银行在全国推广了商业汇票承兑贴现业务；1986年4月中国人民银行上海市分行开办了再贴现业务；1986年8月沈阳市开办了企业债券柜台交易业务；同年9月上海市首开股票交易业务；1987年9月深圳特区证券公司成立；1988年国库券二级市场正式开放。这一阶段由于政府的直接介入，先后出台了多项法规、制度、政策，金融市场由自发阶段进入了自觉阶段。

第三阶段，中国金融市场的治理整顿、巩固阶段。从1989年第三季度开始，全国经济体制改革处于治理整顿阶段，在这一阶段，国家关闭了一些市场，撤销了一批融资公司，停止审批非银行金融机构等，通过这一阶段的治理整顿，为20世纪90年代中国金融市场的规范发展打下了良好的基础。

第四阶段，中国金融市场的高速发展阶段。中国经济体制改革进入20世纪90年代以后，随着社会主义市场经济体制的逐步完善，我国的金融市场也进入了一个蓬勃发展的新阶段。1994年我国先后组建了国家开发银行、中国进出口银行和中国农业发展银行三家政策性银行，专门从事政策性金融业务，在特定的业务领域内，直接或间接地从事政策性融资活动，充当政府发展经济、促进社会进步、进行宏观经济管理。银行业不断发展的同时，我国证券市场快速发展，1990年12月以后深圳和上海证券交易所相继开业，标志着中国金融市场迎来了新的发展时期。同时也标志着中国有组织的、规范的、通过法规和章程约束的集中市场的出现。在两个市场上，交易的品种和数量由少到多，到2015年底在上海和深圳两个证券交易所上市股票达2827只。而且，市场交易范围由国内到国外（B股以及国外上市），市场层次全面，投资方式不断创新，现代科技手段逐步融入，两个市场已经成为国内统一的证券交易市场。同时债券市场上，国家公债的发行也逐步走上了市场化的轨道，其他类型的金融市场也得到了规范和发展。例如，截至2018年底，我国保险机构数量达235家，保费收入和总资产分别为3.8万亿元、18.33万亿元，保险密度2724元/人，每人保险深度4.22%。保险营销队伍超过800万人。保险市场规模先后超过德国、法国、英国、日本，全球排名升至第二位。在世界五百强中有7家中国内地的保险公司，中国成为全球最重要的新型保险市场大国。

## 【本章小结】

金融体系包含金融机构体系、金融市场体系等组成部分。金融机构体系是指相互联系、相互依赖的若干个金融机构组合而成的具有特定功能的整体，它一般由银行和非银行金融机构组成。金融市场体系则包括货币市场、资本市场等。

金融市场是指以金融资产为交易对象而形成的供求关系及其机制的总和。该市场可以被分为资本市场和货币市场，发行市场和流通市场，有形市场和无形市场，现货市场和期货市场，拆借市场、贴现市场、证券市场、黄金市场和外汇市场，直接金融市场和间接金融市场，网络市场和传统市场。

金融市场的功能有：(1) 提高资本使用效益；(2) 实现借贷资本转换；(3) 引导储蓄转向投资；(4) 为经济活动提供信息；(5) 分散社会经济风险；(6) 调节国民经济。

## 【重要概念】

金融体系　金融机构　中央银行　商业银行　非银行金融机构　专业银行
金融市场　货币市场　资本市场　资产证券化　发行市场　流通市场

## 【思考题】

1. 何谓金融机构体系？考察和衡量一国金融机构体系是否合理的标准是什么？
2. 现代市场经济国家的金融机构体系构架是怎样的？
3. 金融机构有哪些功能？

4. 简述金融市场的要素构成。
5. 金融市场的特征是什么？它有哪些功能？
6. 简述间接融资市场与直接融资市场的区别与联系。
7. 简述发行市场与流通市场的区别与联系。
8. 简述中国大陆金融机构体系的发展和演进过程。

# 第六章

# 商业银行

商业银行是市场经济中主要的金融机构之一,并以其机构数量多、业务渗透面广和资产总额比重大,在金融中介体系中始终居于重要地位。在世界经济一体化、金融全球化和互联网等科学技术迅猛发展的大背景下,商业银行的业务范围、产品创新以及风险管理等方面都受到了巨大的影响。探析商业银行的起源、现状及未来发展趋势,对完善我国商业银行体系具有重要的理论和现实意义。

## 第一节 商业银行概述

### 一、商业银行的定义

1. 早期的商业银行。最初使用"商业银行"这个概念,是因为这类银行在发展初期,只承做"商业"短期放贷业务。放款期限一般不超过一年,放款对象一般为商人和进出口贸易商。

2. 现代商业银行。现代商业银行是指以盈利为目标,以存、放、汇为主要业务,以各种形式的金融创新为手段,全方位经营各类银行和非银行金融业务的综合性、多功能的金融服务企业。

3. 中国现阶段的商业银行。2015年最新修订的《中华人民共和国商业银行法》(以下简称《商业银行法》)第一章第二条指出,商业银行是指依照《商业银行法》和《中华人民共和国公司法》设立的吸收公众存款、发放贷款、办理结算等业务的企业法人。

### 二、商业银行的产生和发展

(一) 商业银行产生与发展的一般历史

1. 早期的商业银行。银行是一个古老的行业。古法语词 banque 和意大利语 banca 在很早前被用来描述"板凳"或"货币兑换商的桌子"。历史学家认为这些描述与2000多年前的银行业有关。早期的银行是从货币兑换业演变而来的,起源于文艺复兴时期的意大利。由于货币不统一,为适应贸易的需要,经营货币兑换业务的商人随之出现。各国贸易商为避免随身携带货币的风险，便委托货币兑换商代为保管货币，并委托他们办理汇兑和支付业务，因此在货币兑换商手中积聚了大量的货币，他们便用闲置的货币从事短期商业票据的贴现赚取手续费。15—17世纪，由于此时工业革命进入萌芽期，特别是大规模的生产和全球贸易市场的扩张，需要新的支付手段和信贷方式，这使得银行得到了飞速的发展。

2. 近代商业银行。近代商业银行是在17世纪末开始逐渐发展起来的。随着资本主义经济的发展和国际贸易的进一步扩大，形成了近代商业银行的雏形。工业革命对资金产生了巨大的需求，客观上要求银行集中社会各方面的闲置资金，用于生产发展。近代商业银行主要是通过两条途径产生的：一是由高利贷银行转变为现代银行。二是在与高利贷的斗争中建立起来的股份制银行。1694年在英国伦敦创建的英格兰银行，标志着现代银行的产生，为商品经济的发展创造了条件。

近代商业银行有以下三个特点：第一，利息水平能够被工商企业承受。第二，金融服务职能扩大。早期银行的功能主要是简单的信用中介，现代银行还发行银行券，代客户办理汇兑、信用证、信托、发行证券等业务。第三，信用创造职能。近代商业银行借助于支票流通和非现金结算制度，可以多倍创造存款货币。

3. 现代商业银行。随着经济发展对资金需求的多元化，客户对金融服务需求也趋于高层次。技术的进步、金融机构之间的激烈竞争以及各国金融管制的放松，都促使商业银行经营范围不断扩大。第二次世界大战以后，特别是20世纪70年代以来，为适应世界经济和国际金融市场的发展，商业银行表现出一些新的发展趋势。

（二）现代商业银行的发展趋势

随着现代商业银行在资本主义国家的建立，尤其是20世纪80年代以来，西方商业银行的业务和经营范围发生了深刻的变化，商业银行集中化、全能化、电子化和国际化的趋势非常明显。

1. 集中化。在第二次世界大战后，银行集中化的趋势愈加明显。随着生产的集中，出现了垄断性质的大企业。由于大企业对贷款的需求量大、期限长，客观上需要大型银行提供信用；同时工业生产的集中也使游资集中于银行，从而给银行提供了大量的存款。20世纪90年代后，银行业集中化的进程更是不断加速，银行间并购浪潮风起云涌，而且所涉及的金额巨大，甚至形成了一些巨型银行。1995年，日本三菱银行和东京银行合并组成东京三菱银行，2006年又与日本联合银行合并为三菱东京联合银行，其资产额达到1.8万亿美元，一跃成为世界第一大银行。

2. 全能化。20世纪80年代以后，随着金融创新、金融自由化的发展，商业银行已经通过各种途径渗透到证券、保险等各个行业，分业经营体制已逐渐向混业经营体制转变。1999年，美国颁布《金融服务现代化法案》，允许各商业银行开展综合金融业务，这标志着商业银行全能化时代的来临，世界各国正朝着全能型银行体制迈进。

3. 电子化。随着电子技术的发展和普及，金融业也不断与信息和互联网技术融合，银行自动化服务项目不断被开发出来，极大地方便了人们的生活。目前已经广泛使用的信用卡等支付工具、银行自动化服务、网络银行、自助终端等为人们提供了很大的便利。20世纪 60 年代计算机技术的发展大大降低了信用卡的经营成本，促进了信用卡的广泛使用。计算机技术还引起了银行内部业务处理和银行资金转账系统的革命，使银行业提质增效。

4. 国际化。20 世纪 70 年代以来，银行业的国际化趋势蓬勃发展，令人瞩目。1960 年，美国有 8 家银行在国外设有分支机构，而到了 2011 年，全球已经有 1100 多家银行在国外设立了近 10000 家分行或附属机构，资产总额高达 50000 多亿美元。

国际贸易与欧洲货币市场的发展加速了银行业的国际化，各国银行为了获取国际游资，正向各大国际金融中心，如纽约、伦敦、芝加哥、苏黎世、东京等设立分支机构，这种趋势大大加快了银行业国际化的步伐。

### 三、商业银行的性质

商业银行是以吸收存款为其资金来源，通过贷款、投资及其他业务获取经济利益的特殊企业。作为企业，商业银行与普通企业没有区别，但是商业银行又是不同于一般工商企业的特殊企业。

其特殊性具体表现为经营对象的差异。工商企业经营的是具有一定使用价值的商品，从事商品生产和流通；而商业银行是以金融资产和金融负债为经营对象，经营的是特殊商品，经营内容包括货币收付、借贷以及各种与货币运动有关的或者与之相联系的金融服务。从社会再生产过程看，商业银行的经营，是工商企业经营的条件。

商业银行与专业银行相比也有不同。商业银行的业务更综合，功能更全面，经营一切金融"零售"业务（门市服务）和"批发业务"（大额信贷业务），为客户提供所有的金融服务，尤其是全能型商业银行在这一方面的优势更为凸显；而专业银行只集中经营指定范围内的业务和提供专门服务。

### 四、商业银行的职能

商业银行的职能是由它的性质所决定的，主要有五个基本职能。

1. 信用中介。信用中介是商业银行最基本、最能反映其经营活动特征的职能。这一职能的实质，是通过银行的负债业务，把社会上的各种闲散货币集中到银行里来，再通过资产业务，把它投向经济各部门；商业银行是作为货币资本的贷出者与借入者的中介人或代表，来实现资本的融通，并从吸收资金的成本与发放贷款利息收入、投资收益的差额中，获取利益收入，形成银行利润。

2. 支付中介。商业银行除了作为信用中介，融通货币资本以外，还执行着货币经营的职能。通过存款在账户上的转移，代理客户支付，在存款的基础上，为客户兑付现款等，成为工商企业、团体和个人的货币保管者、出纳者和支付代理人。以商业银行为中心，形成经济过程中无始无终的支付链条和债权债务关系。

3. 金融服务。商业银行为适应经济发展和科技进步，满足客户要求，不断开拓金融服务领域，促进资产负债业务的扩大，实现资产负债业务和金融服务的有机结合，如代发工资、提供信用证服务、代付其他费用、办理信用卡等。商业银行掌握大量信息，也会开展辅助企业决策的咨询服务。金融服务职能逐步成为商业银行的重要职能。

4. 信用创造。商业银行在信用中介职能和支付中介职能的基础上，产生了信用创造职能。商业银行是能够吸收各种存款的银行，它用其所吸收的各种存款发放贷款，在支票流通和转账结算的基础上，贷款又派生为存款，在这种存款不提取现金或不完全提现的基础上，就增加了商业银行的资金来源，最后在整个银行体系，形成数倍于原始存款的派生存款。

5. 调节经济。调节经济是指商业银行通过其信用中介活动，调剂社会各部门的资金短缺，同时在中央银行货币政策和其他国家宏观政策的指引下，实现经济结构、消费比例投资、产业结构等方面的调整。此外，商业银行通过其在国际市场上的融资活动还可以调节本国的国际收支状况。

## 第二节 商业银行的负债业务

### 一、负债业务的内涵

商业银行的负债业务是指形成其资金来源的业务，其全部资金来源包括自有资本和吸收的外来资金两部分。自有资本包括其发行的股票所筹集的股份资本以及公积金和未分配的利润，这一部分也称为权益资本。权益资本在商业银行资金来源中所占比例很小，不过它却是吸收外来资金的基础。外来资金主要是吸收存款、向中央银行借款、向其他银行和货币市场拆借以及发行中长期金融债券等。

### 二、负债业务的构成

（一）银行资本

资本从会计学的角度说，就是指资产总值减去负债总值后的净值，这个净值被称为所有者权益。银行资本的内涵较会计上的资本含义有所不同，除了所有者权益外，它还包括一定比例的债务资本。1988年《巴塞尔协议Ⅰ》中，巴塞尔委员会将银行资本分为两级。第一级是核心资本，要求银行资本中至少有50%是实收资本及从税后利润保留中提取的公开储备所组成。第二级是附属资本，其最高额可等同于核心资本额。附属资本由未公开的储备、重估储备、普通准备金（普通呆账准备金）、带有债务性质的资本工具、长期次级债务和资本扣除部分组成。

（二）存款业务

吸收存款的业务是银行接受客户存入的货币款项，存款人可随时或按约定时间支取款项的一种信用业务，这是银行的传统业务。可以说，吸收存款是银行与生俱来的基本特征，在负债业务中占有最重要的地位。传统的分类方法将存款业务分为活期存款、定期存款和储蓄存款。

1. 活期存款。活期存款是存户在提取或支付时不需预先通知银行的存款。它的特性在于存户可以随时取款。活期存款的形式近年来有所增多，传统的活期存款账户有支票存款账户、保付支票、本票、旅行支票和信用证，其中以支票存款最为普遍。

由于活期存款的流动性很高，客户在活期存款账户上存取频繁，银行为此要承担较大的流动风险，并要向存户提供诸多的配套服务，如存取服务、转账服务、提现服务和支票服务等，鉴于高风险和高营运成本，银行对活期存款账户原则上不支付利息。中央银行为使银行避免高的流动风险，对活期存款都规定了较高的准备金比率。银行在缴纳法定准备金外，还保存部分库存现金以应付活期账户存户的取现。

2. 定期存款。定期存款是存户和银行预先约定存取期限的存款。存款期限在我国通常为3个月、6个月和1年不等，期限长的则可达3年、5年或10年。商业银行对定期存款有到期支付的责任，期满时必须无条件地向存户支付本金和利息。

由于定期存款存期固定且较长，在存期未满时存户碍于罚息通常不提前支取，作为补偿，银行对定期存款支付较高的利息。鉴于定期存款流动性风险较低的情况，定期存款是银行最稳定的外界资金来源，银行可利用定期存款来支持长期放款和投资业务，从而赚取利润。

随着金融业的竞争加剧和银行业务的不断发展，产生了新型的定期存款品种，主要的新型定期存款品种有可转让大额定期存单、货币市场存单、小储蓄者存单和定活两便存款账户等。

3. 储蓄存款。储蓄存款是指存户不需按照存款契约要求，只需按照银行所要求的任何时间，在实际提取1周以前，以书面申请形式通知银行申请提款的一种账户。商业银行对储蓄存款有接到取款通知后缓期支付的责任。

储蓄存款主要面向个人家庭和非营利机构，营利公司、公共机构和其他团体开立储蓄存款账户受到限制。

与定期存款一样，储蓄存款在金融创新的浪潮中也获得了长足发展，新型储蓄存款也应运而生，其主要品种有电话转账服务和自动转账服务账户、股金汇票账户以及个人退休金账户等。

（三）非存款负债业务

非存款负债指的是商业银行主动通过金融市场或直接向中央银行融通资金。虽然存款负债始终是商业银行的主要负债，它在银行全部经营中是起支配作用的基础部分，但存款是银行的被动负债，存款市场属于银行经营的买方市场。而借入负债则是银行的主动负债，它属于银行经营的卖方市场。

1. 中央银行借款。中央银行是商业银行的最后贷款者。其借款的形式有两种，一种是直接借款，也称再贷款；另一种是间接借款，即所谓的再贴现。在市场经济发达的国家，由于商业票据和贴现业务的广泛流行，再贴现就成为商业银行向中央银行借款的主要渠道。而在商业票据信用不普及的国家，则主要采取再贷款的形式。

中央银行在决策是否向商业银行放款、何时放款、放多少款时遵循的最高原则是货币稳定和金融稳定。我国中央银行对再贷款的管理实行"合理供给、确定期限、有借有还、周转使用"的原则。以再贷款为主要形式，有利于国家和中央银行强化宏观金融的计划控制，但是，再贷款规模的决策也难免带有主观随意性。因此，随着我国票据和贴现市场的发展，商业银行的贴现业务将逐渐扩大，逐步以再贴现取代再贷款，将是历史发展的必然趋势。

2. 同业拆借。同业拆借指的是金融机构之间的短期资金融通，主要用于支持日常性资金周转，是商业银行为解决短期资金余缺、调剂法定准备头寸而相互融通资金的重要方式。在实际中，为了实现资金平衡和资金的正常周转，头寸不足的银行就需要从头寸盈余的银行拆入资金；而头寸盈余的银行也愿意将暂时多余的资金拆借出去，以获得利息收入。由于同业拆借一般是通过商业银行在中央银行的存款账户进行的，实质上是超额准备金的调剂，因此又称中央银行基金。

3. 从国际货币市场借款。近二三十年来，各国商业银行，尤其是大型商业银行，广泛地通过各种方式在国际货币市场上筹集资金。这种方式虽然有利于获得资金，但却容易受到国际市场的冲击。

4. 结算过程中的短期资金占用。在办理转账结算等业务过程中可以占用客户的资金。以汇兑业务为例，客户从款项交给汇出银行到汇入银行把款项付给指定的收款人，中间总会有一定的间隔时间。在间隔时间内，该笔款项就可以被银行所占用。虽占用时间很短，但由于周转金额巨大，因此占用资金数量也相当可观。

5. 发行金融债券。金融债券指的是商业银行为筹集用于长期贷款、投资等业务资金需要而发行的债券。1985 年以来，我国商业银行按照国家有关规定，经中央银行批准，面向社会发行金融债券，为指定用途筹集资金。

## 第三节 商业银行的资产业务

### 一、资产业务的内涵

商业银行的资产业务是指通过负债业务筹集的资金加以运用的业务，这是取得收益的主要途径。对于所聚集的资金，除了必须保留一定部分的现金和中央银行的存款以应付客户提存和转账结算的需求外，其余部分主要是通过票据贴现、贷款和证券投资等方式加以运用。

### 二、资产业务的构成

（一）准备金

准备金是商业银行为满足日常提款要求和支付清算需要而保留的流动性最高的资产。它由商业银行的库存现金和存放在中央银行的准备金两部分组成，其中准备金资产占主要部分。

1. 库存现金。库存现金即留存在商业银行金库中的现钞和硬币。其主要作用是应付客户提款和银行本身的日常开支。由于库存现金不带来收益，故库存现金数量要适度，其数量应随银行所在地区、客户习惯、季度以及银行本身工作效率的状况而确定。

2. 中央银行准备金。在中央银行的准备金是商业银行为满足法定准备金要求和支付清算需要，必须在中央银行存入适当的存款。为了保证商业银行能满足日常的提款要求和支付清算需要，避免其陷入流动性危机，各国都实行法定准备金制度，要求银行根据法定存款准备金率保持最低准备金。

除了法定准备金外，许多国家都规定，商业银行必须在中央银行开立普通存款账户，并经常存有一定的余额，主要用来满足商业银行的日常支付和清算需要。

（二）贷款业务

贷款是商业银行作为贷款人按照一定的贷款原则和政策，以还本付息为条件，将一定数量的货币资金提供给借款人使用的一种借贷行为。这种借贷行为由贷款的对象、条件、用途、期限、利率和方式等因素构成。贷款是商业银行最重要的资产业务，占其全部资产业务的60%左右。

1. 按银行贷款的期限分类，可分为活期贷款、定期贷款和透支三类。活期贷款是指在贷款时不确定偿还期限，可以随时由银行发出通知收回贷款，故又称通知放款，这种贷款比定期贷款灵活主动。

定期贷款是指具有固定偿还期限的贷款。定期贷款因其明确还款期限，一般不能提前收回。按照偿还期限的长短，定期贷款可分为短期贷款、中期贷款和长期贷款。透支又称活存透支，即活期存款客户账户上的资金用完时，银行同意在规定的额度内，客户可以继续签发支票，向银行暂时借用资金。透支实际上是一种临时融通资金的贷款，但它在办理贷款的程序、手续、归还贷款以及贷款利息的计算等方面不同于一般贷款。

2. 按银行贷款的保障条件来分类，可以分为信用贷款、担保贷款和票据贴现。信用贷款是指银行完全凭借客户的信誉而无须提供抵押物或第三者保证而发放的贷款。这种贷款从理论上讲风险较大，银行要收取较高的利息，且一般只向银行熟悉的较大公司借款人或资信良好的借款人提供，对借款人的条件要求较高。

担保贷款是指具有一定的财产或信用作还款保证的贷款。担保贷款可分为抵押贷款、质押贷款和保证贷款。抵押贷款是指以借款人或第三方的财产作为抵押物而发放的贷款。债务人不履行债务时，债权人有权依照法律规定以该财产折价或者以拍卖、变卖该财产的价款优先受偿。可以抵押的财产主要有房屋、机器、土地等。质押贷款是指以借款人或第三方的动产或权利作为质物发放的贷款。债务人不履行债务时，债权人有权依照法律规定以该动产折价或者以拍卖、变卖该动产的价款优先受偿。可以质押的动产和权利主要有合格的商业票据、可转让股份、商标权和专利权等。保证贷款是指银行、借款人和第三方签订一个保证协议，第三方作为保证人承诺在借款人不能偿还贷款时，按约定承担一般保证责任或连带责任而发放的贷款。

《中华人民共和国票据法》并未对票据贴现作出明确规定，票据贴现在我国作为贷款方式还存在争议，故在下文将此条目单列介绍。

（三）票据贴现

票据贴现是指银行应客户的要求，以现款或活期存款买进客户持有的未到期商业票据的方式发放的贷款。票据贴现业务从形式上看是票据的买卖，但实际上是债权债务的转移。票据贴现实行预扣利息，票据到期后，银行可向票据载明的付款人收取款项。

未到期票据贴现付款额的计算公式是

$$贴现付款额 = 票据面额 \times [1 - 年贴现率 \times (未到期天数 \div 360)]$$

票据贴现可以使一部分闲散资金拥有者互相利用，共获利益。对银行来说，贴现银行可获得如下利益：利息收益较多；资金收回较快；资金收回较安全等。对于贴现企业，通过贴现可取得短期融通资金。

票据贴现和发放贷款，都是银行的资产业务，都是为客户融通资金，但二者之间却有许多差别：资金流动性不同；利息收取时间不同；利息率不同；资金使用范围不同；债权债务的关系人不同；资金的规模和期限不同。

（四）证券投资

证券投资是指银行用其资金购买有价证券的活动。银行购买的有价证券主要是政府债券、公司债券以及股票等。投资主要出于两方面的考虑：一是分散风险，二是取得利润。银行从事证券投资活动非常重视流动性，因而银行投资的证券一般都是信誉高、容易转让的证券。

按我国《商业银行法》的规定，商业银行不得从事境内信托投资和股票业务。因此，我国商业银行的证券投资业务对象主要是政府债券和中央银行、政策性银行发行的金融债券。

## 第四节  商业银行的中间业务和表外业务

### 一、中间业务

中间业务是银行接受客户委托，为客户提供各种服务，收取佣金、手续费、管理费等费用的一种业务。中间业务不占用或很少占用银行资产，除结算、租赁等极少数业务之外，也不直接涉及银行自身资产负债金额的变化，但能为银行增加收益。在国际结算中广泛使用的各种信用证以及信托、咨询等业务，都属于传统的中间业务。

（一）汇兑业务

汇兑业务是指银行代理客户把现款汇给异地收款人的业务。该业务一般需要银行汇票或支付委托书作为汇兑凭证。这些凭证是承兑银行向另一家银行或分支行发出的命令，命令另一家银行或其分支行向第三者支付一定数额的货币。银行汇票是由银行交给客户，客户再将它寄给收款人，由收款人向汇票指定的银行取款。

汇兑使用广泛，不受金额起点限制，便于汇款人异地主动付款。银行在经营汇兑业务时可以占用客户的一批资金，银行可以凭借对这批资金的暂时占有而获得收益。虽然银行对于每批资金占有的时间有限，但银行经营大量的汇兑业务占有的资金总能保持一定的规模，因此商业银行可以通过汇兑业务获利。

（二）信用证业务

信用证业务是指银行接受客户委托，并根据客户所指定的条件向卖主开具支付贷款保证书的一种业务，它实际是银行向客户提供的一种担保业务，以银行的信用保证客户的信用。

信用证业务是由商业银行保证付款的业务,一般用于解决买卖双方互不信任的矛盾。信用证业务一般分为商品信用证和货币信用证两种。

1. 商品信用证是银行应买方要求,开给卖方的一种保证付款的凭证。在银行应买方的要求开出信用证时,信用证上开列买方购货所规定的条件,只要卖方按照所列条件发货,就有权凭信用证要求银行付款。

2. 货币信用证是银行收取客户的一定款项后,开给客户保证在异地银行兑取相应现款的一种凭证。旅行者常常使用这种特殊的汇兑。

商业银行办理信用证业务,不仅可以从中取得手续费收入,而且可以占用一部分客户资金。

(三) 代收业务

代收业务是银行接受客户的委托,根据各种凭证代替客户收取款项的业务。

根据代收业务的对象不同,代收可分为以下四类:代收支票款项是客户收到其他银行的支票,委托自己的开户银行代为收款;票据代收业务是银行接受客户的委托,负责收取票据款项;有价证券代收业务是客户把有价证券交给银行,委托银行代收利息与股息等;商品凭证代收业务是卖方把货物向买方运送出去以后,把有关发货的商品凭证交给银行,委托银行代收款项,在异地和国际贸易中广泛采用商品凭证代收业务,而且这种业务往往与放款业务有密切联系。当客户把凭证提交银行请求代收时,一般就能及时从银行取得贷款,再用货款偿还贷款。如果客户请求代收时并没有申请贷款,银行就可以占用代收过程中的资金。

(四) 同业往来

同业往来是银行之间在进行各项业务时建立的往来关系。银行在办理汇兑、信用证、代收等业务时,需要在不同地区的两家银行间进行,而这两家银行如果没有隶属关系,就需要事先订立契约并建立往来账户,通过这种账户办理相互委托的收付事项。在这种业务中,银行之间就要发生债权债务关系。由于这种业务具有相互性质,所以债权债务可以相互抵销,但抵销后总会有一定的差额。如果某银行这种差额表现为负债,就占用对方银行的资金。

(五) 代客买卖业务

代客买卖业务是银行接受客户委托,代为买卖有价证券、贵金属和外汇的业务。银行在代理国家发行公债或代企业发行股票时,可从发行总额中获得一定比率的手续费,这种收入往往是很可观的。银行办理这种业务时,常常与资产业务相结合,即银行先按一定的折扣把有价证券买进,然后再陆续卖出。在现代资本主义经济中,代理买卖证券业务已经超出中间业务的范围,成为投资银行资本的一种主要形式。

(六) 信托业务

信托业务是指商业银行信托部门接受客户的委托,代替委托单位或个人经营、管理或处理货币资金或其他财产,并从中收取手续费的业务。与信贷业务不同,商业银行对信托业务一般只收取相关手续费,而营运中所获得的收入则归委托人或指定的受益人所有。

信托业务按对象可以划分为个人信托和社团、企业信托两个方面。

（七）租赁业务

租赁业务，是银行通过所属的专业机构将大型设备出租给企业使用的业务。这种业务一般是由银行所控制的分公司经营。租赁的范围包括飞机、船只、车辆、钻井平台、电子计算机和各种机电设备，目前甚至扩大到成套工厂。

（八）其他中间业务

1. 代理融通业务。代理融通是由商业银行代客收取应收账款，并向客户提供资金融通的一种业务。这种业务产生于工商企业扩大销售与收回货款的需要，既有利于应收账款的收回，又可解决赊销企业资金周转不灵的困难，因此极受客户的欢迎。银行在办理此项业务时，可以收取一定的手续费和融资的利息。

2. 咨询和信息服务业务。因为银行同各方面均有联系，对市场情况了解很多，所以企业经常咨询有关的业务。

除此之外，银行为扩大营业和获取利润，还向客户提供多方面的服务，如住宅不动产管理业务，协助中小企业发展业务，协助开展国际贸易和国际投资业务等。

## 二、表外业务

表外业务是指所有不在银行资产负债表内直接反映，且不影响资产负债总额的业务。由于传统的中间业务大多也不在资产负债表内反映，因此，人们通常把中间业务视同表外业务。但是，严格来说，表外业务和中间业务仍然是有区别的。

狭义的表外业务包括金融创新中产生的一些有风险的业务，如互换、期权、期货、远期利率协议、票据发行便利、贷款承诺、备用信用证等业务。这里只介绍三类主要的表外业务。

（一）担保类业务

担保类业务，是指商业银行接受客户的委托对第三方承担责任的业务。这里我们主要介绍备用信用证。

备用信用证又称担保信用证，是指不以清偿商品交易的价款为目的，而以贷款融资，或担保债务偿还为目的所开立的信用证。它是集担保、融资、支付及相关服务为一体的多功能金融产品，因其用途广泛及运作灵活，在国际商务中得以普遍应用。

对于借款人来说，利用备用信用证可使其由较低的信用等级上升到一个较高的信用等级，在融资中处于一个有利的地位，可以以较低的成本获得资金。对于开证行而言，备用信用证业务的成本较低，可给银行带来较高的盈利。对受益人来说，备用信用证使受益人获得很高的安全性，特别是在交易双方不很熟悉时，更显示出这种安全性的重要。

（二）承诺业务

承诺业务是指商业银行在未来某一日期按照事先约定的条件向客户提供约定的信用业务。这里主要介绍贷款承诺。

贷款承诺是指银行承诺在一定时期内或者某一时间按照约定条件提供贷款给借款人

的协议，属于银行的表外业务，是一种承诺在未来某时刻进行的直接信贷。其可以分为不可撤销贷款承诺和可撤销贷款承诺两种。对于在规定的借款额度内客户未使用的部分，客户必须支付一定的承诺费。

承诺分为可撤销承诺和不可撤销承诺。可撤销承诺附有客户在取得贷款前必须履行的特定条款，一旦在银行承诺期间及实际贷款期间发生客户信用等级降低的情况，或客户没有履行特定条款，银行可以撤销该项承诺。有些可撤销承诺的协议对双方不具有法律上的约束力。不可撤销承诺则是指银行不经客户同意不得私自撤销的承诺，是具有法律效力的。但即使是不可撤销承诺，其协议中也有可能允许银行在特定条件下终止协议，这种条款称为实质反向改变条款。

（三）贷款出售及贷款证券化出售

贷款出售是指银行将已经发放的贷款出售给其他金融机构或投资者。

贷款出售按是否提供售后服务，可分为卖断和非卖断两类。贷款卖断不必提供售后服务，由买方自行收取利息并进行贷后管理；而非卖断的情况则是指贷款出售后，银行要为买方提供售后服务，如代收利息、监督贷款资金的运用、对抵押品进行管理等。

按有无追索权划分，贷款出售包括有追索权的贷款出售和无追索权的贷款出售两种形式。如果是有追索权的贷款出售，一旦借款人无力偿债，买方对银行的其他资产具有一般追索权，银行必须承担对买方还本付息的责任；有追索权的贷款出售是贷款出售的一般形式，贷款售出后，该笔贷款即从银行的资产负债表中移出，成为银行的或有负债。在无追索权的贷款出售中，银行则没有什么风险，只是简单地把原有贷款从资产负债表中移出，代之以收回货币资金。

按贷款出售的具体操作划分，贷款出售包括单笔贷款出售和贷款证券化出售两种形式。单笔贷款出售常常被归入银团贷款一类，指牵头银行在发放某笔大额贷款后，将其中的一部分转售给其他银行，而牵头银行则负责整笔贷款的管理工作。贷款证券化的主要内容是将某一类别的众多单笔贷款组合在一起，请信用担保机构提供担保，然后请专门的评级机构对贷款组合进行评级，再将评级后的贷款总额分为若干等份，发行以贷款资产作为担保的证券向投资者出售。

## 第五节 商业银行经营管理

商业银行与其他企业一样是营利性组织，盈利是商业银行经营的基本目标，但由于商业银行经营对象的特殊性，银行的经营活动还必须保证安全性和流动性。安全性、流动性和盈利性共同构成了商业银行的经营管理原则。这些原则贯穿于银行的各项业务活动，并在不同时期演化成银行的经营管理理论。

### 一、商业银行的经营原则

商业银行的经营面临着各种风险，在稳健经营的前提下，实现银行利润最大化和银行市场价值最大化，是商业银行经营管理的最终目标。为了实现银行经营管理的最终目标，就要求银行的经营遵循一定的原则。随着对风险管理认知的不断深化，国际银行界对银行经营管理的原则也越来越强调安全性、流动性和盈利性。

（一）安全性

安全性原则是指避免和控制经营风险，保证银行资金安全的要求。银行业是高风险行业，其风险一方面是由于银行的自有资本较少，主要依靠负债经营；另一方面，银行在经营过程中始终面临各种风险，如信用风险、市场风险（由利率、汇率、大宗商品价格波动引起）、操作风险、流动性风险、法律风险、声誉风险和道德风险等。安全性经营原则要求银行实行全面的风险管理和严格的内控制度，保持较高的资本充足率，合理安排资产负债结构，提高资金质量，运用各种法律和监管机构所允许的策略和措施来分散和控制风险，提高银行抗风险能力。

（二）流动性

流动性原则是指银行具有随时以适当的价格取得可用资金，随时满足存款人提取存款和满足客户合理的贷款及其他融资需求的能力。商业银行的资金主要来源于各种存款和其他负债。一般来说，存款人提取存款和客户要求兑付票据有一定的规律。但有时遇到资本市场资金供求变动，或由于政治、经济局势的动荡和其他突发事件的影响，会出现大量客户集中涌来，要求提取和兑付，即"挤兑"现象。如果银行不能妥善应付，就会影响银行的信誉，甚至可能陷入破产清算的困境。

因此商业银行都非常重视流动性管理。流动性管理目标可以通过资产和负债两种途径实现。从资产方面来说，银行应持有一定比例可随时变现的、流动性较高的资产；从负债方面来说，银行应保持较强的融资能力，拓展融资渠道，从中选择期限与成本较合理、符合银行流动性需求的资金来源。在实际运作中，商业银行应该将这两方面结合起来，保持合理的资产负债结构，并根据本银行和金融市场的实际情况，选择最有利的途径和方式进行流动性管理。

（三）盈利性

盈利性原则是指银行在稳健经营的前提下，尽可能提高银行的盈利能力，力求获得最大利润，以实现银行的价值最大化目标。

同其他企业一样，银行的盈利来自各项收入和各项支出之差。盈利性原则要求银行从总体上把握提高收益和控制成本两方面的工作。例如，合理确定资产结构，提高盈利资产比重，提高资产质量，注重业务创新，积极拓展中间业务和表外业务，增加银行非利息收入；同时，控制负债成本，加强内部经济核算，控制各项费用，规范操作程序。

从本质上讲，安全性、流动性和盈利性三原则是统一的。只有安全性有保障，银行才能广泛开展负债业务获得资金；只有保持较高的盈利水平，银行才能获得公众认可，才能增加资本积累，增强抵御风险和履行付款责任的能力。但不可否认，安全性和流动性在统一的同时与盈利性之间存在着一定程度的矛盾，盈利性高的资产，安全性和流动性相对较差；而安全性、流动性高的资产其盈利性也有限。因此，银行必须在流动性、安全性和盈利性三者之间不断寻找最佳平衡点。

## 二、商业银行的资产负债管理

现代商业银行资产与负债管理,就其理论和实践的发展来看,经历了从单独的资产管理和负债管理到资产负债一体化管理的过程。

(一) 资产管理

1. 商业贷款理论(Commercial-loan Theory)。商业贷款理论也称真实票据理论。这一理论是在18世纪英国银行管理经验的基础上发展起来的。其主要内容为:银行资金来源主要是活期存款,为满足客户兑现的要求,商业银行必须保持资产的高流动性才能避免因流动性不足而给银行带来经营风险。

银行的贷款应该具有自偿性,所谓自偿性就是借款人在购买货物或生产产品时所取得的贷款可以用生产出来的商品或商品销售收入来偿还。银行的短期贷款只能发给具有自偿性的对象。确有稳妥的长期资产来源才能发放有针对性的长期贷款。

这一理论与当时的经济发展现实相适应,但是随着经济发展,银行吸收存款不但数额庞大,其中定期存款所占比重也不断升高,如果银行贷款还仅限于自偿性的短期贷款,会导致资金周转不畅,不能满足经济对中长期贷款的需要,也会影响银行的盈利水平。所以,当今的西方学者和银行家已不再接受或不完全接受这一理论。

2. 资产转移理论。资产转移理论是20世纪初在美国银行界流行的理论。资产转移理论认为银行保持流动性的关键在于资产的变现能力,以保持银行资产的流动性。随着金融市场的发展,银行为了提存将所持现金的一部分,投资于具备转让条件的证券,作为第二准备金,资产与负债的期限没必要严格对称。

但是本理论没有考虑证券价值的波动,同时资产与负债期限的不对称性也必须有一定的界限,在实际工作中这一界限往往很难准确确定。

3. 预期收入理论。预期收入理论是美国学者普鲁克诺于1949年在《定期贷款与银行流动性理论》(Term Loans and Theories of Banking)一书中提出的,它是在商业贷款理论和资产转移理论的基础上发展起来的,但又有所不同。

该理论要点为,贷款的偿还或证券的变现能力取决于将来的预期收入,只要预期收入有保证,商业银行不仅可以发放短期商业性贷款,还可以发放中长期贷款和非生产性消费贷款。

这种理论的主要缺陷在于银行把资产经营建立在对借款人未来收入的预测上,而这种预测不可能完全准确。而且借款人的经营情况可能发生变化,到时不一定具备清偿能力,这就增加了银行的风险,从而损害了银行资产的流动性。

4. 超货币供给理论。该理论认为随着货币形式的多样化,不仅商业银行能够利用贷款方式提供货币,而且其他许许多多的非银行金融机构也可以提供货币,金融竞争加剧。这要求银行管理应该改变观念,不仅单纯提供货币,而且还应该提供各方面的服务。其缺陷是银行在广泛扩展业务之后,增加了经营的风险,如果处理不当容易遭受损失。

5. 资产管理理论。资产管理理论产生于商业银行经营的初级阶段,是在经历了以上几个不同发展阶段逐渐形成的。资产管理理论是以商业银行资产的流动性为出发点的传统管理方法。它认为商业银行的负债主要取决于客户的存款意愿，只能被动地接受负债；而银行的利润主要来源于资产业务，而资产的主动权却掌握在银行手中，因此，该理论认为商业银行经营管理的重点应是资产业务，以保持资产的流动性，达到盈利性、安全性、流动性的统一。

（二）负债管理

20世纪五六十年代，西方发达国家的金融市场发展得很快，出现了很多非银行金融机构。当时，西方各国对商业银行大多实行较严格的利率管理，而非银行金融机构一般不受利率管制的约束，直接融资变得普遍出现了"脱媒"（Disintermediation）现象，对商业银行吸收存款的业务造成了较大冲击。以负债为经营重点来保证流动性和盈利性的经营管理理论出现，这就是负债管理理论。它指商业银行以借入资金的方式来保持银行流动性，从而增加资产，增加银行的收益。

负债管理理论的基本观点是：银行资金流动性不仅可以通过强化资产管理获得，还可以通过灵活地调剂负债实现，通过发展主动型负债的形式，扩大筹集资金的渠道和途径，也能够满足多样化的资金需求，以向外借款的方式也能够保持银行资金的流动性。

负债管理一改传统资产负债管理的原则，不再主要依赖维持较高水平的现金资产和出售短期证券来满足流动性需要，而是积极主动地在货币市场上"购买"资金，以满足流动性的需求和不断适应目标资产规模的扩张的需要。负债管理的出现标志着商业银行在资产负债管理上更具进取性，摆脱了被动负债的限制，促进了金融产品及业务的创新。然而，负债管理也给银行增加了风险，提高了银行的融资成本；另外，负债管理受金融各市场波动的影响较大，因此，只有对成本和风险控制较好的大银行，才能更好地管理经营成本和控制经营风险。

（三）资产负债综合管理

资产负债管理是要求商业银行对资产和负债进行全面管理，而不能只偏重于资产或负债某一方的一种新的管理理论，20世纪80年代初，金融市场利率大幅度上升，存款管制的放松导致存款利率的上升，从而使银行吸收资金成本提高，这就要求商业银行必须合理安排资产和负债结构。

资产负债管理理论认为单靠资产或负债管理都难以维持商业银行安全性、流动性和盈利性的平衡，通过对负债和资产的期限、规模等要素进行统筹管理达到均衡。该理论是从资产和负债之间相互联系、相互制约的整体出发来研究管理方法，因而被认为是现代商业银行最为科学、合理的经营管理理论。商业银行的资产负债管理是银行经营方式上的一次重大变革，它对商业银行、金融界和经济运行都产生了深远影响。对商业银行本身来讲，首先，它增加了银行抵御外界经济动荡的能力。该理论的应用使得银行在调整资产负债结构方面具有极大的灵活性和应变力，从而增加了银行对抗风险的能力；其次，资产负债管理有助于减轻银行"借短放长"的矛盾，促使银行采取相对稳妥的经营策略。对国民经济而言，为顾客提供日益多样化的金融工具、服务与融资方式，通过提高放款利率，以保持存贷款合理的利差，这在一定程度上能缓和通货膨胀的压力。

资产负债管理也存在一些缺陷，资产负债管理促使竞争更加剧烈，银行倒闭数量增加。另外金融放松管制、技术进步促成新金融工具的涌现，使得银行业务日益多样化、复杂化，这一切都增大了货币监督机构的管理难度，提高了社会管理成本。

### 三、资产负债比例管理

（一）资产负债比例管理的基本要求和重要意义

1994年中国人民银行根据国际惯例和我国实际制定《商业银行资产负债比例管理暂行监控指标》，要求商业银行全面推行资产负债比例管理制度。

管理制度的基本要求是：以资金来源控制资金运用，防止超负荷经营，保持资产与负债的期限、数量结构相对应，建立指标监控体系；提高资产的流动性，坚持盈利性、安全性、流动性的统一，降低不良资产负债比例，提高经济效益。

资产负债比例管理的重要意义在于有利于商业银行转换经营机制，增强自我约束、自我发展的能力；有利于人民银行加强宏观调控；有利于商业银行的公平竞争和金融秩序的稳定；有利于我国商业银行与国际惯例接轨，参与国际竞争。

（二）资产负债比例管理的指标体系

我国商业银行资产负债比例管理指标的制定，目的在于进行科学的考核和严格的监控，以利于宏观调控和流动性、安全性、盈利性原则的落实。具体的指标体系包括：资本充足率指标；存贷款比例指标；中长期贷款比例指标；资产流动性比例指标；备付金比例指标；单个贷款比例指标；拆借资金比例指标；对股东贷款比例；贷款质量指标。

各银行在执行上述中国人民银行规定的统一指标前提下，可以根据自身资金营运的特点和强化管理的需要，制定一些补充指标。报经人民银行同意后组织实施。

（三）资产负债比例管理的分类管理

分类管理是针对不同类型的商业银行，分别提出不同的比例要求，并根据比例指标的性质，归类划分为总量管理、流动性管理、安全性管理和盈利性管理。

1. 总量管理。总量管理是资金来源与资金运用的平衡管理，包括存贷款比例、拆借资金比例、汇差清算比例等指标。其作用在于使商业银行认真贯彻资金来源制约资金运用的原则，在业务活动中自求资金平衡，防止超负荷经营。

存贷款比例是总量控制的重要指标，商业银行必须在存款总额中扣除准备金、必要备用金和用于购买国家债券和政策性银行的金融债券指标，其余才能用于发放贷款。拆借资金比例中规定了拆入资金、拆出资金两个比例，目的在于控制同业之间盲目拆进拆出资金，控制商业银行过量借款，扩张贷款规模，从而影响总量平衡。

2. 流动性管理。流动性管理是关于支付能力、变现能力的管理，包括备付金比例、资产流动性比例和中长期贷款比例等指标。

备付金反映银行随时支付客户款项的准备能力，低于5%~7%说明支付能力不足，但也不宜过高，否则浪费资金。

资产流动性比例反映银行资产的变现能力，比例越高，变现能力越强。

中长期贷款比例反映长期资产与长期负债的对应关系,比例越高,流动性越差;比例越低,流动性越强。

3. 安全性管理。安全性管理是关于防范风险、保护银行信誉的管理,包括资本充足率、风险权重资产比例、贷款质量比例、单个贷款比例和股东贷款比例等指标。

资本充足率指标反映银行资本金(含核心资本与附属资本)与加权风险资本的比例关系,各商业银行这一比例要达到8%,其中核心资本要达到4%。

风险权重资产比例反映按风险权重系数折算后的风险资产总额与总资产的比例关系。要求这一比例关系不能超过6%,超过则为高风险区。在具体工作中应通过调整资产结构,即压缩风险度高、效益低的资产项目,增加风险度低、效益高的资产项目,以便从总体上降低风险权重资产比例。

4. 盈利性管理。盈利性管理指标均由各商业银行自行设置,主要有负债成本比例、资产盈利比例、资产损失比例、应收利息比例、本息回报比率、经营收益率比例等。通过对这些指标的分析,找出产生问题的原因,以便采取措施,提高获利水平。

> **专栏6-1**
> **发展绿色金融**
>
> 党的十九大报告中明确指出发展绿色金融,意味着我们将发展绿色金融上升到战略高度。一方面,这符合全球绿色转型大趋势。当前,控制全球温室气体排放,实现低碳转型已上升为全球性问题。根据联合国环境规划署的《金融体系与可持续发展之统一》报告,融资仍然是当前推进经济绿色转型与可持续发展的最大挑战之一。中国作为负责任的大国,发展绿色金融的意义在于为控制全球温室气体排放和经济绿色转型提供融资支持。另一方面,绿色金融是金融业和环境产业的桥梁。经过30多年的快速发展,我国也面临环境污染、资源消耗、生态失衡等问题,转变经济发展方式,发展绿色产业已成为支撑我国经济新的增长点。绿色金融是金融业和环境产业的桥梁。但发展绿色产业,我国目前存在着巨大资金缺口。据测算,中国绿色产业的年投资资金需求在2万亿元人民币以上,而财政资源只能满足10%至15%绿色投资需求。这意味着,通过发展绿色金融来引导社会资本投向绿色产业是必然的选择。

## 【本章小结】

商业银行是能够提供吸收存款、发放贷款、办理结算等多种业务的金融企业,其职能主要是:信用中介、支付中介、金融服务、信用创造、调节经济。商业银行的业务包括负债业务、资产业务、中间业务和表外业务。商业银行经营原则:流动性、安全性和盈利性。围绕"三性"原则,商业银行的经营管理理论经历了资产管理、负债管理和资产负债综合管理阶段。

## 【重要概念】

商业银行　负债业务　资产业务　中间业务　表外业务　流动性原则

安全性原则　盈利性原则　资产管理　负债管理　资产负债综合管理

**【思考题】**

1. 商业银行的性质和职能是什么？
2. 简述商业银行应遵循哪些经营原则及这些原则之间的关系。
3. 商业银行中间业务和表外业务的概念及两者区别有哪些？
4. 简述资产负债综合管理的产生背景及基本内容。
5. 如何评价商业银行资产负债管理的各个理论？

# 第七章

# 中央银行

## 第一节 中央银行的产生与发展

### 一、中央银行的产生

现代商业银行是从货币兑换业发展起来的,而中央银行又是从现代商业中分离出来的,并由此演变出一种新的银行制度,几百年来在世界各国的经济与社会发展中发挥着重要作用。

在银行业发展的初期,商业银行只要拥有足够的金银准备就可以发行银行券。随着商品经济和社会生产力的迅速发展,特别是18世纪初工业革命开始以后,贷款需求旺盛,许多银行为了追求盈利,利用银行券的发行来增加自己的资金。随着经济的发展和银行业竞争的加剧,其弊端也日益暴露出来。首先,为数众多的小银行信用能力薄弱,因经营不善而无法兑现银行券的情况时有发生,从而使货币流通陷入混乱的状态。其次,各银行独自发行的银行券被接受程度和流通范围不同,不利于跨地区交易的进行,给社会生产和流通带来困难。同时,这也是同货币的本质——固定地充当一般等价物的特殊商品相违背的。随着资本主义经济的发展,要求有更加稳定的通货,也要求银行券成为能在全国市场上流通的具有一般等价物性质的信用工具,而这样的银行券只能由资力雄厚、信誉卓著、业务遍及全国的大银行集中发行。随着商品经济的发展和银行业务的不断扩展,银行每天收受票据的数量也迅速增长,各银行之间的债权债务关系日益复杂。不仅异地结算的时间延长,即使同城结算也难以在当日完成,阻碍了商品生产和贸易的发展。因此,客观上需要建立一个全国统一的、权威公正的清算机构,作为金融支付体系的核心来快速清算各银行间各种票据,使结算资金顺畅流通,以满足商品经济快速发展的需要。

随着资本主义经济的发展,商业银行对借贷资金的需求增加。贷款的过度发放,使一些资力薄弱的银行丧失清偿力,由于挤兑而破产的情况也时有发生,于是迫切需要把各家银行的准备金集中起来,当某家银行支付困难时给予支持,避免在危机中破产。这样，一些大的发行银行就依靠自己的威望和充足的财力在吸收商业银行存款的同时，对某些在金融危机中资金周转困难的银行和金融机构给予信用上的支持。

随着商品经济和货币信用关系的发展，银行业在社会经济中的地位和作用越来越突出，金融稳定日益成为经济健康发展的重要条件。为了促使银行业公平有序地竞争，减少银行业运行的风险，保证各种金融业务和金融市场的健康发展，维持金融稳定，客观上需要政府制定一系列有利于金融业发展的规章制度，并设立这一特殊机构依法对各种金融机构和市场来进行监督、管理和协调。

由于统一银行券发行、票据清算、最后贷款人和监管的需要，使一些大的商业银行逐渐从商业银行体系中分离出来，演化成为中央银行。

从中央银行的产生过程来看，最早的雏形是成立于1656年由私人创立的瑞典银行和成立于1694年的英格兰银行，它们在成立之初都是商业银行。1668年，瑞典银行改组为国家银行，但实际上，直到1897年它才独占货币发行权。而英国则是在1844年通过《1844银行特许条例》（又称《比尔条例》），为英格兰银行独占货币发行权奠定了法律基础，标志着中央银行制度的建立。因此，人们通常把英格兰银行称为现代中央银行的鼻祖。

### 专栏7-1
#### "中央银行" 名称溯源

在现代金融体系中，中央银行的作用举足轻重。行使货币发行权、金融监管权以及最后贷款人职责的机构被称为"中央银行"。

在有关文献中是这样来考证"中央银行"（central bank）的词源的："第一次世界大战以来，'中央银行'这个词（就是表明其机构职能的一个用语）已经开始越来越多地被使用。在这之前，欧洲那些有中央银行职能的机构，比如英格兰银行、法兰西银行、德意志帝国银行，一般都总称为发券行。这样的银行在欧洲并不多见，也就从总体上被归为一类。根据布莱·哈蒙德的经典研究，早在1834年，'中央银行'这个词就被一个来美国旅行的法国人米歇尔·谢瓦利埃采用了。这个法国人称当时的合众国银行（Bank of the United States）为'中央银行'（banque centrale）。"（本杰明·贝克蒙德语）在经典的经济学教科书中，萨缪尔森曾郑重其事地引用威尔·罗杰斯的讽刺语——"有史以来曾有三项伟大的发明，火、轮子和中央银行业务"（There have been three great inventions since the beginning of time: fire, the wheel and central banking）。

综合上面或早或晚的两个说法，可以看到，"中央银行"早期是以其具体职能"中央银行业务"（central banking）而非一个具体机构"中央银行"（central bank）示人的，这与今天的中央银行形象有不小的偏差。时任美国总统的杰斐逊举起反对银行的大旗。杰斐逊认为银行的权力过于强大，甚至可以通过集结金融力量来控制政府，也因为银行过多地引入外国投资者，而使美国经济受制于外部力量；但同时，美国的工业化过程又离不开银行，因此，一家中央银行的存在可以减少对一般银行的准备金要求，增加信贷供给，降低风险。

资料来源：刘群艺. 中央银行名称溯源[J]. 金融博览，2019（10）：24-25.

## 二、中央银行制度的发展

中央银行制度基本建立以后，其发展大致可分为两个阶段：

一是中央银行的普遍推行时期，即从第一次世界大战结束后到第二次世界大战结束为止。第一次世界大战爆发后金本位制开始动摇，并被主要资本主义国家先后放弃，由此导致世界范围内的通货膨胀和币制混乱。各国政府都意识到只有利用中央银行来加强对货币信用的控制才可补救。1920年在布鲁塞尔召开的国际金融会议更是明确提出：凡未设立中央银行的国家应尽快建立中央银行，中央银行应脱离各国政府政治上的控制，按照稳健的金融政策活动。因此，在这一时期世界上又有40多个国家建立了中央银行。

二是中央银行的强化时期，即20世纪中叶到现在。各国政治、经济发生了重大变化。大多数参战国受到严重的战争破坏，经济困难，通货膨胀。为了医治战争创伤、恢复本国经济、稳定货币、筹集资金，各国都将货币信用政策用来作为干预生产和调节国民经济的主要杠杆。与此同时，产生于20世纪30年代大危机后的凯恩斯经济理论受到重视，这种理论认为经济不能自动实现充分就业的均衡，从而强调国家干预经济的必要性。在这种理论的指导下，中央银行逐渐成为政府调控宏观经济的重要工具之一，制定与执行货币政策成为中央银行的突出职能。与此相关，这一时期中央银行制度的新变化是，许多原有的中央银行开始了国有化进程，而新建的中央银行则更多地直接由政府出资设立。尽管有的国家仍维持私有或公私混合所有，但也都在中央银行相对独立的情况下加强了国家的控制。

# 第二节　中央银行的职能

## 一、中央银行的特性

中央银行职能是中央银行性质的具体体现。当代中央银行是代表政府调控经济、管理金融的特殊的金融机构。这种特殊性，首先表现在它与商业银行相比有其自己的特点：第一，中央银行的经营活动主要是宏观金融活动，它通过运用货币政策工具，进行对经济的调节、管理和干预；而商业银行则主要从事微观经济活动，充当信用中介，直接经营货币信用业务。第二，中央银行的业务对象主要是政府、商业银行和其他金融机构；商业银行则主要面向企业和居民提供服务。第三，中央银行的业务活动不以盈利为目的，而是以稳定货币、发展经济作为目标；商业银行则完全是求利经营、趋利而动、追逐利润最大化的金融企业。第四，中央银行在一国金融体系中居于核心地位，与商业银行和其他金融机构之间是调控与被调控、管理与被管理的关系。第五，中央银行享有货币发行的特权和维护币值稳定的责任，而商业银行和其他金融机构则没有这项特权和责任。

其次，中央银行与一般的政府机关也有明显的区别。主要表现为：第一，中央银行的业务仍具有一般商业银行业务的特征,在办理存贷款及清算等业务的过程中,虽然不以盈利为目的,但客观上可能产生盈利,这与完全依靠国家财政拨款的政府机关有很大不同。第二,中央银行对经济的宏观调控主要是通过其金融业务活动即经济手段实现的,而一般政府机关主要依靠行政手段进行管理。第三,中央银行与政府的关系是一种相对独立的关系,而一般政府机关在行为决策上必须与政府的意愿相一致。

### 二、中央银行的基本职能

（一）发行的银行

在现代银行制度中,中央银行首先是货币发行的银行。垄断货币发行特权,成为全国唯一的货币发行机构（在有些国家,硬辅币的铸造与发行由财政部门负责）,是中央银行不同于商业银行及其他金融机构的独特之处。到目前为止,在实行中央银行制度的国家中,除了极少数特殊情况外,其货币发行权基本上都是由中央银行一家独占,其他银行和金融机构都无权发行货币。中央银行集中与垄断货币发行权是其自身之所以成为中央银行的最基本、最重要的标志,是国家赋予中央银行的最重要特权之一,是所有授权中首要的也是最基本的特权。

中央银行独占货币发行权,是中央银行发挥其职能作用的基础。中央银行通过掌握货币发行,可以直接地影响整个社会的信贷规模和货币供给总量,作用于经济过程,从而实现中央银行对经济的控制作用。在当代,控制货币供应量成为各国中央银行的基本职能。货币犹如经济中的"血液",中央银行控制着货币供应量,也就掌握着经济"血液"的输入和输出,从而成为经济体系运行的心脏。

图7-1 中国人民银行人民币发行及回笼程序

（二）政府的银行

所谓中央银行是政府的银行,并不是指中央银行的资本所有权属于国家,而是指中央银行与政府关系密切,既作为政府的代表监督管理金融业及制定和实施货币政策,又作为服务者,在法律允许的范围内为政府提供信用、代理国库、代理政府债券发行、持有和经营国际储备等。政府的银行的职能有利于中央银行在控制货币市场和对其他银行进行借贷方面处于更强、更有力的地位。作为政府的银行,中央银行的具体职能包括：

1. 代理国库。国家财政收支一般不另设机构,而是通过财政部在中央银行系统内开立的各种账户进行。中央银行代理国库实质是执行国库出纳的职能,管理政府资金,为政府服务,其工作具体包括：代财政税收部门收缴库款；按财政支付命令划拨资金；随时向财政部门反映预算收支执行情况；经办其他有关国库事务。

2. 对政府提供信贷。中央银行作为政府的银行,负有对政府融通资金,解决政府临时资金需要的义务。但中央银行仅向政府提供短期贷款,用于弥补财政收支的临时性差额,这种信贷对货币流通总的影响一般不大。

3. 代理政府债券发行。一国政府通常发行债券筹集资金,来调剂政府收支或弥补政府收入,扩大公共支出,刺激经济增长。中央银行代理政府债券发行具体包括:发行规模的预测、规定价格的幅度、制定竞投标的规则以及办理债券到期时的还本付息等。

4. 持有和经营管理国际储备。世界各国的国际储备都由中央银行持有并进行经营管理。在经营管理国际储备方面,中央银行的主要职责是:(1)通过增加或减少其储备资产,实现货币发行与国际收支相适应、国际收支平衡、物价和汇率稳定的目的。(2)通过管理储备资产的结构,实现保值增值的目的。(3)合理地运用储备资产,促进内外均衡。

5. 管理金融活动,调节国民经济。作为政府的银行,中央银行不以盈利为目的,不受某个经济利益集团的控制,处于一个比较超脱的地位,这样就可以较好地保证一国的各种金融货币政策的制定、实施符合国家的最高利益。中央银行除了是国家货币政策的制定和执行者之外,还是管理金融机构和金融市场的最高当局,负责监督和管理各金融机构和境内金融市场的业务活动。

6. 代表政府参加国际金融活动,进行国际金融事务的协调、磋商等。随着经济一体化和金融国际化步伐的加快,国际性的金融协调显得越来越重要。中央银行作为政府的金融代理人,除了代理政府保存和管理国家黄金外汇储备或办理买卖黄金外汇业务外,还代表政府参加国际金融组织和活动,与其他国家的中央银行就金融贸易进行谈判和协商,并管理政府之间金融往来的债权债务关系。

(三) 银行的银行

中央银行一般不同工商企业和个人发生往来,只与商业银行和其他金融机构直接发生业务关系,在业务和政策上对所有金融机构进行指导、管理和监督,同时也为金融机构提供各种服务。因此可以说,银行的银行这一职能,是与中央银行的产生与发展紧密相连的,是中央银行自身之所以成为中央银行的另一重要标志,它最能体现中央银行作为特殊金融机构的性质。作为银行的银行,中央银行的职能作用主要体现在以下三个方面:

1. 保管商业银行的存款准备金。为了保证存款人的存款安全,利用信用杠杆调节经济,中央银行规定商业银行吸收的存款必须按一定比例向中央银行缴存准备金,这使中央银行能够通过各种手段影响商业银行的现金准备数量,从而控制全国信贷规模和货币供应量。

2. 对商业银行提供信贷。商业银行需要补充资金时,可将其持有的票据向中央银行请求再贴现,或以有价证券抵押申请贷款。中央银行对商业银行的贷款,其资金主要来源于国库存款和商业银行缴存的准备金,如果中央银行资金不足,则可发行货币。中央银行成为商业银行的"最后贷款者"。通过对商业银行提供信用,中央银行加强了对它们的监督和管理。

3. 办理商业银行之间的清算业务。商业银行在中央银行开立账户,并在中央银行拥有存款。这样,它们收付的票据则可通过其在中央银行的存款账户划拨款项,办理结算,从而清算彼此间的债权债务关系。这一方面节约了资金的使用,减少了清算费用,解决了单个银行资金清算所面临的困难;另一方面,也有利于中央银行通过清算系统,对商业银行体系的业务经营进行全面及时的了解、监督和控制,强化了中央银行对整个银行体系的监管职能。

### 三、我国中央银行的职能

职责是职能的具体化。2008 年 7 月 10 日,国务院批准并印发了《中国人民银行主要职责内设机构和人员编制规定》,在这份文件中,中国人民银行的主要职责被调整为:

1. 拟订金融业改革和发展战略规划,承担综合研究并协调解决金融运行中的重大问题、促进金融业协调健康发展的责任,参与评估重大金融并购活动对国家金融安全的影响并提出政策建议,促进金融业有序开放。

2. 起草有关法律和行政法规草案,完善有关金融机构运行规则,发布与履行职责有关的命令和规章。

3. 依法制定和执行货币政策;制定和实施宏观信贷指导政策。

4. 完善金融宏观调控体系,负责防范、化解系统性金融风险,维护国家金融稳定与安全。

5. 负责制定和实施人民币汇率政策,不断完善汇率形成机制,维护国际收支平衡,实施外汇管理,负责对国际金融市场的跟踪监测和风险预警,监测和管理跨境资本流动,持有、管理和经营国家外汇储备和黄金储备。

6. 监督管理银行间同业拆借市场、银行间债券市场、银行间票据市场、银行间外汇市场和黄金市场及上述市场的有关衍生产品交易。

7. 负责会同金融监管部门制定金融控股公司的监管规则和交叉性金融业务的标准、规范,负责金融控股公司和交叉性金融工具的监测。

8. 承担最后贷款人的责任,负责对因化解金融风险而使用中央银行资金机构的行为进行检查监督。

9. 制定和组织实施金融业综合统计制度,负责数据汇总和宏观经济分析与预测,统一编制全国金融统计数据、报表,并按国家有关规定予以公布。

10. 组织制定金融业信息化发展规划,负责金融标准化的组织管理协调工作,指导金融业信息安全工作。

11. 发行人民币,管理人民币流通。

12. 制定全国支付体系发展规划,统筹协调全国支付体系建设,会同有关部门制定支付结算规则,负责全国支付、清算系统的正常运行。

13. 经理国库。

14. 承担全国反洗钱工作的组织协调和监督管理的责任,负责涉嫌洗钱及恐怖活动的资金监测。
15. 管理征信业，推动建立社会信用体系。
16. 从事与中国人民银行业务有关的国际金融活动。
17. 按照有关规定从事金融业务活动。
18. 承办国务院交办的其他事项。

## 第三节 中央银行的业务

### 一、货币政策与金融稳定

中央银行往往设立货币政策委员会。货币政策委员会在国家宏观调控、货币政策制定和调整中发挥重要作用。货币政策委员会的职责是，在综合分析宏观经济形势的基础上，依据国家宏观调控目标，讨论货币政策的制定和调整、一定时期内的货币政策控制目标、货币政策工具的运用、有关货币政策的重要措施、货币政策与其他宏观经济政策的协调等涉及货币政策的重大事项，并提出建议。

中央银行货币政策工具主要有：公开市场业务、存款准备金、中央银行贷款、利率政策和常备借贷便利。

维护金融稳定和金融安全是中央银行的另一项重要工作。例如，中国人民银行金融稳定工作主要在于：综合分析和评估系统性金融风险，提出防范和化解系统性金融风险的政策建议；评估重大金融并购活动对国家金融安全的影响并提出政策建议；承担会同有关方面研究拟订金融控股公司的监管规则和交叉性金融业务的标准、规范的工作；负责金融控股公司和交叉性金融工具的监测；承办涉及运用中央银行最终支付手段的金融企业重组方案的论证和审查工作；管理中国人民银行与金融风险处置或金融重组有关的资产；承担对因化解金融风险而使用中央银行资金机构的行为的检查监督工作，参与有关机构市场退出的清算或机构重组工作。

### 二、负债业务

中央银行的负债业务是形成资产业务的基础，主要包括资本业务、货币发行业务和存款业务。

（一）资本业务

中央银行的资本业务实际上就是筹集、维持和补充自有资本的业务。中央银行和其他银行一样，为了保证正常的业务活动必须拥有一定数量的自有资本。中央银行自有资本主要有三个来源：政府出资、地方政府或国有机构出资、私人银行或部门出资来掌握股份。

（二）货币发行业务

货币发行业务是指中央银行向流通领域投放货币的活动。中央银行所发行的货币主要是中央银行券，即信用货币。中央银行享有垄断货币发行的特权，货币发行是中央银行的一项重要负债。

中央银行实现货币发行的主要渠道有三个：一是中央银行向商业银行或其他金融机构提供贷款；二是中央银行对商业银行或其他金融机构进行商业票据再贴现；三是中央银行收购金银和外汇。

（三）存款业务

中央银行的存款业务完全不同于商业银行和其他金融机构的存款业务。中央银行的存款业务主要来自两个方面：一是来自金融机构；二是来自政府和公共部门。

在现代存款准备金制度下，中央银行集中商业银行和其他金融机构的存款准备金。最初，中央银行集中存款准备金只是为了应付商业银行和其他金融机构的存款人大量挤兑存款，以保证银行业的清偿能力和金融业的稳定。后来中央银行利用提高或降低存款准备金率来调节商业银行的放款能力，从而法定存款准备金率和法定存款准备金成为中央银行的货币政策工具。此外，商业银行和其他金融机构通过中央银行办理它们之间的债务清算，所以为了清算需要也必须把一定数量的存款存在中央银行。

政府和公共部门在中央银行的存款包括：财政金库存款；政府和公共部门经费存款。由于中央银行代理国家金库和财政收支，所以国库的资金以及财政资金在收支过程中形成的存款也属于中央银行的存款。

### 三、资产业务

中央银行的资产是指中央银行所持有的各种债权。中央银行的资产业务是指中央银行运用其资金的业务，主要包括贷款业务、再贴现业务、证券买卖业务和金银外汇储备业务。

（一）贷款业务

能够取得中央银行贷款的，只有商业银行和经过特殊批准的其他金融机构以及政府。在某种情况下，经过批准，中央银行可以向特定的非金融机构提供贷款。

中央银行对商业银行的贷款，主要是解决其短期资金周转的困难。为了加强宏观金融调控的需要，各国中央银行对商业银行的贷款都作了具体的规定。我国的《中国人民银行法》规定，中国人民银行根据执行货币政策的需要，可以决定对商业银行贷款的数额、期限、利率和方式，但贷款的期限不得超过一年。

在特殊情况下，中央银行也对财政进行贷款或透支，以解决财政收支困难。中央银行对政府的贷款，也要给予限制，否则就会削弱中央银行的宏观金融调控能力。

（二）再贴现业务

再贴现又叫"重贴现"，是指商业银行为取得资金，将尚未到期的已贴现商业票据提交中央银行以融通资金的票据行为。与再贴现相关的且易混淆的概念还有两个：贴现和转贴现。贴现是个人或者企业在需要资金时，将未到期票据转让给商业银行以融通资金的行为；转贴现是将未到期的已贴现票据由贴现银行再次转让给其他商业银行或金融机构的行为。从形式上看，再贴现与贴现、转贴现并无区别，都是一种票据和信用相结合的融资方式。但从职能上看，再贴现是商业银行和其他金融机构向中央银行融通资金的重要方式。更为重要的是，作为中央银行执行货币政策的重要手段之一，再贴现能直接扩张或收缩社会信用，并及时将货币政策的意图传递给社会，影响市场利率，引导人们的投资和消费行为。再贴现也是中央银行向商业银行的一种贷款方式。

（三）证券买卖业务

中央银行证券买卖业务，是指中央银行作为市场主体，在公开金融市场上进行证券买卖。中央银行之所以拥有证券资产，并不是中央银行证券投资的结果。中央银行为了调节货币流通，通常都要在金融市场上从事有价证券的买卖业务。各国中央银行买卖有价证券的具体品种，都由法律规定，但主要是政府债券，其中尤其以国库券为主，因为国库券流动性强、发行数量大、便于市场操作。

（四）金银外汇储备业务

目前各国政府都赋予中央银行掌管全国国际储备的职责。所谓国际储备，是指具有国际性购买能力的货币，主要有黄金，包括金币和金块；白银，包括银币和银块；外汇，包括外国货币、存放外国的存款余额和以外币计算的票据及其他流动资产。此外，还有特别提款权和在国际货币基金组织的头寸等。中央银行执行这一职责的意义是：

1. 有利于稳定币值。不少国家的中央银行对其货币发行额和存款额，都保持一定比例的国际储备，以保证币值的稳定。当国内物资不足、物价波动时，可以使用国际储备进口商品或抛售黄金，回笼货币，平抑物价，维持货币对内价值的稳定。

2. 有利于稳定汇价。在浮动汇率制度下，各国中央银行在市场汇率波动剧烈时，可运用国际储备进行干预，以维持货币对外价值的稳定。

3. 有利于保证国际收支的平衡。当外汇收支发生逆差时，中央银行可以使用国际储备抵补进口外汇的不足。当国际储备充足时，中央银行可以减少对外借款，用国际储备清偿债务或扩大资本输出。

## 四、中间业务

中央银行的中间业务是指中央银行为商业银行和其他金融机构办理资金划拨清算和资金转移的业务。由于中央银行集中了商业银行的存款准备金，因而商业银行彼此之间由于交换各种支付凭证所产生的应收应付款项，就可以通过中央银行的存款账户划拨来清算，从而使中央银行成为全国清算中心。各国中央银行都设立专门的票据清算机构，处理各商业银行的票据并结清其差额。参加中央银行票据交换的银行均须遵守票据交换的有关章程，并在中央银行开立往来账户，缴纳清算保证金并支付清算费用，只有清算银行才可以参加中央银行的票据交换，非清算银行要办理票据清算只能委托清算银行办理。

中央银行的清算业务大体可分为五项：组织票据交换和清算；办理异地跨行清算；为私营清算机构提供净额清算服务；提供证券及金融衍生工具交易清算服务；提供跨国支付清算活动。

## 五、征信与反洗钱业务

中央银行的征信业务是对贷款人（债权人）对借款人（债务人）能否还款情况的调查，是信用交易过程的一个环节。中国征信系统按照机构类型可以划分为三大体系：金融征信体系、社会征信体系、商业征信体系。

中央银行征信体系建设的意义在于：降低信用信息不对称，使授信方的风险降到最低；征信是从贷款人联合共同调查借款人信用状况独立出来的；征信活动使信用信息都在征信机构掌握之中成为一种可能；征信可以起到一种无形的导向作用。

中央银行的反洗钱业务是指为了预防通过各种方式掩饰、隐瞒毒品犯罪、黑社会性质的组织犯罪、恐怖活动犯罪、走私犯罪、贪污贿赂犯罪、破坏金融管理秩序犯罪、金融诈骗犯罪等犯罪所得及其收益的来源和性质的洗钱活动，依照相关法律规定采取相关措施的行为。

中央银行的反洗钱业务的意义在于：反洗钱工作对发现、打击贩毒、走私、腐败等各种严重犯罪活动，铲除犯罪活动滋生和发展的土壤，维护社会公平、公正，维护国家经济和金融安全具有重要意义。

## 六、对外金融活动

中央银行对外金融活动主要有：外汇管理、外债管理和货币政策国际协调等。

中央银行外汇管理活动主要有：研究提出外汇管理体制改革和防范国际收支风险、促进国际收支平衡的政策建议；研究逐步推进人民币资本项目可兑换、培育和发展外汇市场的政策措施，为制定人民币汇率政策的建议和依据。起草外汇管理有关法律法规和部门规章草案，发布与履行职责有关的规范性文件；承担国家外汇储备、黄金储备和其他外汇资产经营管理的责任。

中央银行的外债管理活动主要有：负责国际收支、对外债权债务的统计和监测，按规定发布相关信息，承担跨境资金流动监测的有关工作。中央银行管理外债的目标是：使所借入的外债成为国民经济持续稳定发展的催化剂，同时要避免将来出现偿债困难或债务危机。

中央银行在对外金融关系中的地位与任务：中央银行是国家对外经济活动的总顾问和全权代表；中央银行是国家国际储备的管理者；中央银行是国家金融活动的调节者和监管者；承担货币政策的国际协调。

## 七、经理国库

中央银行经理国家金库业务主要有：组织拟订国库资金银行支付清算制度并组织实施，参与拟订国库管理制度、国库集中收付制度；为财政部门开设国库单一账户，办理预算资金的收纳、划分、留解和支拨业务；对国库资金收支进行统计分析；定期向同级财政部门提供国库单一账户的收支和现金情况，核对库存余额；按规定承担国库现金管理有关工作；按规定履行监督管理职责，维护国库资金的安全与完整；代理国务院财政部门向金融机构发行、兑付国债和其他政府债券。

人民银行为切实履行《国家金库条例》所赋予的"组织管理国库工作"的重要职责作出了积极的努力:

一是在总行、省行、地市行、县支行分别设置了国库局、处、科、股,并按岗位要求配备了专业人员,目前全系统国库干部职工 2 万余人;

二是已建成了财税库银横向联网系统、全国国库会计数据集中系统、国库管理信息系统以及中国现代化支付系统;

三是建立健全了覆盖国库业务处理全过程的国库管理制度体系。

国库制度建设、国库信息化建设以及国库组织机构及其干部队伍建设,为有效履行中央银行经理国库职责奠定了坚实的制度基础、技术基础和组织基础,有效满足了财政资金"三性",即安全性、流动性、收益性的内在要求。

## 八、中央银行的资产负债表

在国际经济一体化的背景下,为了使各国之间相互了解彼此的货币金融运行状况,并使其数据具有可比性,国际货币基金组织定期编印《国际金融统计》刊物,以相对统一的口径公布各成员国的货币金融和经济发展的主要统计数据,其中包括中央银行的资产负债表(称为"货币当局资产负债表")。中央银行资产负债表是对一定时期内中央银行资金来源与资金运用的综合会计记录。中央银行在一定时点的资产负债业务开展情况及其种类、规模和结构等,最终都反映在资产负债表中。中国人民银行从 1994 年起根据国际货币基金组织规定的基本格式编制"中国货币当局资产负债表"并定期向社会公布。表 7 - 1 就是 2018 年 7 月中国货币当局的资产负债表。

表 7 - 1    2018 年 7 月中国人民银行资产负债表    单位:亿元人民币

| 报表项目(Item) | 金额 |
| --- | --- |
| 国外资产(Foreign Assets) | 220129.82 |
| 外汇(Foreign Exchange) | 215301.95 |
| 货币黄金(Monetary Gold) | 2541.50 |
| 其他国外资产(Other Foreign Assets) | 2286.37 |
| 对政府债权(Claims on Government) | 15274.09 |
| 其中:中央政府(Of which: Central Government) | 15274.09 |
| 对其他存款性公司债权(Claims on Other Depository Corporations) | 104707.06 |
| 对其他金融性公司债权(Claims on Other Financial Corporations) | 5947.94 |
| 对非金融性部门债权(Claims on Non - financial Sector) | 53.27 |
| 其他资产(Other Assets) | 17170.79 |
| 总资产(Total Assets) | 363282.97 |
| 储备货币(Reserve Money) | 311857.68 |
| 货币发行(Currency Issue) | 75506.83 |

续表

| 报表项目（Item） | 金额 |
|---|---|
| 其他存款性公司存款（Deposits of Other Depository Corporations） | 229937.54 |
| 非金融机构存款（Deposits of Non-financial Institutions） | 6413.31 |
| 不计入储备货币的金融性公司存款（Deposits of financial corporations excluded from Reserve Money） | 3556.12 |
| 国外负债（Foreign Liabilities） | 1199.40 |
| 政府存款（Deposits of Government） | 39241.89 |
| 自有资金（Own Capital） | 219.75 |
| 其他负债（Other Liabilities） | 7208.14 |
| 总负债（Total Liabilities） | 363282.97 |

资料来源：中国人民银行网站。

## 第四节　中央银行的制度类型

### 一、单一式中央银行制度

单一式中央银行制度是指国家单独设立中央银行机构，并由其全面行使中央银行全部职能的制度。因各国的政治体制不同，这种单一式的中央银行在机构设置上又分为两种类型：

一是一元式中央银行制度（Unit Central Bank System）。这种体制下，国内只设立一家中央银行，其机构设置采取总分行制。总行一般设在首都或经济金融中心城市，根据需要在全国范围内设立若干分支机构。单一式中央银行制度的特点是权力集中，职能齐全，分支机构较多。目前，世界上大多数国家实行这种制度，如英国、日本、法国等，我国目前的中央银行制度也属此类。

二是二元式中央银行制度（Dual Central Bank System）。这种体制下，国家在中央和地方两级设立中央银行机构，按规定分别行使金融管理权。中央一级机构享有最高决策和管理权力，而地方一级机构也拥有一定的独立性。这些机构组成中央银行体系，共同履行中央银行职能。其特点是权力和职能相对分散，分支机构不多。一般地，在实行联邦政治体制的国家，较多地采用这种组织形式。美国和德国的中央银行就是二元式中央银行制度的典型。

美国的中央银行称为联邦储备体系，该体系既包括设在中央一级的联邦储备委员会、联邦公开市场委员会和联邦顾问委员会，也包括设在地方一级的12家联邦储备银行。美国联邦储备委员会设在华盛顿，负责管理联邦储备体系和全国的金融决策，对外代表美国中央银行。德国中央银行在中央一级设立中央银行理事会和为其服务的若干业务职能机构，在地方一级设立了9个州中央银行。

## 二、复合式中央银行制度

复合式中央银行制度（Compound Central Bank System）是指把中央银行职能与商业银行职能集于一体的一种中央银行制度，即一家很大的国家银行既履行中央银行职能，又开展一般商业银行的业务。这种体制主要存在于实行计划经济体制的国家，苏维埃俄国在十月革命胜利之后，最早建立了大一统的复合型中央银行制度。受其影响，社会主义阵营的其他国家在其经济体制改革之前也都不同程度地采用这种中央银行制度。我国在1984年中国工商银行成立之前也一直实行这种制度。复合型中央银行制度是与当时国家实行的高度集中的计划经济体制相适应的。严格意义上讲，该制度下的国家银行并不是真正意义上的中央银行，充其量也仅仅是充当实施计划的工具而已。

## 三、准中央银行制度

准中央银行制度（Quasi Central Bank System）是指在一个国家或地区还没有建立通常意义上的中央银行制度，只是由政府授权一个或几个商业银行行使部分中央银行职能，或者设置类似中央银行的机构。其特点是一般只发行货币，为政府服务，提供最后贷款援助和资金清算。新加坡和中国香港是实行这种制度的典型代表。新加坡设有金融管理局和货币局两个机构来共同行使中央银行的职能。其中金融管理局负责制定执行货币政策，管理和监督银行及其他金融机构，行使除货币发行以外的中央银行的一切职能；而货币局主要负责发行货币、保管发行准备金。中国香港现行的中央银行职能由以下几个机构来承担：成立于1993年4月的金融管理局，集中行使货币政策、金融监管和支付体系管理等中央银行职能；成立于1981年的香港银行公会参与协调货币和信贷政策；港元发行由汇丰银行、渣打银行和中国银行负责，辅币则由香港政府自己发行，其中汇丰银行独家管理票据交换所。此外，斐济、卢森堡、沙特阿拉伯、阿拉伯联合酋长国、马尔代夫、利比里亚、莱索托等国也都实行准中央银行制度。

## 四、跨国中央银行制度

跨国中央银行制度（Multinational Central Bank System）是指两个以上主权独立的国家共同拥有一个中央银行的制度。其主要职能有：发行统一货币，为成员国政府服务，执行共同的货币政策及其有关成员国政府一致决定授权的事项。这些国家一般在地域上相邻，经济状况比较接近，联系密切。这种中央银行制度的最初出现是与特定的世界政治经济背景相联系的。20世纪60年代，一些国家摆脱殖民统治取得了民族独立，在经济发展水平较低、金融制度落后的情况下根据地区的特点共同组成了以货币联盟形式为主的跨国中央银行，主要有成立于1962年的西非货币联盟（7个成员国）、中非货币联盟（5个成员国）以及成立于1965年的东加勒比海通货管理局（6个成员国）。

1998年7月欧洲中央银行（European System of Central Bank，ESCB）的成立再次使跨国中央银行制度受到世人的关注。由于欧洲中央银行成立的背景与原有的跨国中央银行大不相同，引起了人们对中央银行制度的新思考，而欧元的出现更是对传统的货币制度提出了挑战。

传统的货币制度都与国家的主权不可分割地结合在一起，但欧元是超越欧洲各国传统边界的货币，欧洲中央银行是超越各国货币主权的统一的中央银行。

### 专栏7-2
### 国际最后贷款人

国际最后贷款人（International Lender of Last Resort，ILOLR）作为国际金融危机的处置机制，随着国际金融危机的频发而日益受到重视。与以往危机中通常出现一或两类国际最后贷款人不同，在次贷危机中，全球型、区域型、国家型三种类型的国际最后贷款人悉数登场。

最早的国际最后贷款人实践可追溯至1695年荷兰人以10%的贴现率兑换拒付票据而援助了刚成立一年的英格兰银行（金德尔伯格，2007）。

国际最后贷款人研究史可划分为三个阶段：

第一阶段（1867年至20世纪90年代末），提出了国际最后贷款人概念及其存在价值。1867年舍瓦利耶提出"受危机打击的国家"因"不同国家的大银行之间良好的关系和互相援助"而"产生更满意的结果"观点，这表明国际最后贷款人思想萌芽（金德尔伯格，2007）。该时期杰出代表人物霍特里认为在银行危机与外汇危机交织的双危机下，国际最后贷款人具有存在意义，并概括出其性质是中央银行协调者而非国际货币发行者（Havtrey，1932）。

第二阶段（20世纪90年代末至2006年），进一步探讨是否需要国际最后贷款人，并从资源和行动力等方面考察IMF等机构能否履行该职能及其运行规则等问题，一般是附着在国内最后贷款人研究之后进行一个国际拓展。反对国际最后贷款人的主要有三大学派：自由竞争银行学派从国际最后贷款人引起道德风险的角度质疑其存在价值；公共选择学派则从国际最后贷款人产生通货膨胀的角度否定其功能意义；货币主义学派因相信现有非集中的国内最后贷款人已足够防范世界货币或储备总量的紧缩而认为不必创设国际最后贷款人。但更多的赞成派则认为国际危机传染所产生的社会成本远高于救助引起的道德风险和通胀风险，且他们认为具有高通胀史、发行外币短期债务的新兴市场国家中央银行难以成功履行国内最后贷款人功能。因此，国际最后贷款人存在具有必要性。

第三阶段始于2006年末爆发的次贷危机，对危机中国际最后贷款人行为的反思形成了密集性成果，并呈现出一些特点，在形式与内容上形成了独立于国内最后贷款人的专门研究；研究的侧重点从挖掘国际最后贷款人存在的理论依据转向运行机制问题研究；从微观层次、跨国银行资产负债货币错配等角度补充论证发达国家也需要国际最后贷款人。

资料来源：汤凌霄. 国际最后贷款人研究进展［J］. 经济学动态，2018（11）：120－129.

## 第五节 中央银行的相对独立性

### 一、中央银行相对独立性的含义

中央银行的独立性主要是指中央银行履行自身职责时法律赋予或实际拥有的权利、

决策和行动的自由程度，其实质是中央银行与政府之间的关系。所谓"相对独立"，实际包括两层含义：一是中央银行应与政府保持一定的独立性，能够独立地制定和执行货币政策，而避免来自政府的干预和控制；二是中央银行不能完全脱离政府，其活动不能背离国家总体经济发展目标。

首先，为了保证中央银行独立地制定和实施货币政策，不受政府过多的干预、影响和控制，必须保证中央银行具有一定的独立性。这是因为：（1）中央银行与政府关心问题的重点存在差异。政府偏重于通过扩张性政策来刺激需求，拉动经济增长，增加就业，这种做法往往造成通货膨胀。中央银行则更关心币值稳定，维护正常的金融状况和秩序，遏制过高的通货膨胀。（2）政府因过于注重短期利益，特别容易出现"政治交易周期"，即在选举之前，政府倾向于采取过度扩张的货币政策，以便正好在选举前夕出现较低的利率和较低的失业率，由此导致的通货膨胀和名义利率上升将出现在选举之后，那时政府再采取限制性政策，并指望公众在下届选举时会忘记这一政策。（3）由于中央银行可能被用来通过购买财政债券从而为弥补巨大的预算赤字提供方便，因此，中央银行须保持独立，以避免中央银行无限购买财政债券而导致货币基数以致货币供给的扩大，抵制来自财政部要求中央银行"帮助摆脱困境"的压力。（4）中央银行的业务具有较强的专业性和技术性，把这些事情交给政治家们去做不太合适。（5）中央银行的独立性有利于有效、及时和统一地实施货币政策，避免来自各级政府的干预，维护整个金融体系的健康运行，防止政府为地方的局部利益而破坏整个经济大局。

其次，中央银行作为国家的金融管理当局，是政府实施宏观调控的重要部门，中央银行不可能完全独立于政府，而要接受政府的管理和监督，在国家总体经济政策指导之下履行自己的职责，因此，中央银行的独立性只能是相对的。这不仅因为货币政策是整个国家宏观经济政策的一部分，中央银行的政策目标不能背离国家总体经济发展目标，而且中央银行的业务活动和监管都是在国家授权下进行的，有些国家中央银行直接就是政府的组成部门，中央银行的主要负责人也大都由政府委任。因此，中央银行的职责履行需要政府其他部门的协作与配合，不能完全脱离开政府。

## 二、中央银行相对独立性的表现

中央银行的相对独立性主要表现在以下几个方面：

其一，从法律赋予中央银行的职责看，多数国家从法律角度赋予中央银行以法定职责，明确规定在制定和执行货币政策上享有相对独立性。但是，中央银行在制定货币政策，承担稳定货币金融，实现政府经济目标和社会职责的同时，不能脱离国家经济发展的总政策和总目标。

其二，从中央银行领导人的任命和任期看，政府作为中央银行唯一的或主要的股东，或者甚至在私人全部持有中央银行股票的情况下，政府一般都拥有任命中央银行理事和总裁的权力。这说明政府在人事上对中央银行有一定的控制权，可以通过人事的任免来影响中央银行的活动。至于中央银行理事会中是否应有政府的代表以及代表的权限有多大，各国有较大差别。

其三，从中央银行与财政部的关系来看，很多国家严格限制中央银行直接向政府提供长期贷款，以防止中央银行用货币发行来弥补财政赤字。但又要通过某些方法，在一定限度内对政府融资予以支持。这表现在以下两点：一是在财政部筹资遇到困难时，可为财政提供短期贷款；二是为财政筹资创造有利条件，如通过各种信用调节措施为政府公债的发行创造条件。但为了防止中央银行对政府过度融资引起通货膨胀，许多国家对融资方式、额度和期限都从法律上严加限制，禁止财政部向中央银行透支。

其四，从中央银行的利润分配和资金来源来看，中央银行不是企业，不以盈利为目的。但它有盈利，且盈利很高。中央银行不需财政拨款，这是中央银行不同于其他政府机构的地方。但中央银行不以盈利为目的，它的收入扣除必需的支付与积累外，全部上交政府，这又是它作为政府部门性质的体现。

其五，从中央银行的资本所有权看，它的发展趋势是归政府所有。目前许多西方国家的中央银行资本归国家所有，如英国、法国、德国、加拿大、澳大利亚、挪威、荷兰等；有些国家中央银行的股本是公私合有的，如比利时、墨西哥、奥地利等；另外有一些国家的中央银行虽归政府管辖，但资本仍归个人所有，如美国和意大利等。凡允许私人持有中央银行股份的国家，一般都对私人股权作了一些限制，以防止私人利益在中央银行占有特殊地位，如美联储系统在争取私营银行合作的同时，又对私营银行的权利加以限制，不受私营银行的操纵。

### 三、国外中央银行独立性的典型模式

（一）德国模式

德国中央银行是独立性很高的中央银行的典型代表。根据《联邦银行法》（即德国中央银行法），它不受总理领导、不受政府监督，同时也不受议会的控制，而是依法享有完全的自主权。联邦政府与联邦银行不存在行政上的隶属关系，联邦政府在任何时候都无权向联邦银行发布命令。法律规定，货币政策的目标是稳定货币，当货币政策可能与政府的其他政策发生冲突时，保卫货币的任务是第一位的，政府只能要求联邦银行最多推迟两周作出决议，但不得要求联邦银行改变政策。联邦银行的最高决策机构是中央银行理事会，执行理事会是其执行机构，行长、副行长及执行理事会的其他成员由联邦政府提名，联邦共和国总统任命。其任期与联邦总统任期不一致，致使政府无法随时撤换他们。联邦政府成员有权出席中央银行理事会会议，但无表决权。在德国，法律禁止政府向联邦银行透支，政府机构虽然可以向联邦银行借款，但必须保证归还，并且在数额上也有限制。尽管法律赋予联邦银行相当大的独立性，但仍然要求联邦银行在其职责的执行不受侵犯的条件下支持联邦政府的一般经济政策，并就重大的货币政策问题向联邦政府提供咨询，应政府要求提供有关信息。

（二）美国模式

美国中央银行是由12家联邦储备银行组成的联邦储备系统，它也是独立性较大的中央银行的范例。法律规定，联邦储备系统直接对国会负责，独立制定和执行货币政策。联邦储备系统理事会理事经参议院认可和同意后，由总统任命，但理事任期14年，

比总统任期长得多,且每两年改派一人,这便避免了总统直接操纵理事会的可能性。在与财政的资金往来上,法律禁止财政透支,禁止联储直接购买财政债券。联储的资本来自会员银行和公众,但持股者没有表决权。联储收入主要来自为进行公开市场业务而持有的政府债券的利息收入,联储的所有管理费用开支,由其自行解决,完全不依赖于财政拨款。

（三）日本模式

日本银行是日本的中央银行,其资本的55%由政府出资,其余部分由民间出资者提供,但民间出资者对日本银行的决策几乎没有任何影响。日本银行的经费自理,不依赖财政拨款。其最高决策机构是日本银行政策委员会,在委员会的7名委员中,有大藏省和经济企划厅代表各1人,但他们无表决权。其他委员在取得参众两院同意的情况下由内阁任命,任期4年,可以连任,日本银行总裁、副总裁由内阁任命,理事由总裁推荐,主管大臣任命,任期4年。主管大臣是大藏大臣,他对日本银行的决策拥有很大的权威,一些重大决策（如存款准备金率的决定、变更和废止）须经其认可。大藏大臣除依法对日本银行进行管理和监督外,还拥有对日本银行的命令权。由此可见,日本银行在法律上的独立性并不高,《日本银行法》也被日本著名金融专家铃木淑夫博士批评为落后于时代的立法。

（四）英国模式

英格兰银行原是私人银行,1946年国有化后,由财政部持有其全部股份。英格兰银行总裁、副总裁和理事由政府推荐,英王任命,任期分别为5年和4年。英格兰银行是货币政策的主要执行者,但决定者是政府。在履行法定职能时英格兰银行要遵从财政部的指导,财政部长不轻易行使命令权,两者的分歧通常在内部协商解决,英格兰银行很少公开反对政府的政策。英格兰银行一般向财政大臣负责,财政大臣再为英格兰银行向议会负责。英国前首相卡拉汉曾宣称,有关货币事务的政策应由唐宁街制定而不是由穿针街制定。由此可见,英格兰银行的独立性是较低的。

上述德、美、日、英四国,乃当今世界金融执牛耳者,金融业最为发达。以上的分析说明,在中央银行独立性问题上并不存在统一的模式,采取哪种中央银行制度是各国政治决断和利益平衡的结果,与各国的国情密切相关。

## 四、中国人民银行的独立性

中国人民银行专门行使中央银行的职能开始于1984年1月1日。1995年3月18日,全国人民代表大会通过《中华人民共和国中国人民银行法》（以下简称《中国人民银行法》）,首次以国家立法形式确立了中国人民银行作为中央银行的地位,标志着中央银行体制走向了法制化、规范化的轨道,成为中国人民银行独立性建设的重要里程碑。2003年修订,2004年实施的《中国人民银行法》在中央银行独立性方面的规定大致体现在以下方面。

（一）中国人民银行与中央政府的隶属关系

《中国人民银行法》第二条规定:"中国人民银行在国务院领导下,制定和实施货币政策,对金融业实施监督管理。"我国现行法律框架下,中国人民银行是国务院的一个职能部门,但与财政部平级,不受财政部的节制。

(二) 制定和实施货币政策的自主程度

《中国人民银行法》第五条规定:"中国人民银行就年度货币供应量、利率、汇率和国务院规定的其他重要事项作出的决定,报国务院批准后执行。""中国人民银行就前款规定以外的其他有关货币政策事项作出决定后,即予执行,并报国务院备案。"可见,在决定有关货币政策的重大事宜方面,相对于国务院而言,中国人民银行缺乏自主性,完全受制于中央政府,只是在非重大事宜的决策方面享有自主权,而这种重大与非重大事宜的划分也完全取决于国务院的意志。但是,中国人民银行在执行货币政策、履行职责、开展业务时,不受地方政府、各级政府部门、社会团体和个人的干涉(《中国人民银行法》第七条),故中国人民银行只服从于国务院,只对国务院负责,国务院对中央银行拥有最高权威。

(三) 组织机构方面的规定

中国人民银行行长由国务院总理提名,全国人大决定;全国人大闭会期间,由全国人大常委会决定,国家主席任免。副行长由总理任免(《中国人民银行法》第十条)。中国人民银行设货币政策委员会,其职责、组成和工作程序,由国务院规定(《中国人民银行法》第十二条)。可见,在中国人民银行领导人的任免方面,国务院居主导地位。需要指出的是,中国人民银行的分支机构,是总行的派出机构,总行对其实行集中统一领导和管理,这便从组织上割断了分支机构与地方政府的关系。

(四) 有关经济与财务的规定

中国人民银行是国有中央银行,其全部资本由国家所有(《中国人民银行法》第八条)。由于中央银行资本中没有任何私人份额,故中央银行不代表任何私人利益。法律规定,中国人民银行不得对财政透支,不得直接认购和包销政府债券(《中国人民银行法》第二十九条);不得向地方政府、各级政府部门提供贷款(《中国人民银行法》第三十条);并实行独立的财务预算管理制度,依法提取总准备金后的净利润全部上缴中央财政,亏损由中央财政拨款弥补(《中国人民银行法》第三十八条、第三十九条)。由此可见,中国人民银行在与政府的资金往来及财务方面,享有较大的独立性。

综上所述,中国人民银行的独立性比日本银行和英格兰银行要高,比德意志联邦银行和美国联邦储备系统要低,它仍具有一定的独立性,即它独立于财政,独立于地方政府,资金和财务独立。但是,它的独立性在中央政府面前,便几乎消失得干干净净。因此,这种独立性本身不是绝对的,而是相对的。

## 【本章小结】

当代中央银行是代表政府调控经济、管理金融的特殊的金融机构。中央银行职能是中央银行性质的具体体现,主要指发行的银行、银行的银行、政府的银行三大职能。我国中国人民银行的主要职责为"在国务院领导下,制定和执行货币政策,防范和化解金融风险,维护金融稳定"。其业务有负债业务、资产业务和中间业务。

中央银行的独立性实质是中央银行与政府之间的关系。依各国国情不同,世界上主要有德国模式、美国模式、日本模式、英国模式这几种,它们的独立性依次降低。而中国人民银行的独立性比日本银行和英格兰银行要高,比德意志联邦银行和美国联邦储备系统要低,这种独立性本身不是绝对的,而是相对的。

## 【重要概念】

中央银行　发行的银行　银行的银行　国家的银行　最后贷款人
单一式中央银行制度　复合式中央银行制度　准中央银行制度
跨国中央银行制度　中央银行的相对独立性

## 【思考题】

1. 阐述中央银行的基本职能。
2. 为什么目前各国政府都赋予中央银行掌管国际储备的职责?
3. 中央银行的资产负债表包含哪些主要项目?
4. 中央银行的存款业务具有哪些特点?
5. 中央银行的独立性表现在哪些方面?为什么说中央银行的独立性是相对的?
6. 我国的中国人民银行在金融体系中的地位如何概括表述?

# 第八章

# 政策性银行

在各国金融体系中,政策性银行是专门为贯彻和配合政府社会和经济发展政策或意图,在某一领域内从事特定融资活动的金融机构。设立政策性银行是世界上大多数国家的通行做法,因而它成为各国金融体系的一个重要组成部分。

## 第一节 政策性银行概述

政策性银行是当今世界各国金融机构体系中与商业性金融机构、合作性金融机构并存、互补,又与之相对应的一种金融机构。它与商业性金融机构在许多方面均有不同,从而形成其鲜明的特征和独特的职能。

### 一、政策性金融及政策性银行

政策性银行源于政策性金融。在经济发展过程中常常存在一些商业性金融机构不愿融资的领域,因为这些领域有的不盈利或盈利水平低,有的风险太高或投资期限长、规模大。但这些领域的发展又对社会、经济发展具有重要意义,如基础设施建设、农业项目开发等。这些领域得不到发展,就会影响整个社会经济的发展。因此,政府往往采取一系列鼓励措施来扶持这些项目的开发。成立政策性银行,专门对这些项目进行融资就是常用的扶持方法。

(一)政策性金融

政策性金融与商业性金融对应,是指在一国政府支持与鼓励下,以国家信用为基础,运用种种特殊的融资手段,严格按照国家法规与限制的业务范围、经营对象,以优惠的条件,直接或间接地为贯彻、配合国家特定经济和社会发展政策而进行的一种特殊的资金融通行为或活动。政策性金融可以满足政府的政策性意向,用于社会政策性项目。

政策性金融具有如下特征:(1)政策性,即服从或服务于政府的某种特殊的产业或社会政策目标或意图;(2)优惠性,使其盈利性目标受到国家政策目标的制约,因此能以比商业性金融更优惠的利率、期限、担保等条件提供贷款或其他金融服务;(3)有偿性,即在一定期限内有条件让渡资金使用权的资金融通活动,不能把政策性金融看作无偿拨付资金或救济。

(二) 政策性银行

政策性银行是指那些由政府创立、参股或保证的，不以盈利为目的，专门为贯彻、配合政府社会经济政策或意图，在特定的业务领域内，直接或间接地从事政策性融资活动，充当政府发展经济、促进社会进步、进行宏观经济管理工具的金融机构。

## 二、政策性银行的特征

(一) 政策性银行不以盈利为主要经营目的

政策性银行的经营活动不以盈利为主要目的，而是以实现政府的经济政策或意图作为经营活动的根本准绳，以国民经济的总体利益作为其行动的目标和出发点。这是政策性银行与商业性金融机构的一个根本区别。不以盈利为主要目的、不追求利润最大化是由政策性银行的性质决定的，也是社会经济发展的需要。只有不以自身的盈利为根本目的，才能避免各种利益诱导，服从宏观协调发展和社会稳定的大方向，发挥其特有的职能。当然，不以盈利为目的并不意味着政策性银行完全忽视经营的效益性，作为金融企业，在经营活动中也要实行独立核算、自主经营和自负盈亏。

(二) 政策性银行资金主要来源于政府

政策性银行一般是由政府或政府机构出资设立，出资方式有全额出资、参股和通过另一家金融机构间接设立，它们都具有政府参与的背景。从世界各国的情况看，多数国家的政策性银行都是由政府出全资创立的。政府出资建立政策性银行，可使政府政策贯穿于政策性银行的融资活动中，比如对融资对象的选择、融资成本的界定等。

从资金来源看，商业银行的资金来源主要是存款，其他专业银行和非银行金融机构的资金来源有的主要是存款，有的主要靠发行债券或借入资金。而政策性银行的资金来源于向政府借款、在国内外发行由政府担保的债券以及向其他金融机构借款和向国际金融机构借款等。

(三) 政策性银行有确定的业务范围

在现代金融制度中，商业性金融机构的业务发展呈现出明显的综合化和全能化的趋势。但是，政策性银行具有确定的业务领域和服务对象，其业务领域主要是农业、住房业、进出口贸易、中小企业、经济技术开发等基础部门或领域。这些部门或领域有的对国民经济发展具有较大现实意义，需要采取特殊措施予以鼓励；有的是国民经济的薄弱环节，如无特殊支持与保护，将会停滞不前甚至萎缩；有的是对社会稳定、经济均衡协调发展有重要作用，需要政府给予特殊政策，重点扶持。其共同特点是不易得到商业性金融机构的资金支持，需要由政府设置专门的金融机构予以特殊的资金支持，以形成最佳的资源配置。政策性银行业务活动立足于弥补一般商业性金融机构的不足，业务范围相对狭小、单一，尽量避免与商业性金融机构争业务，避免相互之间发生竞争，而是与后者形成"互补"关系。政策性银行是拥有确定的业务领域和对象的专业性金融机构。

(四) 政策性银行有特殊的投融资原则

政策性银行与商业金融机构要求安全性、流动性、盈利性的经营原则不同，它在资金投放领域的确定、贷款扶持对象的选择、贷款扶持的力度等方面，都必然严格以政府的经济政策为依据，绝不能超越政府经济政策所限定的范围。首先，在融资条件或资格上，要求其融资对象必须是从其他商业性金融机构不易得到所需的融通资金的条件下，才有从政策性银行获得资金的资格。比如国家重点扶持、投资期限长、回报率低的基础性建设项目等。这些融资对象很难得到商业性金融机构的资金扶持，但又急需得到资金支持才能发展，只能从政策性银行获取融资。其次，是其贷款条件优惠。由于政策性银行的贷款对象多为投资期限长、风险较大、财务利润率较低的项目，所以，它的贷款条件明显优惠于商业性金融机构。

（五）政策性银行有独立的法律依据

政策性银行一般实行单独立法。绝大多数国家的政策性银行不受普通银行法（或商业银行法）的制约，而是以单独的法律、条例规定其宗旨、经营目标、业务领域与经营方式、组织体制等。在金融制度较为完善的国家，均有独立的政策性金融法规来约束政策性银行的行为。例如，《日本进出口银行法》就是日本进出口银行从事经营活动的法律依据。在法国，政策性银行无须向国家信贷委员会进行登记注册，该委员会发布的有关银行的各种规定对政策性银行均不适用。目前，我国尚无独立的政策性银行的法规出台，这在一定程度上加大了对其进行管理的难度，待条件成熟应尽快颁布政策性金融法。需要说明的是，政策性银行依据特定的法律法规经营，不受商业银行法的约束，并不意味着它有特权。政策性银行是以一般的金融主体的身份来参与市场金融活动的，不具有代表国家的身份，更无操纵、干预其他金融机构的权力。

### 三、政策性银行主要种类

按照不同的标准，可将政策性银行划分为不同的类型。（1）按业务范围划分，可分为全国性和地方性政策性银行。其中全国性政策性银行占大多数。（2）按组织结构划分，可分为单一型和金字塔型政策性银行。大多数政策性银行是单一型的，即只有一家机构。金字塔型是由一个中央机构领导，下设不同层次的会员，中央机构一般由政府所有或控制，基层会员机构一般是民间或合作性质的，如法国农业信贷银行。（3）按业务领域划分，可分为经济开发、农业、进出口、住房、中小企业、基础产业、主导产业以及环境、国民福利等政策性银行。其中，各国普遍设立的是开发政策性银行、农业政策性银行、进出口政策性银行、中小企业政策性银行和住房政策性银行。

## 第二节 开发政策性银行

### 一、开发政策性银行概述

开发政策性银行是指那些专门为经济开发提供长期融资的政策性银行。它可分为国际性和国家性两个类型：（1）国际性开发银行是由国际范围内的若干国家共同出资设立，其又可分为全球性和区域性两种。前者服务范围是全球性的，如世界银行。后者服务范围是本区域，如亚洲开发银行、非洲开发银行、泛美开发银行等。（2）国家性的开发银行是在一个国家内设立的为本国经济发展服务的银行。其又可分为两种，一是全国性开发银行，一般由一国中央政府建立，服务于全国，大多数开发政策性银行都属此类。二是地方性开发银行，一般由地方政府设立，专为本地区经济开发服务，如巴西东北部开发银行。

## 二、开发政策性银行的主要业务

由于各国国情不同，开发性银行的资金来源也有所不同。资金来源渠道主要有：（1）政府资金。政府资金为开发性银行主要资金来源。有的由政府提供全部资本金和部分运营资金，如日本开发银行；有的由政府持有主要股份，联合其他银行共同组建，如马来西亚开发银行由政府出资92.5%；还有政府不直接提供资本金，而靠征收附加税筹集的，如巴西全国经济开发银行、加拿大工业开发银行。（2）发行债券。其为开发性银行主要资金来源。开发性银行发行的债券一般由政府提供担保，风险很小，具有较大吸引力，成为日益重要的筹资手段和资金来源。（3）吸收存款。主要是吸收定期存款、储蓄存款，发行大额可转让存单。由于吸收存款会与商业银行进行竞争，所以广泛吸收存款的开发银行并不多，且集中于发展中国家。（4）借入资金。开发性银行既可从政府借入资金，也可从中央银行、其他银行以及国际或外国银行借入资金。其借入资金的成本较低，条件较为优惠，有利于以优惠条件提供政策性贷款和投资。

开发性银行的资金运用主要有贷款、投资和担保等。（1）贷款。开发性银行的主要业务是对开发项目提供贷款，满足开发项目的资金需求。其特点是贷款期限较长，一般为中长期贷款，并且要符合政府社会经济政策意图，尤其是产业政策的意图。开发性银行贷款除直接发放外，还采取联合贷款的方式，以满足大型建设项目的资金需求。（2）投资。是指开发性银行参与某一项目筹建并购买一定量的股份，成为企业的股东。开发性银行的投资既能够增加项目的资金供给，又能够向其他投资者展示政府支持的意愿，吸引更多的投资，发挥引导资金流向的职能。（3）担保业务。是指开发性银行对其他银行所发放的符合政策意图的贷款给予偿还性保证，当借款人到期无力偿还贷款时，由开发性银行负责偿还。从事担保的目的，在于为企业拓宽融资渠道，使企业获得更多的开发资金。

## 三、我国的开发政策性银行——国家开发银行

国家开发银行成立于1994年3月17日，是一家以国家重点建设为主要融资对象的政策性投资开发银行，主要办理国家重点建设（包括基本建设和技术改造）的政策性贷款及贴息业务。其设立宗旨是为了更有效地集中资金保证国家重点建设，缓解经济发展的"瓶颈"制约，增强国家对固定资产投资的宏观调控能力，进一步深化投融资体制的改革。

（一）国家开发银行的地位和任务

国家开发银行是直属国务院领导的政策性金融机构，在金融业务上接受中国银行业监督管理委员会的指导和监督。其主要任务是按照国家的法律、法规和方针、政策，筹集和引导社会资金，支持国家基础设施、基础产业和支柱产业的大中型基本建设和技术改造等政策性项目及配套工程的建设，从资金来源上对固定资产投资总量进行控制和调

节，优化投资结构，提高经济效益，促进国民经济持续、快速、健康发展。

（二）国家开发银行的资金来源

国家开发银行的注册资本为500亿元人民币，由财政部核拨。其经营过程中资金来源的主要渠道是：(1) 财政部拨付的重点建设基金；(2) 国家开发银行对社会发行的国家担保债券和对金融机构发行的金融债券；(3) 吸收存款，国家开发银行可吸收与贷款项目有关的企业的本外币存款；(4) 同业拆借市场拆入资金；(5) 从国外筹资。其中，大多数资金来自在国内外资本市场上发行的债券。

（三）国家开发银行的业务范围

国家开发银行的主要业务是向国家基础设施、基础产业和支柱产业的大中型基本建设和技术改造等政策性项目及其配套工程发放政策性贷款。国家开发银行发挥开发性金融的作用和优势，重点对电力、公路、铁路、石油化工、城建及邮电通信等行业提供贷款。开发银行在这些领域的贷款市场中占有较大份额。

国家开发银行在办理上述政策性金融业务时，要实行独立核算，自主、保本经营，责权利统一，建立投资约束和风险责任机制。

### 四、国家开发银行的商业化改革

1998年以来，国家开发银行主动推行市场化改革，以市场化方式办政策性银行，探索了一条支持发展、防范风险的开发性金融发展之路，增强了支持经济发展的能力。中央汇金公司和国家开发银行于2007年12月31日在北京签署协议，向国家开发银行注资200亿美元。2008年2月，国务院批准了国家开发银行改革实施总体方案。2008年12月16日，改制后的国家开发银行股份有限公司在北京挂牌成立，成为第一家由政策性银行转型而来的商业银行，标志着中国政策性银行改革取得重大进展。2015年3月，国务院明确国家开发银行定位为开发性金融机构，注册资本达到4212.48亿元，股东是中华人民共和国财政部、中央汇金投资有限责任公司、梧桐树投资平台有限公司和全国社会保障基金理事会，持股比例分别为36.54%、34.68%、27.19%、1.59%。

截至2018年底，国家开发银行在中国内地设有37家一级分行和3家二级分行，境外设有香港分行和开罗、莫斯科、里约热内卢、加拉加斯、伦敦等10家代表处，总资产超过1.61万亿元人民币，贷款占比为69.21%，全行员工9507人。旗下拥有国开金融、国开证券、国银租赁和中非基金等子公司。

国家开发银行是全球最大的开发性金融机构，中国最大的对外投融资合作银行、中长期信贷银行和债券银行。2019年，国家开发银行在美国《财富》杂志世界企业500强中排名第67位。

## 第三节　农业政策性银行

### 一、农业政策性银行概述

农业政策性银行是指那些为配合政府农业政策，促进和保护农业和农村发展，为农业提供优惠性贷款和其他金融服务的金融机构。

农业政策性银行的名称各异，绝大多数都称作银行，有些则称作金融公库（或金库）、协会等。如印度国家农业和农村开发银行、日本农林渔业金融公库、美国合作银行、美国土地银行、德国土地信用银行、法国农业信贷银行等。虽然名称各异，但能够从名称上反映出其性质和职能。

## 二、农业政策性银行的主要业务

与其他政策性银行一样，农业政策性银行资金来源主要包括政府资金，发行债券，从国内外银行借入资金，吸收存款等。（1）借入政府资金。农业政策性银行在建立时大多数由政府全部或部分出资，而且在运营中经常向政府借入资金。一般而言，政府金融机构比合作金融机构更依赖政府资金；发展中国家的农业金融机构比发达国家更依赖政府资金。（2）发行由政府担保的债券筹措资金。这些债券得到政府担保，被视为政府债券，提高了信用等级，颇受欢迎。（3）向中央银行和其他机构借入资金。一些国家尤其是发展中国家农业政策性银行从中央银行、商业性金融机构借入资金，以满足短期资金周转的需求。（4）从国外借款。发展中国家农业政策性银行普遍从国外借款。借款的主要来源是国际金融机构，如世界银行及其附属机构——国际开发协会、国际农业开发委员会，以及外国政府和外国金融机构等。

农业政策性银行的资金运用主要有以下三种形式：（1）贷款。贷款是农业政策性银行最主要的资金运用形式，也是某些农业银行唯一的资金运用形式。通过贷款，可向农业生产经营者提供所需的资金和特别资助。例如日本农林渔业金融公库发放的土地改良贷款、自耕农维持贷款、农业结构改善贷款、土地取得贷款和综合设施贷款等。农业信贷机构除发放直接贷款以外，也经常发放间接贷款，来资助其他信贷机构将更多的资金投入农业。如美国联邦中期信贷银行不直接对农业生产经营者贷款，而是贷放给生产信贷协会，再由后者贷放给农民。（2）担保。为农业生产经营者的融资提供担保，可以扩大农业融资规模。（3）发放补贴。对遭受洪水、干旱等自然灾害而造成的种植业歉收给予灾害补贴，对于农产品市场价格低于支持价格而导致的收入减少给予差额补贴。

## 三、中国农业发展银行

中国农业发展银行成立于1994年11月18日，是一家以承担国家粮棉油储备、农副产品收购、农业开发等方面的政策性贷款为主要业务的政策性银行。其成立的宗旨是为了完善农村金融服务体系，更好地贯彻落实国家的产业政策和区域发展政策，促进农业和农村经济的健康发展。

（一）中国农业发展银行的地位和任务

中国农业发展银行是直属国务院领导的国有政策性金融机构，是独立的法人组织，实行独立核算，自主、保本经营，企业化管理。中国农业发展银行在业务上接受中国人民银行和中国银行保险监督管理委员会的指导和监督。其主要任务是：按照国家的法律、法规和方针、政策，以国家信用为基础，筹集农业政策性信贷资金，承担国家规定的农业政策性金融业务，代理财政性支农资金的拨付，为农业和农村经济服务。

（二）中国农业发展银行的资金来源

中国农业发展银行的注册资本为 200 亿元人民币。其资本金从中国农业银行资本金中拨出一部分解决，同时接管原中国农业银行和中国工商银行的农业政策性贷款（债权）。中国农业发展银行的资金来源主要是：（1）对金融机构发行的金融债券；（2）财政支农资金；（3）使用农业政策性贷款企业的存款；（4）对因季节性等原因出现先支后收的临时性需要，人民银行可视情况对中国农业发展银行总行发放少量短期贷款；（5）境外筹资。

1998 年至 2004 年，中国农业发展银行专司粮棉油收购信贷资金供应和管理工作，主要办理粮棉油收购贷款、储备贷款、调销贷款等业务。这一阶段中国农业发展银行的运营资金来源主要依靠中国人民银行的再贷款。

（三）中国农业发展银行的业务范围

中国农业发展银行的主要业务范围包括粮棉油收购、贷款、农业开发及技术更新改造等 17 项农业金融服务。1998 年 3 月，国务院决定将中国农业发展银行承办的农村扶贫、农业综合开发、粮棉企业附营业务等项贷款业务划转到中国农业银行等有关国有商业银行，中国农业发展银行主要集中精力加强粮棉油收购资金封闭管理。

**专栏 8-1**
**打造现代农业政策性银行**

中国农业发展银行（以下简称农发行）是中国唯一的农业政策性银行。2004 年以来，农发行进入了打造现代农业政策性银行的新阶段。认真贯彻落实党中央、国务院对农发行改革发展和信贷支农工作的一系列新要求，全面推进改革发展，支农作用日益凸显，发展活力明显增强，整体实力大幅提升，农发行发生了历史性变化。截至 2018 年末，贷款余额达到 5.14 万亿元。累计发放粮棉油收购贷款 2457 亿元，支持夏粮收购和秋粮收购分别占全社会收购量的 49% 和 50%，支持棉花收购占全社会生产量的 58%。聚焦棚改、水利、"四好农村路"、农村人居环境等突出短板，创新信贷服务农业农村基础设施建设新模式，全年累计投放基础设施建设贷款 7874 亿元。2018 年以来，累计发放精准扶贫贷款 3893 亿元，贷款余额 1.35 万亿元，累计发放额和余额均居金融同业首位，政策性金融扶贫再上新台阶。

资料来源：中国农业发展银行网站。

## 第四节 进出口政策性银行

### 一、进出口政策性银行概述

进出口政策性银行是为进出口尤其是出口提供信贷、担保、保险、咨询等综合性服务的金融机构。有的国家称其为进出口银行、输出入银行或外贸银行，如美国、日本、法国、韩国等。也有的国家称其为公司，如德国出口信贷公司、印度出口信贷担保公司、法国出口信贷保险公司等。

进出口政策性银行多为官方或半官方所有。美国、日本、韩国等的进出口银行属于官方所有的机构，均由政府出资建立，凭借政府的力量开展活动。法国对外贸易银行、德国出口信贷公司属于半官方所有的机构，一般采取股份公司的组织形式，由政府与其他机构如中央银行、商业银行共同组建，政府具有实际控制权或影响力，其业务活动也得到政府的支持或帮助。

而私人所有的进出口政策性银行比较少，如美国私人出口基金筹措公司是由54家商业银行、7家大工业公司和1家投资银行联合组建的，它提供中期政策性贷款，填补商业银行的短期贷款和进出口银行的长期信贷之间的空缺，其业务活动得到美国进出口银行的支持和管理。

从职能上来看，各国进出口政策性银行具有以下全部或部分职能：（1）融通资金。如提供出口信贷和各种有利于刺激出口的贷款。（2）为融资提供便利。提供贷款担保、保险等。（3）提供其他服务。如提供咨询服务等。（4）经办对外援助。服务于政府的对外政策。

## 二、进出口政策性银行的主要业务

进出口银行的资金来源有政府拨入资金、借入资金、发行债券和其他渠道：（1）多数国家的进出口政策性银行的资本金由政府全额或部分拨入。例如美国进出口银行资本金10亿美元，由联邦政府拨付。（2）借入资金。进出口银行在运营中可向政府、中央银行、国内外金融机构借款。（3）发行债券。进出口银行可发行债券，从金融市场筹集资金。由于此类债券具有政府债券的属性，风险低、收益高、流动性强，较易被人们接受。

进出口银行的资金运用包括以下方面：（1）贷款。进出口银行一般均以不同方式提供贷款，支持出口。一般主要提供中长期贷款。各国进出口银行最重要的业务活动就是办理出口信贷。出口信贷一般指由各国进出口银行对本国出口商或外国进口商发放的优惠贷款，目的在于加强本国商品的国际竞争能力，支持、扩大本国商品尤其是大型成套设备的出口。（2）担保与保险。为进出口商获得银行贷款提供担保，使进出口商可以较容易地获得融资，达到支持出口的目的。同时，进出口银行还可对出口保险进行承接，并依赖政府强大的后盾来承担政治风险以及通货膨胀风险等。由此，二者形成分工互补而非竞争的关系。

## 三、中国进出口银行

中国进出口银行成立于1994年7月1日，是直属国务院领导的政策性金融机构，具有法人资格，实行自主、保本经营，企业化管理。其注册资本为33.8亿元人民币，后增至50亿元人民币，由财政部核拨，资金来源主要是财政专项资金和对金融机构发行的金融债券，也可从国际金融市场筹措资金，人民银行不提供资金。目前在国内设有22家营业性分支机构,在境外设有巴黎分行、东南非代表处和圣彼得堡代表处;与1330多家银行的总分支机构建立了代理行关系。

(一) 中国进出口银行的业务范围

中国进出口银行的主要业务范围包括:(1) 为机电产品和成套设备等资本性货物进出口提供卖方信贷、买方信贷;(2) 办理对外承包工程和境外投资类贷款;(3) 办理中国政府对外优惠贷款;(4) 提供对外担保;(5) 转贷外国政府和金融机构提供的贷款;(6) 办理本行贷款项下的国际国内结算业务和企业存款业务;(7) 在境内外资本市场、货币市场筹集资金(不含发行股票);(8) 办理国际银行间的贷款,组织或参加国际、国内银团贷款;(9) 从事人民币同业拆借和债券回购;(10) 从事自营外汇资金交易和经批准的代客外汇资金交易;(11) 办理与本行业务相关的资信调查、咨询、评估和见证业务;(12) 经批准或受委托的其他业务。

(二) 中国进出口银行的主要业务

1. 出口卖方信贷业务。出口卖方信贷是指中国进出口银行为出口商制造或采购出口机电产品、成套设备和高新技术产品提供的信贷,主要解决出口商制造或采购出口产品或提供相关劳务的资金需求。出口卖方信贷金额大、期限长、利率优惠。贷款种类包括:(1) 设备出口卖方信贷;(2) 船舶出口卖方信贷;(3) 高新技术产品(含软件产品)出口卖方信贷;(4) 一般机电产品出口卖方信贷;(5) 对外承包工程贷款;(6) 境外投资贷款。

2. 出口买方信贷业务。出口买方信贷是由中国进出口银行向国外借款人发放的中长期贷款,用于进口商即期支付中国出口商货款,促进中国资本性货物和技术服务的出口。出口买方信贷贷款期限长,利率优惠。其主要用于支持中国机电产品、大型成套设备等资本性货物以及船舶、高新技术产品和服务的出口,支持中国企业带资承包国外工程。

3. 中国政府对外优惠贷款业务。中国政府对外优惠贷款是指中国政府指定中国进出口银行向发展中国家政府提供的具有援助性质的中长期低息贷款。贷款用途有:(1) 在借款国建设有经济效益或社会效益的生产性项目、基础设施项目及社会福利项目;(2) 借款国采购中国的机电产品、成套设备、技术服务以及其他物资。

4. 外国政府贷款转贷业务。外国政府贷款转贷是受财政部委托,由中国进出口银行转贷的外国政府向我国政府提供的优惠贷款和混合贷款。外国政府贷款期限长、利率低,条件相对比较优惠。混合贷款是由外国政府提供的优惠贷款与外国银行提供的商业贷款混合组成的贷款。在中国利用外国政府贷款安排的项目和借入的资金中,进出口银行负责转贷的项目和金额均超过60%,一直是中国外国政府贷款最大的转贷银行。

5. 对外担保业务。对外担保业务是指中国进出口银行以保函(含备用信用证)形式向境外债权人或受益人承诺,当债务人(被担保人)未按有关合同偿付债务或履行义务时,由中国进出口银行履行保函所规定的义务。

## 【本章小结】

政策性银行是指那些由政府创立、参股或保证的，不以盈利为目的，专门为贯彻、配合政府社会经济政策或意图，在特定的业务领域内，直接或间接地从事政策性融资活动，充当政府发展经济、促进社会进步、进行宏观经济管理工具的金融机构。政策性银行是具有政策性和金融性特征的政府金融机构，是特殊的金融企业。

与商业性金融机构相比，政策性银行具有鲜明的特征。表现在其资金主要来源于政府、不以盈利为主要经营目的、有确定的业务范围、有特殊的融资原则、有独立的法律依据等方面。

1994年我国先后组建了国家开发银行、中国进出口银行和中国农业发展银行三家政策性银行，专门从事政策性金融业务。其中，国家开发银行现已改造为商业银行。

## 【重要概念】

政策性银行　政策性金融　开发政策性银行　农业政策性银行　进出口政策性银行

## 【思考题】

1. 什么是政策性银行？简述政策性银行的主要特征。
2. 政策性银行的性质是什么？
3. 政策性银行的特殊职能有哪些？
4. 简述政策性银行的主要类型。
5. 我国有哪几家政策性银行？其主要任务分别是什么？

# 第九章

# 非银行金融机构与影子银行

在现实经济生活中，银行并非唯一的金融中介机构。很多非银行金融机构在连接借款人和贷款人过程中都扮演着极其重要的角色，也对整个信贷体系结构的演变和发展起着至关重要的作用。本章我们将主要探讨非银行金融机构的核心构成以及由此衍生的影子信贷体系——影子银行。本章从金融机构视角对影子银行的内涵与外延进行了具体的分析，构建了递进式的影子银行结构体系框架，并在此基础上分析了影子银行的业务模式。最后，本章还基于不同口径对中国式影子银行进行了规模测算。

## 第一节　非银行金融机构

非银行金融机构（Non-Banking Financial Institutions）是指现代各国金融机构体系中，除了中央银行与商业银行之外，不以吸收存款为主要负债，而是以某种特殊方式吸收资金并运用资金，能够提供特色金融服务的金融机构。非银行金融机构与商业银行的区别主要在于开展信用中介业务的模式不同。具体而言，非银行金融中介在资金来源、资金运用及信用扩张机制等方面均与商业银行存在系统性差异。当然，其业务范围所受国家金融法规约束的程度也与商业银行存在一定差异。

近年来，非银行金融机构获得了快速发展，其发展的广度与深度可通过社会融资规模的结构性变化来进行佐证。中央银行公布的数据显示，在近年社会融资总量构成中，本外币贷款占比逐年下降已是大势所趋。自2002年至今，人民币贷款占社会融资规模比例从超过90%，已经降至2019年末的66%。与2018年相比，同比下降3.7个百分点。另外，值得注意的是，自2019年12月起，人民银行进一步完善社会融资规模统计，将"国债"和"地方政府一般债券"纳入社会融资规模统计，与原有的"地方政府专项债券"合并为"政府债券"指标。与商业银行贷款规模的变化相比，信托贷款、小额贷款、融资租赁等多元融资机制在全口径融资规模中的占比越来越得到提升。换言之，非银行金融机构提供的信用中介活动一定程度上缓解了商业银行体系因自身资本约束而导致的金融市场的供需不平衡现象，为实体经济提供了更多的融资路径和资金支持，这一方面降低了实体经济的融资成本，另一方面也推动了金融市场化进程，从而使得非银行金融机构的发展对整个宏观经济运行具有积极影响。然而，任何事物都具有两面性。随着金融创新的发展，商业银行与非银行金融机构之间的业务开始出现更多的交叉，影子银行的出现则更加导致二者的界限日趋模糊。因此，梳理非银行金融机构的概念、业务模式及其与影子银行体系之间的内在联系，对于实现非银行金融机构的有效监管，深入理解中国转型经济背景下影子银行的演变过程、业务模式、测算方法及监管路径，均具有重要参考价值。

本节内容将主要介绍非银行金融机构及其在我国的发展，从而为下节影子银行体系结构与业务模式分析提供概念性支撑。

## 一、保险公司

（一）保险的概念

保险是将损害由少数人的重负担变成多数人的轻负担；是指投保人根据合同约定，向保险人支付保险费，保险人对于合同约定的可能发生的事故因其发生所造成的财产损失承担赔偿保险金责任，或者当被保险人死亡、伤残、疾病或者达到合同约定的年龄、期限时承担给付保险金责任的商业保险行为。保险首先是一种经济补偿制度，它是对特定风险事故或特定事件的发生所导致的损失，进行补偿或给付的经济保险制度。保险还是一种因合同而产生的法律关系。世界上大多数国家均将调整这种保险经济关系的准则用法律形式固定下来，借以巩固这一经济补偿制度。

（二）保险形成的要素

1. 可保风险的存在。风险的存在是构成保险制度的第一要素。可保风险必须具备两个条件：一是其发生与影响必须具有偶然性，二是具有承保的可能性和必要性。

2. 多个经济单位的结合。为了广泛分散风险，需要结合有共同风险顾虑的单位和个人，形成集体的力量来分担损失。

3. 随机事件的科学化。大数法则也叫大数定律，是指个别事件的发生，可能是不规则的，但若集合众多的事件来观察，可以发现随着随机事件的增加，实际结果同所预期的结果在比例上的偏差会越来越小。保险人将大数法则和概率论用于保险经营，可以将个别风险单位遭遇损失的不确定性，变成多数风险单位可以预知的损失，从而使保险费的计算有了比较准确的方法。

（三）保险的职能

保险的职能是由保险的本质决定的，是保险本质的表现。

1. 分散风险。保险的主要特征就是分散风险，分摊损失，起到"千家万户保一家"的互助共济的作用，这是保险区别于其他事业的根本标志。

2. 组织经济补偿。保险人对遭受风险损失的经济单位或个人实行经济补偿，以对抗风险。分散风险和组织经济补偿这两个保险固有的基本职能，是相互联系、相辅相成的。分散风险是经济补偿的前提，经济补偿是分散风险的目的。

3. 融通资本。这是指保险人通过利用聚集起来的保险基金而实现的货币资金融通。现代保险业在管理后备基金的过程中，逐渐发展起运用基金的金融中介职能。

## （四）保险的分类

1. 按保险对象来划分，可分为财产保险、责任保险、保证保险、人身保险；
2. 按实施的形式划分，保险可分为法定保险和自愿保险；
3. 按业务承保的方式分类，保险还可分为原保险、再保险、重复保险、共同保险。

## （五）中国保险的发展

中国人民保险公司是国内第一家专业保险公司，成立于1949年10月20日，并于1959年并入中国人民银行国外业务局，停办国内保险业务。1979年11月19日，中国人民银行在北京召开了全国保险工作会议，停办20多年的国内保险业务开始复业，中国保险学会成立，标志着中国保险事业开始了新的发展。1979年我国保险业务恢复后，中国人民保险公司完全垄断市场。1988年平安保险公司的成立打破了这一格局。同年，交通银行成立保险部（太平洋保险公司前身）。这两家股份制保险公司成立后，迅速把业务拓展到全国范围，同中国人民保险公司展开了竞争。从20世纪90年代开始，股份制的保险公司先后成立，市场竞争主体多元化的态势开始形成。

改革开放40多年来，保险业发展十分迅速。截至2020年6月，根据中国保险行业协会统计的数据，中国保险行业协会共有会员单位331家，其中保险集团（控股）公司13家、财产保险公司86家、人身保险公司89家、再保险公司12家、资产管理公司14家、保险中介机构56家、地方保险协会（含中介协会）44家、保险相关机构17家。以国有商业保险公司为主，多家保险公司竞争的格局已初步形成。

目前，我国保险市场正逐步走向成熟。从产品种类看，保险产品不断趋于多样化，已由20世纪80年代的几十种增加到2015年的数百种。2019年，我国保险业全年为社会提供风险保障额度6470.04万亿元，赔付支出1.29万亿元。同时，2019年我国保险深度（保费收入/GDP）为4.3%，相比2018年的4.22%，提高了0.08个百分点；2019年我国保险密度（保费收入/总人口）为3046.07元，相比2018年的2724元，增加了300多元，增长了11.82%。

## 二、财务公司

### （一）财务公司的概念

财务公司在国外是指一类通过出售商业票据、发行股票或债券以及向商业银行借贷等方式来筹集资金，并用于向购买汽车、家具等大型耐用消费品的消费者或小型企业发放贷款的金融机构。国外的金融公司可分为三种类型：一是销售金融公司，是由一些大型零售商或制造商建立的，旨在以提供消费信贷的方式来促进企业产品销售的公司。二是专门发放小额消费者贷款的消费者金融公司，它的作用是为那些在其他渠道难以获得贷款的消费者提供贷款资金。三是商业金融公司，主要向企业发放以应收账款、存货和设备为担保的抵押贷款，或者以买断企业应收账款的方式为企业提供资金。后者业务的风险较高，因此利润也较高。

在我国，财务公司是"企业集团财务公司"的简称，是一类由大型企业集团内部成员单位出资组建并为各成员单位提供金融服务的非银行金融机构，其宗旨是支持国家重点集团或重点行业的发展。财务公司在办理有关业务的过程中，应严格执行国家金融方针、政策及金融监管部门的有关规定，接受金融监管部门的领导、管理、监督、协调和稽核。财务公司为独立的企业法人，必须实行独立核算、自负盈亏、自主经营、照章纳税。

（二）财务公司的业务范围

财务公司可以经营下列部分或者全部业务：

1. 对成员单位办理财务和融资顾问、信用鉴证及相关的咨询、代理业务；
2. 协助成员单位实现交易款项的收付；
3. 经批准的保险代理业务；
4. 对成员单位提供担保；
5. 办理成员单位之间的委托贷款及委托投资；
6. 对成员单位办理票据承兑与贴现；
7. 办理成员单位之间的内部转账结算及相应的结算、清算方案设计；
8. 吸收成员单位的存款；
9. 对成员单位办理贷款及融资租赁；
10. 从事同业拆借。

若财务公司设立1年以上，且经营状况良好；注册资本金不低于3亿元人民币，可从事成员单位产品消费信贷、买方信贷及融资租赁业务的，注册资本金不低于5亿元人民币；经股东大会同意并经董事会授权，具有比较完善的投资决策机制、风险控制制度、操作规程以及相应的管理信息系统；具有相应的合格的专业人员；符合中国银行保险监督管理委员会规定的其他条件，可以向中国银行保险监督管理委员会申请从事下列业务：

1. 经批准发行财务公司债券；
2. 承销成员单位的企业债券；
3. 对金融机构的股权投资；
4. 有价证券投资；
5. 成员单位产品的消费信贷、买方信贷及融资租赁。

（三）我国财务公司的发展

我国绝大多数财务公司都是先有企业集团，待发展到一定规模后才设立财务公司。2000年《企业集团财务公司管理办法》的出台打开了财务公司在金融市场和资本市场运作的空间。

自1987年第一家企业集团财务公司——东风汽车财务公司成立，到2013年底，国内企业集团财务公司总数超过150家，多数央企已设立财务公司，财务公司成为管理集团资金和运营创新的重要部门。根据银保监会的数据，截至2015年末，企业集团财务公司数量增至224家，截至2018年末，财务公司共有法人机构262家。其中，江西高速集团财务有限公司、新疆金风科技集团财务有限公司、中国电信集团财务有限公司、中国航发集团财务有限公司、特变电工集团财务有限公司、商飞集团财务有限责任公司、国新集团财务有限责任公司、广东温氏集团财务有限公司为 2018 年新设立的 8 家财务公司。可以看到，相较早期行业内财务公司多为国有大中型企业集团设立，近几年，民营企业的设立速度正在加快。而随着民间资本的进入，行业活力进一步增加，所有制结构也更加多样化。截至 2018 年末，全行业机构数量、资产规模、利润总额均平稳增长。2015 年以来，我国财务公司的资产规模由 40726.30 亿元增长至 2018 年的 61495.56 亿元，三年增长了 51%。行业良好的各项指标和稳健的经营风格赢得了市场声誉和监管认可，财务公司已经成为我国金融大家庭中重要的一员。

（四）财务公司运营中的主要风险

自 1997 年对财务公司进行规范经营以来，财务公司的总体经营状况还是比较好的，但仍存在着许多亟待解决的问题，主要有超范围经营、为集团公司进行大量的融资和担保、对原有的投资项目没有按规定进行清理转让、账外管理混乱等一系列问题，其风险包括：

1. 信用风险。信用风险是指运用信用工具从事信用活动时，信用工具的本金与收益遭受损失的可能性程度。信用风险是财务公司最主要的风险。信用风险产生的原因主要有：（1）成员单位主观上存在逃债思想，没有偿还债务的意愿。（2）成员单位将生产经营过程中的各种不确定性风险转嫁给财务公司，这些风险包括自然风险、社会风险、经营风险等。也就是说，成员单位经营活动本身及所处环境有很大的风险性，从而决定了财务公司信用活动也带有很大的风险性。（3）企业集团的不当干预带来的信用风险。企业集团对财务公司的干预过重，实际工作中的许多贷款是根据企业集团总裁办公会或电话通知发放的。财务公司在既不了解市场、又未进行细致的贷前调查的前提下，就将贷款放出，一旦市场走向与企业集团的预测相背离，财务公司的贷款就可能出现风险。（4）信用担保不当所带来的信用风险。总之，财务公司的信用风险是与成员单位经营风险密切相连的，成员单位所面临的经营风险对财务公司的信用构成极大的威胁。

2. 资本风险。资本风险是指由于资本规模过小，不足以弥补一定时期的经营亏损，从而影响正常营运的可能性。财务公司的法定资本金，一般由企业集团拨付，或成员单位入股，是财务公司扩张经营、弥补亏损、抵御经营风险的基本保障。一些企业集团并不注重财务公司本身的盈利能力，财务公司的独立法人地位没有得到明确和应有的尊重，仅把财务公司当成对外融资的窗口。不管成本多高，只要能融入到资金就行，致使有的财务公司处于无利或微利的境地，当其自身拥有的资本金被抽减、抽空，又无增补资本金来源时，风险应运而生。

3. 流动性风险。流动性风险是指由于资金周转不灵无法及时支付到期债务的可能性。这主要是由于财务公司的资产、负债在期限结构上不匹配而造成的，尤其是短借长贷的资产负债结构，发生支付风险的可能性极大。具体来说，首先，财务公司的存款往往是成员单位需要贷款时，才临时存入的，一旦取得贷款，存款则立即被转走，使财务公司存款余额极低，可周转资金数量有限。其次，企业集团为了自身利益，把财务公司作为集团的大出纳和融入资金的中心，似乎只要财务公司能够拆入资金发放贷款支持成员单位就行，客观上助长了财务公司不断向银行、非银行金融机构拆入资金和用拆入资金发放贷款,而无视其暗藏的巨大风险。最后,财务公司吸收的存款、拆入的资金,绝大部分用于集团成员单位的贷款,且多数贷款又不能及时收回,一旦出现资金紧张,极易出现支付危机。财务公司除缴存中央银行用存款准备金外,可用于周转的资金及可变现的资产数量都太少,直接影响了财务公司资产的流动性。

4. 市场风险(也即价格风险)。市场风险是指由于市场利率或汇率发生不利波动,导致财务公司收入减少,或者成本增加、资产贬值的可能性。前文分析中已指出,随着我国利率市场化进程的推进,财务公司的利率风险会越来越显现;而全球经济一体化的大背景,也使得财务公司在经营中必然会遭遇到汇率风险的冲击。

5. 管理风险。管理风险是指因管理不善、经营不力而蒙受损失的可能性。如决策者决策失误给财务公司可能造成的损失,管理人员以权谋私给财务公司带来的损失,以及财务公司内部控制不当、自身人员素质不高致使内部人员和社会不法分子勾结进行诈骗和套取资金的犯罪活动而带来的损失等。

### 三、投资银行

(一)投资银行概念

投资银行是资本市场中最重要的一类中介机构,它产生于欧洲,在西方已有几百年的历史,现代投资银行业最发达的国家是美国。投资银行的名称通用于欧洲大陆与美国等西方国家。在英国被称为商人银行,在日本被称为证券公司。从世界各国的历史来看,投资银行都是由证券公司发展而来的,我国目前的投资银行业还处于初创阶段,其主体是由专业证券公司构成。

当一家公司想要借入(筹集)资金时,它通常会雇用投资银行为其服务,帮助销售它的证券。尽管投资银行也叫作银行,但它并不是一般意义上的银行,也就是说,它不是吸收存款发放贷款的金融中介。

(二)投资银行的业务范围

这里的投资银行,主要指的是中国的证券公司的主要业务范围,虽然与国外真正意义上的投资银行有所区别,但所经营业务差异并不是很大。

1. 证券经纪业务。证券公司从事证券经纪业务,可以委托证券公司以外的人员作为证券经纪人,代理其进行客户招徕、客户服务等活动。证券经纪人应当具有证券从业资格。

2. 证券自营业务。证券公司从事证券自营业务,限于买卖依法公开发行的股票、债券、权证、证券投资基金或者国务院证券监督管理机构认可的其他证券。

3. 证券资产管理业务。证券公司可以依照《证券法》的规定,从事接受客户的委托、使用客户资产进行投资的证券资产管理业务。投资所产生的收益由客户享有,损失由客户承担,证券公司可以按照约定收取管理费用。

证券公司从事证券资产管理业务,应当与客户签订证券资产管理合同,约定投资范围、投资比例、管理期限及管理费用等事项。

证券公司使用多个客户的资产进行集合投资,或者使用客户资产专项投资于特定目标产品的,应当符合国务院证券监督管理机构的有关规定,并报国务院证券监督管理机构批准。

4. 融资融券业务。融资融券业务，是指在证券交易所进行的证券交易中，证券公司向客户出借资金供其买入证券或者出借证券供其卖出，并由客户交存相应担保物的经营活动。

证券公司从事融资融券业务，应当与客户签订融资融券合同，并按照国务院证券监督管理机构的规定，以证券公司的名义在证券登记结算机构开立客户证券担保账户，在指定商业银行开立客户资金担保账户。在以证券公司名义开立的客户证券担保账户和客户资金担保账户内，应当为每一客户单独开立授信账户。

(三) 中国的投资银行业

我国目前的投资银行业主体是由证券公司构成。如果严格从现代投资银行的功能和业务范围来看，在我国除了成立于1995年8月的中国国际金融有限公司以外，目前还没有真正意义上的投资银行。投资银行业务必须是以证券市场的发展壮大为基础。我国从1981年恢复发行国债，到1988年允许国债流通，再到1990年和1991年沪深证券交易所的分别成立，经过一系列探索和试点，才逐渐产生了中国的证券市场，经营传统投资银行业务的证券公司也才应运而生。从1985年1月2日，新中国第一家证券公司——深圳经济特区证券公司开始试办以来，在短短的二十几年内，证券公司从无到有，发展速度可谓惊人。

具体而言，截至2019年12月底，133家证券公司总资产为7.26万亿元，净资产为2.02万亿元，净资本为1.62万亿元，客户交易结算资金余额（含信用交易资金）为1.30万亿元，受托管理资金本金总额为12.29万亿元。同时，133家证券公司2019年度实现营业收入3604.83亿元，各主营业务收入分别为代理买卖证券业务净收入（含席位租赁）787.63亿元、证券承销与保荐业务净收入377.44亿元、财务顾问业务净收入105.21亿元、投资咨询业务净收入37.84亿元、资产管理业务净收入275.16亿元、证券投资收益（含公允价值变动）1221.60亿元、利息净收入463.66亿元，2019年度实现净利润1230.95亿元，120家公司实现盈利。

## 四、信用合作社

(一) 信用合作社的概念

信用合作社是由个人集资联合组成，以互助为主要宗旨的合作金融组织。其基本经营目标是以简便的手续和较低的利率，向社员提供信贷服务，帮助经济力量薄弱的个人解决资金困难。从性质上来讲，合作金融主要优先为合作者提供互助性金融服务。最早的信用合作社创建于德国的农村，目前各国信用合作社的主要种类有农村信用合作社、农牧渔业生产信用合作社、土地信用合作社、城市信用合作社、小工商业者信用合作社、劳动者信用合作社、住宅信用合作社等。这类金融机构一般规模不大，主要资金来源于合作社成员交纳的股金、公积金和吸收的存款。贷款主要用于解决其成员的资金需要，起初主要发放短期生产贷款和消费贷款，后来开始为解决生产设备更新、改造技术等提供中长期贷款，并逐步采取以不动产或有价证券为担保的抵押贷款方式。我国目前主要的两种信用合作社是农村信用合作社和城市信用合作社，但是城市信用合作社是在改革开放以后,为适应大量个体、私营及小集体企业急剧增长的金融服务需求,在城市地区陆续组建的,基本上都是按股份制形式组织起来的,并不具有合作金融组织所应具有的基本特征。

农村信用合作社(简称农信社)是我国当前主要的信用合作社机构,是指由社员入股组成、实行社员民主管理、主要为社员提供金融服务的农村合作金融机构。农村信用社的社员,是指向农村信用社入股的农户以及农村各类具有法人资格的经济组织。社员以其出资额为限承担风险和民事责任。

农信社是独立的企业法人,以其全部资产对农村信用社的债务承担责任,依法享有民事权利,承担民事责任;农村信用社要在提高资金使用流动性、安全性的基础上,努力提高资金使用效益,保持资产负债比例的合理性,实行自主经营、自担风险、自负盈亏、自我约束,努力规避金融风险,依照法规开展金融业务,不断改进金融服务,坚持为农民、农业和农村经济服务的宗旨。

(二)信用合作社的业务范围

目前,农信社可经营以下业务:

1. 存款、贷款、票据贴现、国内结算业务;
2. 办理个人储蓄业务;
3. 代理其他银行的金融业务;
4. 代理收付款项及受托代办保险业务;
5. 买卖政府债券;
6. 代理发行、代理兑付、承销政府债券;
7. 提供保险箱业务;
8. 由县联社统一办理资金融通调剂业务。

(三)我国农村合作信用社的发展现状

新中国成立初至1957年底,全国成立由农民"自愿入股"的农村信用社8.8万多个,绝大部分地区实现了"一乡一社";20世纪70年代,将信用社先交给中国人民银行、后交给中国农业银行管理,实际上走上了"官办"的道路;1984年,以恢复和加强农村信用社组织上的群众性、管理上的民主性、经营上的灵活性为目的,农村信用社在农业银行的领导下开始了以"三性"为主要内容的改革;1996年《国务院关于农村金融体制改革的决定》提出将农村信用社办成农民入股、社员民主管理、主要为入股社员服务的合作金融组织,决定农村信用社与农业银行脱钩,并决定"在城乡一体化程度较高的地区,已经商业化经营的农村信用社,经整顿后可合并组建成农村合作银行";2000年7月,农村信用社改革试点的大幕最先在江苏拉开;2001年11月29日全国第一家农村股份制商业银行张家港市农村商业银行正式成立;2003年4月8日,全国第一家农村合作银行宁波鄞州农村合作银行正式成立。2011年银监会提出5年内全面完成农村信用社股份制改革,进一步提升支农服务水平,不断巩固和发展其农村金融主力军地位。近年来,不少农村信用社改制为农村商业银行,根据银保监会公布的统计数据,截至2019年末,农村商业银行数量已由2018年末的1397家增长至1423家,农村信用社的数量由 2018 年末的 812 家减少至 782 家。另外，截至 2020 年 6 月底，有村镇银行 1622 家、农村合作银行 30 家、农村资金互助社 45 家。

### 五、信托公司

（一）信托的概念、构成要素

信托是指委托人基于对受托人的信任，将其财产权委托给受托人，由受托人按委托人的意愿以自己的名义，为受益人的利益或者特定目的，进行管理或者处分的行为。委托人应是具有完全民事行为能力的自然人、法人或者依法成立的其他组织。受益人是在信托中享有信托受益权的自然人、法人或者依法成立的其他组织。受益人和委托人可以是同一人，也可以不是同一人；受托人可以是受益人，但不得是同一信托的唯一受益人。

信托业务是指信托投资公司以营业和收取报酬为目的，以受托人身份承诺信托和处理信托事务的经营行为。一个典型的信托行为要涉及三方关系人，即委托人、受托人和受益人。

从上述三方关系人的权利和义务来看，信托最突出的特征是对信托财产所有权的分割。信托的实质是将责任和利益分开，承担财产管理责任的人即受托人并不享受利益，而享受财产利益的人却不承担管理责任。信托的这一特征使它特别适合于因时间、精力和能力等因素限制而不能亲自管理财产的人进行理财安排，信托因此也成为现代社会中一种广受欢迎的财产管理制度。

（二）信托公司的业务范围

信托投资公司的主要业务有以下几方面：

1. 受托经营资金信托业务，即委托人将自己合法拥有的资金，委托信托投资公司按照约定的条件和目的，进行管理、运用和处置；

2. 受托经营动产、不动产及其他财产的信托业务，即委托人将自己的动产、不动产以及知识产权等财产、财产权，委托信托投资公司按照约定的条件和目的，进行管理、运用和处置；

3. 受托经营法律、行政法规允许从事的投资基金业务，作为投资基金或者基金管理公司的发起人从事投资基金业务；

4. 经营企业资产的重组、购并及项目融资、公司理财、财务顾问等中介业务；

5. 受托国债、政策性银行债券、企业债券等债券的承销业务；

6. 代保管业务。

此外，信托投资公司也可为设立以下几种类型的公益信托：救济贫困、救助灾民、扶助残疾人、发展教育、科技、文化、艺术、体育事业、发展医疗卫生事业、发展环境保护事业、维护生态环境和发展其他社会公益事业。

（三）我国的信托业发展历程

我国的信托业始于 1919 年一家私营银行——聚兴城银行上海分行设立信托部。1921年，第一家信托公司——上海通易信托公司成立。1931 年以后，官营的信托机构也开始出现，但总的来说，在新中国成立以前，信托业实际开展的信托业务并不多，并且大多是房地产和证券业务,有的还经营储蓄和保险业务。新中国成立以后,随着社会主义改造任务的完成,到1952年底,原有的信托业彻底消失。

1979年10月中国银行成立信托咨询部,中国的信托业开始重新恢复并迅速发展,最高峰时达1000余家。在业务范围上基本不受限制,使得信托公司演变为金融百货公司,而真正的信托业务几乎从未涉及,从而屡屡爆发危机,因此每隔几年就被清理整顿一次。与此同时,信托制度的建设同步进行。历经多年的反复,2001年10月1日,《中华人民共和国信托法》正式施行。2007年,中国银监会颁布实施新的《信托公司管理办法》和《信托公司集合资金信托计划管理办法》(简称"新办法"),明确了信托公司作为财富管理机构的功能定位,为信托业实现彻底改造和科学发展奠定了制度基础。但是信托公司的监管问题依旧层出不穷。中国信托业协会公布的信托公司主要业务数据显示,截至2019年第四季度末,68家信托公司实现利润总额727.05亿元,实现人均利润244.23万元,平均每家实现利润10.69亿元;2019年我国信托业资产总规模达21.6万亿元,较2018年末的22.7万亿元同比下降4.85%。从信托资产的来源看,集合资金信托规模9.9万亿元,占比为45.93%;单一资金信托规模约8万亿元,占比为37.1%;管理财产信托3.67万亿元,占比16.98%。

## 六、融资租赁机构

(一)租赁的基本理论

租赁是一种通过让渡租赁物品的使用价值而实现资金融通的信用形式,与其他信用形式相同,租赁的产生同商品交换的出现直接相联系。随着商品生产和商品交换规模的扩大,商品生产者之间的物的租赁行为是相互的,租赁对象具有完整的实物形态,为一方闲置不用而另一方急需使用的物品,承租人不愿购买或无力购买、以付租为条件短期内使用之。我们将其发展大致分为传统租赁和现代租赁两个阶段。

传统租赁是对现代租赁产生之前的所有租赁形式的统称,也可称为经营租赁,是一种出租人将自己经营的出租设备或用品反复出租的租赁。通常,这种分离(与租赁物的经济寿命相比)是短期的、暂时的。

现代融资租赁始于20世纪50年代,以1952年美国租赁公司的成立为标志,开辟了租赁业的新纪元。现代租赁最突出的特征是融资与融物的结合,因此通常也被称为融资租赁或金融租赁。融资租赁业务是指出租人根据承租人对出卖人、租赁物的选择,向出卖人购买租赁物,提供给承租人使用,承租人支付租金的交易活动。融资租赁企业是指根据商务部有关规定从事融资租赁业务的企业。融资租赁直接服务于实体经济,在促进装备制造业发展、中小企业融资、企业技术升级改造、设备进出口、商品流通等方面具有重要的作用,是推动产融结合、发展实体经济的重要手段。由于其独特的优点,融资租赁业务迅速由美国扩展到欧洲、日本等,包括商业银行、投资银行、养老基金、信托基金在内的各类金融机构为改革传统的信贷方式,保证资金的安全性和获取高回报率,纷纷以各种方式介入融资租赁业,各种类型的租赁公司不断涌现,租赁成为一项新兴产业。从70年代起,随着国际贸易的发展和跨国公司海外投资的扩张及发展中国家吸引外资的需求，融资租赁开始跨越国界。

(二) 租赁的业务范围

按照分类管理、分类颁牌原则，银监会于2014年初修订了《金融租赁公司管理办法》，将金融租赁公司经营范围区分为基本业务和升级业务，其中基本业务主要是指与金融租赁开展融资租赁业务密切相关的业务，主要有：(1) 融资租赁业务；(2) 转让和受让融资租赁资产；(3) 固定收益类证券投资业务；(4) 接受承租人的租赁保证金；(5) 吸收非银行股东3个月（含）以上定期存款；(6) 同业拆借；(7) 向金融机构借款；(8) 境外借款；(9) 租赁物变卖及处理业务；(10) 经济咨询。

### 七、投资基金

(一) 投资基金的概念

投资基金是按照共同投资、共享收益、共担风险的基本原则和股份公司的某些原则，运用信托的机制，以基金方式通过向众多小投资者销售股份来聚集资金，并用于购买证券的金融中介。在美国，它被称为共同基金、互惠基金或投资公司，在英国、日本等国称为投资信托基金，在我国则称为投资基金。

(二) 投资基金的种类

投资基金的内容和种类都十分丰富，主要可以按以下几种划分法划分：

1. 按组织形态的不同划分，可分为公司型投资基金和契约型投资基金。公司型投资基金是依据《公司法》设立的投资基金，是一种由委托人发起组织、以投资为目的的投资公司，发行投资基金股份，由投资者购买投资基金股份、参与共同投资的信托财产形态。欧美国家的投资基金一般为公司型的。契约型投资基金是依据《信托法》《投资信托法》而设立的投资基金，一般由基金管理公司（委托人）、基金保管机构（受托人）和投资者（受益人）三方通过订立信托投资契约而建立起来。亚洲的投资基金一般采用这种形式。

2. 按基金券变现方式的不同来划分，可分为开放型投资基金和封闭型投资基金。开放型投资基金发行的股票或受益凭证的总数是不固定的，可根据基金发展需要追加发行。封闭型投资基金的发行总额有限制，一旦完成发行计划后，就不再追加发行。投资者可将其在证券交易所公开转让，转让价格由市场供求决定。

3. 按投资目标的不同，可分为成长型基金和收入型基金。成长型基金追求资本长期增值并注意为投资者争取一定的收益，其投资对象主要是市场中有较大升值潜力的小公司股票，或是新兴行业的股票。收入型基金注重当期收入最大化和基金券价格增长，投资对象主要是绩优股和利息较高且收入稳定的债券。

(三) 我国投资基金的发展

截至2019年12月底，我国境内共有基金管理公司128家，其中合资公司44家，内资公司84家；取得公募基金管理资格的证券公司或证券公司资产管理子公司共13家，保险资产管理公司2家。公募基金规模147672.51亿元，同比增加17326.01亿元；2019年12月末公募基金产品数量达6544只，同比增加918只。

### 八、养老基金

养老基金是向公众提供另一种保障：退休收入。雇主、工会或者私人可以设立养老金计划，通过计划的参与者缴款来聚集资金。企业和职工个人缴纳的基本养老保险费和国家给予的财政补贴转入社会保险管理机构在银行开设的养老保险基金专户；企业补充养老保险费和个人储蓄性养老保险费，转入社会保险管理机构在银行开设的补充养老保险基金专户，实行专项储存，专款专用。对存入银行的基金按照人民银行规定的同期城乡居民储蓄利率计息，所得利息分别并入基本养老保险基金、补充养老保险基金、个人储蓄性养老保险基金。促使养老基金快速发展的一个重要因素是税收政策，因为雇主为雇员养老金计划支付的款项是所得税扣除项目。此外，税收政策也规定免税条款以鼓励雇员缴纳养老金，并允许自由职业者建立自己的免税养老金计划和个人退休账户。

养老基金可投资于长期证券，大量持有债券、股票和长期抵押贷款。养老基金的主要管理问题在于资产管理：养老基金经理人通过多样化投资，以较低的风险持有高收益的资产。现在养老金计划是股票市场中一股相当强大的力量，是股票市场中占支配地位的参与者。

## 第二节 影子银行

影子银行，又称为影子金融体系或者影子银行系统（Shadow Banking System），是指在金融市场中把银行贷款证券化，通过证券市场获得资金或进行信贷无限扩张的一种融资方式。在中国则表现为银信合作理财、地下钱庄、私募投资、对冲基金等非银行金融机构贷款。这些机构通常从事放款，也接受抵押，是通过杠杆操作持有大量证券、债券和复杂金融工具的金融机构。这种融资方式把传统的银行信贷关系演变为隐藏在证券化中的信贷关系。

在带来金融市场繁荣的同时，影子银行的快速发展和高杠杆操作给整个金融体系带来了巨大的脆弱性，2008年秋，发达国家的银行体系遭受了严重危机，影子银行成为此次国际金融危机的主要推手。正如"影子银行"之名所暗示，该系统源自传统银行体系，且与银行及其背后的国家信用有或多或少的联系，放眼影子所笼罩的灰色地带，有金融创新的前沿，亦有监管不及的风险。影子银行系统正在快速地成长，对金融乃至经济及社会的影响，需要持续加以关注。

### 一、欧美影子银行的概念、内涵及其基本特征

影子银行（Shadow Banking）由美国太平洋投资管理公司执行董事麦卡利于2007年首次提出。其后，金融稳定理事会（FSB）于2011年发布了《影子银行：范围界定》的研究报告，将影子银行定义为"游离于银行监管体系之外、可能引发系统性风险和监管套利等问题的信用中介体系（包括各类相关机构和业务活动）"。可见，影子银行最初的概念核心是强调挤兑风险及对金融监管的"游离"状态。例如，未经保险的商业票据及货币市场基金账户都是影子银行的主要形式，前者不享受存款保险制度及贴现窗口支持，挤兑风险更为突出；后者与存款账户具有类似的功能，但却不受与银行存款账户同

样的监管。在这一初始逻辑下，凡是能够吸纳未获保险的短期资金并能游离于监管体系外进行经营运作的非银行机构与产品（如投资银行、对冲基金、货币市场基金、债券保险商和结构性投资工具）均属于影子银行范畴。

随着金融危机的深化，对影子银行的概念界定逐渐从"监管覆盖论"转向"风险衍生论"，并开始侧重对影子银行产品与业务特征的分析。例如，Pozsar（2010）等将影子银行定义为"通过诸如资产支持商业票据（ABCP）、资产支持证券（ABS）、担保债务契约（CDO）与回购协议（Repos）等证券化方式及担保融资技巧进行融资媒介的机构"[1]。IMF更是直接在影子银行的定义中额外增加了"抵押密集型"（Collateral - intense）这一业务特征的限定。Paul Tucker（2010）将影子银行定义为"向企业、居民和其他金融机构提供流动性、期限配合和杠杆化服务，从而不同程度上替代商业银行核心功能的工具、结构、公司或市场及其组合"[2]。

从上述有关欧美影子银行体系的定义可以发现，欧美影子银行通常具有如下核心特征：

（一）非银行信用中介

影子银行是以金融市场为资金来源（而非银行存款）的非银行信用中介机构与业务，并且，从业务形式上看，影子银行主要依靠批发手段融资，且以机构投资者为主。

（二）以证券化活动为核心，具有较高的杠杆率

影子银行通过资本市场、传统银行信贷等方式获得原始资本，并运用杠杆操作将这些拆入资金投入到具有高杠杆性的投资标的，如证券或金融衍生品，通过扩大资金量的方式试图获得高额回报。根据巴塞尔协议，传统商业银行受到资本充足率8%的限制，因而其杠杆率最高不超过12.5%，但是影子银行因为无须向中央银行缴纳准备金，且缺乏雄厚的资本实力，因而影子银行为追求高额回报所采用的高杠杆操作方式，势必会增大经济体系统性风险。

（三）业务透明度低、外部监管相对缺失

影子银行具有透明度低的特点，主要体现在两个方面：产品设计以及信息披露制度。影子银行产品设计通常较为复杂，杠杆操作、金融工具结构化使用、衍生品反复嵌套等，这些操作使得影子银行产品更为复杂，投资者购买的各种金融产品通常会因为结构性融资产品的大量使用而无法体现原始资产的特征。为了提高影子银行产品的销售规模，追求丰厚利润，厂家通常会淡化基础资产信息，并运用技术手段不断增加产品附加值，在这种情况下，影子银行的透明度不断降低，精确评估影子银行产品风险已非常困难。

从信息披露角度而言，影子银行多采用场外交易方式进行。场外交易方式交易区域分散、交易对象多样化，通常采用自律监管的方式，缺乏严格的信息披露制度。由于影子银行自身的产品特点，某些情况下不得不涉及商业机密，使得影子银行产品的信息披露不完整、不公开，甚至不真实，更加降低了影子银行的透明化程度。

---

[1] Pozsar Zoltan, Adrian Tobias, Ashcraft Adam, and Boesky Hayley. Shadow Banking [R]. Federal Reserve Bank of New York, Staff Report, No. 458, 2010.

[2] Paul Tucker. Shadow Banking, Financing Markets and Financial Stability [J]. BIS Review, 2010.

### (四) 期限错配

影子银行体系中，金融机构主要依赖于金融市场的证券化，通常吸收短期（通常期限在一年之内）类似存款的负债，并通过产品设计将其转化为流动性较差的长期资产。就整个金融体系而言，信用期限结构产生变化，如果市场不稳定因素增加，因长期资产无法立即变现，整个体系便会面临流动性不足的困境，系统风险增加。

## 二、中国影子银行的基本概念

中国影子银行具有其自身的特殊性。首先，我国影子银行的购买主体以零售客户（居民/企业）为主，而非批发（机构）客户。其次，"高杠杆化"并非我国影子银行的主要风险模式。最后，我国金融市场化进程相对缓慢，资产证券化等金融工具创新也滞后于成熟市场，资产证券化的基本形式依然局限于初级的债务工具及证券化产品。

鉴于上述特殊性的存在，我国学者纷纷结合中国经济背景来尝试对我国影子银行进行理论界定。例如：黄益平、常健、杨灵修（2012）从产品特征出发，认为中国影子银行主要包括向公众销售理财产品的信托融资与由金融机构作中介的委托融资。[①] 汪涛和胡志鹏（2012）则以机构（信用中介）与产品类型为依据，定义了三种口径的影子银行：一是统计在人民银行社会融资规模之中的未贴现票据、信托和委托贷款余额；二是口径一加上未被包含在社会融资规模中的信托资产与民间借贷；三是口径二加上非银行持有的企业债。[②] 王浡力和李建军（2013）则以影子银行产品的投资类型及资金来源为依据，将影子银行划分为货币类（回购、货币市场基金、资产证券化、信用衍生品）、产品类（银行、银信、银证合作类理财）、信贷类（资产管理、信托、金融租赁）、民间借贷类（融资担保、小贷、典当、PE、民间网络借贷平台）、互助类（商会、俱乐部）、地下金融类（私人钱庄、合会）。[③] 巴曙松（2012）则从机构与业务特征出发对我国影子银行进行了分口径界定：最窄口径包括银行理财业务和信托资产；较窄口径则增加了财务公司、金融租赁公司、汽车及消费金融公司等非银行金融机构；较宽口径则进一步增加了银行同业业务、委托贷款等表外业务，融资担保公司、小贷及典当等非银行金融机构或业务；最宽口径则包含了民间借贷。[④] 张孝君和钱瑶（2013）认为，只要在国内金融市场上创造信用并且没有向人民银行缴纳存款准备金的机构和业务都属于影子银行范畴，故委托贷款、银信合作等表外业务均属于影子银行。[⑤] 卢川（2012）从机构类型及监管程度出发，认为中国影子银行包括两部分：一是银行业内较少受监管的银信合作业务、委托贷款和非银行金融机构进行的融资业务等；二是不受监管的民间金融，主要

---

[①] 黄益平，常健，杨灵修. 中国的影子银行会成为另一个次债？[J]. 国际经济评论，2012（2）.
[②] 汪涛，胡志鹏. 影子银行的风险 [R]. UBS 全球经济研究报告，2012.
[③] 王浡力，李建军. 中国影子银行的规模、风险评估与监管对策 [J]. 中央财经大学学报，2013（5）.
[④] 巴曙松. 从改善金融结构、促进经济转型角度评估影子银行 [Z]. 工作论文，2012.
[⑤] 张孝君，钱瑶. 我国影子银行发展现状及监管对策研究 [J]. 湖北民族学院学报（哲学社会科学版），2013（4）.

包括地下钱庄、民间借贷及典当行等。① 魏涛等（2013）从功能与监管出发，将影子银行定义为：从事传统商业银行体系外信贷、类信贷业务，通过不同的金融工具完成信用转换、流动性转换、期限转换等活动的信用中介，并进一步划分为银行主导型、传统银行模式的非银行金融机构、缺乏监管的非金融机构等。②

表9-1从几个主要方面给出了中美影子银行的差异对比分析。

表9-1　　　　　　　　　　　中美影子银行差异比较

| 项目 | 中国 | 美国 |
| --- | --- | --- |
| 发展程度 | 在2008年国际金融危机后快速发展，仍处于初级阶段 | 经历过完整的发展周期，已建立起较为成熟的影子银行体系 |
| 体系结构 | 以商业银行为核心，具有"银行中心化"的特征 | 以非银行金融机构为运转核心，主要发生在资本市场上 |
| 银行和非银行机构关系 | 合作关系，非银机构往往作为银行规避监管的途径 | 更多地表现为平行的竞争关系 |
| 产品模式 | 产品结构较简单，以在银行存贷业务之外扩张信贷资产为主要形式，包括银行理财、同业业务等多种活动形式 | 产品和业务结构复杂，通过资产证券化和金融衍生工具创造流动性，包括住房抵押贷款证券化、资产支持商业票据等 |

资料来源：王喆，张明，刘士达. 从"通道"到"同业"——中国影子银行体系的演进历程、潜在风险与发展方向 [J]. 国际经济评论，2017（4）：128-148.

## 三、影子银行与传统银行的差异

影子银行与传统商业银行的区别表现在信用创造方式、流动性支持和监管模式等方面：

第一，信用创造方式。影子银行体系与传统商业银行体系的显著区别是信用创造方式不同。传统商业银行通过吸收存款和发放贷款进行资金筹集和信用创造。与常规银行不同，影子银行依靠资产证券化业务和信用增级进行信用创造。两个体系在信用方式上的区别主要是由金融机构的差异引起的。非银行金融机构是影子银行体系信用中介环节的承担者。在影子银行体系中，储蓄者的资金不存放在银行，而是存放在货币市场共同基金等基金中；借款人并非从储蓄机构获得贷款，而是通过发行各类短期债券和商业票据筹集资金。本质上，影子银行体系和商业银行体系虽执行相似的信用中介功能，但二者的信用创造方式有明显区别。

第二，流动性支持。传统商业银行普遍受中央银行最后贷款人的支持和存款保险制度的保障。影子银行不能像商业银行一样从公共部门获得流动性支持，影子银行由于缺乏保护机制而更加脆弱。2008年国际金融危机后，美联储推出紧急流动性措施，目的就是应对影子银行流动性不足和资本缺乏。

第三，监管方式。传统商业银行普遍受到金融当局的监管和约束。影子银行体系游离于金融监管之外，较少受到公众的监督。影子银行的设立和运行仅需满足最低的要

---

① 卢川. 中国影子银行运行模式研究——基于银信合作视角 [J]. 金融发展评论，2012（1）.
② 魏涛，刘义，杨荣，等. 激辩：中国"影子银行"与金融改革 [J]. 金融发展评论，2013（2）.

求，其具体业务活动，尤其是金融创新工具的二级交易市场，基本不受到监管法规的限制。影子银行的信息披露较少，社会公众对影子银行也无从了解。

### 四、中国影子银行的业务模式及其发展现状

#### （一）信托贷款、委托贷款、未贴现银行承兑汇票

此三者是现有文献中较为常见的影子银行代理变量，也是当前除银行信贷之外企业主要采用的融资模式。其中，信托贷款和委托贷款的存量余额自2006年以来持续攀升，至2018年10月末，委托贷款和信托贷款余额分别为12.71万亿元和7.95万亿元，二者占社会融资总量余额之比也出现上升，升幅较快的为委托贷款，从2006年的0.61%升至2013年末的6.42%，信托贷款也从2006年末的3.89%升至4.02%。除委托贷款和信托贷款外，未贴现银行承兑汇票也承担了一定的影子信贷功能，因为，未贴现银行承兑汇票在实体经济中的作用是结算和支付，在没有贴现之前，银行承兑汇票的融资功能受到很大限制，但仍在短期内因银行信用担保的存在而起到了为企业间提供信用转换的功能。该余额自2009年以来增长迅猛，存量规模由2008年底的1.36万亿元上升至2019年12月底的3.27万亿元，但是占社会融资存量余额之比却从3.29%下降至1.3%，相较于2018年末，占比下降了0.4个百分点；截至2019年12月末，全社会融资规模存量为251.31万亿元，同比增长10.7%。

#### （二）"票据/信贷资产出表业务"与"类资产证券化业务"

信贷资产及已贴现银行承兑汇票均属于银行表内资产，为了降低风险资本占用、规避贷款规模及存贷比约束，商业银行通常以理财产品对接信托计划（或经过桥处理的信托受益权）、券商定向资产管理计划、基金子公司专项资产管理计划来买断信贷/票据资产。通过将表内信贷规模腾挪出表，银行系统变相获取了更高的信贷能力，最终导致其额外提供更多的信用规模。可见，这种以"消规模"为特征的"通道类"合作，是典型的体系内影子银行。

除借助信托贷款、委托贷款及银行承兑汇票进行融资外，企业、政府、小额贷款公司等还可以将自身持有的非标准化资产进行"类资产证券化"操作来实现融资。例如：将应收账款、股权收益权、项目经营收益权等作为基础资产，通过发行"单一资金信托或自益型财产权信托计划"、券商"定向资管计划"或基金子公司"专项资管计划"来实现融资。

**专栏9-1**
**券商定向资产管理计划**

券商定向资产管理业务的快速发展始于2012年10月《证券公司客户资产管理业务管理办法》的发布，该办法将资管产品审批制改为备案制，放宽了券商资管的投资范围、投资限制和产品设计要求。同时，证监会降低了各类业务的风险准备比例，放宽了净资本的计算方法，使得资管业务消耗的净资本减少，进而提升了券商资产管理的规模上限。以"银证信"合作投资银行信贷资产业务为例，券商定向资管的风险资本准备比例为2%（连续3年为A类的公司打4折），而信托

公司从事此类业务的风险资本系数高达10.5%，净资产占用降低使得券商具有明显的通道抢占优势。目前，定向资管作为连接银行理财与各种非标投资的通道，成为银行曲线放贷及资产腾挪的主要载体。截至2019年10月，券商资管规模达10.01万亿元，相比此前高峰时期超18万亿元的规模，目前券商资管的存量接近腰斩。

---

**专栏9-2**
**基金公司特定客户资产管理计划**

2012年9月26日，证监会83号令公布了新修订的《基金管理公司特定客户资产管理业务试点办法》，规定基金管理公司应当设立专门的子公司，通过设立专项资产管理计划开展资产管理服务。专项资管业务的投资范围除现金、银行存款、股票、债券、证券投资基金、中央银行票据、非金融企业债务融资工具、资产支持证券、商品期货及其他金融衍生品外，还包括"未通过证券交易所转让的股权、债权及其他财产权利"。这意味着专项资管与券商定向资管类似，既可作为银行非标资产出表的通道，也可以实现理财产品的表外（信托、委托贷款）放贷，而且，还能开展诸如房地产委托贷款以及小贷资产、融资租赁收益权、股票质押回购等"类资产证券化"业务。

---

（三）"银银"同业合作类影子银行业务

1. "票据卖断+买入返售"。除银信、银证合作模式下，信贷和票据资产"出表类"影子银行外，银行与银行之间也存在通过同业业务"创新"实现的影子银行体系。其中，"票据卖断+买入返售"是2010—2011年银行隐匿信贷规模、膨胀影子体系的主要形式。该业务分为两步：一是将票据卖断给交易对手，实现票据出表；二是通过逆回购买入此前卖出的票据资产。一般情况下，银行在收进票据后，需记入"票据贴现"子科目，从而"进表"。与入表相对应，票据转出的会计处理则包括两种形式：一是卖断，二是卖出回购。区别在于：前者将扣除"票据贴现"科目下的资产占用；后者则只能提供资金融通，而不能减少信贷规模。但是，由于一些农信社在2010—2011年期间仍沿用老的会计记账方式，对于卖断和卖出回购并不做区分，而是一律在"票据贴现"科目下扣除，从而可以腾挪出信贷规模。因此，商业银行向农信社进行的"卖断+买入返售"操作，由于农信社一侧"卖出回购"与"卖断"等价，所以，能够实现商业银行与农信社"双卖断"的效果。

2. 同业代付。2011年初至2012年8月期间，由于监管层对银信合作及违规票据业务实施整肃，同业代付作为新的同业合作模式成为银行腾挪信贷空间的主要工具。应用范围最广的同业代付是信用证代付，其业务模式是：买方在利用国内信用证进行支付结算时，若在信用证付款到期日前存在融资需求，且此时开证行资金紧张，则可由开证行联系另外一家银行代为付款，并在融资到期日再偿还信用证款项及利息费用的融资模式。对开证行而言，开立信用证属表外业务，不计入表内贷款规模，且其风险权重为20%，低于贷款的风险系数，且开证行还可以获得企业在预存的开证保证金及各类手续费。对代付行而言，有开证行的担保，融出资金不计入"贷款"科目，而是计入"拆放同业"这一同业资产科目,在不提升存贷比的同时实现了同业资产的快速扩张。2011年末,上市银行拆放同业规模达1.21万亿元,较2011年6月末增长了150%。其中,业界普遍认为拆放同业资金中至少80%为同业代付。2012年8月,银监会出台《关于规范同业代付业务管理的通知》,要求将之前计入开证行表外的委托代付款项计入"各项贷款"下的"贸易融资"科目。"入表"不仅意味着同业代付将占用委托行贷款规模,同时,由于代付资金的风险资产系数不再为20%,而是扩大至100%,对资本充足率形成制约。此后,同业代付规模逐渐回落。

3. 信托受益权买入返售。信托受益权买入返售业务的主流模式为"三方买返"模式。该模式的业务流程如图9-1所示。

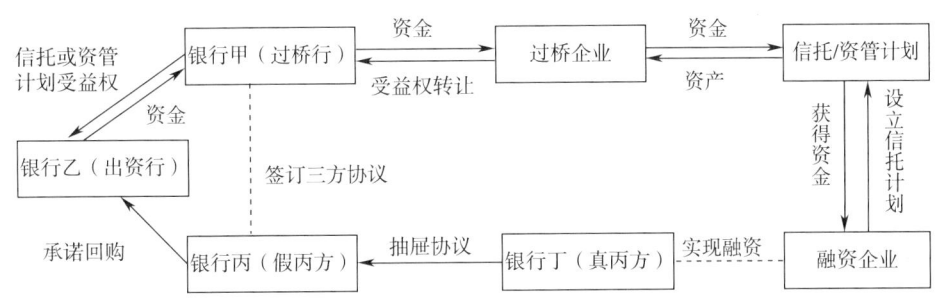

**图 9-1 第三方信托/资管受益权买入返售业务流程图**

图9-1中,银行甲、银行乙与假丙方签订三方买返协议。其中,银行甲则是过桥银行,银行乙受让过桥银行的信托受益权,假丙方通过担保协议向银行乙承诺回购,使得信用风险从银行乙剥离,帮助银行乙将受让的信托受益权计入买入返售科目,减轻风险资本消耗。对于假丙方而言,本应计入卖出回购科目,但由于真丙方通常会向假丙方提供抽屉协议,因此,假丙方可直接将卖出回购资产出表,而并不计入负债,从而导致该项业务只有资产增加,没有负债增加,"轧差"项出现正净值。"三方买返"模式下,真丙方通常与银行乙为同一家银行,是交易的真正主导者。

4. 基建类信托及基础设施债权投资类保险资管业务。伴随"四万亿"刺激计划,地方政府债务压力攀升,除通过标准化债权(地方债)进行融资外,通过非标准化通道、以基础设施项目的收益权或经营权为基础资产的融资案例也逐渐增多。其最初的融资通道是发行信托计划,但自2012年下半年以来,保险投资新政密集出台,保险资金投资渠道大幅扩宽,其中,基础设施债权投资计划、项目资产支持计划以及非上市企业股权投资等成为保险资金投资非标债券的主要通道。保险资金2019年对债权计划和信托计划等非标的配置需求为8000多亿元。虽然债权计划和股权计划的注册总量为255项,规模4636.65亿元,但债权计划的总缴款比率仅约四成,约1900亿元,产品对资金供不应求。

5. 北京金融资产交易所创新融资类影子银行业务。北京金融资产交易所搭建了以金融资产为交易平台的若干融资模式。其中,最为典型的是股权投资及委托债权投资业务。后者是北京金融资产交易所于2011年5月推出的创新融资模式,并于2012年得到了快速发展。据北京金融资产交易所网站统计,2018年北京金融资产交易所总体交易规模达到 6.49 万亿元，同比上年增长 29.77%，再创历史新高，连续四年突破 5 万亿元大关。

## 【本章小结】

本节内容主要介绍了我国非银行金融机构的主要类型及其业务模式，从而为影子银行体系结构与业务模式分析，提供概念性支撑。我国非银行金融机构的主要类型有保险公司、信托公司、投资基金、融资租赁机构、信用合作社、财务公司等，梳理了非银行金融机构的概念、业务模式及其与影子银行体系之间的内在联系，对于实现非银行金融机构的有效监管，深入理解中国转型经济背景下影子银行的演变过程、业务模式、测算方法及监管路径，均具有重要参考价值。

## 【重要概念】

单一资金信托　融资性担保贷款　影子银行　第三方买入返售　同业代付

## 【思考题】

1. 简述非银行金融机构的主要构成。
2. 中国影子银行体系演变的动因及机理与欧美影子银行体系有何差异？
3. 影子银行体系结构如何划分，如何进行其规模测算？
4. 由银行体系派生的影子信贷业务包括哪些类型，规模如何测算？
5. "信托/资管受益权"三方买入返售业务为何会带来同业净资产的扩张？
6. 如何对影子银行进行政策监管？

# 第十章

# 货币市场

货币市场是指融资期限在一年以内的金融交易市场,是金融市场的重要组成部分。货币市场的活动主要是为了保持资金的流动性,以便随时可以获得现实的货币。短期金融工具的存在和发展是货币市场发展的基础。货币市场上的金融工具期限较短,普遍在3~6个月,最短的只有一天,最长也不超过1年。这些短期金融工具期限短,流动性强,风险小,收益也偏低。

## 第一节 货币市场概述

### 一、货币市场的特点

(一)交易期限短

货币市场是期限在1年以内的金融市场,金融资产的偿还期限短的只有1天,长的也不超过1年,其中以3~6个月的居多。

交易期限短是货币市场的最基本特征。由于货币市场资金来源于暂时闲置的资金,资金需求方主要是为了解决短期资金周转的需要,因而货币市场的交易期限不会太长。

(二)流动性强、风险性低

货币市场的流动性主要是指金融工具的变现能力。货币市场的交易品种大多数是银行、政府和工商企业发行的短期证券,例如国库券、大额可转让存单、商业票据等,这些票券以流动性高为特征。并且,货币市场由于期限比较短,价格波动范围较小,因此投资者受损失的可能性较小,获取的收益也较低。

(三)参与者以机构投资者为主

货币市场的交易额既大且频繁,很多交易具有批发资金的性质,市场参与主体以机构为主。机构参与者包括商业银行、中央银行、非银行金融机构、政府和非金融性企业。

商业银行参与货币市场的目的是为了灵活调度头寸,以期达到既不影响经营又不影响信誉的目的。其参与形式主要是短期借贷和买卖短期债券。因为银行是货币资金的经营机构，它们在货币市场上的交易额既大且频繁，是货币市场中的大户。

中央银行参与货币市场，是为了通过公开市场业务的操作实现货币政策目标。其形式主要是买卖短期国债。买卖短期国债是中央银行吞吐基础货币、实现货币政策目标的理想手段。

非银行金融机构（保险公司、证券公司、养老基金和各种投资基金等）参与货币市场的目的是希望货币市场为其提供低风险、高流动性的金融工具，实现投资的最佳组合，它们可以用货币市场的低风险来抵销长期投资的高风险，用货币市场变现快来弥补长期投资变现慢的不足。

政府参与货币市场的主要目的是筹集资金，弥补财政赤字，解决财政收支过程中短期资金不足的困难。

非金融企业参与货币市场，是为了调整流动性资产比重，取得短期投资收益。

### 二、货币市场的分类

货币市场主要由同业拆借市场、回购协议市场、票据市场、国库券市场、大额可转让定期存单市场、短期借贷市场等子市场构成。我们将在后面各节详细介绍这些市场。

### 三、货币市场的功能

作为金融市场的重要组成部分，货币市场一方面满足了资金需求者的短期资金需要，另一方面为资金盈余方提供了利用闲置资金获取盈利的机会。短期金融工具把资金供应者和资金需求者联系起来，并为中央银行实施货币政策提供了操作手段。因此，货币市场对于调控货币和促进经济发展发挥着重要的作用。

（一）融通短期资金，提高资金使用效益

货币市场的存在，首先提供了资金供给者和资金需求者接触的机会，便利了金融交易，降低了资金需求者的融资成本，提高了资金使用效益。其次，货币市场为筹资人和投资人开辟了更广阔的融资途径，投资者可以选择合适的投资工具，而筹资者也可以选择适当的筹资方式。最后，货币市场金融工具较多，有利于加速资金周转，节约资金，使较少的资金满足较多的生产需要。

（二）显示资金供求状况，实施宏观金融调控

中央银行是货币市场的主要参与者。中央银行参与货币市场的目的并非盈利，而是通过进行公开市场交易，实现货币政策目标，通过调节货币数量和利率水平，实现宏观经济调控的目的。货币市场具有交易频繁和交易量大的特点，中央银行可以通过监控货币市场，了解资金供求状况，再通过买卖短期国债等公开市场业务操作，调节基础货币，达到货币政策的目标。

## 第二节 同业拆借市场

金融机构同业拆借市场是指各类金融机构之间以货币借贷方式进行短期资金融通活

动的市场。资金不足者从资金多余者借入款项,称为拆借;资金多余者向资金不足者拆出款项,称为拆放。

## 一、同业拆借市场的形成及交易方式

同业拆借市场起源于美国,是伴随着存款准备金制度产生的。为了控制货币流通量和银行的信用扩张,1913年美国颁布法律规定,所有接受存款的商业银行都必须按存款余额计提一定比例的存款准备金。实际提取的准备金若低于应提取数额的2%,必须按当时的贴现率加2%的利率交付罚息。由于资金清算活动以及日常收付数额的变化,银行难免出现准备金不足或准备金多余的情况。这样,在存款准备金多余的银行和不足的银行之间,客观上就存在互相调剂的要求。同业拆借市场便应运而生。1921年,在美国纽约形成了以调剂联邦储备银行会员银行的准备金头寸为内容的联邦基金市场,即美国同业拆借市场。

在拆借市场上进行拆借活动的方式比较多,主要包括买卖中央银行存款账户余额、同业借贷、票据交换所日拆和经纪人贷款,金融机构根据资金需求的具体情况选择合适的拆借方式。

(一)买卖中央银行存款账户余额

各国一般都实行存款准备金制度,商业银行吸收存款后不能全部运用出去,要留存一部分准备金以备存款人取款,中央银行出现之后,存款准备金集中于中央银行收存。中央银行要求商业银行缴存存款准备金的比率,称为法定存款准备率,相应地按这一比率缴存的存款准备金称为法定存款准备金。由于各银行存款余额的变动,以及中央银行的法定存款准备率的调整。各个银行在中央银行准备金账户的余额每天都可能发生多余或不足,这种多余或不足必须及时进行调整,准备金存款不足的银行必须补足,否则要受到中央银行处分,而准备金存款多余的银行,则应尽量把多余的资金运用出去,以获取更多的盈利。这样,各银行之间相互拆借,解决存款准备金的多余或不足,就很有必要。于是,在中央银行准备金账户的余额就成了各商业银行之间相互融通短期资金的对象。以美国为例,各商业银行均以存在联邦储备银行的准备金账户的资金为借贷的工具,称为买卖联邦基金。中央银行准备金账户资金的借入或贷出,导致了现有储备的更多运用,使各银行不必在中央银行存入过多的款项,影响其资金运用。从银行系统看,相同的存款能够支持较大的信贷量。此外,对借入行来说,借多少就能用多少,不用再次缴纳存款准备金。

(二)同业借贷

同业借贷市场是金融业内各金融机构之间买卖短期资金的市场。与买卖中央银行存款账户余额相比较,同业借贷期限更长,而且买卖对象也不再局限于中央银行的准备金账户余额。

20世纪60年代以前,美国的同业拆借市场——联邦基金只局限于联邦会员银行之间的交易,而且交易对象也仅限于准备金余额。之后,联储逐步放宽了政策,除联储的会员银行之外,非会员银行、互助储蓄银行、储蓄协会、外国银行分行、证券商和联邦政府机构也都成为联邦基金市场的参与者。联邦基金通常的拆借金额都在100万美元以上，很少有低于50万美元的，成为各金融机构之间进行大规模短期资金融通的批发市场。由于拆借市场规模大，拆借利率对市场资金供求状况反应灵敏，同业拆借利率就成为货币市场的基准利率，也相应成为中央银行进行货币政策的重要指标。

### （三）票据交换所日拆

票据交换所是同一城市各银行间因办理单位转账结算、资金划拨而相互代收、代付票据集中进行票据交换及资金清算的场所。参加票据交换的各银行，均需在票据交换所开立为进行票据交换而设立的存款账户。各银行在每天的营业中，为客户代收的款项和代付的款项，均以转账支票形式，在一天营业终了后，派人在票据交换所就地交换，将应收款项的票据交给付款行，将应付款项的票据从其他有关行收进来，计算总额，相互轧差抵销，结出本行是付出还是收进的数额，在交换所的存款账户上支出或收进。这样，票据交换所就将因经济往来形成的客户间的债权债务关系变成银行间的债权债务关系，通过票据交换，相互轧抵，予以结清。

在票据交换中，由于各银行每天都有收入和支出，而且数字不等，每天在票据交换时，都会发生在票据交换所存款账户上的资金不足或者多余。如果各银行在交换所存款账户多存入资金，虽可避免发生交换时资金短缺的现象，但这会影响自己的资金运用，因而各行在交换所存款账户上款项不会太多，能够基本满足需要即可，这就不可避免地会出现有时头寸不足的情况。然而，每日票据交换结束，必须将该付的款项付出，该收的收进。该付的付不出去，就会占用别家银行的资金，使对方在经济上受到损失，对方是不会同意的，于是相互拆借就是解决这个矛盾的最好方法。票据交换所在交换结束时，一般通过电子显示器，把本场交换的结果和各行资金多余或不足的金额显示在墙壁的专门牌板上，当下各行就可以相互交易，头寸不足的银行看显示板上哪家银行头寸多余，向之拆借，并订立拆借合同，办理手续。这种资金的拆借，时间很短，往往只需一天，第二天票据交换时就可能收进，偿还借款。所以称为隔夜拆款。

### （四）经纪人贷款

银行对证券经纪商和自营商以其所持证券为质物的贷款，称为经纪人贷款。在证券市场上，投资者采用信用交易方式购买证券时并不需要有全部的资金，在他认为股票、债券价格看涨时，为了获得更高的利润，他就会采用信用交易方式购买证券。一般客户购买股票、债券需要通过证券经纪人的代理，在信用交易方式中，证券经纪人接受客户委托时，不仅要为其代购股票、债券，也要为其作短期垫款。这种方式购买的证券，投资者是不能拿走的，需要作为质物由经纪人占有。这就是说，经纪人给投资者提供了以证券作质押的贷款。由于经纪人自有资金有限，为了扩大业务，便以客户提供的股票、债券质押，向银行取得借款，这就是经纪人贷款。在这里，经纪人为了对自己的债务提供担保而将质物再转移占有给了银行，从而在该质物上设定了新的质权，此种情况称为转质。经纪人为投资者垫款的安全性大小，在于保证金比率的高低。如购买股票100元，投资者自有资金40元，自有资金占40%，这叫保证金比率。保证金比率高，垫款比率低，垫款风险小；相反，保证金比率低，垫款比率高，垫款的风险大。为控制证券市场的活跃程度,保证金比率由中央银行决定,是中央银行选择性的货币政策工具。

银行为了保证这种贷款的安全,不是有多少市值的证券就给贷多少款,而是只贷给证券市值的一部分,这就是质押率。

经纪人贷款的意义,首先在于为银行资产的流动性提供了一个重要途径,有利于银行的盈利。其次是它成为货币市场与资本市场两个"蓄水池"之间的通道。因为,中央银行为了调节股票市场,会通过调整保证金比率控制流入股票市场的资金。比如在股票市场价格水平过低、交易低迷时,中央银行就将保证金比率降低,投资者能用较少的自有资金购买更多的股票,提高了购买股票的积极性,经纪人给投资者的垫款增多,经纪人贷款随之增加。反之,在银行信用过度流入证券市场,有促使股价暴涨的可能时,中央银行就将保证金比率提高,投资者购买股票需要花更多的自有资金,投资热情下降,经纪人给投资者的垫款减少,经纪人贷款随之减少。中央银行通过对信用交易保证金比率进行调整,控制两个"蓄水池"之间水管的开关,进而调整两个"蓄水池"的水量。质押率是中央银行宏观调控中的很有效的选择性管理工具之一。

### 二、同业拆借市场的运作

(一) 同业拆借市场的主体

同业拆借市场的参与主体是以银行为核心的各类银行机构和非银行性金融机构。

同业拆借市场的主要参与者首推商业银行。商业银行既是主要的资金供应者,又是主要的资金需求者。由于同业拆借市场期限较短,风险较小,许多银行都把短期闲置资金投放于该市场,以及时调整资产负债结构,保持资产的流动性。特别是那些市场份额有限、承受经营风险能力脆弱的中小银行,更是把同业拆借市场作为短期资金运用的经常性场所,力图通过该市场提高资产质量,降低经营风险,增加利息收入。

非银行金融机构也是金融市场上的重要参与者。非银行金融机构如证券商、互助储蓄银行、储蓄贷款协会等参与同业拆借市场的资金拆借,大多以贷款人身份出现在该市场上,但也有需要资金的时候,如证券商的短期拆入。此外,外国银行的代理机构分支机构也是同业拆借市场的参与者之一。市场参与者的多样化,使同业拆借市场走出了过去仅仅是商业银行重新分配准备金的圈子,它的功能范围有了进一步的扩大,并促进了各种金融机构之间的密切联系。

(二) 同业拆借市场的媒体

同业拆借市场中的交易既可以直接交易,也可以借助中介媒体。中介媒体是指为资金拆入者和资金拆出者之间媒介交易以赚取手续费的经纪商。同业拆借市场的中介媒体可以分为两类:一类是专门从事拆借市场及其他货币市场子市场中介业务的专业经纪商,如日本的短资公司就属这种类型。另一类是非专门从事拆借市场中介业务的兼营经纪商,大多由商业银行承担。这些大中型商业银行不仅充当经纪商,其本身也参与该市场的交易。

(三) 同业拆借市场的拆借期限

同业拆借市场融通资金的期限都比较短,最短者只有数小时或隔夜,一般是一天、两天、一星期、十天不等,少数同业拆借交易的期限接近或达到了一年。在我国,最长为不超过四个月。由于拆借目的不同,拆借期限也存在明显的差异。用于轧平头寸、补足存款准备金和票据清算资金的头寸拆借,一般期限为一天,也有两天、一星期、十天的;而用于调剂临时性、季节性资金融通的同业借贷,期限则相对较长一些。

### (四) 同业拆借市场的拆借利率

同业拆借市场的拆借利率又叫拆息,可以由拆借双方直接议定,也可借助中介人,通过市场公开竞价确定。影响同业拆借利率的因素很多,包括市场资金的供求状况、货币市场其他金融工具的收益率水平、拆借期限、拆入方资信等。在国际市场上,比较典型的、有代表性的同业拆借利率有三种,即伦敦银行同业拆借利率(Libor)、新加坡银行同业拆借利率(Sibor)和香港银行同业拆借利率(Hibor)。

国际间的大型银行之间大额资金拆借的拆借利率,往往以伦敦银行同业拆借利率为基础,在此基础上根据拆借对象的资信状况和拆借时间确定拆借利率的浮动幅度。一般而言,同业拆借利率决定了银行获得资金的基本成本,因此被看作整个金融市场的基准利率。同业拆借利率的变化将直接影响其他有关利率的变化和金融工具的收益率与价格。理论上,市场利率与同业拆借利率呈同方向变动,因此同业拆借利率与债券的收益率和股票的价格反向相关。

### 专栏 10-1
#### 中国的同业拆借市场

中国的同业拆借市场产生于20世纪80年代。1984年10月,中国人民银行颁发《信贷资金管理办法》,明确允许银行之间相互拆借资金,初步改变了全由上级纵向调拨信贷资金的局面。

1990年5月8日,中国人民银行又下发了《同业拆借管理试行办法》,第一次用专门的行政规章形式对同业拆借市场管理作了比较系统的规定,使得拆借市场有了一定的规范和发展。1994年2月15日颁布的《借贷资金管理暂行办法》对拆借种类、数量、期限、用途及交易主体都进行了更严格规定。到1994年,中国同业拆借交易量就达到了5000亿元左右,而1995年则突破了1万亿元。

1996年1月,人民银行发布了全国统一的同业拆借利率——中国银行间同业拆借利率(Chibor)。它是指银行间同业拆借市场最终成交的拆借交易利率的加权平均。

2007年1月,中国人民银行进一步推出上海银行间同业拆放利率(Shibor)。Shibor是由银行间同业市场上主要做市商成员(共计18家银行)每日提供的报价决定的。每个交易日根据18家报价银行的各自报价,剔除最高、最低各4家报价,对其余报价进行算术平均计算后,得出每一期限品种的Shibor。目前Shibor已经取代Chibor成为中国货币市场最为主要的参考利率。

截至2020年6月19日,我国银行间拆借市场共有成员2233家。2019年累计成交1516373.69亿元,拆借的期限逐渐趋向于短期化,成交主要集中在隔夜和7天两个短期品种上,成交量分别约为1386202.63亿元和100602.76亿元,占比分别为91.42%和6.63%。

## 第三节 回购协议市场

所谓回购协议，指的是在出售证券的同时，和证券的购买商签订协议，约定在一定期限后按原定价格或约定价格购回所卖证券，从而获取即时可用资金的一种交易行为。回购协议实际上是一种有抵押品的短期借款。回购协议的卖方将一定量的金融资产如国库券卖给资金借出者，同时取得货币；再按照约定的时间和条件，卖方按约定价格将该笔金融资产如数购回，相当于归还贷款。而回购协议市场，是指通过回购协议进行短期资金融通交易的场所。

### 一、回购交易的种类

1. 按照交易流程的不同，回购交易可以分为正回购和逆回购两种。卖方主动售出债券，并约定回购所卖的证券为正回购。与之相对应，从资金供应者的角度出发相对于正回购协议而言，还有一种逆回购协议。在逆回购协议中，买入证券的一方同意按约定期限以约定价格出售其所买入证券。从资金供应者的角度看，逆回购协议是回购协议的逆进行。

2. 按照流动性的不同，回购交易可以分为质押式回购和买断式回购两种。质押式回购是交易双方以对债券的权利作质押所进行的短期资金融通。由于权利的质押使债券在质押期内处于冻结状态，债券的融入方无法再将债券进行流通，因而限定了债券的流动性。

买断式回购是资金融入方以出售债券现券的方式，向资金融出方融入资金。在买断式回购中，债券的所有权发生了实质性转移，这使融券方在回购期内拥有了债券的所有权并可进行买卖处置。当融券方预测债券价格下降时可将融入的债券卖出，在回购到期时再以低价买回，以从中获利。因此，买断式回购的推出是一种创新，解决了质押式回购对债券流动性的封闭问题。

### 二、回购协议市场的利率

回购协议市场的利率与同业拆借利率紧密相关，但是回购协议媒介的短期资金信贷风险较低，因此其利率一般低于同期限的非回购协议方式的同业拆借利率。在回购市场上，利率的确定取决于多种因素，这些因素主要有：(1) 用于回购的证券的质地。证券的信用度越高，流动性越强，回购利率就越低，否则，利率就会相对来说高一些。(2) 回购期限的长短。一般来说，期限越长，由于不确定因素越多，因而利率也应高一些。(3) 交割的条件。如果采用实物交割的方式，回购利率就会较低，如果采用其他交割方式，则利率就会相对高一些。(4) 货币市场其他子市场的利率水平。回购协议的利率水平不可能脱离货币市场其他子市场的利率水平而单独决定，否则该市场将失去其吸引力。

回购协议中的利息计算公式为

$$I = PP \times RR \times T/360$$
$$RP = PP + I$$

其中，$PP$ 为本金；$RR$ 为双方所达成的回购时应付的利率；$T$ 为回购协议的期限；$I$ 为应付利息；$RP$ 为回购价格。

### 三、回购协议市场的运作

回购协议市场的参与者主要是商业银行、非银行金融机构、企业和政府。其中，商业银行是主要的资金需求者，首先，凭借持有大量的政府证券，商业银行可以利用这些证券作为抵押品，以较低的利率获得资金。其次，从回购协议市场获得的资金，可以不受法定存款准备金的限制。回购协议常常被中央银行作为执行货币政策的工具。中央银行通过回购协议的形式同商业银行和证券商进行交易，调节银根的松紧，以贯彻货币政策。

回购协议中证券的交付一般不采用实物交付的方式，特别是在期限较短的回购协议中。但为了防范资金需求者在回购协议期间将证券卖出或与第三方再做回购所带来的风险，一般要求资金需求方将抵押证券交给贷款人的清算银行的保管账户中，或在借款人专用的证券保管账户中以备随时查询。

**专栏 10-2**
**我国的回购协议市场**

我国的国债回购业务始于 1991 年，并于同年 9 月 14 日在全国证券交易自动报价系统的两家会员公司之间，完成了第一笔交易。随后，回购协议市场快速发展，但由于管理滞后，市场上交易的主体、形式、资金用途都很不规范，金融机构的违规经费吸纳和运用情况也很严重。为了有效规范和合理引导银行资金的流向，1997 年 6 月 16 日，银行间的回购交易从交易所退出，正式纳入全国同业拆借市场，从此形成了两个相互平行的债券回购市场。目前，我国的回购协议市场容量较大，回购交易利率的市场性较强。

2019 年，质押式回购和买断式回购共计成交 819.63 万亿元，其中质押式回购累计成交 810.09 万亿元，占比 98.84%；买断式回购累计成交 9.54 万亿元，同比减少 31.87%。

## 第四节 国库券市场

国库券是由中央政府的财政部发行的期限在 1 年以内的短期政府债券，其期限一般为 3 个月、6 个月、9 个月和 12 个月。

同其他货币市场信用工具不同，国库券交易具有四个投资特征：（1）违约风险小。由于国库券是国家的债券，因而它被认为是没有违约风险的。（2）流动性强。国库券是一种在高组织性、高效率和竞争市场上交易的短期信用工具，这决定了国库券具有高度的流通性，即在交易成本较低及价格风险较低的情况下迅速变现。(3) 面额小。国库券的面额远远低于其他货币市场工具的面额。在美国，1970年以前，国库券的最小面额为1000美元。1970年初，国库券的最小面额升至1000~10000美元，目前为10000美元。(4) 收入免税。免税主要是指免除州及地方收入税。

### 一、国库券的发行

国库券的市场发行一般采取拍卖方式。比如，美国财政部3个月和6个月期的国库券每周发行一次，而9个月和12个月的国库券每月发行一次。拍卖有以下两种形式：(1) 竞价方式。采用竞价方式时，投资者报出认购国库券的数量和价格，每个认购者可多次报价，并根据不同的价格决定认购数量。竞价方式多为同市场联系密切的大多数投资者使用，他们认购国库券中的最大部分。(2) 非竞价方式。由投资者报出认购数量，并同意以公认的竞价平均价格购买。采用非竞价方式的多为个人及其他小投资者。非竞价方式认购的国库券数额较少，通常低于总拍卖额的15%。

对于整个国民经济来说，国库券发行市场的一个最重要的功能，是未来市场利率的发现功能。由于国库券的价格是通过投标产生的，因此投标的结果很可能就反映了投标者对于未来市场利率走势的基本看法。在拍卖的情况下，国库券的价格不是由个别人决定的，而是由市场力量决定的。因此，对于公开定期进行国库券拍卖的国家来说，每次拍卖的结果对于市场利率的走势都会产生某些实际的影响。实际上，每一次人们对市场利率的看法出现重大变化时，都会首先通过国库券发行市场的价格变化表现出来。

### 二、国库券的流通

国库券的流通并不一定要在国库券发行完成之后才开始。在很多情况下，当国库券拍卖消息宣布后到拍卖完成之前，市场就已经对被宣布但是尚未拍卖的国库券进行交易。国库券交易穿插在发行的过程中，因此国库券一级、二级市场界限就不再明显了。国库券流通市场的参与者有中央银行、商业银行、证券交易商、企业和个人投资者。

国库券的交易流通渠道有两方面：一是投资人向银行购买；二是投资人向市场证券商人购买。有些银行和证券商人没有国库券时，可以为客户向其他有国库券的银行或商人代买。持有国库券的人要出售自己手中的国库券也可以卖给银行和证券商人。银行和证券商人充当国库券交易的中介人，从中赚取买卖差价或手续费。

由于国库券期限短，信誉好，不交所得税，所以流动性比较高，二级市场活跃。中央银行在二级市场进行国库券的购买和出售，以调节市场货币供应量，这就是其三大政策工具之一的公开市场业务。商业银行买进或卖出国库券，是为了调节自己的资产的流动性，保持自己的偿付力和尽可能盈利，其中保持资产的流动性是其主要目的。而地方政府或个人、企业等投资者一般是为了给暂时闲置的资金寻找出路，在资金闲置期内尽可能盈利。

## 专栏10-3
### 我国的国库券市场

1958年后,由于历史原因,我国终止了国债的发行。而在此之前发行的均为中长期债券,即公债券。改革开放后,我国于1981年恢复了国债的发行,虽然当时及以后很多年都称之为国库券,但实际上是公债券,都是中长期的。直到1994年,财政部才首次发行了半年和一年的短期国库券。至此,真正的国库券在我国出现了。1997年对短期国库券首次实行了贴现发行,并新增了最短期限为3个月的国库券。

还是在1997年,商业银行全部退出上海和深圳交易所的债券市场,在新建立的全国银行间同业拆借市场中进行债券交易。随后,保险公司、基金等机构投资者陆续进入该市场。此后,我国的国债交易市场呈现出"三足鼎立"之势,即全国银行间债券交易市场、深沪证交所国债市场和场外国债市场同时存在。2002年以后,政府不断出台新的措施促进交易主体、交易品种和交易平台的融合和统一。国债市场产品创新和交易机制也在不断完善。2019年我国国债发行4.0万亿元,约占各类债券发行总量的8.83%。我国2009年到2019年国债发行规模走势如图10-1所示。

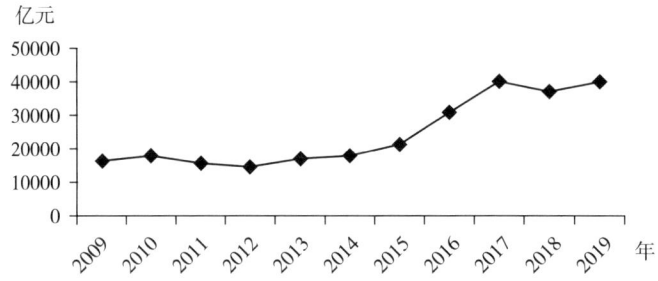

图10-1 2009—2019年我国国债发行规模

(资料来源:中国证监会网站)

## 第五节 大额可转让定期存单市场

大额可转让定期存单(Negotiable Certificates of Deposits, CDs)是由商业银行发行的,可以在市场上转让的存款单据。大额可转让定期存单是20世纪60年代金融环境变革的产物。1961年,美国花旗银行为了逃避美国银行法对活期存款禁止支付利息和对定期存款规定利率上限的规定,在市场利率上涨的情况下,为扭转银行存款来源减少的趋势,发行了第一张大额可转让定期存单。

## 一、大额可转让定期存单的特点

同传统的定期存款相比,大额可转让定期存单具有以下特点:(1) 一般定期存款单是记名存款单,而大额定期存单是不记名的。(2) 一般定期存款单仅能由存款人支取,但是不可以转让,而大额可转让定期存单可以自由转让、买卖,在市场上流通。(3) 一般定期存单的面额不固定,最低存款额也不受限制,而可转让的定期存单面额较大,金额比较固定,在美国最少为 10 万美元,二级市场上的交易单位为 100 万美元。(4) 可转让定期存单的存款期限短,平均在 4 个月左右,最低为 14 天,最高一般在一年以内。

大额可转让定期存单,由于有上述特点,流动性很好,这是普通存款单不能比拟的。虽然名义上是存款凭据,是存款人的债权凭证,实际上,可转让定期存单是银行发行的允许在一定日期按票面金额和约定利率支付本金和利息的金融债券,属于银行的主动负债,是银行负债管理的一种形式。

## 二、大额可转让定期存单的种类

(一) 按照发行者分类

按照发行者的不同,以美国为例,大额可转让定期存单可以分为四类:

1. 国内存单。国内存单是历史最悠久的,也是最重要的。以美国为例,它由美国国内银行发行,存单上注明存款的金额、到期日、利率及利息期限。发行面额 10 万美元以上,二级市场最低交易单位为 100 万美元。国内存单的期限由银行和客户协商确定,常常根据客户的流动性要求灵活安排,期限一般为 30 天到 12 个月,也有超过 12 个月的,流通中未到期的国内存单的平均期限为 3 个月左右。

2. 欧洲美元存单。欧洲美元存单是由美国境外银行(外国银行和美国银行在外的分支机构)发行的以美元为面值的一种可转让定期存单。欧洲美元存单市场的中心在伦敦,但欧洲美元存单的发行范围并不仅限于欧洲。

欧洲美元存单最早出现于 1966 年,它的兴起应归功于美国银行条例,尤其是"Q 条例"对国内货币市场筹资的限制。由于银行可以在欧洲美元市场不受美国银行条例的限制为国内放款筹资,欧洲美元存单数量迅速增加。

3. 扬基存单。扬基存单也叫"美国佬"存单,因为美国历史上也叫做扬基国。扬基存单是外国银行在美国的分支机构发行的一种可转让的定期存单。其发行者主要是西欧和日本等地著名的国际性银行在美的分支机构。扬基存单期限一般较短,大多在 3 个月以内。

早期由于扬基存单发行者资信情况不为投资者了解,只有少数扬基存单由发行者直接出售给同其建立了关系的客户,大多数扬基存单通过经纪商销售。随着外国银行的资信逐渐为美国投资者所熟悉,扬基存单也广为人们所接受,这时发行者直接以零售形式出售扬基存单变得更为普遍。

4. 储蓄机构存单。这是出现较晚的一种存单,它是由一些非银行金融机构(储蓄贷款协会、互助储蓄银行、信用合作社)发行的一种可转让定期存单。其中,储蓄贷款协会是主要的发行者。储蓄机构存单或因法律上的规定，或因实际操作困难而不能流通转让。因此其二级市场规模较小。

（二）按利率分类

按照利率的不同，大额可转让定期存单可以分为两类：

1. 固定利率大额可转让定期存单。固定利率存单的利率在存单整个期限内不发生变化，利息到期支付。其利息计算公式为

$$I = F \times R \times M/360$$

其中，$I$ 为利息；$F$ 为存单面额；$R$ 为利率；$M$ 为存单期限。

固定利率存单的风险主要来自市场利率上升所导致的资本利得下降。固定利率存单的好处是利率计算方便，银行在发行存单时就将存单利率也就是资金成本锁定，防止在市场利率上涨时受到损失。当投资者预期市场利率在未来将下跌时，购买固定利率存单就是一项有利可图的投资。

2. 浮动利率大额可转让定期存单。浮动利率存单的利率是以市场上同期限的市场基准利率为基础，加上一定上浮范围后得出的，在规定的时限内定期调整。伦敦同业拆借利率往往被作为相同期限浮动利率存单的基准利率，上浮范围根据市场资金供应状况、存单期限、发行银行自身的资信状况确定。

浮动利率存单的分段利率计算公式为

$$分段利率 = 同一时期市场基准利率 + 上浮范围$$

浮动利率存单是西方国家为应付 20 世纪 70 年代剧烈的通货膨胀的产物。在通货膨胀加剧的情况下，为了避免投资人的直接损失，保证资金来源，通过将存单的利率与市场利率挂钩的方式来避免资金损失。

这种投资工具较为安全，可以避免利率波动的损失，但是利率计算复杂，不便于转让，因此流动性较差。浮动利率存单的风险主要来自转让时，即由于转让市场狭窄可能受到的损失。

### 三、大额可转让定期存单的发行和流通

大额可转让定期存单的发行有批发和零售两种方式。批发发行就是发行银行发行时把发行总额、利率、期限等予以公布，一次发行一定数额的存款单，任何投资人均可在其发行期内向发行该存单的银行购买。零售发行是指发行银行为适应客户的需要随时发行，发行条件由发行银行与客户协商议定。大额可转让定期存单的发行价格一般都采用平价，即按面值发行。在确定存单利率时，要考虑到存单期限、其他短期金融工具的利率水平、市场利率的变动预期、发行者自身的资信程度以及金融当局有关的限制性规定等多方面的因素。一般情况下，大额可转让定期存单的发行不需通过经纪人和交易商，而是由发行银行直接向大企业和其他客户出售，这样可以降低发行成本，同时降低银行经营状况的透明度。

大额可转让定期存单在二级市场上转让流通一般需要交易商作为中介。转让时，决定价格的因素主要有两个，一是存单的票面利率，二是转让时的市场利率。存单转让

时，若市场利率高于存单票面利率，则转让价格低；反之则高。大额可转让定期存单的流通市场是以机构投资者为主的市场，交易者主要是数量有限的专职交易商。他们的存在保证了存单的自由流动，他们提出的价格也使得发行银行得以确定存单发行的利率基准。商业银行和其他金融机构往往是将大额可转让定期存单作为储备资产，在需要资金的时候，可以通过订立回购协议的方式向中央银行或者其他金融机构取得融资。

### 专栏 10-4
### 我国的大额可转让定期存单市场

我国的大额可转让定期存单始于 1986 年，最初由交通银行发行。1986 年交通银行首先发行了大额可转让定期存单，1987 年中国银行和工商银行相继发行。中国人民银行于 1989 年 5 月下发《大额可转让定期存单管理办法》对市场进行规范。1996 年，人民银行重新修改了《大额可转让定期存单管理办法》，明确规定了大额可转让定期存单的审批、发行面额、发行期限、发行利率和发行方式。其中，对城乡居民个人发行的大额可转让定期存单，面额为 1 万元、2 万元、5 万元；对企业、事业单位发行的大额可转让定期存单，面额为 50 万元、100 万元、500 万元。大额可转让定期存单的期限为 3 个月、6 个月、12 个月。然而，由于没有统一的交易市场，同时由于盗开和伪造银行存单进行诈骗等犯罪活动十分猖獗，中国人民银行于 1997 年暂停审批银行的大额定期存单的发行申请。

2013 年 12 月，中国人民银行推出了同业存单，之后，发行人范围有序扩大，投资参与者逐步增多。截至 2019 年，472 家金融机构已在银行间市场发行同业存单，存单投资主体也已覆盖了商业银行、证券公司、信托公司和财务公司等各类金融机构。2019 年，银行间市场陆续发行同业存单 2.78 万只，累计发行金额 18.0 万亿元。

## 第六节 票据市场

企业是货币市场中最重要的资金需求者，其流动资金的需求除了由商业银行发放短期贷款加以满足外，主要依靠票据市场，因此，商业票据市场是货币市场中参与者最多的市场。票据，即商业票据，是指具有法定票面样式的表明债权和债务关系的有价凭证。狭义的票据指的是本票和汇票两种。

最初的票据交易是在票据的持有者——通常是工商企业，与贴现者——通常是银行等金融机构之间进行的。银行等金融机构贴现票据等于发放贷款。所以理论上，票据市场的业务从本质上看更趋向于"零售业务"。但是随着金融市场的发展，银行用持有的商业票据向中央银行寻求再贴现以及银行等金融机构自身为融通资金而发行的票据的贴现业务在整个票据市场中逐渐占据了重要的位置。票据不仅是企业寻求融资的手段，而且也成了金融机构融资的重要途径。票据的期限通常在 1 年以内，属于贴现式的短期融资工具。

票据市场是包括商业汇票和商业本票两类票据发行和转让的场所。

## 一、商业汇票市场

**(一) 商业汇票的发行**

商业汇票是出票人签发的,委托付款人在指定日期无条件支付票面金额给收款人或者持票人的票据。商业汇票必须经过承兑后才具有法律效力。承兑是指商业汇票出票后,付款人确认票据记明的事项,在票面上作出承诺付款并签字盖章的一种行为。

按照承兑人的不同,商业汇票可分为商业承兑汇票和银行承兑汇票。由企业承兑的商业汇票为商业承兑汇票,由银行承兑的商业汇票为银行承兑汇票。所谓银行承兑,就是商业汇票的出票人在汇票上签章之后,向银行提出承兑申请,由银行在其汇票上签名盖章,承认汇票到期,由承兑银行负责支付。商业承兑汇票和银行承兑汇票相比,银行承兑汇票更具有权威性,在异地商品交易延期付款时,尤其是在国际商业信用活动中,被广泛地采用。银行作为承兑人,使到期付款有了保障,提高了商业汇票的信誉,从而扩大了它的使用和流通范围。

商业汇票发行之后,由收款人收执,在未到期之前,付款人不负责支付。商业汇票到期前可以背书转让,还可以到银行进行贴现。

**(二) 商业汇票的背书转让**

商业汇票流通转让的方式之一,是作为支付手段用于购买商品或者清偿债务。商业汇票只要没到期,就可以多次转让,转让时需要进行背书,背书是以转让票据权利或者将一定的票据权利授予他人行使为目的,在票据背面记载有关事项并签章的票据行为。背书的行为人称为背书人,接受其交付的人称为被背书人。背书是票据转让的一种重要方式,既可作支付手段,也可起担保作用,它赋予了票据的流通属性,因此在票据发展历史中,背书的产生是票据成为流通证券的一个重要标志,是票据发展中一个质的飞跃。此外,由于票据行为具有连带性的特点,票据上多个票据行为人都负有确保票据持票人实现票据权利的责任,因而背书次数越多,背书人越多,票据的担保人也越多,票据可信度就越高,持票人实现票据权利的保障性越强。

**(三) 商业汇票的贴现**

商业汇票流通转让的另一种方式就是到银行去办理贴现。贴现是商业汇票的持有人将未到期的商业汇票转让给银行,银行扣除贴息后将余款支付给持票人的行为。

作为商业汇票的一种流通方式,票据贴现实质上是票据的持有人在票据到期以前,为获得货币资金向银行贴付一定利息所作的票据转让行为,对于持票人来说,可以提前收回垫付于商业信用的资金;对于银行而言,是一种与商业信用相结合的授信业务。

1. 票据贴现金额的计算。贴现金额,也叫票据价格,或贴现付款额,它是商业汇票在贴现时,银行付给贴现申请人的实际金额,是商业汇票票面金额与贴现利息的差额。计算公式如下:

$$贴现利息 = 票面金额 \times 贴现率 \times 贴现天数 / 360$$

$$贴现金额 = 票面金额 - 贴现利息$$

$$或,贴现金额 = 票面金额 \times (1 - 贴现率 \times 贴现天数 / 360)$$

✪ **【例 10-1】** 某企业持有一张半年后到期的一年期汇票,面额为 200000 元,到银行请求贴现,银行确定当时票据的市场贴现率为 5%,则贴现金额为:200000 × (1 - 5% × 180/360) = 195000(元),扣去 5000 元贴现利息,实付 195000 元。

2. 票据贴现的种类。按照贴现关系人和贴现环节的不同,商业汇票贴现可分为贴现、转贴现和再贴现。在贴现中,资金的需求者,将自己手中未到期的银行承兑、商业承兑汇票票据向银行或贴现公司要求变成现款,银行或贴现公司(融资公司)收进这些未到期的票据,按票面金额扣除贴现日至到期日的利息后付给现款,到票据到期时再向承兑人收款。

转贴现是指贴现银行在需要资金时,将已贴现的商业汇票再向同业其他银行办理贴现的票据转让行为。它是银行之间的资金融通,涉及的双方当事人都是银行。转贴现一般是商业银行间相互拆借资金的一种方式。

再贴现又称"重贴现",是指商业银行在需要资金时,将持有的未到期商业汇票再向中央银行贴现的票据转让行为。与贴现和转贴现相比,再贴现是中央银行对商业银行融通短期资金的一种形式,因而更具有宏观经济意义。再贴现是中央银行的一种信用业务,是中央银行为执行货币政策而运用的一种货币政策工具。

3. 票据贴现的意义。票据贴现的经济意义首先在于扩大票据的流动性,使票据的流动更加灵活方便;其次,票据的贴现,可以使投资人按照市场利息率收到合理的利息收入,不影响投资人的资金运用。同时,贴现银行也可在公开市场上随时转让,通过转贴现、再贴现,向其他银行或中央银行融通资金,获得信用支持。这样也就为中央银行调节货币市场提供了有效工具。中央银行通过商业承兑和银行承兑票据的再贴现机制,用调整再贴现利率办法,影响市场利率水平和货币供应量。

## 二、商业本票市场

商业本票又称期票,是指由债务人开具的,承诺自己在见票时无条件支付确定的金额给收款人或持票人的票据。它是债务人对债权人的一种支付承诺,由出票人本人签发并承担付款责任,无须经过承兑,只涉及出票人和受款人两个当事人。

由于本票是一种无担保的短期信用凭证,因此发行是有条件的,只有那些经过评级信用较高的大型企业才可以通过发行本票来筹集资金。一般小企业不为社会所了解,很难发行这种融资证券。

本票发行后,一般较少转让,二级市场很弱。这是因为,大多数直接销售的商业本票偿还期比较短,美国一般在 20~40 天,通过经销商销售的本票偿还通常为 30~45 天,从而造成无须流通转让的客观情况。同时,如果本票发行后投资者感到流动性有压力,发行者便可以提前买回本票,使投资者不需要在市场上另求买主。

本票市场对于发行人来说,可以用低于银行利率的方式筹得资金,并且手续简便,避免了借款的麻烦,而且无须任何抵押,就可发行适当数量的票据,筹资金额比较灵活;同时企业能取得发行本票的资格,发行本票,有助于提高企业信誉,有利于扩张业务。对于投资者来说,购买本票一般没有多大风险,而且随时可以变现,银行可以把本票作为第二准备,在必要时到中央银行申请再贴现,保持本行资产的流动性。

### 专栏 10-5
### 我国的商业票据市场

我国的商业票据市场最早起步于 20 世纪 80 年代初,发展历程较短,是在改革开放后基于社会经济发展的需要,通过研究和借鉴西方的模式建立起来的。

1981 年 2 月,中国人民银行上海市杨浦区和黄浦区办事处(现工商银行上海市杨浦支行和黄浦支行)合作试办了第一笔同城商业承兑汇票的贴现。可以说,它的出现是我国改革开放后货币市场最早的萌芽。1982 年 5 月,中国人民银行决定在重庆、沈阳、河北等地试办票据的承兑和贴现业务,之后又于 1984 年 12 月,颁布了《商业汇票承兑、贴现暂行办法》,决定从 1985 年 4 月 1 日起在全国普遍开办票据业务。

1995 年 5 月,全国人大颁布了《中华人民共和国票据法》,1997 年 6 月国务院通过了《票据管理实施办法》,并出台了相关的规章制度。与此同时,中国人民银行在 1996 年选择了一些票据贴现市场起步较早,基础较好的省、市分行,进行了转贴现和再贴现的试点。至此之后,我国票据市场进入快速发展时期。

在中国人民银行的推动下,以银行承兑汇票为主的商业票据业务发展较快。一是票据业务量稳定增长,签发和贴现商业票据已经成为企业非常重要的融资渠道;二是以经济发达的中心城市为依托的区域性票据市场已经形成了一定的规模,上海、广州、深圳等十个中心城市的票据签发、贴现占全国 1/3 以上,目前仍是票据市场交易最频繁的几个地区;三是部分商业银行在内部设立票据专营机构,如工商银行在上海成立了票据营业部,先后在北京、天津、郑州等地设立了票据分部,带动了票据业务的进一步发展,目前结构已比较健全;四是中国票据网建立,票据市场参与者可以充分利用网络进行交易咨询和沟通。

2019 年,企业累计签发商业汇票 20.4 万亿元,同比上升 11.6%,期末商业汇票未到期金额 12.7 万亿元,同比上升 15.3%。金融机构累计贴现 34.3 万亿元。从行业结构看,企业签发的银行承兑汇票余额仍集中在制造业、批发和零售业。从企业结构看,由中小微企业签发的银行承兑汇票占比 70.2%。票据承兑的持续稳定增长有效加大了对实体经济,特别是对小微企业的融资支持。

## 【本章小结】

货币市场,是指融资期限在一年以内的金融交易市场。货币市场主要由同业拆借市场、回购协议市场、票据市场、国库券市场、大额可转让定期存单市场、短期借贷市场等子市场构成。

同业拆借市场是指各类金融机构之间以货币借贷方式进行短期资金融通活动的市场。货币市场的参与者是以银行为核心的各类银行机构和非银行性金融机构。

回购协议市场,是指通过回购协议进行短期资金融通交易的场所。而回购协议,指的是在出售证券的同时,和证券的购买商签订协议,约定在一定期限后按原定价格或约定价格购回所卖证券,从而获取即时可用资金的一种交易行为。

国库券市场是发行和流通短期政府债券的场所。国库券是由中央政府的财政部发行的期限在 1 年以内的短期政府债券。

大额可转让定期存单是由商业银行发行的，可以在市场上转让的存款单据。它是银行为了逃避利率管制进行创新的产物。

票据这里指商业票据，票据市场是包括商业汇票和商业本票两类票据发行和转让的场所。

**【重要概念】**

货币市场　同业拆借市场　回购协议　大额可转让定期存单　商业汇票　承兑　背书　贴现　转贴现　商业本票

**【思考题】**

1. 货币市场有哪些特点？
2. 简述回购协议利率的决定因素。
3. 简述大额可转让定期存单的特点。

# 第十一章

# 资本市场

资本市场是指融资期限在一年以上的中长期金融市场。按照交易内容的不同,可分为股票市场、债券市场和基金市场;按照市场功能不同,可分为发行市场和流通市场。在资本市场上,资金供应者主要是储蓄银行、保险公司、信托投资公司及各种基金和个人投资者;而资金需求方主要是企业、社会团体、政府机构等。其交易对象主要是中长期信用工具,如股票、债券等。

## 第一节 资本市场概述

### 一、资本市场的特点

与货币市场相比,资本市场特点主要有:

1. 融资期限长。金融工具的交易期限都在一年以上,也可以长达几十年,甚至无到期日。

2. 流动性相对较差。在资本市场上筹集到的资金多用于解决中长期融资需求,故流动性和变现性相对较弱。

3. 风险大而收益较高。由于融资期限较长,发生重大变故的可能性也大,市场价格容易波动,投资者需承受较大风险。同时,作为对风险的报酬,其收益也较高。

### 二、资本市场的分类

资本市场有多种分类方式。按资金融通方式可以分为直接融资市场和间接融资市场;按市场职能可分为发行市场和流通市场。

(一)直接融资市场和间接融资市场

1. 直接融资市场。直接融资市场是资本供给者与资本需求者之间直接融通资金的市场。直接融资是资金供求双方不需要金融中介机构介入的一种资金融通方式。如企业之间的商品延期付款或预付货款,企业之间的直接融资,企业与个人之间的直接融资,企业发行股票、债券直接筹集资金,个人之间的直接融资等。直接融资是以股票、债券为主要金融工具的一种融资,这种融通资金的场所,即为直接融资市场。直接融资能最大可能地吸收社会游资,直接投资于企业生产经营之中,从而弥补了间接融资的不足。

虽然是直接的资金融通,但是,从融资成本以及技术方面考虑,直接融资一般也由金融机构代理,如发行股票、债券就是通过银行或其他金融机构来完成的。

2. 间接融资市场。在间接融资市场上,金融供给者将资金存入银行业金融机构,金融机构再将资金贷放给资金需求者。这种以银行为信用中介的融资场所就是间接融资市场。

直接融资和间接融资具有不同的特点,同时又有紧密的联系。直接融资具有筹资范围广、规模大、可以连续筹资而且具有社会宣传效应等特点,间接融资具有聚少成多、短借长贷、分摊风险、降低信息和交易成本等优点。在现代金融市场上,直接融资市场和间接融资市场两者间相互促进、相互补充,成为金融市场不可或缺的组成部分。

(二) 一级市场和二级市场

1. 一级市场。一级市场又称为发行市场或初级市场,它是将政府、公司、企业等发行主体新发行的公债、公司债券、股票等有价证券转移到投资者手里的市场,是发行主体筹集资金、实现资本职能转化的场所,其主要职能是将社会闲散资金转化为生产建设资金。

2. 二级市场。二级市场又称为交易市场、流通市场和次级市场,是供投资者买卖已发行证券的场所。二级市场主要是通过证券的流通转让来保证证券的流动性,进而保证投资者资产的流动性。

二级市场一般分为证券交易所市场和场外交易市场。证券交易所是最重要的证券交易市场,它为买卖双方提供了一个公开进行交易的场所,使投资者能够自由地把资金投资于证券,或将所持有的证券自由转让,以取得现金或转投资于其他证券。场外交易市场,又被称为"柜台市场"或"店头市场",是分散在各个证券商柜台的市场,无集中交易场所和统一的交易制度。但是,随着信息技术的发展,证券交易的方式逐渐演变为通过网络系统将订单汇集起来,再由电子交易系统处理,场内市场和场外市场的物理界限逐渐模糊。

一级市场主要是发行者与投资者之间的纵向关系,二级市场反映的是投资者与投资者之间的横向关系。一级市场是二级市场的基础,决定着二级市场上流通证券的种类、数量和规模;二级市场则是一级市场存在、发展的保证,维持着投资者资金周转的积极性和流动性,如果有价证券发行以后,不能流通转让,没有二级市场为其流通转让服务,不容易变成现款,那么自然人们就不愿来购买这种证券。可见,两者是互为条件、相互依存、互为补充的整体。

### 三、资本市场的参与者

资本市场的参与者主要包括证券发行人、证券投资人、证券市场中介机构、自律性组织和证券监管机构。

(一) 证券发行人

证券发行人是指为筹措资金而发行债券、股票等证券的发行主体。证券发行人主要包括：(1) 政府。中央政府发行的中长期债券叫公债券，有的国家允许地方政府发行债券，称为地方政府债券。(2) 金融机构。金融机构可以发行金融债券，作为筹集信贷资金的一种方式。(3) 公司企业。一般来说，只有公司企业才能够发行资本证券，如通过发行股票筹集资本金，通过发行公司债券筹集长期资金。(4) 其他。如基金发起人通过发行各种基金券供投资者选择。

（二）证券投资人

证券投资人是指通过买入证券而进行投资的各类机构法人和自然人。相应地，证券投资人可分为机构投资者和个人投资者两大类。

机构投资者主要有金融机构、企业和事业法人及各类基金等。其中参与证券投资的金融机构包括证券经营机构、银行业金融机构、保险经营机构、合格境外机构投资者（简称 QFII）与合格境内机构投资者（简称 QDII）、主权财富基金以及其他金融机构等。企业可以通过股票投资实现对其他企业的控股或参股，也可以将暂时闲置的资金通过自营或委托专业机构进行证券投资以获取收益。基金性质的机构投资者包括证券投资基金、社保基金、企业年金、社会公益基金等。

个人投资者是指从事证券投资的社会自然人，他们是证券市场最广泛的投资者。个人进行证券投资应具备一些基本条件，这些条件包括国家有关法律、法规关于个人投资者投资资格的规定和个人投资者必须具备一定的经济实力。为保护个人投资者利益，对于部分高风险证券产品的投资（如衍生品），监管法规还要求相关个人具有一定的产品知识并签署书面的知情同意书。

（三）证券市场中介机构

证券市场中介机构是指为证券的发行、交易提供服务的各类机构。在证券市场起中介作用的机构是证券公司和证券服务机构，其中后者主要包括证券投资咨询机构、证券登记结算机构、财务顾问机构、资信评级机构、资产评估机构、会计师事务所、律师事务所等。

（四）自律性组织

一般指行业为协调内部相关成员关系而成立的自我约束的"公约性"组织。证券市场的自律性组织主要包括证券交易所和行业协会。在我国，根据《中华人民共和国证券法》（以下简称《证券法》）的规定，证券交易所是为证券集中交易提供场所和设施，组织和监督证券交易，实行自律管理的法人。其主要职责有：提供交易场所与设施；制定交易规则；监管在该交易所上市的证券以及会员交易行为的合规性、合法性，确保市场的公开、公平和公正。

证券业协会是社会团体法人，其权力机构为由全体会员组成的会员大会。根据《证券法》的规定，证券公司应当加入证券业协会。证券业协会应当履行协助证券监督管理机构组织会员执行有关法律，维护会员的合法权益，为会员提供信息服务，制定规则，组织培训和开展业务交流，调解纠纷，就证券业的发展开展研究，监督、检查会员行为及证券监督管理机构赋予的其他职责。

（五）证券监管机构

在我国，证券监管机构是指中国证监会及其派出机构。它的主要职责是：依法制定有关证券市场监督管理的规章、规则，负责监督有关法律法规的执行，负责保护投资者的合法权益，对全国的证券发行、证券交易、中介机构的行为等依法实施全面监管，维持公平而有序的证券市场。

### 四、资本市场的功能

作为现代金融市场的重要组成部分，资本市场的起初意义是融通长期资金。但市场经济发展到今天，资本市场的意义已经远远超过了其原始内涵，而成为社会资源配置和各种经济交易的多层次的市场体系。资本市场的功能可以界定为筹资投资、定价、资本配置和产权四个方面。

（一）筹资投资功能

筹资和投资是资本市场的基本功能。资本市场的融资投资功能是指通过资本市场，资金需求者发行证券可以筹集到所需资金，同时为资金供给者提供了投资对象。在经济运行过程中，既有资金短缺者，又有资金盈余者。为了筹集资金，资金短缺者可以通过发行各种证券来达到筹资的目的，资金盈余者则可以通过购买证券实现投资。作为筹资人，通过直接融资方式可以在资本市场筹集巨额的长期资金。

（二）定价功能

资本市场提供了资本的定价机制。证券的价格是证券市场上证券双方共同作用的结果。证券市场的运行形成了证券需求者和证券供给者的竞争关系，这种竞争的结果是：能产生高投资回报的资本，市场的需求就大，相应地，证券价格就高；反之，证券的价格就低。

（三）资本配置功能

资本市场的资本配置功能是指通过证券价格引导资本的流动从而实现资本的合理配置，实现产业结构的调整。资本市场由于存在强大的评价、选择和监督机制，而投资主体作为理性经济人，始终具有明确的逐利动机，从而促使资金流向高效益部门，表现出资源优化配置的功能。

（四）产权功能

产权功能是资本市场的派生功能，是指资本市场对市场主体的产权约束和充当产权交易中介方面所发挥的功能。企业可以通过发行股票组建股份公司，也可以通过股份转让实现公司的重组，以调整公司的经营结构和治理结构。资本市场通过对企业经营机制的改造，为企业提供资金融通、传递产权交易信息和提供产权中介服务。

## 第二节 股票市场

股票市场按照市场职能可以划分为一级市场和二级市场，二级市场包括证券交易所市场、场外交易市场和具有混合特征的第三市场和第四市场。

### 一、股票的一级市场

一级市场也称为发行市场、初级市场，它是指股份公司向社会增发新股的交易场所，包括公司初创时期发行的股票及公司增资扩股所发行的股票。在这个市场上，是股票从无到有的增创过程，也是股份公司借以筹集资金的过程。一级市场的整个运作过程通常由咨询与准备、认购与销售两个阶段构成。

（一）咨询与准备

这是股票发行的前期准备阶段，发行人（公司）须听取投资银行的咨询意见并对一些主要问题进行决策，这个过程包括：

1. 发行方式的选择。股票发行的方式一般可分为公募发行和私募发行两类。（1）公募发行是指面向市场上大量的非特定的投资者公开发行股票。其优点是，可以扩大股票的发行，筹资潜力大；无须提供特殊优厚的条件，发行者具有较大的经营管理独立性；股票可在二级市场上流通，从而提高发行者的知名度和股票的流动性。其缺点则表现为工作量大，难度也大，需要承销商的协助，发行者必须向证券管理机关办理注册手续，必须在招股说明书中如实公布有关情况以供投资者作出正确决策。（2）私募发行是指只向少数特定的投资者发行股票，其对象主要有个人投资者和机构投资者两类，前者如使用发行公司产品的用户或本公司的职工，后者如大的金融机构或与发行者有密切业务往来关系的公司。私募发行具有节省发行费用、通常不必向证券管理机关办理注册手续、有确定的投资者从而不必担心发行失败等优点。但也有需向投资者提供高于市场平均条件的特殊优厚条件、发行者的经营管理易受干预、股票难以转让等缺点。

对于再发行（增资扩股）的股票可以采取优先认股权方式，也称配股，它给予现有股东以低于市场价格的价格购买新发行的股票，其优点是发行费用低并可维持现有股东在公司的权益比例不变。另一种增发股票的办法是将公积金转成资本金，公积金是公司的积累，属于所有者权益的一种，把它转为资本金，可以增加公司的注册资本，也增加了股东持有的股票数量，对股东来说是无偿取得股票。还有一种增发股票的方式是股票派息，这是一种股票股利的形式，是将公司的未分配利润转为资本金，它在无偿向股东按比例发送红股的同时，也加大了股票的发行。

2. 选定作为承销商的投资银行。公开发行股票一般都通过投资银行来进行，投资银行的这一角色称为承销商。许多公司都与某一特定承销商建立起牢固的关系，承销商为这些公司发行股票而且提供其他必要的金融服务。但在某些场合，公司通过竞争性招标的方式来选择承销商，这种方式有利于降低发行费用，但不利于与承销商建立持久牢固的关系。承销商的作用除了销售股票外，事实上还为股票的信誉作担保，这是公司试图与承销商建立良好关系的基本原因。

当公开发行的数量很大时，常由多家投资银行组成承销辛迪加或承销银团来处理整个发行，其中一家投资银行作为牵头承销商起主导作用。

在私募发行的情况下，发行条件通常由发行公司和投资者直接商定，从而绕过了承销环节。投资银行的中介职能减弱许多，通常是寻找可能的投资者，帮助发行公司准备各项文件，进行尽责调查和制定发行日程表等。

3. 准备招股说明书。招股说明书是公司公开发行股票计划的书面说明，并且是投资者准备购买的依据。招股说明书必须包括财务信息和公司经营历史的陈述、高级管理人员的状况、筹资目的和使用计划、公司内部悬而未决的问题如诉讼等。

在私募发行的情况下，发行公司通常会雇用一家投资银行代理起草一份类似于招股说明书的文件——招股备忘录，两者的区别在于，招股备忘录不包括证券管理机构认为是"实质"的信息，而且不需要送证券管理机构审查。

4. 发行定价。发行定价是一级市场的关键环节。如果定价过高，会使股票的发行数量减少，进而使发行公司不能筹到所需资金，股票承销商也会遭受损失；如果定价过低，则股票承销商的工作容易，但发行公司却会蒙受损失，对于再发行的股票，价格过低还会使老股东受损。发行价格主要有平价、溢价和折价三种。平价发行就是以股票的票面价值作为价格发行；溢价就是按超过票面金额的价格发行；折价发行就是按低于票面金额的价格发行。由于折价发行不能筹集到按票面价值和发行股份相乘所得的金额，也就是实缴资本低于注册资本，违反了资本三原则中的资本维持原则，所以许多国家不允许股份公司以低于股票面额的价格发行股份。平价发行也难达到实缴资本和注册资本的一致，虽然是按票面金额发行，但要扣除一部分发行费用，所以最后实缴资本也会低于注册资本，这一发行方式目前采用的比较少。在三种发行方式中，溢价发行是最常用的方式。溢价发行又可分为时价发行和中间价发行，前者参照该种股票的市场价格来确定；后者则介于时价和平价发行之间，取一个中间价格。

(二) 认购与销售

发行公司着手完成准备工作之后即可按照预定的方案发售股票。对于承销商来说，就是执行承销合同批发认购股票，然后售给投资者。具体方式通常有以下几种：

1. 包销。包销是指承销商以低于发行定价的价格把公司发行的股票全部买进，也就是全部包下来，再转卖给投资者，这样承销商就承担了在销售过程中股票价格下跌的全部风险，包括卖不出去的风险。在这种方式下，承销商所得到的是买卖差价收益，其收益一般要高于代销和助销方式。

在包销发行时，发行公司与承销商正式签订合同，规定承销的期限和到期承销商应支付的款项，如到截止期股票销售任务尚未完成，承销商必须按合同规定如数付清合同确定的价款，若财力不足又不能商请延期，就须向银行借款支付。为了增加潜在投资者的基础以便在较短的时间内把股票销售出去，牵头承销商往往会组织销售集团，这个集团包括承销银团成员和不属于银团的金融机构，其作用相当于零售商。

2. 代销。代销是指在发行期内承销商尽量销售股票，发行期满，没有售出的股票退给发行公司的方式。发行风险由发行公司承担，承销商按销售额赚取佣金，发行费用比较低。

3. 助销。助销也叫余额包销、备用包销，是指在发行期内承销商尽量销售股票，发行期满，没有售出的股票再由承销商包销的方式。承销商赚取佣金和买卖差价。此方式下，发行公司和承销商的风险都降低了，发行公司的股票全部销售出去，没有卖不出去的风险；而承销商虽然最后对没有卖出的部分也要包销，但发行期间比较长，承销商可以有更多的时间推销股票，减少了需要包销的量，如果发行期间全部卖出，就没有最后的包销了。

与公募发行相比，私募条件下的认购和销售则较为简单，它通常是根据认购协议直接出售给投资者，一般也会有投资银行介入，投资银行为安排投资者和提供咨询而得到酬金收入。

## 二、股票的二级市场

二级市场也称交易市场、流通市场、次级市场，是投资者之间买卖已发行股票的场所。这一市场为股票创造流动性，即股票持有者可以迅速卖掉股票换取现款。

二级市场通常可分为有组织的证券交易所和场外交易市场，但也出现了具有混合特征的第三市场和第四市场。

### （一）证券交易所

证券交易所是专门的、有组织的证券市场，是证券买卖集中交易的场所。证券交易所不同于一般的商品市场，它本身并不参与证券买卖，也不决定价格，只是为证券交易提供场所和服务，并兼有管理证券交易的职能。另一点区别在于，其交易员在交易过程中有时是买者，有时是卖者，具有双重身份，而一般商品市场中买卖双方的身份往往是固定不变的。

具体而言：

1. 提供买卖证券的交易席位和有关交易设施。在美国，交易席位可分为四种类型：第一类是佣金经纪人，即经纪公司在交易所场内的代理人，他们接受经纪公司客户的指令并且负责在交易所内执行这些指令，经纪公司依据他们的服务向客户收取佣金。第二类是特种会员，他们身兼经纪人和自营商两个角色。当佣金经纪人无法立即执行客户的买卖委托时，他们就将这些委托转托给负责该证券的特种会员，以便在条件合适时执行，因而特种会员也被称为经纪人的经纪人；同时，当公众不愿要价或出价时，特种会员为了保证市场的连续、有序、公平，就得以自己名义发出要价或出价，由此可能带来的损失通过在资金和税收上享有优势予以补偿，但也受到相应的职业通行准则的约束。特种会员还作为证券交易所指定股票的交易商以维持一个连续的市场。第三类是场内经纪人，通常在交易所内自由行动，当进入市场的指令过多，他们将协助佣金经纪人以防止指令积压。第四类是场内交易者，他们只为自己做交易，是在交易所内寻求获利机会的投机者。

2. 制定有关场内买卖证券的上市、交易、清算、交割、过户等各项规则。上市是赋予某个证券在证券交易所内进行交易的资格，上市股票的发行公司必须向交易所提交申请，经审查满足交易所对股票上市的基本要求，方能在交易所挂牌上市交易。上市股票的交易一般采取公开竞价法，又称双边拍卖法，是买卖双方按价格优先和时间优先的原则进行集中竞价：在不同价位，买方最高申报价格和卖方最低申报价格优先成交；在同一价位，指令先到者优先成交。而在申报竞价时有口头唱报竞价、计算机终端申报竞价、专柜书面竞价和交易牌板竞价等形式。股票买卖成交后，就进入交割过户阶段，交割一般可分为证券商之间的交割和证券商与委托客户的交割，前者在证券交易所的结（清）算部进行，通常采用余额交割制，后者则在成交后完成，至于成交后要相隔多少天交割，各证券交易所有不同的规定，称作 T+0、T+1、T+2 等。对于记名股票，还须办理过户手续以享受股东的各种权益，但目前大多数股票均已实现无纸化交易，过户和交割同时完成。

3. 管理交易所的成员，执行场内交易的各项规则，对违纪现象作出相应的处理等。

4. 编制和公布有关证券交易的资料。

(二) 场外交易市场

场外交易是相对于证券交易所交易而言的，凡是在证券交易所之外的股票交易活动都可称作场外交易。由于这种交易起先主要是在各证券商的柜台上进行的，因而也称为柜台交易 (Over-The-Count，OTC)。

场外交易市场与证券交易所相比，没有固定的集中的场所，而是分散于各地，规模有大有小，由自营商来组织交易。自营商与证券交易所的专营商作用类似，他们自己投入资金买入证券后随时随地将自己的存货卖给客户，维持市场的流动性和连续性，因而也被称作做市商，买卖差价可以看作自营商提供以上服务的价格。但是，自营商又不像交易所的特种会员一样有义务维持市场的稳定，在价格大幅波动的情况下，这些做市商将会停止交易以避免更大的损失。

场外交易市场无法实行公开竞价，其价格是通过商议达成的，一般是由自营商挂出各种证券的买入和卖出两种价格，如果某种证券的交易不活跃，只需一两个自营商作为市场组织者，当交易活动增加，更多的市场组织者会加入竞争，从而降低买卖差价。

场外交易比证券交易所上市所受的管制少，灵活方便，因而为中小型公司和具有发展潜质的新公司提供二级市场，特别是许多新科技型公司，如 Microsoft、Intel 都是在场外市场交易的。但是，场外市场也存在缺乏统一的组织、信息不灵等缺点，为此美国 1939 年建立了全国证券交易商协会 (National Association of Securities Dealers，NASD) 的自我规范组织，授权在证券交易委员会的监督下代表和管理场外交易市场的证券交易商。1971 年该组织开始启用一套电子报价系统，称为全国证券交易商协会自动报价系统，也就是被我们所熟知的纳斯达克 (NASDAQ)，从而改变了以前依靠电话电报行市的做法，对美国场外交易市场的发展起到了革命性作用。如今，该组织于 2007 年 7 月 30 日与纽约证券交易所中有关会员监管、执行和仲裁的部门合并成为美国金融业监管局 (FINRA)。

### 专栏 11-1
### 美国纳斯达克证券市场

纳斯达克是英文缩写"NASDAQ"的音译名，全称国家证券业者自动报价系统协会 (National Association of Securities Dealers Automated Quotations)，由全美证券交易商协会创立并负责管理，是 1971 年在华盛顿建立的全球第一个电子交易市场。建立纳斯达克的初衷在于规范美国大规模的场外交易，所以纳斯达克一直被作为纽约证券交易所 (NYSE) 的辅助和补充。

纳斯达克共有两个板块：全国市场 (National Market) 和 1992 年建立的小型资本市场 (Small

Cap Market)。纳斯达克在成立之初将目标定位在中小企业,但是因为企业的规模随着时代的变化而越来越大,所以现在,纳斯达克分成了一块主板市场和一块中小企业市场。

纳斯达克拥有自己的做市商制度(Market Maker),它们是一些独立的股票交易商,为投资者承担某一只股票的买进和卖出。这一制度安排对于那些市值较低、交易次数较少的股票尤为重要。这些做市商由全美证券交易商协会的会员担任。每一只在纳斯达克上市的股票,至少要有两个以上的做市商为其股票报价;一些规模较大、交易较为活跃的股票的做市商往往能达到 40~45 家。这些做市商包括美林、高盛、所罗门兄弟等世界顶尖级的投资银行。纳斯达克现在越来越试图通过这种做市商制度使上市公司的股票能够在最优的价位成交,同时又保障投资者的利益。

纳斯达克在市场技术方面也有很强的实力,它采用高效的电子交易系统(ECNs),在全世界共装置了 50 万台计算机终端,向世界各个角落的交易商、基金经理和经纪人传送 5000 多种证券的全面报价和最新交易信息。由于采用电脑化交易系统,纳斯达克的管理与运作成本低、效率高,增加了市场的公开性、流动性与有效性。纳斯达克拥有的先进而庞大的电子信息技术,使得纳斯达克成为世界上最大的无形交易市场。

#### (三) 第三市场

第三市场是指已在证券交易所上市的股票的场外交易市场,或者说,是在证券交易所之外经营已上市证券交易的市场。

第三市场最早出现于 20 世纪 60 年代的美国。长期以来,美国的证券交易所都实行固定佣金制,无论一次交易的金额多大,都没有佣金的优惠,导致机构投资者(养老基金、保险公司、投资基金等)和一些个人投资者不愿意在场内进行交易,与此同时,一些非会员券商为了拓展业务,将原本在交易所上市的股票拉到自己的营业处进行交易。非会员证券商,或称柜台证券商,他们不是证券交易所会员,但经批准设立证券营业机构,以买卖未上市证券为主要业务。通过场外市场交易上市股票以降低交易费用。这种形式的交易随着 60 年代机构投资者的比重明显上升以及股票成交额的不断增大获得了迅速的发展,并形成了专门的市场,这就是第三市场。该市场因佣金便宜、手续简单而备受投资者欢迎。

但在 1975 年,美国的证券交易委员会宣布取消固定佣金制,由交易所会员自行决定佣金,而且交易所内部积极改革,采用先进技术,提高服务质量,加快成交速度,从而使第三市场不像以前那样具有吸引力了。

#### (四) 第四市场

第四市场是指大的投资者利用计算机网络直接进行证券交易的市场。第四市场出现的原因与第三市场相同,就是对固定佣金制的抵制。不过,第四市场还有赖于计算机网络技术的发展。有几家私营的自动交易系统,如 Instinet 系统、POSIT 系统、Crossing Network 系统提供投资者愿意买卖证券的最新信息。这样的交易可以最大限度地降低交易费用,它的发展一方面对证券交易所和场外交易市场产生了巨大的竞争压力,从而促使这些市场降低佣金、改进服务;另一方面也对证券市场的管理提出了挑战。

### 三、股票的市场价格

股票的市场价格又称为股票的交易价格、股票的转让价格、股票的行市,是指股票

在流通市场上的实际成交价格。从理论上讲，股票的市场价格为

$$股票的市场价格 = \frac{预期股票收益}{同期市场利率}$$

但实际上，并不能用该公式计算出股票的市场价格，因为股票的市场价格会受到股票供求以及诸多因素的影响。但该公式可以用作理论分析，当公司经营得好，收益高时，股价就会上涨；市场利率下降，投资者不愿意把钱存到银行，更愿意购买股票，就会使股价上涨。

### 四、影响股票价格变动的主要因素

股票的转让价格随着市场供求状况的变化而变化，当市场上的股票供过于求时，股票价格必然下跌；当市场上的股票供不应求时，股票价格必然上涨。影响股票供求关系，从而引起股票价格变动的因素较为复杂，主要有以下方面。

（一）市场利率

市场利率即市场平均收益率，前面的分析中已说明，市场利率是影响股票价格的主要因素，两者之间有密切的关系。另外，从货币市场和资本市场的内在联系分析，当货币市场利率上升时，由于资金流入货币市场，股票投资会减少，于是股票价格下跌；当货币市场利率下降时，流入资本市场资金增多，投资需求增加，股票价格会上涨。

（二）经济增长

一般来讲，经济增长加速，国民收入整体增加，带动投资的增长，从而使股票价格上涨；另一方面，经济持续增长时，社会大众对未来经济预期向好，这也对资本市场的价格走势起到积极作用。

（三）物价水平

物价的变动一般用通货膨胀解释。通货膨胀会导致金融资产价值的下降，实物资产价值上升。由此，资金会流出资本市场，股票供过于求，从而引起股票流通价格的下跌。

（四）中央银行的货币政策

当中央银行放松银根，增加货币供应量时，一方面使用于购买股票的资金增多，需求增加，因而股票价格会上升。另一方面也会使利率下降，投资和消费需求增加，生产和销售增加，企业利润增加，这些因素都会促进股票价格的上涨。反之，当中央银行紧缩银根时，会产生与上相反的效果。

（五）汇率

在一个完全开放的市场环境中，外汇市场与资本市场是连通的，进行投资与投机的资金会在这两个市场上流动，资金流动的方向，主要受利率、汇率的引导。当预期本币贬值，人们会进入外汇市场，将本币换为外币，资金会从资本市场流向外汇市场，资本市场需求减弱，股票价格就会下跌。反之，资金会从外汇市场流入资本市场，引起股票价格的上升。

（六）投机操纵

在股票交易中进行人为的投机操纵，会造成股票行情的较大变动。存在投机操纵的

情况下，某一个时期内某些股票会造成虚假需求，投资者不能正确衡量股票的交易量及交易价格，从而影响股票的正常交易。股价之所以能够被一部分持股人操纵，是因为大部分已发行的股票均在安定的、分散的持股人手中，而在市场流通的股票比例较小的缘故。

除此之外，政治因素、行业因素、公司本身的经营状况、投资者对股票的预期等因素都或多或少地对股票价格产生影响。

### 五、股票价格指数

在证券交易所上市的股票价格几乎每天都在变化。从股票价格行情表上，可以知道单个股票的变化情况。但对整个股市或某一行业的股票来说，由于其中有些股票的价格上涨，有些下跌，要判断整个股市或某一行业股价的涨跌，必须要有反映整体股票价格变动的统计指标，这就是股票价格指数。

股票价格指数是反映股票价格整体变动水平的指标。它通常选择若干种股票为样本，以某一时点为基期，以这一基期的股票价格指数为 100（或为 500，或为 1000），用以后各期的股票价格与之比较，计算出当期的股票价格指数。股票价格指数的单位是"点"。

股票价格指数的编制方法如下。

（一）相对法

先计算各选样股票的个别指数，再求出它们的算术平均，由此求得的指数称为相对指数。

$$股票价格指数 = \frac{1}{N \cdot \sum \left(\frac{P_{1j}}{P_{0j}}\right)} \times 基期指数值$$

其中，$N$ 为选样股票数；$P_{1j}$ 为第 $j$ 种股票的报告期价格；$P_{0j}$ 为第 $j$ 种股票的基期价格。

（二）总和法

先将选样股票基期和计算期股价分别加总，再用计算期与基期相比，求出的指数称为总和指数。

$$股票价格指数 = \frac{1}{N} \cdot \sum \frac{P_{1j}}{P_{0j}} \times 基期指数值$$

利用总和法计算股价指数时，往往要根据股票的重要性加权。这种方法一般是把股票的发行量作为权数（有时则把成交量作为权数）。设基期发行量为 $Q_0$，基期股票价格为 $P_0$，计算期发行量为 $Q_1$，计算期股票价格为 $P_1$。

如果以基期发行量作为权数，则

$$股票价格指数 = \frac{\sum P_1 Q_0}{\sum P_0 Q_0} \times 基期指数值$$

该指数称为拉氏指数。

如果以报告期发行量作为权数，则

$$股票价格指数 = \frac{\sum P_1 Q_1}{\sum P_0 Q_1} \times 基期指数值$$

该指数称为派氏指数。

目前，世界上著名的股票价格指数有：（1）美国的道·琼斯指数；（2）英国的《金融时报》指数；（3）日本的日经指数；（4）中国香港的恒生指数。

通过观察股票价格指数，投资者不仅可以了解股票市场涨跌幅度及变动，还可以通过比较、分析，对股市作出合理的预期和投资选择。股价指数同时还可以提供整个国民经济运行及发展趋势的信息，为政府各宏观经济管理部门提供决策参考。股价指数因此成为衡量一国经济的"晴雨表""温度计"。

## 第三节 债券市场

### 一、债券市场的参与者

债券市场的参与者主要包括两个方面：发行人，即债券的发行者；投资人，即债券的购买者。但是，实际上，为了保证债券这种特殊的标准化的债务工具能够顺利发行，债券市场还需要很多参与者：以投资银行为主要代表的中介机构；债券的保证人，即保证债券还本付息的第三方担保金融机构或另一家实力雄厚的公司，增强债券的信用；债券的签证人，发行债券一般都由一个信托机构或商业银行签证证明，这个信托机构或商业银行即为签证人；以及信用评级机构等。

债券的发行人的范围很广，可以是中央政府和各级地方政府，及其所属机构；可以是金融机构、工商企业和社会团体；可以是本国法人，也可以是外国法人。理论上任何人都可以发行债券，但是考虑到安全性的因素，实际上各国都规定只有达到了某些特定条件的、具有一定的信用能力——还本付息能力的投资者才能在市场上发行债券。

债券的投资人的范围也很广，可以是政府机构和社会团体，也可以是金融机构、工商企业乃至普通人；可以是本国的，也可以是外国的。

### 二、债券的一级市场

债券的发行与股票类似，不同之处主要有发行合同书和债券评级两个方面。同时，由于债券是有期限的，因而其一级市场多了一个偿还环节。

（一）发行合同书

发行合同书也称信托契据，是说明公司债券持有人和发行债券公司双方权益的法律文件，由受托管理人代表债券持有人利益监督合同书中各条款的履行。

债券发行合同书一般很长，其中各种保护限制性条款占很大篇幅。对于有限责任公司来说，一旦资不抵债而发生违约时，债权人的利益会受损害，这些限制性条款就是用来设法保护债权人利益的，它一般可分成否定性条款和肯定性条款。

1. 否定性条款。否定性条款是指不允许或限制股东做某些事情的规定。最一般的限制性条款是有关债券清偿的条款，例如利息的支付和基金的偿还，只要公司不能按期支付利息或偿还基金，债券持有人有权要求公司立即偿还全部债务。

典型的限制性条款包括对追加债务、分红派息、营运资金水平与债务比率、使用固定资产抵押、变卖或购置固定资产、租赁、工资以及投资方向等都可能作出不同程度的限制。这些限制实际上是要对公司相关活动设置某些最高限。

有些债券还包括所谓的"交叉违约"条款，该条款规定，对于有多笔债务的公司，只要对其中一笔违约，则认为公司对全部债务违约。

2. 肯定性条款。肯定性条款是指对公司应该履行某些责任的规定，如要求营运资金、权益资本达到一定水平以上。这些肯定性条款可以理解为对公司设置某些最低限。

无论是肯定性条款还是否定性条款，公司都必须严格遵守，否则可能导致违约。但在违约的情况下，债权人并不总是急于追回全部债务，一般情况下会设法由债券受托管理人找出变通方法，要求公司改善经营管理，迫使公司破产清算一般是债权人的最后手段，因为破产清算对于债权人通常并不是最有利的。

（二）债券评级

债券违约风险的大小与投资者的利益密切相关，也直接影响着发行者的筹资能力和成本。为了较客观地估计不同债券的违约风险，通常需要由中介机构进行评级。但评级是否具有权威性则取决于评级机构。目前最著名的两大评估机构是标准普尔公司和穆迪投资者服务公司。

（三）债券的偿还

债券的偿还一般可分为定期偿还和任意偿还两种方式。前者比较简单，而后者可能分成两种形式：

1. 定期偿还。定期偿还是在经过一定宽限期后，每过半年或1年偿还一定金额的本金，到期时还清余额。这一般适用于发行数量巨大、偿还期限长的债券，但国债和金融债券一般不使用该方法。

定期偿还具体有两种方法，一是以抽签方式确定并按票面价格偿还；二是从二级市场上以市场价格购回债券。为增加债券的信用和吸引力，有的公司还设立偿还基金用于债券的定期偿还。

2. 任意偿还。任意偿还是债券发行一段时间（称为保护期）以后，发行人可以任意偿还债券的一部分或全部，具体操作可根据早赎或以新偿旧条款，也可在二级市场上买回予以注销。

投资银行往往是具体偿还方式的设计者和操作者，在债券偿还的过程中，投资银行有时也为发行者代理本金发还。

### 三、债券的二级市场

债券的二级市场，也被称为流通市场、交易市场、次级市场，是对已经发行了的债券进行交易的市场。债券的二级市场与股票类似，也可分为证券交易所和场外交易市场。证券交易所是债券二级市场的重要组成部分，只适合于一部分发行者的信用资格通过了严格审查的债券，并且必须是公募债券；而场外交易的债券范围则要宽得多，理论上只要交易双方愿意，任何债券，不管信用水平多低、风险多大、公募发行还是私募发行，都可以成为交易对象。

（一）证券交易所

在现代金融体系下，债券进入证券交易所内挂牌交易，必须经过严格审批。因此进入证券交易所交易就意味着债券的安全性和流动性得到了充分的保证，这就要求债券的发行者具有良好的信誉和强大的还本付息能力。因此除国债和交通运输、电信电话等公用企事业债券外，大多数债券很难获准在交易所内上市。

客户在证券交易所内买卖债券，均须委托具有交易所会员资格的证券商进行。在证券交易所内买卖债券的规则与程序类似于股票交易，只是在交易单位、报价升降单位、佣金标准等方面有差异。

（二）场外交易市场

大部分公司债券和政府债券的转让是在场外交易市场进行的。场外交易市场的参加者主要是证券商和投资者。交易可以通过柜台进行面对面的买卖，也可以通过电话、电传、计算机网络系统成交。债券场外交易是分散在各个交易点进行的，交易的价格由买卖双方协商而定。

投资人可以直接在证券经营商的柜台买卖债券，也可委托证券商买卖债券。所以，从证券商的角度看，债券场外交易有自营买卖和代理买卖两种形式。债券的场外交易以自营买卖为主。自营业务的利润是买入价和卖出价之间的差额。

# 第四节 投资基金

投资基金是资本市场的一个新的形态，它本质上是股票、债券及其他证券投资的机构化，不仅有利于克服个人分散投资的种种不足，而且成为个人投资者分散投资风险的最佳选择，从而极大地推动了资本市场的发展。

## 一、投资基金的概念和种类

（一）投资基金的概念

投资基金是指一种由投资者出资，由专业性投资机构管理，并投资于金融市场或其他领域，以获取投资收益的投资制度。投资基金在不同的国家有不同的称谓，在美国称为共同基金或互惠基金，英国称单位信托基金，日本、韩国称证券投资信托基金。虽然投资基金在各国的称谓不同，特点却无本质区别。

投资基金既是一种投资制度，又是一种投资方式。一方面，投资基金管理者通过发行基金券从投资者手中募集资金，组建基金管理公司，由对投资具有专门知识和经验的人，将基金资产投资于各种证券市场或其他领域。投资基金利用多种组合投资方式分散投资风险，而且资金运营受到多方面的监管。另一方面，投资基金的募集对象是社会大众，投资者通过购买基金券进行投资，共同分担风险，并按比例分享投资收益。总之，投资基金是一种集全社会资金由专家理财、专业化管理的投资制度，又是一种共同投资、共同收益的组合投资方式。

投资基金组织包括：（1）基金管理人。是负责基金的具体投资操作和日常管理的机构。我国规定，基金管理人由基金管理公司担任，通常由证券公司、信托公司发起成立，具有独立法人资格。（2）基金托管人。是根据基金运行中"管理与保管分开"的原则对基金管理人进行监督和保管基金资产的机构，是基金持有人权益的代表，通常由有实力的商业银行或信托公司担任。

（二）投资基金的特征

1. 低成本的规模经营。投资基金将小额资金汇集起来，其经营具有规模优势，可以降低交易成本，对于筹资方来说，也可有效降低其发行费用。

2. 低风险的分散投资。投资基金可以将资金分散投资于各种证券或资产上，通过有效组合最大限度地降低非系统风险。

3. 高效率的专家管理。投资基金是由具有专业化知识的人员进行管理，特别是精通投资业务的投资银行的参与，从而能够更好地利用各种金融工具，抓住各个市场的投资机会，创造更好的收益。

4. 服务专业化。投资基金从发行、收益分配、交易、赎回都有专门的机构负责，特别是可以将收益自动转化为再投资，使整个投资过程轻松、简便。

（三）投资基金的种类

投资基金的种类，根据不同的标准，有不同的分类：

1. 根据组织形式可分为公司型投资基金和契约型投资基金。公司型投资基金是指设立专门的股份有限公司发行股票，向一般投资者吸收资金从事各种证券投资，购买公司股份的投资者成为公司的股东，凭其持有的股份依法享有投资收益。

契约型投资基金是基于一定的信托契约原理组织起来的委托投资行为，是指把投资者、管理人、托管人三者作为基金的当事人，通过签订基金契约的形式发行收益凭证而设立的一种基金。

二者的区别主要表现在：首先，立法基础不同。公司型投资基金依照《公司法》组建，依据公司章程经营；而契约型投资基金按照《信托法》组织，依据基金契约条款经营。其次，法人资格不同。公司型投资基金具有法人资格；而契约型投资基金不具备法人资格。再次，资本结构不同。公司型投资基金除向投资者发行普通股以外，还可以发行公司债和优先股；而契约型投资基金面向投资者只发行收益凭证。最后，投资者地位不同。公司型投资基金的投资者作为股东，可参与基金的经营管理，而契约型投资基金的投资者只是单纯的受益人，不参与基金的经营管理。

2. 根据基金存续期规定不同划分为封闭式投资基金和开放式投资基金。封闭式投资基金是指基金发起人在设立基金时，限定了基金单位的发行总额，筹集到这个总额后，基金即宣告成立，并进行封闭，在一定时期内不再接受新的投资者。

开放式投资基金是指基金发起人在设立基金时，基金单位的总数是不固定的，可视投资者的需求追加发行，投资者也可以根据市场状况和各自的投资决策，要求发行机构按照现期净资产价值扣除手续费后赎回其持有的基金。

封闭式投资基金与开放式投资基金的区别主要表现在：首先，期限不同。封闭式投资基金通常有固定的封闭期,在封闭期内,投资者一旦认购了受益凭证就不能赎回,仅能在二级市场转让;而开放式投资基金没有固定期限,通常投资者在首次发行结束一段时间后,就可随时直接向基金公司提出申购或赎回的要求。其次,发行数额不同。封闭式投资基金发行的基金单位或受益凭证数额是限定的,其总金额是固定的,不会增加或减少;而开放式投资基金发行的基金单位或受益凭证数额不受限制,可增可减。再次,交易方式不同。封闭式投资基金的交易在交易所内进行,通过竞价确定价格,可能高于或低于其资产净值;而开放式投资基金的交易要在银行或证券公司的柜台内进行,价格由银行或证券公司根据资产净值制定。最后,投资比例不同。封闭型投资基金由于不需考虑基金份额的赎回问题,因此可以将募集到的资金全部用于投资;而开放型投资基金由于必须保证随时在持有者要求赎回基金份额时拥有足够多的现金和高度流动性的资产,因此不可能将全部募集到的资金都用于投资。

3. 根据发行方式不同划分为私募基金和公募基金。私募基金是指以非公开方式向一些特定投资者募集资金的投资基金。基金发起人通过各种方式直接向一些投资者推销基金券,并由这些投资者认购。公募基金是指以公开发行方式向社会公众投资者募集资金的投资基金。

4. 根据投资目标可分为收入型投资基金、成长型投资基金和平衡型投资基金。收入型投资基金是以追求基金当前收入为投资目标的基金,其投资对象主要是绩优股、债券、可转让大额定期存单等收入比较稳定的有价证券。收入型投资基金一般把所得的利息、红利分配给投资者。

成长型投资基金是以资本长期增值作为投资目标的基金,投资对象主要是市场中有较大升值潜力的小公司股票和一些新兴行业的股票,这类基金一般很少分红,将投资所得的股息、红利进行再投资,以实现资本增值。

平衡性投资基金是既追求长期资本增值,又追求当期收入的基金。该基金主要投资于债券、优先股和部分普通股,其风险和收益状况介于成长型投资基金和收入型投资基金之间。

5. 根据投资对象不同划分为债券基金、股票基金和货币市场基金。债券基金是以各国债券为主要投资对象的投资基金,可以获得定期收入,投资风险比较低,投资回报也不太高。

股票基金着重投资于股票市场,以求增值和股息收入。股票基金由于投资于高风险高收益的股票市场,因而具有一定的风险。

货币市场基金是以货币市场工具为投资对象的基金,其投资工具包括银行短期存款、国库券、政府公债、公司债券、银行承兑票据及商业票据等。货币市场基金风险比较低,资金的流动性比较高,比较安全。

## 二、投资基金的设立和募集

(一) 投资基金的设立

设立基金首先需要有发起人,发起人可以是一个机构,也可以是多个机构共同组成。一般来说，基金发起人必须同时具备下列条件：至少有一家金融机构；实收资本在基金规模一半以上；均为公司法人；有两年以上的盈利记录；首先认购基金份额不低于20%，同时保证基金存续期内持有的基金份额不低于10%。

发起人要确定基金的性质并制定相关的要件，如属于契约型基金，则包括信托契约；如属公司型基金，则包括基金章程和所有重大协议书。这些文件规定基金管理人、保管人和投资人之间的权利义务关系，会计师、律师、承销商的有关情况以及基金的投资决策、收益分配、变更、终止和清算等重大事项。发起人准备好各项文件后，报送主管机关，申请设立基金。

在很多情况下，基金是由基金管理公司或下设基金管理部门的投资银行作为发起人，在基金设立后往往成为基金的管理人，如果发起人不能直接管理该基金，则需要专门设立基金管理公司或聘请专业的基金经理公司作为基金管理人。几乎所有的大型投资银行都设有基金部或基金管理分公司，它们经常以经理公司的身份出现在基金市场上。设立基金的另一重要当事人是保管人，即基金保管公司，一般由投资银行、商业银行或保险公司等金融机构充当，担任保管公司也是投资银行基金管理的重要业务之一。

（二）投资基金的募集

基金的设立申请一旦获主管机关批准，发起人即可发表基金招募说明书，着手发行基金股份或受益凭证，该股票或凭证由基金管理公司或基金保管公司共同签署并经签证后发行，发行方式可分为公募和私募两种，类似于股票的发行。

### 三、投资基金的运作与投资

（一）投资基金的运作

按照国际惯例，基金在发行结束一段时间内，通常为3~4个月，就应安排基金证券的交易事宜。对于封闭型基金股份或受益凭证，其交易与股票、债券类似，可以通过自营商或经纪人在基金二级市场上随行就市，自由转让。对于开放型基金，其交易表现为投资者向基金管理公司认购股票或受益凭证，或基金管理公司赎回股票或受益凭证，赎回或认购价格一般按当日每股股票或每份受益凭证基金的净资产价值来计算，大部分基金是每天报价一次，计价方式主要采用"未知价"方式，即基金管理公司在当天收市后才计价以充分反映基金净资产和股份或受益凭证总数的变化。

（二）投资基金的投资

投资基金的一个重要特征是分散投资，通过有效的组合来降低风险。因此，基金的投资就是投资组合的实现，不同种类的投资基金根据各自的投资对象和目标确定和构建不同的"证券组合"。

## 【本章小结】

资本市场是指融资期限在一年以上的中长期金融市场。通常可分为股票市场、债券市场和基金市场三个子市场。

股票市场和债券市场的组织结构可分为一级市场和二级市场。一级市场是将政府、公司、企业等发行主体新发行的公债、公司债券、股票等有价证券转移到投资者手里的市场；二级市场是供投资者买卖已发行股票和债券的市场。

股票一级市场的运作过程通常由咨询与准备、认购与销售两个阶段构成。债券的发行与股票类似，不同之处主要有发行合同书和债券评级两个方面。同时，由于债券是有期限的，因而其一级市场多了一个偿还环节。二级市场通常可分为证券交易所和场外交易市场，后来场外交易市场分化出了第三市场和第四市场。

投资基金是指一种由投资者出资，由专业性投资机构管理，并投资于金融市场或其他领域，以获取投资收益的投资制度。投资基金是资本市场的一个新的形态，它本质上是股票、债券及其他证券投资的机构化，克服了个人分散投资存在的问题。

**【重要概念】**

公募发行　私募发行　包销　助销　股票价格指数　投资基金　公司型基金　契约型基金　封闭式基金　开放式基金

**【思考题】**

1. 资本市场有哪些特点？
2. 试述资本市场的功能。
3. 影响股票价格变动的主要因素有哪些？
4. 证券承销有哪几种具体方式？
5. 简述封闭式基金与开放式基金的区别。

# 第十二章

# 衍生金融市场

衍生金融市场是指衍生金融工具交易的场所。衍生金融工具（Derivative Financial Derivatives），顾名思义，是指一类从原生资产（Underlying Assets）中派生出来的金融工具，其价值依赖于原生金融产品。这些原生金融产品一般指股票、债券、存单、大宗商品以及利率、汇率等，而衍生金融产品按照产品形态的不同分为远期、期货、期权、互换等。衍生金融市场的历史虽然很短，但却因其在融资、投资、套期保值和套利行为中的巨大作用而获得了飞速的发展。

## 第一节 衍生金融工具概述

### 一、衍生金融工具的特点和功能

衍生证券是一种契约，其交易属于"零和游戏"，即"有输必有赢，输赢必相等"。因此，衍生证券的交易实际上是进行风险的再分配，它不会创造财富，甚至不会创造虚拟资本，这是衍生证券不同于股票等基础证券（Underlying Securities）的特点之一。

衍生证券具有很高的杠杆效应，它是以小博大的理想工具。这正是衍生证券可以吸引风险厌恶者充当投机客的重要原因。然而，如果投机者由于内部管理系统和动力机制不完善而过度投机的话，期货市场所特有的涨跌停板制和看涨期权空头亏损风险无限的特性都可能使投机者一夜之间倾家荡产。更有甚者，如果亏损额过大或众多投机者同时发生大量亏损时，衍生证券的投机甚至可以危及一国甚至全球金融体系的安全。1995年，有233年历史的英国巴林银行，因其年仅28岁的交易员尼克里森在股票指数期货投机中失败而宣布倒闭；日本大和银行纽约分行在衍生证券交易中损失11亿美元；中国最大的券商上海万国证券因国债期货交易而损失数十亿元人民币。事实证明衍生金融工具是一种高风险的金融工具。

同时，衍生金融工具也给陷入金融风险困扰的人们带来规避风险的操作方法。衍生金融工具的快速、迅猛发展，正是无数个人和机构求助衍生金融工具来规避风险的结果。美国衍生市场的交易量在世界上处于遥遥领先的地位，并且美国抵御世界性金融危机的能力也是其他国家无法比拟的，两者的正相关关系则是衍生金融工具规避风险的有力证明。

我们也应清醒地看到，随着衍生金融工具交易规模的不断扩大，其整体市场风险也随之增大。国际投机者也会利用衍生证券市场冲击一国甚至国际金融市场和金融体系。如果不加防范的话，将有可能导致一国甚至全球金融体系的崩溃。这一点在2007年美国次贷危机中已得到充分证明。因此，国际社会应加强合作和交流，加强监管，增强抵御投机冲击的能力，提高信息披露的标准和要求，完善会计制度，把衍生金融工具的危害减小到最低限度。

衍生金融工具所具有的杠杆效应大大降低了交易成本，从而提高了市场的流动性。衍生金融工具出现以后，人们在投资组合管理、筹码转换、盈亏锁定、风险管理等方面，通过少量的衍生证券交易就可取代大量的现货交易，从而节省了交易成本，提高了市场的流动性。

## 二、衍生金融工具的产生

20世纪70年代以来，世界正悄然发生着两大革命。一是以电脑和通信技术为核心的信息革命，二是以金融创新（Financial Innovation）为核心的金融革命。而以期货、期权等衍生证券（Derivative Securities）为核心的金融工具的创新更是这场金融革命的核心。

衍生金融工具是当今世界上历史最短，却发展最快、交易量最大的金融工具。自1972年和1993年芝加哥商品交易所的国际货币市场和芝加哥期权交易所先后正式开展金融期货和期权交易至今，金融期货和期权仅有几十年的历史，然而其发展速度之快、交易量之大、影响面之广已远非其他金融工具所能企及。2015年，据美国期货业协会统计全球交易所期货及期权合约交易量高达247.7亿手。到2015年底，国际场外交易（OTC）衍生品市场持有名义金额达到493万亿美元。

衍生金融工具的迅猛发展是和金融的自由化和全球化密不可分的。20世纪70年代以来如火如荼的金融自由化和全球化浪潮在给人们带来巨大好处的同时，也给经济活动带来了巨大的风险。1973年固定汇率制崩溃以后，各国经济活动平添了汇率风险。与此同时，两次石油危机和西方各国长期实行的刺激需求政策使各国普遍面临严重的通货膨胀，经济的全球化又使通货膨胀得以在各国之间蔓延。通货膨胀和浮动汇率的双重困扰使各国中央银行不得不频繁借助利率政策来寻求本币的对内和对外稳定。在此背景下出现的利率自由化，使利率风险陡增。

大多数的经济参与者通常是风险的厌恶者（Risk-Averse），他们在面临风险时，要选择规避风险的途径。然而，各国的保险公司无力提供利率风险、汇率风险和股市风险的保险。金融市场只好自办"保险"。从某种意义上说，衍生金融工具实际上是一种保险工具。

衍生金融工具的发展实际上代表了"公平交易对交易双方均有好处"这一思想的发展，而这正是金融创新的核心。从物物交换到商品交换，从部落内部交易、部落之间交易到国际贸易，从商品交易到劳务交易，人们充分体会到交易带来的巨大好处。然而，这些交易都局限于使用价值和价值的交易，都只限于"好东西"（Goods）的交易。衍生金融工具的出现，则完全打破了这些界限，把风险这种"坏东西"（Bads）也纳入交易的范围。例如，通过购买外汇期货，举借外汇者可以摆脱外汇风险的困扰，通过购买股票看跌期权，持股者可以不用担心股价下跌，从而可以安心享受长期投资的好处。

然而，衍生证券并不像保险工具那样本性温顺，它本身所包含的风险远高于其他任何金融工具。人们正是利用以毒攻毒的原理创造并运用衍生证券这一特殊"保险工具"的。应该指出的是，风险的确切含义是实际收益偏离预期收益的可能性，这种偏离包含着正负两个方向的偏离，偏离幅度越大，风险越大。因此，风险越大，意味着亏损和盈利的可能性同样越大。正是这种巨额盈利和亏损共存的机会，才诱导众多的投机客进入衍生证券市场。

## 第二节 衍生金融工具市场和交易

### 一、金融远期市场概述

（一）金融远期合约的定义

金融远期合约（Forward Contracts）是指双方约定在未来的某一确定时间，按确定的价格买卖一定数量的某种金融资产的合约。在合约中规定在将来买入标的物的一方称为多方（Long Position），而在未来卖出标的物的一方称为空方（Short Position）。合约中规定的未来买标的物的价格称为交割价格（Delivery Price）。如果信息是对称的，而且合约双方对未来的预期相同，那么合约双方所选择的交割价格应使合约的价值在签署合约时等于零。这意味着无须成本就可处于远期合约的多头或空头状态。

我们把使得远期合约价值为零的交割价格称为远期价格（Forward Price）。这个远期价格显然是理论价格，它与远期合约在实际交易中形成的实际价格（即双方签约时所确定的交割价格）并不一定相等。但是，一旦理论价格与实际价格不相等，就会出现套利（Arbitrage）机会。若交割价格高于远期价格，套利者就可以通过买入标的资产现货、卖出远期并等待交割来获取无风险利润，从而促使现货价格上升、交割价格下降，直至套利机会消失；若交割价格低于远期价格，套利者就可以通过卖空标的资产现货、买入远期来获取无风险利润，从而促使现货价格下降，交割价格上升，直至套利机会消失。此时，远期理论价格等于实际价格。我们所说的对金融工具的定价，实际上都是指确定其理论价格。

这里要特别指出的是远期价格与远期价值的区别。一般来说，价格总是围绕着价值波动的，而远期价格跟远期价值却相差十万八千里。例如，当远期价格等于交割价格时，远期价值为零。① 这是为什么呢？其原因在于远期价格指的是远期合约中标的物的远期价格，它与标的物的现货价格密切相关，而远期价值则是指远期合约本身的价值，它是由远期实际价格与远期理论价格的差距决定的。在合约签署时，若交割价格等于远期理论价格，则此时合约价值为零。但随着时间的推移，远期理论价格有可能改变，而原有合约的交割价格则不可能改变，因此原有合约的价值就可能不再为零。

(二) 远期合约的由来和优缺点

远期合约是适应规避现货交易风险的需要而产生的。相对于原始社会自给自足的状态而言，现货交易是人类的一大进步。通过交易，双方均可获得好处。但现货交易的最大缺点在于无法规避价格波动的风险。一个农场主的命运完全掌握在他的农作物收割时农作物现货市场价格手中。如果在播种时就能确定农作物收割时卖出的价格，农场主就可安心致力于农作物的生产了。远期合约正是适应这种需要而产生的。

远期合约是非标准化合约。因此它不在交易所交易，而是在金融机构之间或金融机构与客户之间通过谈判后签署远期合约。已有的远期合约也可以在场外市场交易。

在签署远期合约之前，双方可以就交割地点、交割时间、交割价格、合约规模、标的物的品质等细节进行谈判，以便尽量满足双方的需要。因此远期合约跟下节将要介绍的期货合约相比，灵活性较大，这是远期合约的主要优点。

但远期合约也有明显的缺点：首先，由于远期合约没有固定的、集中的交易场所，不利于信息的交流和传递，不利于形成统一的市场价格，市场效率较低。其次，由于每份远期合约千差万别，这就给远期合约的流通造成较大不便，因此远期合约的流动性较差。最后，远期合约的履约没

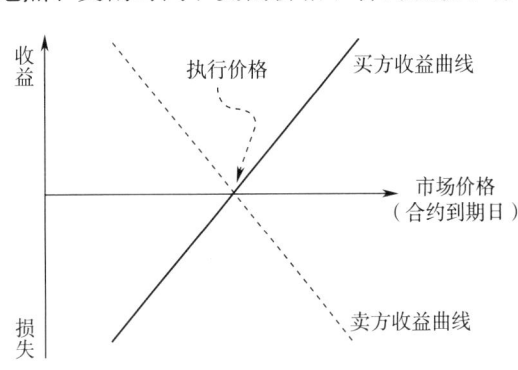

图 12-1　远期合约的收益/损失

有保证，当价格变动对一方有利时，对方有可能无力或无诚意履行合约，因此远期合约的违约风险较高。

(三) 金融远期合约的种类

金融远期合约主要有远期利率协议、远期外汇合约和远期股票合约等。

1. 远期利率协议 (Forward Rate Agreements, FRA)。远期利率协议是买卖双方同意从未来某一商定的时期开始在某一特定时期内按协议利率借贷一笔数额确定、以具体货币表示的名义本金的协议。远期利率协议的买方是名义借款人，其订立远期利率协议的目的主要是为了规避利率上升的风险。远期利率协议的卖方则是名义贷款人，其订立远期利率协议的目的主要是为了规避利率下降的风险。之所以称为"名义"，是因为借贷双方不必交换本金，只是在结算日根据协议利率和参考利率之间的差额以及名义本金

---

① 如何确定交割价格使合约价值为零，我们将在本章第三节介绍。

额,由交易一方付给另一方结算金。

远期利率协议最重要的功能在于通过固定将来实际交付的利率而避免了利率变动风险。签订 FRA 后,不管市场利率如何波动,协议双方将来收付资金的成本或收益总是固定在合同利率水平上。

另外,由于远期利率协议交易的本金不用交付,利率是按差额结算的,所以资金流动量较小,这就给银行提供了一种管理利率风险而无须改变其资产负债结构的有效工具。

与金融期货、金融期权等场内交易的衍生金融工具相比,远期利率协议具有简便、灵活、不需支付保证金等优点。同时,由于远期利率协议是场外交易,故存在信用风险和流动性风险,但这种风险又是有限的,因为它最后实际支付的只是利差而非本金。

2. 远期外汇合约（Forward Exchange Contracts）。远期外汇合约是指双方约定在将来某一时间按约定的远期汇率买卖一定金额的某种外汇的合约。交易双方在签订合同时,就确定好将来进行交割的远期汇率,到时不论汇价如何变化,都应按此汇率交割。在交割时,名义本金并未交割,而只交割合同中规定的远期汇率与当时的即期汇率之间的差额。

3. 远期股票合约（Equity Forwards）。远期股票合约是指在将来某一特定日期按特定价格交付一定数量单个股票或一揽子股票的协议。

由于远期股票合约在世界上出现不久,仅在小范围内有交易记录,本书不作详述。

## 二、金融期货市场概述

20 世纪 70 年代初,西方国家出现了严重的通货膨胀,固定汇率制也被浮动汇率制所取代,国内外经济环境和体制安排的转变使经济活动的风险增大。这种情况反映到金融市场上就是利率、汇率和证券价格的急剧波动,原有的远期交易由于其流动性差、信息不对称、违约风险高等缺陷而无法满足人们急剧增长的需要,金融期货交易应运而生。

（一）金融期货合约的定义和特征

金融期货合约（Financial Futures Contracts）是指协议双方同意在约定的将来某个日期按约定的条件（包括价格、交割地点、交割方式）买入或卖出一定标准数量的某种金融工具的标准化协议。合约中规定的价格就是期货价格（Futures Price）。

金融期货交易具有如下显著的特征:

1. 期货合约均在交易所进行,交易双方不直接接触,而是各自跟交易所的清算部或专设的清算公司结算。清算公司充当所有期货买者的卖者和所有卖者的买者,因此交易双方无须担心对方违约。由于所有买者和卖者都集中在交易所交易,因此就克服了远期交易所存在的信息不对称和违约风险高的缺陷。

2. 期货合约的买者或卖者可在交割日之前采取对冲交易以结束其期货头寸（即平仓）,而无须进行最后的实物交割。这相当于买者可把原来买进的期货卖掉,卖者可把原来卖出的期货买回,这就克服了远期交易流动性差的问题。由于通过平仓结束期货头寸比实物交割既省事又灵活,因此目前大多数期货交易都是通过平仓来结清头寸的。据统计,最终进行实物交割的期货合约不到2%。

尽管如此,我们也不应忽视交割的重要性。正是因为具有最后交割的可能性,期货价格和标的物的现货价格之间才具有内在的联系。随着期货交割月份的临近,期货价格收敛于标的资产的现货价格。当到达交割期限时,期货的价格等于或非常接近于现货的价格,否则就存在无风险套利机会。两者之间的关系如图12-2所示。

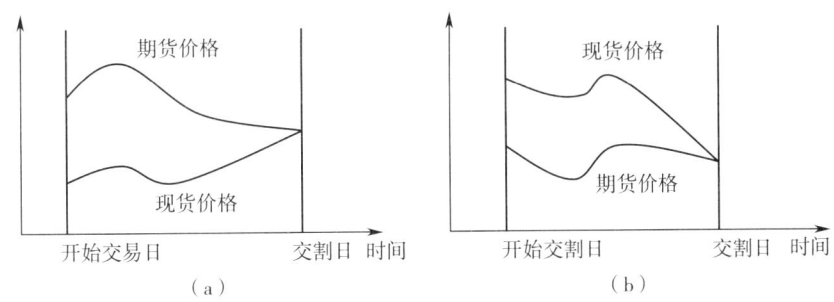

**图12-2　随交割期限的临近,期货价格与现货价格之间的关系**

3. 期货合约的合约规模、交割日期、交割地点等都是标准化的,即在合约上有明确的规定,无须双方再商定。交易双方所要做的唯一工作是选择适合自己的期货合约,并通过交易所竞价确定成交价格。价格是期货合约的唯一变量。当然,这并不是说所有期货合约的交割月份、交割地点等都是一样的,同种金融工具的期货合约可以有不同的交割月份,但它是由交易所事先确定,并在合约中事先载明的,而不是由交易双方商定后载入合约的。

有时,交易所允许期货合约的空方(即卖方)在可供选择的标的物(主要适用于利率期货和商品期货)和交割地点(主要适用于商品期货)之间选择,交易所将根据空方的选择按事先规定的公式对其收取的价款进行调整。

有些金融期货,如标的物为股价指数的期货,在交割时是以现金结算的,这是因为直接交割标的物非常不方便或者是不可能的。

交易所还根据客户的需要规定各金融工具期货合约的交割月份,交易所必须指定在交割月份中可以进行交割的确切时间。对于许多期货合约来说,交割日期可以是整个交割月,具体在哪一天交割,由空方选择。

4. 期货交易是每天进行结算的,而不是到期一次性进行的,买卖双方在交易之前都必须在经纪公司开立专门的保证金账户。经纪公司通常要求交易者在交易之前必须存入一定数量的保证金,这个保证金叫初始保证金(Initial Margin)。在每天交易结束时,保证金账户都要根据期货价格的升跌而进行调整,以反映交易者的浮动盈亏,这就是所谓的盯市(Marking to Market)。浮动盈亏是根据结算价格(Settlement Price)计算的。结算价格的确定由交易所规定,它有可能是当天的加权平均价,也可能是收盘价,还可能是最后几秒钟的平均价。

当天结算价格高于昨天的结算价格（或当天的开仓价）时，高出部分就是多头的浮动盈利和空头的浮动亏损。这些浮动盈利和亏损就在当天晚上分别加入多头的保证金账户和从空头的保证金账户中扣除。当保证金账户的余额超过初始保证金水平时，交易者可随时提取现金或用于开新仓。而当保证金账户的余额低于交易所规定的维持保证金（Maintenance Margin）水平时，经纪公司就会通知交易者限期把保证金水平补足到初始保证金水平，否则就会被强制平仓。维持保证金水平通常是初始保证金水平的75%。

（二）金融期货合约的种类

按标的物不同，金融期货可分为利率期货、外汇期货和股价指数期货。

利率期货是指标的资产价格依赖于利率水平的期货合约，如长期国债期货、短期国债期货和欧洲美元利率期货。

外汇期货的标的物是外汇，如美元、欧元、英镑、日元、澳元、加元等。

股价指数期货的标的物是股价指数。由于股价指数是一种极特殊的商品，它没有具体的实物形式，双方在交易时只能把股价指数的点数换算成货币单位进行结算，没有实物的交割。这是股价指数期货与其他标的物期货的最大区别。例如，芝加哥商品交易所（CME）的S&P500指数期货的单位价格（即每份合约的价格）规定为指数点数乘以500美元。

（三）期货合约与远期合约的比较

期货合约和远期合约虽然都是在交易时约定在将来某一时间按约定的条件买卖一定数量的某种标的物的合约，但它们存在诸多区别，主要有：

1. 标准化程度不同。远期交易遵循"契约自由"的原则，合约中的相关条件如标的物的质量、数量、交收地点和交割月份都是根据双方的需要确定的。由于各交易者的需要千差万别，远期合约条款的具体内容也五花八门，因而远期合约虽具有灵活性的优点，但却给合约的转手和流通造成很大麻烦，这就决定了远期合约二级市场的不发达。

期货合约则是标准化的。期货交易所为各种标的物的期货合约制定了标准化的数量、质量、交割地点、交割时间、交割方式、合约规模等条款，只有价格是在成交时根据市场行情确定的。由于开展期货交易的标的物毕竟有限，相关条件又是固定的，因此期货合约满足人们各种需要的能力虽然不如远期合约，但标准化却大大便利了期货合约的订立和转让，使期货合约具有极强的流动性，并因此吸引了众多的交易者。

虽然远期合约目前也在走标准化的道路，但其标准化程度一定赶不上期货合约，否则远期合约就变成期货合约了，远期合约也就不存在了。

2. 交易场所不同。远期交易并没有固定的场所，交易双方各自寻找合适的对象，因而是一个无组织的效率较低的分散的市场。在金融远期交易中，银行充当着重要角色。由于金融远期合约交割较方便，标的物同质性较好，因此很多银行都提供重要标的物的远期买卖报价供客户选择，从而有力推动了远期交易的发展。

期货合约则在交易所内交易，一般不允许场外交易。交易所不仅为期货交易提供了交易场所，而且还为期货交易提供了许多严格的交易规则（如涨跌停板制、最小价格波动幅度、报价方式、最大持仓限额、保证金制度等），并为期货交易提供信用担保。可以说期货市场是一个有组织的、有秩序的、统一的市场。

3. 违约风险不同。远期合约的履行仅以签约双方的信誉为担保，一旦一方无力或不愿履约时，另一方就得蒙受损失。即使在签约时，签约双方采取交纳定金、第三方担保等措施，仍不足以保证远期合约到期一定能得到履行，违约、毁约的现象时有发生，因而远期交易的违约风险很高。

期货合约的履行则由交易所或清算公司提供担保。交易双方直接面对的都是交易所，即使一方违约，另一方也不会受到丝毫影响。交易所之所以能提供这种担保，主要是依靠完善的保证金制度和结算会员之间的连带无限清偿责任来实现的。可以说，期货交易的违约风险几乎为零。

4. 价格确定方式不同。远期合约的交割价格是由交易双方直接谈判并私下确定的。由于远期交易没有固定的场所，因此在确定价格时信息是不对称的，不同交易双方在同一时间所确定的类似远期合约的价格可能相差甚远，因此远期交易市场定价效率很低。

期货交易的价格则是在交易所中由很多买者和卖者通过其经纪人在场内公开竞价确定的，有关价格的信息较为充分、对称，由此产生的期货价格较为合理、统一，因此期货市场的定价效率较高。

5. 履约方式不同。由于远期合约是非标准化的，转让相当困难，并要征得对方同意（由于信用度不同），因此绝大多数远期合约只能通过到期实物交割来履行。而实物交割对双方来说都是费时又费力的事。

由于期货合约是标准化的，期货交易又在交易所内，因此交易十分方便。当交易一方的目的（如投机、套期保值和套利）达到时，他无须征得对方同意就可通过平仓来结清自己的头寸并把履约权利和义务转让给第三方。在实际中，绝大多数期货合约都是通过平仓来了结的。

6. 合约双方关系不同。由于远期合约的违约风险主要取决于对方的信用度，因此签约前必须对对方的信誉和实力等方面作充分的了解。而期货合约的履行完全不取决于对方而只取决于交易所或清算公司，因此可以对对方完全不了解。在期货交易中，交易者甚至根本不知道对方是谁，这就极大方便了期货交易。

7. 结算方式不同。远期合约签订后，只有到期才进行交割清算，其间均不进行结算。

期货交易则是每天结算的。当同品种的期货市场价格发生变动时，就会对所有该品种期货合约的多头和空头产生浮动盈余或浮动亏损，并在当天晚上就在其保证金账户体现出来。因此当市场价格朝自己有利的方向变动时，交易者不必等到到期就可逐步实现盈利。当然，若市场价格朝自己不利的方向变动时，交易者在到期之前就得付出亏损的金额。

（四）期货市场的功能

期货市场具有如下功能：

1. 转移价格风险的功能。在日常金融活动中，市场主体常面临利率、汇率和证券价格风险（通称价格风险）。有了期货交易后，他们就可利用期货多头或空头把价格风险转移了出去,从而实现避险目的。这是期货市场最主要的功能,也是期货市场产生的最根本原因。

应该注意的是,对单个主体而言,利用期货交易可以达到消除价格风险的目的,但对整个社会而言,期货交易通常并不能消除价格风险,期货交易发挥的只是价格风险的再分配即价格风险的转移作用。

不过,在有些条件下,期货交易也具有增大或减少整个社会价格风险总量的作用。具体而言,套期保值者之间的期货交易可以使两者的价格风险相互抵销,投机者之间的期货交易则是给社会平添期货价格的风险,而套期保值者与投机者之间的期货交易才是价格风险的转移。由此可见,适量的投机可以充当套期保值者的媒介,加快价格风险的转移速度,而过度的投机则会给社会增加许多不必要的风险。

2. 价格发现功能。期货价格是所有参与期货交易的人,对未来某一特定时间的现货价格的期望或预期。不论期货合约是多头还是空头,都会依其个人所持立场或所掌握的市场资讯,并对过去的价格表现加以研究后,作出买卖委托。而交易所通过电脑撮合公开竞价出来的价格即为此瞬间市场对未来某一特定时间现货价格的平均看法。这就是期货市场的价格发现功能。市场参与者可以利用期货市场的价格发现功能进行相关决策,以提高自己适应市场的能力。

### 三、金融期权市场概述

1973 年芝加哥期权交易所首次把期权引入有组织的交易所交易,此后期权以其独特的魅力获得了迅猛的发展。

(一) 金融期权的定义与种类

金融期权(Option),是指赋予其购买者在规定期限内按双方约定的价格(简称协议价格,Striking Price)或执行价格(Exercise Price)购买或出售一定数量某种金融资产的权利的合约。

按期权买者的权利划分,期权可分为看涨期权(Call Option)和看跌期权(Put Option)。凡是赋予期权买者购买标的资产权利的合约,就是看涨期权;而赋予期权买者出售标的资产权利的合约就是看跌期权。

按期权买者执行期权的时限划分,期权可分为欧式期权和美式期权。欧式期权的买者只能在期权到期日才能执行期权(即行使买进或卖出标的资产的权利)。而美式期权允许买者在期权到期前的任何时间执行期权。

按照期权合约的标的资产划分,金融期权合约可分为利率期权、货币期权(或称外汇期权)、股价指数期权、股票期权以及金融期货期权,而金融期货又可分为利率期货、外汇期货和股价指数期货三种(见图 12-3)。

对于期权的买者来说,期权合约赋予他的只有

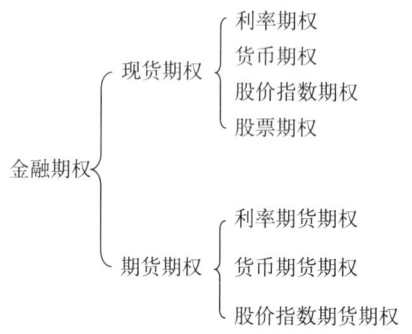

图 12-3 金融期权的种类

权利，而没有任何义务。他可以在规定期限以内的任何时间（美式期权）或期满日（欧式期权）行使其购买或出售标的资产的权利，也可以不行使这个权利。对期权的出售者来说，他只有履行合约的义务，而没有任何权利。当期权买者按合约规定行使其买进或卖出标的资产的权利时，期权卖者必须依约相应地卖出或买进该标的资产。作为给期权卖者承担义务的报酬，期权买者要支付给期权卖者一定的费用，称为期权费（Premium）或期权价格（Option Price）。期权费视期权种类、期限、标的资产价格的易变程度不同而不同。

当标的资产在期权有效期内产生现金收益（如现金红利、利息等）时，目前通行的做法是不对协议价格进行相应调整。只有当股票期权的标的股票在期权有效期内发生股票分割、送红股、配股时，才根据除权公式对协议价格和买卖数量进行相应调整。

（二）金融期权的交易

与期货交易不同的是，期权交易场所不仅有正规的交易所，还有一个规模庞大的场外交易市场。交易所交易的是标准化的期权合约，场外交易的则是非标准化的期权合约。

对于场内交易的期权来说，其合约有效期一般不超过 9 个月，以 3 个月和 6 个月最为常见。跟期货交易一样，由于有效期（交割月份）不同，同一种标的资产可以有好几个期权品种。此外，同一标的资产还可以规定不同的协议价格而使期权有更多的品种，同一标的资产、相同期限、相同协议价格的期权还分为看涨期权和看跌期权两大类，因此期权品种远比期货品种多。

为了保证期权交易的高效、有序，交易所对期权合约的规模、期权价格的最小变动单位、期权价格的每日最高波动幅度、最后交易日、交割方式、标的资产的品质等作出明确规定。同时，期权清算公司也作为期权所有买者的卖者和所有卖者的买者，保证每份期权都没有违约风险。有的认股权证是无期限的而期权都是有期限的。

（三）期权交易与期货交易的区别

1. 权利和义务。期货合约的双方都被赋予相应的权利和义务，除非用相反的合约抵销，这种权利和义务在到期日必须行使，也只能在到期日行使，期货的空方甚至还拥有在交割月选择在哪一天交割的权利。而期权合约只赋予买方权利，卖方则无任何权利，他只有在对方履约时进行对应买卖标的物的义务。特别是美式期权的买者可在约定期限内的任何时间执行权利，也可以不行使这种权利；期权的卖者则须准备随时履行相应的义务。

2. 标准化。期货合约都是标准化的，因为它都是在交易所中交易的，而期权合约则不一定。在美国，场外交易的现货期权是非标准化的，但在交易所交易的现货期权和所有的期货期权则是标准化的。

3. 盈亏风险。期货交易双方所承担的盈亏风险都是无限的。而期权交易卖方的亏损风险可能是无限的（看涨期权），也可能是有限的（看跌期权），盈利风险是有限的（以期权费为限）；期权交易买方的亏损风险是有限的（以期权费为限），盈利风险可能是无限的（看涨期权），也可能是有限的（看跌期权）。

4. 保证金。期货交易的买卖双方都须缴纳保证金。期权的买者则无须缴纳保证金,因为他的亏损不会超过他已支付的期权费,而在交易所交易的期权卖者则也要缴纳保证金,这跟期货交易一样。场外交易的期权卖者是否需要缴纳保证金则取决于当事人的意见。

5. 买卖匹配。期货合约的买方到期必须买入标的资产,而期权合约的买方在到期日或到期前则有买入(看涨期权)或卖出(看跌期权)标的资产的权利。期货合约的卖方到期必须卖出标的资产,而期权合约的卖方在到期日或到期前则有根据买方意愿相应卖出(看涨期权)或买入(看跌期权)标的资产的义务。

6. 套期保值。运用期货进行的套期保值,在把不利风险转移出去的同时,也把有利风险转移了出去。而运用期权进行的套期保值时,只把不利风险转移出去而把有利风险留给自己。

(四)期权合约的盈亏分布①

盈亏分布状况对于制定期权交易策略是很重要的。

1. 看涨期权的盈亏分布。假设2014年10月1日美元兑欧元汇率为100美元=79.49欧元。甲认为美元兑欧元的汇率将上升,因此以每美元0.04欧元的期权费向乙购买一份2014年12月31日到期、协议价格为100美元=85欧元的美元看涨期权,每份美元期权的规模为100000美元。那么,甲、乙双方的盈亏分布可分为以下几种情况:

(1)如果在期权到期时,美元汇率等于或低于100美元=85欧元,则看涨期权就无价值。买方的最大亏损为4000欧元(即100000美元×0.04欧元/美元)。

(2)如果在期权到期时,美元汇率升至100美元=89欧元,买方通过执行期权可赚取4000欧元,扣掉期权费后,他刚好盈亏平衡。

(3)如果在期权到期前,美元汇率升到100美元=89欧元以上,买方就可实现净盈余。美元汇率越高,买方的净盈余就越多。

看涨期权买者的盈亏分布图,如图12-4(a)所示。由于期权合约是零和游戏(Zero-Sum Games),买者的盈亏和卖者的盈亏刚好相反,据此我们可以画出看涨期权卖者的盈亏分布图,如图12-4(b)所示。从图12-4中可以看出,看涨期权买者的亏损风险是有限的,其最大亏损限度是期权价格,而其盈利可能却是无限的。相反,看涨期权卖者的亏损可能是无限的,而盈利是有限的,其最大盈利限度是期权价格。期权买者以较小的期权价格为代价换来了较大盈利的可能性,而期权卖者则为了赚取期权费而冒着大量亏损的风险。

2. 看跌期权的盈亏分布。用同样的办法可以推导出看跌期权的盈亏分布图,如图12-5所示。当标的资产的市价跌至盈亏平衡点(等于协议价格减期权价格)以下时,看跌期权买者就可获利,其最大盈利限度是协议价格减去期权价格后再乘以每份期权合约所包括的标的资产的数量,此时标的资产的市价为零。如果标的资产市价高于$Z$点,看跌期权买者就会亏损,其最大亏损是期权费总额。看跌期权卖者的盈亏状况则与买者刚好相反,即看跌期权卖者的盈利是有限的期权费,亏损也是有限的,其最大限度为协议价格减期权价格后再乘以每份期权合约所包括的标的资产的数量。

---

① 在本书中分析的盈亏分布均指欧式期权,而且只考虑现金流,未考虑相关的利息。

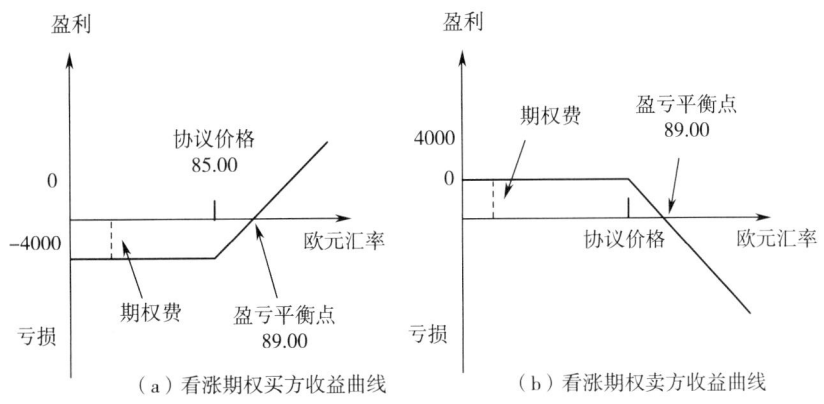

(a) 看涨期权买方收益曲线　　(b) 看涨期权卖方收益曲线

图 12-4　看涨期权盈亏分布图

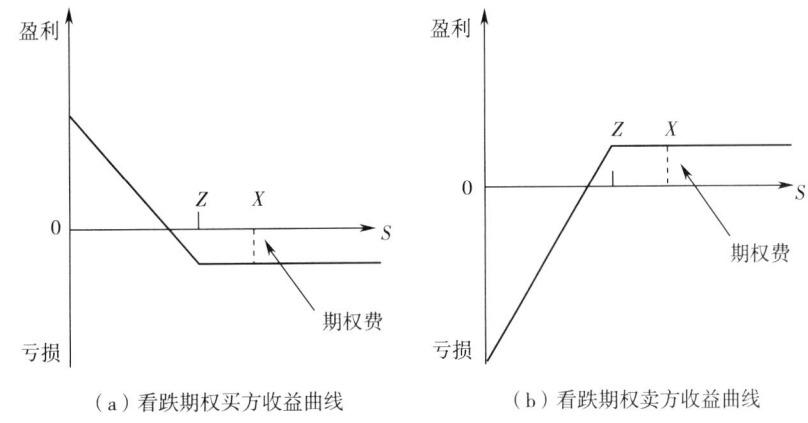

(a) 看跌期权买方收益曲线　　(b) 看跌期权卖方收益曲线

图 12-5　看跌期权盈亏分布图

## 四、金融互换市场概述

金融互换（Financial Swaps）是约定两个或两个以上当事人按照商定条件，在约定的时间内，交换一系列现金流的合约。

（一）比较优势理论与互换原理

比较优势（Comparative Advantage）理论是英国著名经济学家大卫·李嘉图（David Ricardo）提出的。他认为，在两国都能生产两种产品，且一国在这两种产品的生产上均处于有利地位，而另一国均处于不利地位的条件下，如果前者专门生产优势较大的产品，后者专门生产劣势较小（即具有比较优势）的产品，那么通过专业化分工和国际贸易，双方均能从中获益。

李嘉图的比较优势理论不仅适用于国际贸易，而且适用于所有的经济活动。只要存在比较优势，双方就可通过适当的分工和交换使双方共同获利。人类进步史，实际上就是利用比较优势进行分工和交换的历史。

互换是比较优势理论在金融领域最生动的运用。根据比较优势理论，只要满足以下两种条件，就可进行互换：（1）双方对对方的资产或负债均有需求；（2）双方在两种资产或负债上存在比较优势。

（二）金融互换的功能

金融互换的功能主要有：

1. 通过金融互换可在全球各市场之间进行套利，从而一方面降低筹资者的融资成本或提高投资者的资产收益，另一方面促进全球金融市场的一体化。

2. 利用金融互换，可以管理资产负债组合中的利率风险和汇率风险。

3. 金融互换为表外业务，可以逃避外汇管制、利率管制及税收限制。

（三）金融互换的种类

金融互换虽然历史较短，但品种创新却日新月异。除了传统的货币互换和利率互换外，一大批新的金融互换品种不断涌现。

1. 利率互换。利率互换（Interest Rate Swaps）是指双方同意在未来的一定期限内根据同种货币的同样的名义本金交换现金流，其中一方的现金流根据浮动利率计算出来，而另一方的现金流根据固定利率计算。互换的期限通常在 2 年以上，有时甚至在 15 年以上。

双方进行利率互换的主要原因是双方在固定利率和浮动利率市场上具有比较优势。假定 A、B 公司都想借入 5 年期的 1000 万美元的借款，A 公司想借入与 6 个月期相关的浮动利率借款，B 公司想借入固定利率借款。但两家公司信用等级不同，故市场向它们提供的利率也不同，如表 12 - 1 所示。

表 12 - 1　　　　　　　　市场提供给 A、B 两公司的借款利率

| 公司 | 固定利率 | 浮动利率 |
| --- | --- | --- |
| A | 10.00% | 6 个月期 Libor + 0.30% |
| B | 11.20% | 6 个月期 Libor + 1.00% |

注：此表中的利率均为一年计一次复利的年利率。

从表 12 - 1 可以看出，A 公司的借款利率均比 B 公司低，即 A 公司在两个市场上都具有绝对优势。但在固定利率市场上，A 公司比 B 公司的绝对优势为 1.2%，而在浮动利率市场上，A 公司比 B 公司的绝对优势为 0.7%。这就是说，A 公司在固定利率市场上有比较优势，而 B 公司在浮动利率市场上有比较优势。这样，双方就可利用各自的比较优势为对方借款，然后互换，从而达到共同降低筹资成本的目的，即 A 公司以 10% 的固定利率借入 1000 万美元，而 B 公司以 Libor + 1% 的浮动利率借入 1000 万美元。由于本金相同，故双方不必交换本金，而只交换利息的现金流。即 A 公司向 B 公司支付浮动利息，B 公司向 A 公司支付固定利息。

通过发挥各自的比较优势并互换，双方总的筹资成本降低了 0.5%（即 11.20% + 6 个月期 Libor + 0.30% - 10.00% - 6 个月期 Libor - 1.00%），这就是互换利益。互换利益是双方合作的结果，理应由双方分享。具体分享比例由双方谈判决定。我们假定双方各分享一半，则双方都将使筹资成本降低 0.25%，即双方最终实际筹资成本分别为：A 公司支付 Libor + 0.05% 浮动利率，B 公司支付 10.95% 的固定利率。

这样，双方就可根据借款成本与实际筹资成本的差异计算各自向对方支付的现金流，即 A 公司向 B 公司支付按 Libor 计算的利息，B 公司向 A 公司支付按 9.95% 计算的利息。

在上述互换中，每隔 6 个月为利息支付日，因此互换协议的条款应规定每 6 个月一方向另一方支付固定利率与浮动利率的差额。假定某一支付日的 Libor 为 11.00%，则 A 公司应付给 B 公司 5.25 万美元 [即 1000 万 ×0.5× (11.00% − 9.95%)]。利率互换的流程图如图 12−6 所示。

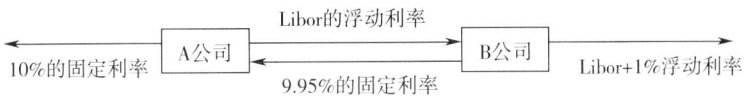

**图 12−6　利率互换流程图**

由于利率互换只交换利息差额，因此信用风险很小。

2. 货币互换。货币互换（Currency Swaps）是将一种货币的本金和固定利息与另一货币的等价本金和固定利息进行交换。

货币互换的主要原因是双方在各自国家中的金融市场上具有比较优势。假定英镑和美元汇率为 1 英镑 =1.5000 美元。A 公司想借入 5 年期的 1000 万英镑借款，B 公司想借入 5 年期的 1500 万美元借款。但由于 A 公司的信用等级高于 B 公司，两国金融市场对 A、B 两公司的熟悉状况不同，因此市场向它们提供的固定利率也不同（见表 12−2）。

表 12−2　　　　　　　　　市场向 A、B 公司提供的借款利率

| 公司 | 美元 | 英镑 |
| --- | --- | --- |
| A | 8.0% | 11.6% |
| B | 10.0% | 12.0% |

注：此表中的利率均为一年计一次复利的年利率。

从表 12−2 可以看出，A 公司的借款利率均比 B 公司低，即 A 公司在两个市场上都具有绝对优势，但绝对优势大小不同。A 公司在美元市场上的绝对优势为 2%，在英镑市场上只有 0.4%。这就是说，A 公司在美元市场上有比较优势，而 B 公司在英镑市场上有比较优势。这样，双方就可利用各自的比较优势借款，然后通过互换得到自己想要的资金，并通过分享互换收益（1.6%）降低筹资成本。

于是，A 公司以 8% 的利率借入五年期的 1500 万美元借款，B 公司以 12.0% 利率借入五年期的 1000 万英镑借款。然后，双方先进行本金的交换，即 A 公司向 B 公司支付 1500 万美元，B 公司向 A 公司支付 1000 万英镑。

假定 A、B 公司商定双方平分互换收益，则 A、B 公司都将使筹资成本降低 0.8%，即双方最终实际筹资成本分别为：A 公司支付 10.8% 的英镑利率，而 B 公司支付 9.2% 的美元利率。

这样，双方就可根据借款成本与实际筹资成本的差异计算各自向对方支付的现金流，进行利息互换。即 A 公司向 B 公司支付 10.8% 的英镑借款的利息计 108 万英镑，B 公司向 A 公司支付 8.0% 的美元借款的利息计 120 万美元。经过互换后，A 公司的最终

实际筹资成本降为10.8%的英镑借款利息,而B公司的最终实际筹资成本变为8.0%的美元借款利息加1.2%的英镑借款利息。若汇率水平不变的话,B公司最终实际筹资成本相当于9.2%的美元借款利息。若担心未来汇率水平变动,B公司可以通过购买美元远期或期货来规避汇率风险。

在贷款期满后,双方要再次进行借款本金的互换,即A公司向B公司支付1000万英镑,B公司向A公司支付1500万美元。到此,货币互换结束。若不考虑本金问题,上述货币互换的流程图如图12-7所示。

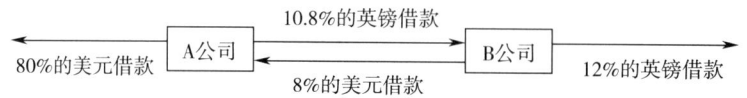

**图12-7 货币互换流程图**

由于货币互换涉及本金互换,因此当汇率变动很大时,双方就将面临一定的信用风险。当然这种风险仍比单纯的贷款风险小得多。

# 第三节 衍生工具定价

衍生金融工具的定价(Pricing)指的是确定衍生证券的理论价格,它既是市场参与者进行投机、套期保值和套利的依据,也是银行对场外交易的衍生金融工具提供报价的依据。下面我们将分别介绍远期、期货和期权这三种基本衍生金融工具的定价方法。更复杂的衍生金融工具的定价可以据此推导出来。

## 一、远期与期货价格定价方法

(一)基本假设

远期与期货价格的定价分析是建立在如下假设前提下的:

1. 没有交易费用和税收。
2. 市场参与者能以相同的无风险利率借入和贷出资金。
3. 远期合约没有违约风险。
4. 允许现货卖空行为。
5. 当套利机会出现时,市场参与者将参与套利活动,从而使套利机会消失,我们计算出的理论价格就是在没有套利机会下的均衡价格。
6. 期货合约的保证金账户支付同样的无风险利率。这意味着任何人均可不花成本地取得远期和期货的多头和空头地位。

(二)基本原理

根据罗斯等美国著名经济学家的证明[①],当无风险利率恒定,且对所有到期日都不

---

① Cox J. C., J. E. Ingersoll, and S. A. Ross, "The Relationship between Forward Prices and Future Prices", Journal of Financial Economics, (December 1981), 321-346.

变时，交割日相同的远期价格和期货价格应相等。

但是，当利率变化无法预测时，远期价格和期货价格就不相等。至于两者谁高则取决于标的资产价格与利率的相关性。

当标的资产价格与利率呈正相关时，期货价格高于远期价格。这是因为当标的资产价格上升时，期货价格通常也会随之升高，期货合约的多头将因每日结算制而立即获利，并可按高于平均利率的利率将所获利润进行再投资。而当标的资产价格下跌时，期货合约的多头将因每日结算制而立即亏损，而他可按低于平均利率的利率从市场上融资以补充保证金。相比之下，远期合约的多头将不会因利率的变动而受到上述影响。因此在此情况下，期货多头比远期多头更具吸引力，期货价格自然就高于远期价格。

相反，当标的资产价格与利率呈负相关性时，远期价格就会高于期货价格。

远期价格和期货价格的差异幅度还取决于合约有效期的长短。当有效期只有几个月时，两者的差距通常很小。

此外，税收、交易费用、保证金的处理方式、违约风险、流动性等方面的因素或差异都会导致远期价格和期货价格的差异。

在现实生活中，由于远期和期货价格与利率的相关性很低，以致期货和远期价格的差别可以忽略不计。在估计外汇期货和远期之间的合理差价时，康奈尔和莱因格纳[①]发现盯市所带来的收益太小了，以至于远期和期货价格几乎没有区别。因此在大多数情况下，我们仍可以合理地假定远期价格与期货价格相等，并都用 F 来表示。在以下的分析中，对远期合约的定价同样适用于期货合约。

（三）期货价格和现货价格的关系

从分析中我们得出，决定期货价格的最重要因素是现货价格。现货价格对期货价格的升跌起着重要的制约关系，正是这种制约关系决定了期货是不能炒作的。但是，如果现货市场不够大，从而使现货价格不能形成对期货价格的有效制约，期货市场就迟早会因恶性炒作而出问题。

那么期货价格和现货价格到底存在什么关系呢？

期货价格和现货价格的关系可以用基差（Basis）来描述。所谓基差，是指现货价格与期货价格之差，即

$$基差 = 现货价格 - 期货价格 \tag{12-1}$$

基差可能为正值也可能为负值。但在期货合约到期日，基差应为零。这种现象称为期货价格收敛于标的资产的现货价格，如图 12-1 所示。当标的证券没有收益，或者已知现金收益较小，或者已知收益率小于无风险利率时，期货价格应高于现货价格，如图 12-2（a）所示；当标的证券的已知现金收益较大，或者已知收益率大于无风险利率时，期货价格应小于现货价格，如图 12-2（b）所示。

但在期货价格收敛于现货市场的过程中，基差会随着期货价格和现货价格变动幅度

---

① Cornell, Bradford and Marc R. Reinganum, "Forward and Futures Prices: Evidence from the Foreign Exchange Markets", Journal of Finance 36 (Dec., 1981).

的差距而变化。当现货价格的增长大于期货价格的增长时,基差也随之增加,称为基差增大。当期货价格的增长大于现货价格增长时,称为基差减少。

期货价格收敛于标的资产现货价格是由套利行为决定的。假定交割期间期货价格高于标的资产的现货价格,套利者就可以通过买入标的资产、卖出期货合约并进行交割来获利,从而促使现货价格上升,期货价格下跌。相反,如果交割期间现货价格高于期货价格,那么打算买入标的资产的人就会发现,买入期货合约等待空头交割比直接买入现货更合算,从而促使期货价格上升。

## 二、期权价格定价方法

期权定价是所有衍生金融工具定价中最复杂的,它涉及统计学中随机过程这一概念。根据弱式效率市场假说与马尔可夫过程、布朗运动、伊藤过程和伊藤引理等相关原理,可以推导出著名的布莱克—斯科尔斯(Black–Scholes)微分方程及期权定价公式。这些理论将在金融工程等相关学科中加以介绍。

## 【本章小结】

衍生金融市场是指衍生金融工具交易的场所,衍生金融产品按照产品形态的不同分为远期、期货、期权、互换等。衍生金融工具具有很高的杠杆效应但是不会创造财富,它的出现提高了市场的流动性。远期合约是非标准化合约,灵活性较大,主要有远期利率协议、远期外汇合约和远期股票合约等。期货合约是标准化合约,可分为利率期货、外汇期货和股价指数期货;期权合约赋予其购买者购买或出售某种金融资产的权利,按期权买者的权利划分可分为看涨期权和看跌期权;互换约定在一定的时间内交换一系列现金流,以比较优势理论为基础,新型互换品种有利率互换和货币互换。

远期与期货价格定价方法的基础是假定当无风险利率恒定,且对所有到期日都不变时,交割日相同的远期价格和期货价格应相等;期权定价可由布莱克—斯科尔斯微分方程及期权定价公式推导得出。

## 【重要概念】

衍生金融工具　金融远期合约　远期利率协议　远期外汇合约　远期股票合约
金融期货合约　利率期货　外汇期货　股价指数期货　金融期权合约　看涨期权
看跌期权　金融互换　利率互换　货币互换　比较优势理论　基差

## 【思考题】

1. 为什么说利率互换违约的预期损失小于相同本金的贷款违约?
2. 为什么交易所向期权卖方收保证金而不向买方收保证金?

# 第十三章

# 外汇市场

外汇市场是进行外汇交易的市场,是国际金融市场的重要组成部分。作为全球交易规模最大的金融市场,近年来,全球外汇市场交易量呈现显著的快速增长态势,2019年日均交易量已达到6.6万亿美元[①]。本章将在了解外汇市场基础知识和国际外汇市场发展概况的基础上,着重学习主要的外汇交易方式,以及规避外汇风险的主要策略。

## 第一节 外汇市场概述

外汇市场是外汇交易主体进行货币兑换或外汇买卖的场所或系统。它的交易标的是不同国家的货币资产。正是外汇市场远超债券、股票、金融衍生工具等市场的庞大交易规模,使其成为最具流动性的市场。

### 一、外汇市场的特征和分类

外汇市场是一个由各国外汇交易中心所构成的庞大体系。目前,世界上大约有30多个外汇交易中心,遍布于不同的国家和地区,其中伦敦、纽约、东京、法兰克福、新加坡、香港等是佼佼者。这些外汇市场相互联系,形成了全球一体化的统一的外汇市场。

(一)外汇市场的主要特征

1. 全天候交易,交易时间长。外汇市场是典型的无形市场,全球外汇交易者可以通过电话、电传、计算机等通信设备及网络完成外汇资金的划拨和转移。全球各大外汇交易中心处于不同的地理位置,由于时差原因,其交易时间相互重叠,使得外汇市场已成为一个不分昼夜、全天候24小时连续运作的巨大市场。惠灵顿、悉尼、东京、香港、法兰克福、伦敦、纽约等各大外汇市场紧密相连,为投资者提供了没有时间和空间障碍的理想投资场所。只有星期六、星期日以及各国(或地区)的重大节日,外汇市场才会关闭。

2. 交易便利,成交量巨大。计算机技术的广泛应用,使交易者可以通过交易系统方

---

① 数据来源:国际清算银行(BIS)2019年全球外汇交易统计报告。

便地进行买卖交易。外汇市场是世界上最大的金融交易市场，2019年全球外汇市场日均交易量已达到6.6万亿美元，其规模已远远超过股票、期货等其他金融商品市场，财富转移的规模越来越大，速度也越来越快。

3. 政策干预程度低。虽然一国的中央银行会对外汇市场进行一定程度的外汇干预活动，但其干预能力在这个容量巨大的外汇市场上并不突出。因为买卖双方阵营中随时都有大型金融机构和为数众多的普通交易者存在并不断地参与交易活动，所以外汇市场是一个机构或个人难以操纵的市场。

### 专栏13-1
#### 全球主要外汇市场交易时间

由于所处的时区不同，全球各外汇市场在营业时间上此开彼关。若以北京时间为标准，每天凌晨的时候，从新西兰的惠灵顿开始，自东而西，直到次日凌晨的美国西海岸市场的闭市，澳洲、亚洲、北美洲各大市场首尾衔接。这些市场通过先进的通信设备和计算机网络连成一体，市场的参与者可以在世界各地进行交易，由此形成了全球一体化运作、全天候运行的国际外汇市场。

（一）世界各主要外汇市场交易时间（北京时间）
惠灵顿：05：00～13：00（冬令时间04：00～12：00）
悉尼：07：00～15：00（冬令时间06：00～14：00）
东京：08：00～14：30
香港：09：00～16：00
法兰克福：14：00～22：00
新加坡：09：00～16：00
伦敦：15：30～23：30（冬令时间16：30～00：30）
纽约：20：20～03：00（冬令时间21：20～04：00）

（二）最佳交易时段
1. 两大外汇交易地区重叠交易时段：如亚洲和欧洲市场重叠，欧洲和北美洲市场重叠的交易时段市场最活跃。
2. 伦敦、纽约外汇市场交易时段：此时是各国银行外汇交易的密集区，因此是每天全球外汇市场交易最频繁，市场波动最大，大宗交易最多的时段，适宜交易。
3. 周中间时段（北京时间周二至周四区间）是一周交易较活跃时期，较适宜交易。

（二）外汇市场的分类
1. 按有无固定的经营场所划分。外汇市场按有无固定的经营场所划分，可分为有形外汇市场和无形外汇市场。

有形外汇市场，也称交易所市场，是指有固定的营业场所和规定的营业时间的外汇市场。像巴黎、阿姆斯特丹、米兰等地的外汇市场即属于此类市场。有形外汇市场的主要特点：一是外汇交易所通常位于世界各国的金融中心；二是从事外汇业务经营的双方都在每个交易日的规定时间内进行外汇交易。在自由竞争时期，西方各国的外汇买卖主要集中在外汇交易所。但进入垄断阶段后，银行垄断了外汇交易，致使外汇交易所日渐衰落。

无形外汇市场没有固定的营业场所，外汇买卖双方通过电话、计算机网络等方式同经营外汇的机构进行联系以达成外汇交易。目前，世界上较大的外汇市场都是无形市场，如纽约、伦敦、东京等。无形外汇市场的主要特点有：第一，没有确定的开盘与收盘时间。第二，外汇买卖双方无须面对面交易，可以凭借电传、电报和电话等通信设备进行与外汇机构的联系。第三，各主体之间有着较好的信任关系，否则这种交易难以完成。目前，除了个别欧洲大陆国家的一部分银行与顾客还在外汇交易所进行外汇交易外，其他世界各国的外汇交易大多通过现代通信网络进行。

2. 按外汇交易参与者划分，可分为银行间市场和客户市场。

银行间市场，是指银行同业之间买卖外汇形成的市场。由于每日成交金额巨大，其交易量占整个外汇市场交易量的90%以上，故又称作"外汇批发市场"。

客户市场，是由外汇银行、个人和公司客户之间的交易构成的外汇市场，其交易规模较小，交易量占外汇市场交易总量的比重不足10%，故又称作"外汇零售市场"。

3. 按政府对市场交易的干预程度划分，可分为官方外汇市场、自由外汇市场和外汇黑市。

官方外汇市场是指受所在国家政府控制、按照中央银行或外汇管理机构规定的官方汇率进行外汇买卖的外汇市场，在发展中国家较为普遍。

自由外汇市场是指不受所在国家政府控制、基本按照市场供求规律形成的汇率进行交易的外汇市场。政府、机构和个人可以买卖任何币种、任何数量的外汇，外汇资金的进出国境不受任何限制。像纽约、伦敦、东京、新加坡等外汇市场都是国际上主要的自由外汇市场。

外汇黑市是指非法进行外汇买卖的市场。在外汇管制比较严格、不允许自由外汇市场合法存在的国家常常出现外汇黑市。其主要特点有：是在政府限制或法律禁止外汇交易的条件下产生的；交易过程具有非公开性。

## 二、外汇市场的参与者

外汇市场的参与者主要是以大型商业银行和大型跨国公司为代表，它们或出于自身目的进行交易，或接受客户委托代行交易，但主要目的是谋利。除此之外，当中央银行调控汇率水平时，也会进入外汇市场中。

（一）商业银行

由各国中央银行指定或授权经营外汇业务的商业银行或其他金融机构是外汇市场交易的主体。商业银行在外汇市场上主要从事两类业务：一是为其他外汇交易者提供结算、支付等汇兑服务，在外汇的最终供给者与需求者之间起到了中介的作用；二是在外汇市场上进行直接交易，以调整自身的外汇头寸，避免汇率风险，同时通过交易获取利润。

（二）外汇经纪人

外汇经纪人指外汇市场上为外汇交易者提供介绍、接洽或代理交易等业务的中间人。他们凭借自身与各外汇市场参与者的密切联系、对外汇供求情况和市场行情的熟悉以及丰富的外汇交易经验，促成外汇交易者找到合适的交易对象和交易价格，最终完成外汇买卖。外汇经纪人主要靠赚取手续费来获利，自身并不承担外汇交易的风险。

外汇经纪人提供的外汇交易服务通常包括：(1) 银行先询价，经纪人再报价。在外汇买卖时，首先由银行向经纪人提出询价，经纪人报价后银行觉得可以接受，就告知经纪人买入或卖出外汇的种类及数额，之后，经纪人通知该笔交易参与的银行并开出佣金收取通知书。(2) 经纪人主动报价。为了争取更多的业务，改进服务质量，经纪人有时为银行交易厅无偿安装电信设备，并主动向银行报价，一旦银行觉得经纪人的报价可以接受，便立即促使其成交。(3) 订单配对。外汇经纪人根据买方客户和卖方客户发出的交易订单进行比对，将其中交易条件相符的订单配对，然后分别向交易双方开出交易确认书，促成双方的交易。

（三）非金融机构和个人

非金融机构和个人是指外汇交易中最初的外汇供应者和最终的外汇需求者，包括进出口商、政府机构、跨国公司、出国旅游者及其他外汇供求者，其中跨国公司凭借雄厚的资金和巨大的业务量，成为非金融机构在外汇市场的主要参与者。

出口商出口商品后需要把收入的外汇卖出，而进口商进口商品则需要买进对外支付的外汇，这些都要通过外汇市场的外汇交易来进行。其他外汇供求者系指因运费、旅费、留学费、汇款、外国有价证券买卖、外债本息收付、政府及民间私人借贷以及其他原因形成的外汇供给者和需求者，包括有劳务外汇收入者、有国外投资收益者、接受国外援助者、收到侨汇者、接受外国贷款者、对本国进行直接投资的外国企业和在国外发行有价证券者。

（四）中央银行

中央银行也是外汇市场上的重要参与者。它一般不进行直接的、经常性的买卖，而主要是通过经纪人和商业银行进行交易，其目的是以该国银行体系管理者的身份，通过买卖外汇，维持本币汇率稳定，防止国际短期资金冲击本国外汇市场，管理与控制本国货币供应量，维持汇率稳定和国际收支平衡。

## 三、世界主要外汇市场

在地域上，外汇市场主要分布于亚洲、欧洲和北美洲。其中，最重要的外汇市场有欧洲的伦敦、法兰克福、苏黎世和巴黎，北美洲的纽约和洛杉矶，亚洲的东京、新加坡和香港等。

（一）伦敦外汇市场

伦敦外汇市场在第一次世界大战之前就已发展起来，是世界上出现最早的外汇市场，也是迄今为止全球交易规模最大的外汇市场。根据国际清算银行的统计，2019年其市场份额达到全球外汇市场交易总额的43.1%。由于伦敦独特的地理位置，地处两大时区交汇处，连接着亚洲和北美洲市场，亚洲收市伦敦开市，伦敦收市纽约开市，所以交易异常活跃，对整个外汇市场走势有着重要的影响。

伦敦外汇市场由英格兰银行指定的外汇银行和外汇经纪人组成。外汇经纪人，包括清算银行、商业银行、外国银行设在伦敦的分支行及其他金融机构。1979年10月24日，英国政府宣布自即日起完全解除外汇管制，伦敦外汇市场成为基本上完全自由的市场，外汇交易量不断增长，并以交易效率高、货币种类多、交易设施先进和拥有一批训练有素的专门人才而闻名。

伦敦外汇市场作为一个全球性的外汇中心，并无一个具体的外汇交易场所，而是通过完整的电信网络设备、专用的对讲电话、灵敏的电子装置，迅速灵活地处理着各种即期和远期外汇买卖业务。其汇率报价采用间接标价法，交易货币种类众多，最多达80多种。

(二) 纽约外汇市场

第二次世界大战后，随着美元成为国际储备和清算货币，纽约成为全球美元清算中心。纽约外汇市场迅速发展成为全球第二大外汇交易中心。

纽约外汇市场由三部分组成。第一是银行与客户之间的市场，第二是纽约银行间的市场，第三是纽约各银行与国外银行间的市场。其中纽约银行间市场是交易量最大的市场，占整个外汇市场交易量的90%。纽约外汇市场包括50家美国银行和200多家外国银行在纽约的分支机构、代理行及代表处。

纽约外汇市场是一个完全自由的外汇市场，亦属于无形市场，其汇率报价对英镑采用直接标价法，对其他国家货币采用间接标价法，便于在世界范围内进行美元交易。

(三) 东京外汇市场

东京外汇市场形成较晚，1964年日本加入国际货币基金组织后，日元才允许自由兑换，东京外汇市场开始逐步形成。20世纪80年代以后，随着日本经济的迅猛发展和在国际贸易中地位的逐步上升，东京外汇市场也日渐壮大起来。

东京外汇市场是一个无形市场，交易者通过现代化通信设施联网进行交易。其参与者有五类：一是外汇专业银行，即东京银行；二是外汇指定银行，指可以经营外汇业务的商业银行；三是外汇经纪商；四是日本的中央银行——日本银行；五是非银行客户，主要是企业法人、进出口企业商社、人寿财产保险公司、投资信托公司、信托银行等。

从交易货币和种类看，因为日本的进出口贸易多以美元结算，所以东京外汇市场90%以上是美元对日元的买卖，日元对其他货币的交易较少；交易品种有即期、远期和掉期等。

(四) 新加坡外汇市场

新加坡外汇市场是在20世纪70年代初亚洲美元市场成立后，才逐渐发展起来的新兴外汇市场。它是全球第四大外汇市场，日平均交易量仅次于伦敦、纽约和东京外汇市场。由于地处欧、亚、非三洲交通要道，时区优越，新加坡外汇市场上午可与香港、东京、悉尼进行交易，下午可与伦敦、苏黎世、法兰克福等欧洲市场进行交易，中午可同中东的巴林进行交易，晚上同纽约进行交易。根据交易需要，一天24小时都同世界各地区进行外汇买卖。新加坡外汇市场除了保持现代化通信网络外，还直接同纽约的CHIPS系统和欧洲的SWIFT系统连接，货币结算十分方便。

新加坡外汇市场是一个无形市场，大部分交易由外汇经纪人办理，并通过他们把新加坡和世界各金融中心联系起来。交易以美元为主，约占交易总额的85%。大部分交易都是即期交易、掉期交易及远期交易，合计占交易总额的三分之一。汇率均以美元报价，非美元货币间的汇率通过套算求得。

### 四、主要外汇交易系统

随着国际金融的一体化，各国外汇交易中心的联系越来越紧密，广大外汇交易者越来越需要快捷、准确、安全的通信系统。目前，国际外汇市场运用最广泛的交易系统主要有四种：路透社终端、美联社终端、德励财经终端和彭博资讯终端等。这几大系统在服务内容和方式上大同小异，本书以路透社终端为例进行简单介绍。

路透社（Reuters）终端由英国路透新闻社推出，该社利用分散于全球各地和金融中心城市的新闻记者，广泛收集有关的政治、经济、金融、贸易等信息，并通过卫星、交易机等先进的通信工具，以最快捷的速度向用户提供信息服务。

全球参加路透社交易系统（Thomson Reuters 3000 Xtra）的每家银行都有一个指定的代号。交易员若想与某家银行进行交易，在键盘上输入对方银行的代号，叫通后即可询价，并可以讨价还价。双方的交易过程全部显示在终端机的荧屏上，交易完毕后即可通过打印机打印出来，作为交易双方的文字记录和交易合同。路透社终端提供的服务主要包括：即时信息服务，即路透社记者将即时的政治、金融、商品等信息汇集到路透社编辑中心，然后再输送到各地的终端，用户只需输入代号，即可在屏幕上阅读信息；即时汇率行情，即路透社终端的即时汇率版面，为交易员显示即时世界各大银行外汇买卖的参考价；走势分析，即路透社系统中，有许多专业的分析家负责每天撰写汇市评论和走势分析，然后输入路透社电脑中心，用户需要时可调出作参考；外汇买卖和技术图表分析，即路透社通过路透社交易机为用户提供各种货币的技术图表，以帮助用户分析。

## 第二节 外汇交易

即期交易、远期交易和掉期交易是外汇交易的基本形式，也是最为常见的交易类型。其中，即期外汇交易量居各类外汇交易量之首。远期和掉期外汇交易主要源于企业、银行等对于风险规避的需求。

### 一、即期外汇交易

即期外汇交易，又称现汇交易，是指外汇交易双方采用即期汇率，原则上在合同签订后的两个营业日内进行交割的外汇交易。在国际外汇市场上进行外汇交易时，除非特别指定日期，一般都视为即期交易。

（一）即期外汇交易的交割日

交割日，又称起息日、结算日，是指外汇交易合同的到期日，在这一天交易双方进行实质货币交换并开始计息。大部分外汇交易都是通过银行系统进行结算并收付货币的，即通过银行外币存款进行结算。因此，交割通常表现为交易双方按对方的要求，将卖出的货币汇入对方指定的银行。

外汇交易涉及成交地和结算地两个地理概念，成交地是交易双方合约成交的地方，而结算地是交易双方货币交割的地点。确定交割日时所依据的营业日计算以结算地日期为准，同时遵循"价值抵偿原则"，即一项外汇交易的双方必须在同一时间进行交割，以减少信用风险。

银行间即期外汇交易的交割日通常包括以下三种类型：

1. 标准日交割。即在成交后的第二个营业日交割（之所以有两天的时间间隔，是因为必须通过诸如 SWIFT 系统和 CHIPS 系统等适当渠道对交易进行确认和结算）。如果遇到任何一方的非营业日，则向后顺延到下一个营业日，但交割日顺延不能跨月。

2. 隔日交割。即在成交后第一个营业日进行交割。如港元兑日元、新加坡元、澳元、马来西亚林吉特，美元兑加元或墨西哥比索等采用这种交割方式。

3. 当日交割。即在成交当日进行交割的即期买卖。如香港外汇市场的美元兑港元就是当日交割。

> **专栏 13-2**
> **即期外汇交易实例**

| 交易过程 | 意义说明 |
| --- | --- |
| A：GBP 5 Mio | A：（银行）询价：英镑兑美元，金额 500 万 |
| B：1.6773/78 | B：（银行）报价：价格 GBP1 = USD1.6773/78 |
| A：My Risk | A：不满意 B 的报价，在此价格下不作交易即 |
|  | 此价格不再有效，A 可以在数秒之内再次向 |
|  | B 询价 |
| A：NOW PLS | A：再次向 B 询价 |
| B：1.6775choice | B：以 1.6775 的价格任 A 选择要买或卖 |
| A：Sell PLS | A：选择卖出英镑，金额 500 万英镑 |
| My USD To A NY | 我的美元请汇入 A（银行）的纽约账户 |
| B：OK Done | B：此交易已成交 |
| at 1.6775 We Buy | 在 1.6775 我买入 |
| GBP 5 Mio AGUSD | 英镑 500 万 |
| Val May -20 | 交割日 5 月 20 日 |
| GBP To MY London | 我的英镑请汇入 B 伦敦的英镑账户 |
| TKS for Deal，BIBI | 谢谢惠顾，再见 |

(二) 即期外汇交易的基本程序与应用

1. 即期外汇交易的基本程序。一笔完整的即期外汇交易一般包括五个步骤，即询价、报价、成交、确认和交割。其中询价、报价和成交过程主要是通过路透交易系统、美联社交易系统等现代通信工具完成；确认和交割过程通常是通过诸如 SWIFT 系统和 CHIPS 系统等完成。

2. 即期外汇交易的应用。即期外汇交易通常应用于汇出汇款、汇入汇款、出口收汇和进口付汇。

汇出汇款是指汇款人委托外汇银行向国外收款人支付一定金额外币的行为。汇出汇款实际上是客户向外汇银行买进外汇、外汇银行卖出外汇的一种即期交易；汇入汇款与汇出汇款相对应，是指收款人收到汇入行从国外取得的外币款项后，将外汇结汇成本币的方式，结汇过程就形成了即期外汇交易。

出口收汇是指出口商将出口货物装船后，通过某种结算方式收回出口货款的过程。在此过程中，实际上是客户向银行卖出了一笔外币，银行做了一笔买入外汇的即期交易；进口付汇与出口收汇相反，是进口商作为客户向银行买入一笔即期外汇，银行卖出一笔外汇的即期交易。

汇出汇款和汇入汇款可以出于多种目的，而出口收汇和进口付汇则主要用于贸易结算。

## 二、远期外汇交易

远期外汇交易，又称期汇交易，是指外汇买卖双方先签订合同，规定交易的币种、金额、汇率以及交割的时间、地点等，并于将来某个约定的时间按照合同规定进行交割的一种外汇交易。

远期外汇交易一般数额较大，所以交易双方都比较谨慎，签订的合同相当规范，合同不仅注明买卖双方的姓名、币种、金额，还要标明汇率、远期期限和交割日等。合同一经签订，双方必须按期履约，不能轻易违约，否则违约方会受到经济处罚。商业银行与普通客户签订交易合同，通常要求客户必须由外汇经纪人作担保，并提供一定的抵押金或抵押品（通常为交易额的10%），以防客户不履行合同使银行遭受损失。一旦汇率变动引起的损失超过了抵押金或抵押品的价值，银行就会通知客户增加抵押金或抵押品。

### （一）远期外汇交易的交割日

远期外汇交易与即期外汇交易的主要区别就在于交割日的不同。凡是交割日在成交后的两个营业日之后的外汇交易，都属于远期外汇交易。远期外汇交易的交割日依照国际惯例是按月而不是按天计算的，采取"日对日、月对月，节假日顺延但不跨月"的规则计算交割日。期限一般为1个月、2个月、3个月、6个月等，一般不超过1年，最常见的为3个月。

"日对日"是指远期交易的交割日与成交时的即期日（即成交后的第二个营业日）相对应。例如，一笔远期外汇交易期限3个月，在1月10日成交，则这笔交易的即期日为1月12日，则远期的交割日为4月12日。

"月对月"是指当远期交易的即期日为月底日（即某月最后一个营业日）时，远期交易的交割日也为相应月份的月底日。例如，一笔远期外汇交易发生在1月27日，则其即期日为1月29日,期限为1个月,那么对应的交割日应该是2月29日,如果当年2月仅有28天,则2月28日(营业日)成为交割日。

"节假日顺延"是指在远期外汇交易中节假日那天不是营业日,因此要顺延到下一个营业日。例如,一笔外汇交易发生在4月7日,即期日为4月9日,如果远期合约为6个月,则交割日应为10月9日,但是如果恰逢10月9日为周六,则交割日就要顺延到下一个营业日,即10月11日(周一)。

"不跨月"是指当远期交割日遇上节假日顺延时,不能超过这个月份。例如,一笔为期3个月的外汇交易,发生在3月30日,则远期交割日应为6月30日,但如果6月30日是周六,就会顺延到7月1日,这时交割日需要向前推为3月29日,不可跨月。

(二)远期外汇交易的分类

远期外汇交易根据交割日是否固定来划分,可以分为定期远期交易(Fixed Date Forwards)和择期远期交易(Optional Date Forwards)。定期远期交易,是指交易双方约定某一确定的日期作为交割日,既不能提前也不可以推迟。若是一方延迟交割,另一方可以向其要求支付滞纳金。通常所说的远期外汇交易一般指定期远期交易。

择期远期交易,分为部分择期和完全择期两种。部分择期是买卖双方约定一交割期限,在这一期限内由客户任意选择一个营业日作为交割日。完全择期是指客户可以选择从双方成交后的第三个营业日起至远期合约的到期日止的任何一个营业日作为交割日。

在择期交易中,报价银行一定会按照对自己有利的交易价格报价,即报价银行在买入货币时报出较低的汇率,在卖出货币时报出较高的汇率。具体报价原则如表13-1所示。

表13-1　　　　　　　　　　　择期外汇交易报价原则

| 汇率变动状态 | 银行买本币,卖外汇 | 银行卖本币,买外汇 |
| --- | --- | --- |
| 本币升值,外币贬值 | 按择期开始日汇率报价 | 按择期结束日汇率报价 |
| 本币贬值,外币升值 | 按择期结束日汇率报价 | 按择期开始日汇率报价 |
| 本币升贬值交替出现 | 按择期期间最低本币汇率报价 | 按择期期间最高本币汇率报价 |

(三)远期外汇交易的应用

1. 套期保值。远期外汇交易最主要的应用之一就是利用远期外汇交易进行套期保值,避免外汇风险。在国际贸易中,合同订立至货款清算之间通常有一段时间,在此期间若计价货币的汇率发生变动,不但不能确保成本和利润稳定,甚至还会遭受损失。保值就是通过向商业银行预约买进或卖出一笔远期外汇,使将来外汇交易的价格免受汇率波动的影响,从而达到保值目的。

2. 外汇投机。远期外汇交易另一个主要的应用是进行外汇投机牟利。外汇市场的投机活动是指外汇市场参与者不是从实际需要出发,而纯粹是为赚取买卖差价而进行的交易。远期外汇投机是基于预期未来某时点的现汇汇率与目前的远期汇率不一致而进行的远期外汇交易。具体操作是,在预期外汇远期汇率将要上升时,先买进后卖出同一交割日期的外汇远期合约;在预期外汇远期汇率将要下降时,先卖出后买进同一交割日期的外汇远期合约。其特点是买空和卖空，只需和银行签订外汇的买卖合同，不用本钱或交纳少量的保证金就能牟取暴利。当然，预测不准也会蒙受损失。

3. 中央银行的政策工具。远期外汇市场为中央银行提供了政策工具，中央银行可以运用多种干预手段来影响本国货币汇率的走势，实现货币政策的目标。

### 三、外汇掉期交易

掉期交易是指币种、金额相同但交易方向相反，交割期限不同的两笔或两笔以上的外汇交易合并完成的一种交易方法。若客户持有甲货币而需使用乙货币，但在经过一段时间后又需要收回乙货币并将其换回甲货币，就可以通过续作掉期外汇交易来固定换汇成本，防范风险。

掉期交易具有以下特点：一是外汇的买入与卖出同时进行；二是买入与卖出的外汇是同一币种，而且金额相等；三是多笔交易的交割期限不相同；四是掉期交易主要发生在银行同业之间。

按照交割日期不同，掉期交易一般可分为即期对即期掉期交易、即期对远期掉期交易和远期对远期掉期交易。

1. 即期对即期的掉期交易。即期对即期的掉期交易是指买入或卖出一笔现汇的同时，签订卖出或买入同种货币的另一份即期合约，但这两笔交易的交割日不同。常见类型有：隔夜掉期（Over – Night，O/N），即在交易日做一笔当日交割的买入（或卖出）交易，同时做一笔在第一个营业日交割的卖出（或买入）的交易，主要用于银行同业的隔夜资金拆借；隔日掉期（Tomorrow – Next Swap，T/N），是指在成交日后的第一个营业日完成第一笔交割，同时将反向交割的第二笔交易安排在成交日后的第二个营业日。

2. 即期对远期的掉期交易。即期对远期的掉期交易是指同时进行即期和远期的同种外汇、相同金额的交易，但两者交易方向相反。这是外汇市场上最常见的掉期交易形式。这种交易又可分为买入即期外汇/卖出远期外汇和卖出即期外汇/买入远期外汇两种形式。两个交割日相差的期限通常有1周、1个月、2个月、3个月和6个月。

3. 远期对远期的掉期交易。远期对远期的掉期交易是指买进并卖出同种货币不同交割期限的两笔远期外汇。这种形式多为转口贸易的中间商所使用。该交易有两种方式，一是买进较短交割期的远期外汇，卖出较长交割期的远期外汇；二是买进期限较长的远期外汇，而卖出期限较短的远期外汇。

### 四、套汇交易

套汇交易是指套汇者利用不同交割期限、不同外汇市场上汇率的差异进行外汇买卖，以牟取差价利润的行为，其核心是通过低买高卖赚取汇率差价。

套汇交易具有强烈的投机性。投机商纷纷购买价格便宜的货币而抛售价格较高的货币，致使价格低的货币汇率上涨，价格高的货币汇率下跌，从而使不同外汇市场的汇率差异趋于消失。大型商业银行通常是最主要的套汇投机者，它们在海外广设分支机构和代理行，消息灵通、资金雄厚、套汇便捷。套汇交易根据利润来源不同，可以分为时间套汇和地点套汇两种。

（一）时间套汇

时间套汇，是指套汇者利用不同交割期限所造成的汇率差异来盈利的套汇方式。时间套汇实质上就是掉期交易，只是时间套汇侧重于交易动机，而掉期交易侧重于交易方法；时间套汇的目的在于获取套汇收益，只有在不同交割期的汇率差异有利可图时，才进行套汇，而掉期交易往往是为了防范汇率风险进行保值，一般不过分计较不同交割期的汇率差异的大小。时间套汇往往在同一外汇市场内进行。

（二）地点套汇

地点套汇，是指套汇者利用多个不同外汇市场上的汇率差异，连续在不同的地点进行外汇买卖，以赚取汇率差价的一种套汇方式。地点套汇又分为直接套汇和间接套汇两种。

1. 直接套汇。又称两角套汇，是指套汇者利用同一时间两个外汇市场上的汇率差异，进行贱买贵卖，以赚取汇率差价的外汇买卖活动。

2. 间接套汇。又称三角套汇或多角套汇，是指套汇者利用同一时间三个或三个以上外汇市场之间货币的汇率差异，进行贱买贵卖，从中赚取差价的外汇投机活动。在套汇实际操作中，由于电信技术日益发达，不同外汇市场的汇差会同时为各国银行所了解，所以单纯依靠两地套汇谋利几乎已经不可能。因此，要想通过套汇获得利润，往往需要在三个或三个以上的外汇市场上同时操作。

需要注意的是，套汇活动会使外汇市场上便宜的货币需求增加，昂贵的货币供给增加，从而推动两地汇率的差异逐步缩小直至均衡，套汇就不再有利可图。由于银行的通信手段和交易技术日益快捷，各外汇市场之间的联系更加紧密，导致在不同市场之间出现货币汇率差异的机会日趋减少。

## 五、套利交易

套利交易，也称利息套汇，是指套利者利用不同国家或地区短期利率的差异，将资金从利率较低的国家或地区转移至利率较高的国家或地区，从中获取利息差额收益的一种投机活动。

套利与套汇一样，会由于大量资金的投入和交易，最终促使各国货币利差与货币远期贴水率趋于一致，使套利无利可图。套利活动使各国货币利率和汇率形成了一种有机的联系，二者互相影响、互相制约，推动国际金融市场的一体化。

套利交易按照是否对汇率风险进行防范，可分为非抛补套利和抛补套利。

（一）非抛补套利

非抛补套利是指套利者把货币从利率低的市场转向利率高的市场，但不对货币汇率变动的风险加以防范，试图从中谋取利差收益的一种外汇交易。非抛补套利具有纯投机性质，一般在两种货币汇率相对稳定的情况下进行，需承担高利率货币远期贬值的风险。

根据我们已经学过的利率平价理论可知，利率高的货币在未来一定会贬值。这就意味着，所有的套利活动都不会获得完全的利差收益，都会由于高利率货币的贬值而损失一部分收益，在不做风险防范的情况下，甚至可能会出现亏损。这就需要采用其他交易形式，对套利期间的外汇风险进行保值，即抛补套利。

（二）抛补套利

抛补套利是指套利者把资金从低利率国调往高利率国的同时，在外汇市场上卖出高利率货币的远期，以避免汇率风险的外汇交易方式。这实际上是将远期交易和套利交易结合起来的套期保值。

套利机会是转瞬即逝的，机会一旦出现，大银行和大公司便会迅速投入大量资金，从而使两国的利差与两国货币升贴水率（即远期汇率与即期汇率之间的差额）之间的不一致迅速消除。所以，套利活动客观上加强了国际金融市场的一体化，使两国之间的短期利率趋于均衡，并由此形成一个世界性的利率网络。如果说套汇使得同一时点上不同金融市场的汇率趋于一致，那么套利则使得一段时间内各金融市场的利差与货币远期的升贴水率趋于一致。

**专栏 13-3**

**次贷危机前的日元套利交易**

从 2004 年美联储加息开始，美国短期借贷利率不断被拉高。此时，美国金融机构借入短期资金，放出长期贷款的风险增加。所以美国金融机构从美国市场借入短期资金的概率很小，而日本恰好是近似零成本借贷的市场。当日元资金进入美国长期国债时，压低了长期国债的收益率，而短期资金成本因加息被拉升，迫使国际金融机构大量拆借日元，转而投向美国资本市场，给美国股市、楼市带来了繁荣。而日本投资者拆借出来的日元，大部分是赚取日元和美元之间的利差，但主要的投资目标还是美国长期国债。

2007 年 2 月，日本中央银行将银行间的无担保隔夜拆借利率从 0.25% 提高到 0.5%。此时美联储还未降息，日元套利交易者的获利空间没有受到太大的压缩，所以只有小规模的套利者平仓，日元持续升值近一个月，美国 10 年期国债收益率上涨。2007 年 9 月美联储降息，当时的美国长期国债收益率没有马上上涨，说明日本套利投资者仍然坚定看好美国国债市场。但日元汇率却在降息后大幅升值，就会导致其他交易者平仓，加剧了资本市场的动荡。

直到 2008 年美联储的再次大幅降息，进一步压缩了交易者的利差空间，国际金融机构平仓致使日元升值，日本投资者才大量逃离美国资本市场。美国长期抵押贷款利率上升，随之而来的，便是国际金融危机的爆发。

## 第三节 外汇风险

随着 20 世纪 70 年代布雷顿森林体系崩溃，西方国家开始进入浮动汇率制度以来，汇率的波动性日趋加剧，使得外汇持有者的外汇风险大大增加。因此，加强外汇风险管理是跨国公司、商业银行等外汇市场参与者，乃至一国政府都必须重视的重要问题。

## 一、外汇风险的含义

外汇风险,又称汇率风险,是指在一定时期内由于外汇市场汇率发生变化,给企业、银行等经济组织及个人,以外币表示的资产(债权、权益)与负债(债务、义务)带来损益的可能性。

外汇风险的含义包括广义外汇风险和狭义外汇风险。广义外汇风险是指国际经济交易主体在从事外汇相关业务时,由于汇率或其他因素变动而蒙受损失或带来收益的可能性。主要包括汇率风险、利率风险、信用风险、政策风险、决策风险以及道德风险等。狭义的外汇风险是指国际经济交易主体在从事外汇相关业务时,仅由于汇率变动而蒙受损失的可能性,即仅指汇率风险的损失情况。本节的外汇风险是狭义的外汇风险。

对于外汇风险的理解,需要把握以下三个方面:

第一,外汇风险是由汇率变动的不确定性造成的,因此,只有国际经济交往中发生了本币与外币的兑换,才会出现外汇风险。

第二,只有在国际经济交往中,贸易额或借贷资金数额出现盈亏不能抵销,引起资金出入不等时,才会引起外汇风险,即外汇风险中的价值风险。通常把因盈亏不等而遭受外汇风险的外币金额(即头寸)称为"受险头寸"或"风险敞口"或"外汇暴露"。

第三,当外币资产和负债数额相等,但是期限不同时,经济主体也将面临外汇风险,即外汇风险中的时间风险。

## 二、外汇风险的分类

外汇风险根据发生时间的不同,可以分为交易风险、折算风险和经济风险。在经营活动过程中的风险为交易风险;计量经营活动结果中的风险为折算风险;预期经营收益时会遇到的风险为经济风险。

### (一)交易风险

交易风险,又称结算风险,是指在以外币计价的交易活动中,由于该种货币与本国货币的汇率发生变化而引起的应收资产或应付债务价值变化的风险。此风险于交易合约生效之时产生,至买卖的实际交割日终了。凡是涉及外币计算或收付的商业活动或国际投资都会产生交易风险。交易风险又可具体分为外汇买卖风险、贸易结算风险和国际借贷风险。

1. 外汇买卖风险。外汇买卖风险产生的前提条件是交易者一度买进或卖出外汇,后来又卖出或买进外汇,两次交易的成本和收益不同,造成了买卖损失。

2. 贸易结算风险。以即期或延期付款为支付条件的商品或劳务的进出口,在装运货物或提供劳务后至费用收支时这一期间,由于汇率变动使出口商收入减少或进口商支付增加,这种风险构成了对外贸易的结算风险。

3. 国际借贷风险。国际借贷风险是指以外币计价的国际借贷活动,在债权债务产生至清偿之间的时段,由于汇率变动使债权人收入减少或债务人支出增加的风险。

### (二) 折算风险

折算风险又称会计风险，是指由于汇率变化而引起资产负债表中某些外汇项目金额发生变动而产生的风险，主要产生于跨国公司对海外子公司财务报表进行的合并报表处理。跨国公司在编制财务报告时，为了把原来用外币计量的资产、负债、收入和费用，合并到本国货币账户内，必须把用外币计量的上述项目的发生额按本国货币重新表述，且必须按母公司所在国的会计规定进行。由于汇率一直处于变动之中，经济活动发生日与财务决算日汇率已经不一样，如果按现行汇率折算，就存在折算风险。如果按历史汇率折算，则不存在折算风险。会计风险是一种存量风险，不是交割时的实际损失，而是会计评价上的损失，因此也叫作评价风险。

### (三) 经济风险

经济风险又称经营风险，是指由于意料之外的汇率变动，使企业在将来特定时期的收益发生变化的可能性，即企业未来现金流量折现值的损失程度。它是一种潜在性风险，主要取决于产品数量、价格和成本对汇率变化的敏感程度。

经济风险是由于汇率的变动产生的，而汇率的变动又通过影响企业的生产成本、销售价格，进而引起产销数量的变化，并由此最终带来获利状况的变化。例如，当本币贬值时，某企业一方面由于出口货物的外币价格下降，有可能刺激出口使其出口额增加；另一方面因该企业在生产中所使用的主要是进口原材料，本币贬值后又会提高以本币所表示的进口原材料的价格，出口货物的生产成本因而增加，结果该企业将来的纯收入可能增加，也可能减少，这就是经济风险。

企业在进行生产经营预测时，由于经济前景的不确定性，存在蒙受经济损失的可能性。经济风险的分析在很大程度上取决于该公司的预测能力，带有一定的动态性和主观性，其影响是长期性的。而交易风险和会计风险的影响是一笔业务、一次性的，因此经济风险所造成的损失比会计风险和交易风险更严重。

## 三、外汇风险的计量

外汇风险计量是指根据经济主体生产经营状况和预期汇率变动测算汇率变动可能使主体产生的损失的数额。对外汇风险进行计量有助于经济主体预测未来可能面临的经济损失，从而促使其选择适当的外汇风险管理方法予以规避，提高经营效益。

### (一) 交易风险的计量

当经济主体存在以外币计价的应收账款和应付账款时，其未来货币的流出和流入的兑换额就会受到汇率变化的影响。外汇交易风险的计量通常分为两步：第一步是确定各外币的预计流入量和流出量的净额，第二步是确定这些货币的总体风险。

1. 货币流量净额的计算。只有当一种货币流入和流出数额不相等即出现外汇受险头寸时，汇率的变动才会对其资产或负债的金额产生影响。因此，某一时点上外汇敞口即货币流量的净额才是计量外汇风险的对象。有必要先区分不同币种的货币净流量，以便分别计量其交易风险。

2. 汇率波动性的预测。由于不同的货币受到的影响因素不同，因此其汇率的稳定性也不相同。通过测算汇率的波动性，可以估计某种货币汇率大致的波动范围，从而推算出货币净流量的波动范围，即交易风险的大小。

3. 汇率波动相关性对交易风险的影响。除了货币头寸和汇率的波动因素外，各货币间的相关性也将影响交易风险。如果经济主体所持有的货币间币值波动有一定的联动性，则会相互抵销或加强交易风险。忽略不同币种间汇率的联动关系易导致高估或低估风险水平。

在现实生活中，各国货币受到不同经济、政治、文化的影响，很少存在两种货币变动完全一致的情况。但只要两种货币在一定程度上是正相关变动，那么跨国公司在拥有一种货币净流入头寸和另一种货币净流出头寸时，汇率风险就将被抵销一部分。即使经济主体未来现金流向为单一方向时，只要其净头寸货币的币种相对多样，也可以借助各货币间的相关性来分散交易风险。因此在进行外汇风险管理时，应重视头寸币种的合理组合，选择汇率波动较小的货币作为计价货币，并利用币种间的波动相关性，使货币组合总体趋于稳定。

（二）折算风险的计量

跨国公司折算风险的大小取决于三个因素：在国外的经营规模、国外子公司所在地以及会计制度的规定与使用的会计方法。

1. 在国外的经营规模。跨国公司的折算风险在很大程度上取决于其在国外的经营规模。总的来说，如果国外子公司的销售收入占公司总收入的比重较大，那么在编制合并财务报表时，跨国企业将面临较大的折算风险。

2. 国外子公司所在地。由于每个主权国家都要求其境内的企业使用该国的法定货币进行财务核算，因此跨国公司的国外子公司都要使用所在国的货币编制财务报表。因此，子公司所在地货币与母公司所在地货币之间的汇率稳定性就直接关系到公司合并财务报表所体现出来的折算风险的大小。若子公司所在地货币与母公司所在地货币的汇率相对稳定，那么母公司面临的折算风险就相对较小。反之，跨国公司就会面临较大的折算风险。

3. 会计制度的规定与使用的会计方法。在合并财务报表数据时，货币折算所依据的会计制度及使用的会计方法会极大地影响跨国公司的折算风险。如不同国家规定不同的会计处理规则以及采用不同的会计方法就会产生不同的折算风险。

（三）经济风险的计量

经济风险的计量主要从两个方面来测算：一是测算汇率对利润的影响程度，二是测度汇率对现金流量的影响程度。

1. 利润对汇率的敏感程度。计量经济风险的方法之一，就是按照损益表各个项目分别考察现金流量变动情况。根据汇率预期情况对损益表的各项内容作出主观的预测，并测算多种可能的汇率水平，修正损益表项目的预测值。通过观察利润预测值如何随备选的汇率值变化，企业就能够了解货币币值变动对现金流量的影响。

2. 现金流量对汇率的敏感程度。测度现金流量对汇率的敏感程度，可以运用计量经济学中的回归分析法，运用历史数据，建立汇率波动和现金流波动之间的函数关系，从而得到经济主体现金流量对某一货币汇率的敏感程度。

## 四、外汇风险管理方法

在经过外汇风险的识别与计量后,需要运用一定的控制方法,预防、规避、转移或消除外汇业务经营中的风险,从而减少或避免可能的经济损失,实现在风险一定条件下的收益最大化或收益一定条件下的风险最小化。常用的外汇风险管理方法有以下几类。

(一)贸易合约法

贸易合约法是指企业在进出口贸易中,通过与贸易对手协商合作采取防范外汇风险的方法,此类方法具体分为以下六种。

1. 币种选择法。币种选择法是指企业在进出口贸易中通过选择恰当的计价结算货币来防范外汇风险的方法。

(1)本币计价结算。选择本币计价结算可以消除外汇风险中的外币因素,由于不涉及货币兑换问题,不管汇率如何变动,都不会对经济体未来现金流产生不确定影响,此方法可以使进口商或出口商完全规避外汇风险。此方法的优点是简便易行、效果显著。但是使用本币的一方将风险完全转嫁给交易的另一方,贸易双方往往会因计价货币的选择产生矛盾,因此该方法的使用受到本国货币的国际地位和贸易双方的交易习惯的制约。使用本币的一方通常会在商品价格和信用期限上给予对方一定的优惠,作为对方承担外汇风险的补偿。

以前人民币不能作为国际贸易计价结算货币,因此我国企业无法通过本币计价结算消除外汇风险,随着人民币国际化进程推进,用人民币作为计价结算货币成为了可能。

### 专栏 13-4
#### 人民币互换协议与跨境贸易人民币结算

货币互换协议是两个国家中央银行约定在某个时间内,以约定汇率换取约定数量对方货币的协议。签订货币互换协议的目的是为了降低筹资成本以及防范汇率变动造成的损失。一国中央银行通过货币互换协议将得到的对方国家货币注入本国金融体系,使本国企业可以借入对方货币,用于支付从对方进口的商品。这样,在双边贸易中出口企业可以收到本币计值的货款,可以有效规避外汇风险和汇兑成本。

自 2008 年国际金融危机后,我国已经与韩国、马来西亚、白俄罗斯、印度尼西亚、阿根廷等几十个国家签署了双边货币互换协议。与蒙古国、越南、缅甸等在内的周边多国签订了自主选择双边货币结算协议。通过开展双边本币互换为周边经济体提供流动性支持,是中国积极参与应对国际金融危机合作的重要内容。通过货币互换支持需要救助的新兴市场和发展中国家,有利于中国稳定周边环境。同时,这也有利于推动人民币境外结算业务的发展,是人民币国际化的一个重要战略。随着多项货币互换协议的付诸实施,新兴市场国家中央银行的公开市场操作空间将不断加大,操作的自主性及灵活性也将大为增强。这标志着新兴市场国家中央银行应对国际金融危机、维护金融稳定的能力与手段都提升到了一个新的水平,在维护区域以及全球金融稳定,推动与有关方面之间的贸易投资增长中,将发挥更加积极的作用。

表 13-2　　　　　　　　　　中国人民银行已经签署的货币互换协议

| 伙伴国/地区 | 规模（亿元人民币） | 签署时间 | 有效期（年） |
| --- | --- | --- | --- |
| 白俄罗斯 | 70 | 2015.5.10 | 3 |
| 印度尼西亚* | 1000 | 2013.10.1 | 3 |
| 阿根廷* | 700 | 2017.7.18 | 3 |
| 新西兰 | 250 | 2017.5.19 | 3 |
| 乌兹别克斯坦 | 7 | 2011.4.19 | 3 |
| 哈萨克斯坦 | 70 | 2014.12.14 | 3 |
| 韩国* | 3600 | 2014.10.11 | 3 |
| 中国香港* | 4000 | 2014.11.22 | 3 |
| 泰国* | 700 | 2014.12.22 | 3 |
| 巴基斯坦* | 100 | 2014.12.23 | 3 |
| 阿联酋* | 350 | 2015.12.14 | 3 |
| 马来西亚* | 1800 | 2015.4.17 | 3 |
| 土耳其* | 120 | 2015.9.26 | 3 |
| 蒙古国* | 150 | 2017.7.6 | 3 |
| 澳大利亚* | 2000 | 2015.3.30 | 3 |
| 乌克兰* | 150 | 2015.5.15 | 3 |
| 新加坡* | 3000 | 2016.3.7 | 3 |
| 巴西 | 1900 | 2013.3.26 | 3 |
| 英国* | 35000 | 2015.10.20 | 3 |
| 匈牙利* | 100 | 2016.9.12 | 3 |
| 阿尔巴尼亚 | 20 | 2013.9.12 | 3 |
| 冰岛* | 35 | 2016.12.31 | 3 |
| 欧洲中央银行* | 3500 | 2016.9.27 | 3 |
| 瑞士* | 1500 | 2017.7.21 | 3 |
| 斯里兰卡 | 100 | 2014.9.16 | 3 |
| 俄罗斯 | 1500 | 2014.10.13 | 3 |
| 卡塔尔 | 350 | 2014.11.3 | 3 |
| 加拿大 | 2000 | 2014.11.08 | 3 |
| 苏里南 | 10 | 2015.3.18 | 3 |
| 亚美尼亚 | 10 | 2015.3.25 | 3 |
| 南非 | 300 | 2015.4.10 | 3 |
| 智利 | 220 | 2015.5.25 | 3 |
| 塔吉克斯坦 | 30 | 2015.9.3 | 3 |
| 摩洛哥 | 100 | 2016.5.11 | 3 |
| 塞尔维亚 | 15 | 2016.6.17 | 3 |
| 埃及 | 180 | 2016.12.6 | 3 |

注：* 为续签货币互换协议。

2009年4月，我国在上海和广州、深圳、珠海、东莞等城市开展跨境贸易人民币结算试点。这是人民币走向国际化的关键一步，有利于人民币国际地位的逐步提升。2011年8月，跨境贸易人民币结算境内地域范围扩大至全国。

跨境贸易人民币结算不仅有利于企业规避汇率风险，也有利于贸易双方锁定交易成本，降低因第三方货币结算而带来的二次汇兑成本，从而在互利互惠的基础上，促进我国与这些国家和地区的贸易发展。同时也有助于我国综合实力的提升，为人民币走向国际化提供了坚实的经济基础。

---

（2）选择有利的外币计价结算。根据汇率变化趋势，选择有利的货币作为计价结算货币是一种有效的防范风险的措施。通常的做法是出口时选择"硬币"结算，进口时选择"软币"结算。所谓的"硬币"是指汇率稳定且具有升值趋势的货币；所谓的"软币"是指汇率不稳定且具有贬值趋势的货币。此种方法同样会受到贸易双方交易习惯的制约，而且交易双方会对计价货币的选择产生分歧。因此，此方法并不能够保证进出口商能完全避免外汇风险。

（3）选用"一篮子"货币计价结算。选用一篮子货币计价结算是指使用两种或两种以上的货币进行贸易结算。利用不同货币币值的此消彼长，分散大部分的外汇风险。对于贸易双方来说，此方法不失为一种易被双方接受的有效方法，但此方法在"一篮子"货币的组成以及货款的结算程序方面，较为复杂。

2. 货币保值法。货币保值法是指交易双方在进行贸易谈判时，在合同中增加保值条款，以防汇率多变的风险。本质上是将未来的收入与某种稳定的货币建立联系，用这种货币来保值，并以其作为衡量收入的标准，这是国际上防范外汇风险的通行做法之一。

（1）黄金保值条款。黄金保值条款是指合同规定以黄金作为保值货币，签订合同时，将货款按当时的黄金价格转换成等额的黄金，支付货款时，再将黄金按现时的金价折回成结算货币进行结算。黄金保值条款通行于固定汇率时期，今天已很少采用。

（2）硬币保值条款。硬币保值条款指在计价货币已确定的情况下，为避免其价值不稳定给交易双方带来风险，可考虑用价值较为稳定的货币为合同货币保值。在签订合同时，按照当时的汇率将计价货币转换为等额的硬币，等到支付货款时再将硬币按现行汇率转换为计价货币结算。此方法一般同时规定计价货币与硬币之间汇率波动的幅度，在规定的波动幅度范围之内，货款不作调整；超过规定的波动幅度范围，货款则要作相应的调整。

（3）"一篮子"货币保值条款。即在贸易合同中，规定某种货币为计价结算货币，并以"一篮子"货币为保值货币。签订合同时，按当时的汇率将货款分别折算成各保值货币，货款支付日，再按现时的汇率将各保值货币折算回计价结算货币来结算。在期限长、金额大的进出口贸易中，以"一篮子"货币保值的方式是一种有效的方法。

3. 价格调整法。价格调整法是指企业因为某些原因不能遵循"收硬付软"的原则，有时出口不得不用软币成交，进口不得不用硬币成交，这就加大了外汇风险。此时就要考虑实行调价避险法，即出口加价和进口压价，以尽可能减小风险。

（1）出口加价保值。一般是出口商应对软币结算风险的方法，即通过商品加价来弥补预期软币贬值带来的收入减少。加价的幅度等于预期软币贬值的幅度。

（2）进口压价保值。一般是进口商使用的方法，进口商在使用硬币结算货款时，为了弥补预期硬币升值带来的应付款的增加，通常会尽量压低商品价格。压价幅度等于预期硬币升值幅度。

需要注意的是，调价保值法并不能消除外汇风险，只是将外汇风险转移了。运用调价保值法通常要考虑商品的市场需求、商品质量等因素。

4. 期限调整法。期限调整法是指进出口商根据预测的汇率走势，选择对自己有利的收付款时间。具体来说，当出口商预计外币币值将上升时，应尽量推迟收款，获得币值上升的好处；相反，进口商则应尽量提前付款，以免未来结算货币升值时换汇成本的上升。同理，出口商预计未来外币贬值时，应提早收回货款；进口商应尽量推迟交付货款。这种方法要在企业内部或母子公司之间才能进行，若与别的企业用这样的方法需要对方认可，实行起来不一定会顺利。

5. 对销贸易法。对销贸易法是指进出口商利用易货贸易、配对、签订清算协定和转手贸易等方式来防范外汇风险的方法。

（1）易货贸易法。易货贸易法是指交易双方直接进行商品的等价交换，双方只需事先确定各自商品的单价，然后一次性或分批结清相应商品即可。在我国引进外资初期，经常采用该种方法。例如，我国某电器制造公司引进德国一条冰箱生产线，就可以用将来生产的冰箱抵补这条生产线的欠款。

（2）配对法。配对法是指进出口商在一笔交易发生时或发生之后，再进行一笔与该笔交易在币种、金额、货款收付日期完全相同，但资金流向正好相反的交易，使两笔交易所面临的外汇风险相互抵销的方法。采用此方法的优点是可以节省防范外汇风险的成本费用，缺点是收汇和付汇的币种、时间以及金额上难以配合妥当。

（3）签订清算协定。清算协定指双方约定在一定时期内，所有的经济往来都用同一种货币计价，每笔交易的金额先在指定银行的清算账户上记载，到规定的期限再清算贸易净差的方法。

清算协定由两国政府签订，两国的进出口商分别和本国的中央银行进行结算，最后由两国的中央银行集中两国之间的债权债务关系，直接加以抵销，完成结算工作。由于双方交易额的大部分都可相互冲抵，且不需要进行实际的支付，因而没有外汇风险。

此方法的缺点：一是交易双方经济往来关系要求相当频繁，否则难以达成清算协定；二是贸易量难以控制在信用额度内，这样就使得出超方为另一方提供了无息贷款。

（4）转手贸易。转手贸易是在清算协定基础上产生的，即三方或多方协商，按同一货币计价来交换一定数量的商品，且利用彼此间的清算账户进行清算。转手贸易能够解决双边清算协定下，贸易出超的问题。

6. 国内转嫁法。前文提到的外汇风险管理方法大多是将外汇风险转嫁给国外交易伙伴，除此之外进出口商还可以将外汇风险转嫁给国内交易对象，这种方法称为国内转嫁法。如外贸企业在向国内制造商销售进口原材料和购买出口商品时，用外币和制造商签订合同进行结算，实际上就是将外汇风险转嫁给了国内制造商，等同于国内制造商直接从事进出口业务。国内制造商在承受了外汇风险后会提高商品价格,将风险最终转嫁给商品的消费者。

(二) 企业内部管理法

企业内部管理法是指通过建立健全企业内部的财务运行管理机制,来实现规避外汇风险的方法。

1. 建立再结算中心。此方法适用于有大量涉及外汇业务的跨国企业。具体来说,在跨国公司内部建立一个再结算中心,将跨国公司的每一个子公司中以外币计价的交易都集中到再结算中心,由该中心予以冲销,并对冲销后依然存在的受险部分再采取防范外汇风险的措施。建立再结算中心有利于跨国公司进行多边外汇头寸对冲,有效分散外汇风险的同时还能降低外汇风险的管理成本。

跨国公司的进出口业务分为两种,一种是跨国企业内部各子公司之间的进出口交易,二是跨国公司和第三方的进出口贸易。对于第一种交易,作为出口方的子公司以其所在地货币向结算中心开出汇票,而后结算中心向作为进口方的子公司开出以进口方所在地货币为结算货币的汇票,以便进口方支付货款,这样进出口方均不用承担外汇风险,而由结算中心承担。在第二种交易中,跨国公司作为出口方时先由出口方以出口方所在地货币向再结算中心开汇票,然后由再结算中心按贸易合同中双方商定的计价结算货币向进口方再开汇票;当跨国公司作为进口方时,先由出口方以贸易合同中所规定的计价结算货币向再结算中心开汇票,然后由再结算中心以进口所在地的货币向进口方再开汇票。这样,跨国公司无论是出口方还是进口方都没有任何的外汇风险,所有的外汇风险也都由再结算中心承担。

2. 调整资产负债。调整资产负债是指通过调整企业资产负债结构,以防范折算风险的方法。首先应对企业的资产负债进行定性分析。对于那些流动性较差的长期资产和长期负债,企业在短期内无法使之迅速增加或减少,因而企业难以对其进行调整;而短期资产、短期负债的流动性强,企业在短期内容易对其进行调整。因此,在短期资产负债的调整重点主要是短期资产中的应收账款、存货、现金、银行存款;短期负债中的应付账款、短期贷款、应付利息和短期票据等。

而后企业要对重点调整的资产负债进行定量分析。对于容易调整的资产负债,应尽量通过调整缩小各种外币的受险资产与受险负债之间的差额,直至差额为零;或者当某种货币将升值时,就增加该种货币的资产,减少该种货币的负债,而当某种货币将贬值时,就减少该种货币的资产,增加该种货币的负债。

从实际情况来看,调整资产负债结构的工作很复杂,很难将同一种外币计量的资产和负债调整至完全相等,并且在此过程中为了避免折算风险还会与其他外汇风险的规避原则相冲突。例如,对于跨国公司来说,如果其所有的海外分支机构在进行日常核算时,均使用母公司所在国的货币,就可以避免编制合并报表时的折算风险。此时,海外的子公司虽然避免了折算风险,但在其日常的经营活动中使用的更多的是其所在国的货币,这样又会产生交易风险。

3. 实行多样化管理。经济风险是由意料之外的汇率变动给企业带来的一种长期存在的综合性外汇风险，这种意料之外的外汇风险企业常常无法预测，因此防范经济风险的有效方法是企业实行多样化管理。通过分散风险，并使风险损失与风险收益相互冲抵，从而达到降低风险的目的。企业实行多样化管理主要表现在经营多样化和财务多样化两个方面。

（1）经营多样化，主要是指企业将其经营活动分散于多个行业，或将其原材料采购地、产品生产地和销售地按比较利益原理在世界范围内予以分布和配置。企业实行经营多样化之后，一旦汇率出现意料之外的变动，一方面企业所面临的风险损失基本上能够被风险收益弥补，使经济风险得以自动防范；另一方面，企业还可主动采取措施，迅速调整其经营策略，如根据汇率的实际变动情况，增加或减少某地或某行业的原材料采购量、产品生产量或销售量，使经济风险带来的损失降到最低。

（2）财务多样化，是指企业应该尽可能多地用多种货币进行投融资活动。一种外币的币值上升虽然会使企业的筹资成本上升，但是该外币资产的收益也将上升，损益基本可以抵销。进行多样化的财务管理，企业在外汇汇率发生变化时，相应地调整各种外币的资产与负债，以降低风险。

（三）金融交易法

金融交易法是指进出口商利用金融市场，尤其是利用外汇市场和货币市场的交易，来防范外汇风险的方法。外汇即期、远期、掉期、期货、期权等外汇交易方法都能起到规避外汇风险的作用；对外贸易短期信贷、出口信贷等贸易融资方法也可规避风险。此外，投保汇率变动险也不失为一种有效的外汇风险规避办法。

汇率变动险是一国官方保险机构开办的，为本国企业防范外汇风险提供服务的一种险种。具体做法是，企业作为投保人，定期向承保机构缴纳规定的保险费，承保机构将承担期间发生的外汇风险损失，同时也享有外汇风险收益。目前，许多国家如美国、日本、法国、英国等，为鼓励本国产品的出口，都开办了汇率风险的保险业务。

## 【本章小结】

外汇市场是外汇交易主体进行货币兑换或外汇买卖的场所或系统，是国际金融市场的重要组成部分。它的主要特征是交易时间长、成交量巨大、政策干预程度低。外汇市场的参与者主要是以大型商业银行和大型跨国公司为代表的商业银行、外汇经纪人、非金融机构和个人以及中央银行。

即期交易、远期交易和掉期交易是外汇交易的基本形式。即期外汇交易通常包括标准日交割、隔日交割和当日交割三种类型，交易基本程序包括五个步骤，即询价、报价、成交、确认和交割；远期外汇交易是交割日在成交后的两个营业日之后的外汇交易，可以分为定期远期交易和择期远期交易，多用于套期保值和外汇投机；掉期交易主要发生在银行同业之间，一般可分为即期对即期掉期交易、即期对远期掉期交易和远期对远期掉期交易；套汇交易可以分为时间套汇和地点套汇；套利交易可分为非抛补套利和抛补套利。

狭义的外汇风险是指国际经济交易主体在从事外汇相关业务时，仅由于汇率变动而蒙受损失的可能性，即仅指汇率风险的损失情况。根据发生时间的不同，可以分为交易风险、折算风险和经济风险，不同风险有其不同的风险计量方法。在经过外汇风险的识别与计量后，需要运用一定的控制方法，预防、规避、转移或消除外汇业务经营中的风险，常用的外汇风险管理方法有贸易合约法、企业内部管理法和金融交易法。

## 【重要概念】

外汇市场　外汇经纪人　即期外汇交易　远期外汇交易　外汇掉期交易　套汇交易　直接套汇　间接套汇　套利交易　非抛补套利　抛补套利　外汇风险　交易风险　折算风险　经济风险

## 【思考题】

1. 外汇市场与全球其他金融市场相比，有哪些特点？
2. 什么是远期外汇交易？其作用有哪些？
3. 什么是套利交易？包括几种类型？
4. 常用的规避外汇风险的金融交易有哪些？
5. 与他国中央银行签订人民币互换协议和推动跨境贸易人民币结算，对于我国企业防范外汇风险有何作用和意义？

# 第十四章

# 货币需求

货币在金融市场仅仅是作为一种交易对象存在。人们在金融市场上交易货币，以解决对资本的需求。交易行为中一个最重要的信号，就是该交易对象的价格。商品的需求和供给决定商品的价格，同样货币的需求和供给决定货币的价格。为了了解货币的价格形成过程以及均衡状态下货币的需求量和供给量变化规律，我们必须先了解货币的需求和供给。本章主要讲解货币需求及其相关理论。

## 第一节 货币需求的内在含义

### 一、货币需求的含义

在经济学中，"需求"讲的是一种有支付能力的需求，它必须同时包括两个基本要素：一是人们希望得到或持有；二是有能力得到或持有。因此"货币需求"必须同时包括两方面的内容：一是必须有得到或持有货币的意愿；二是必须有得到或持有货币的能力，两者缺一不可。另外，从货币形式上看，货币需求包括对现金货币的需求，也包括对（活期）存款货币的需求。人们总是希望尽可能地得到或持有更多的货币，而不会嫌货币太多。

人们为什么需要货币？既往的经济学家大多从两方面给予了解释。一方面是因为货币有和一切其他商品交换的能力，是交易的媒介。在商品经济中，个人生活离不开货币，企业的生产经营离不开货币。为了应付经常发生的支出，人们必须随时有一定数量的货币作为支付的准备，因此，我们需要探讨为完成一定的交易量需要多少货币来支撑。而在另一方面，由于货币能与一切其他商品相交换，是一般价值的代表，是人们持有资产或财富的一种形式。当某人拥有一定量的财富总额时，他可以选择多种形式来持有该笔财富，而他愿意以货币这种资产形式来持有的那部分财富就构成对货币的需求。

因此，第一种货币需求是对交易媒介的需求，第二种货币需求是对资产形式的需求。在实际经济活动中，这两种货币需求是相互交融、相辅相成的。人们为了应付交易需要而持有的那部分货币，在用于支付前事实上也是被作为一种资产而持有的。所以，货币需求就是人们把货币作为一种资产而持有的行为。

## 二、决定货币需求的因素

（一）收入水平

在决定货币需求的诸因素中，收入水平是最主要的因素。收入水平对货币需求的决定作用表现在两个方面：一是收入的数量；二是收入的时间间隔。在其他条件一定的情况下，货币需求量与收入的数量成正比，也与取得收入的时间间隔成正比。

货币需求量之所以与收入水平成正比，首先是因为收入水平在一定程度上制约着货币需求的数量，因为人们以货币形式持有的财富只是总财富的一部分，而收入水平往往决定着总财富的规模及其增长速度。其次，收入水平通常决定着支出的水平。在货币经济中，收入与支出都是以货币形式表现的。因此，收入多，支出也多；而支出多，则需要持有的货币就多。

货币需求量之所以与收入的时间间隔成正比，是因为收入通常是定期地、一次性地取得的，而支出则是经常地、陆续地进行的。这样，在取得收入与进行支出之间就存在一定的时间间隔，人们必须随时持有用于支出的货币。在其他条件不变的情况下，人们取得货币收入的时间间隔越长，货币需要量越多；反之则货币需要量越少。

（二）消费倾向

消费倾向是指消费支出在收入中所占的比重，可分为平均消费倾向（Average Propensity to Comsume，APC）和边际消费倾向（Marginal Propensity to Consume，MPC）。平均消费倾向是指消费总额在收入总额中的比例，而边际消费倾向是指消费增量在收入增量中的比例。假设人们的收入除了消费就是储蓄，那么，与消费倾向相对应的就是储蓄倾向。在一般情况下，消费倾向与货币需求变动的方向一致。即消费倾向大，货币需求量也大；反之亦然。不过货币需求同消费倾向的这种关系有两种情况例外：第一种情况，如果人们不是均匀地支出其收入，而是得到收入后，立即消费，就无须持有那部分准备用于消费的货币，这样，消费倾向大，货币需求未必大。但这种情况从整个社会来考虑意义并不大。第二种情况，如果人们不是以定期存款或购买有价证券等方式储蓄，而是以窖藏现金的方式储蓄，则消费倾向小，货币需求大。因为用于消费的货币持有量与用于储蓄的货币持有量均表现为现金或活期存款。那么，在收入既定的条件下用于储蓄的部分会随着用于消费倾向的下降而增加现金窖藏，造成货币需求（现金）增加。这种情况多见于信用制度不发达、金融市场不完善的发展中国家。

（三）利息率水平

在市场经济中，利息率是调节经济活动的重要杠杆。正常情况下，利息率上升，货币需求减少；利息率下降，货币需求增加，利息率与货币需求呈负相关关系。造成利息率与货币需求负相关关系的原因是：第一，货币市场利率提高，意味着人们持有货币的机会成本上升（因持有货币而放弃的利息收入），因此，货币需求趋于减少；相反市场利率下降，持有货币的机会成本减少，货币需求趋于增加。第二，市场利率与有价证券的价格呈反向变动,利率上升,有价证券的价格下跌;利率下降,有价证券价格上升。这样,公众的持币愿望与利率成反比,与有价证券的价格成正比,公众的持币愿望是决定货币需求的重要因素。

(四) 信用的发达程度

在信用制度健全的国家,由于信用比较发达,相当一部分交易可以通过债权债务的相互抵销来清算了结,于是减少了作为流通手段的货币数量,货币需求量因此减少。另外,在信用发达的经济中,金融市场也是完善的。人们可将收入中暂时不用的部分先购买短期债券,当需要支付时,可将短期债券在金融市场上出售换回现金。这样既保证了正常支付的需要,又取得了收益,同时也可以减少货币需求量。但是,如果没有发达的信用制度,完善的金融市场,人们只能将收入中准备用于支付的货币较长时间地保持在手中,货币的需求量自然就大。所以在一般情况下,信用的发达程度与货币需求量呈反方向变化。

(五) 货币流通速度、社会商品可供量、物价水平

这三个因素对货币需求的影响可用货币流通规律说明。若以 $M$ 代表货币需求量,$P$ 代表物价水平,$Q$ 代表社会商品可供量,$V$ 代表货币流通速度,则根据货币流通规律有如下公式:

$$M = PQ/V \qquad (14-1)$$

可见,物价水平和社会商品可供量同货币需求成正比;货币流通速度同货币需求成反比。

(六) 公众的预期和偏好

以上五种因素是决定货币需求的客观因素。货币需求在相当程度上受人们的主观意志和心理活动的影响,特别是受人们对未来经济形势的预期,以及对各种金融资产的偏好的影响。人们对未来经济形势的预期,主要是对市场利率的预期、对物价水平和投资收益的预期。人们对各种金融资产的偏好是指对其他金融资产的偏好,这种偏好取决于人们对货币和其他金融资产优缺点的评价。人们的心理活动对货币需求的影响是复杂的。一般来说,人们的心理活动与货币需求有如下关系:

1. 当利率上升幅度较大时,人们往往预期利率将下降,而有价证券价格将上升,于是人们将减少手持现金,增加有价证券的持有量,以期日后取得资本溢价收益;当利率下降幅度较大时,人们预期利率将上升,有价证券价格会下跌,为避免资本损失,人们将减少有价证券的持有量而增加现金持有,准备在有价证券价格下跌后再买进以获利。

2. 预期物价水平上升,则货币需求增加;预期物价水平下降,则货币需求减少。

3. 人们偏好货币,则货币需求增加;人们偏好其他金融资产,则货币需求减少。

由此可见,货币需求受到许多因素的制约和影响,这些影响因素有的与货币需求呈正相关关系,有的与货币需求呈负相关关系,它们的作用也各不相同。即使是影响方向相同的诸因素,对货币需求的影响程度也不一样。

## 第二节 货币需求理论

### 一、古典及马克思的货币需求理论

最早注意货币数量的人是李嘉图。他在《政治经济学及赋税原理》那本经典经济学教科书的最后部分,提出了"货币数量论"。他写道:"当一种通货完全由纸币构成,而这种纸币的价值又与其所代表的黄金的价值相等时,这种通货就处于最完善的状况。"[①]他认为,如果商品的价值总额和货币的价值不变,流通中的货币数量增多时,流通中的货币量就会多于正常的需要,商品的价值就会由更多的货币来表现,即商品的价格上涨;反之商品的价格下跌。

马克思严厉地批判了李嘉图的"货币数量论"。他认为在贵金属货币时代,一旦货币数量多于实际需要,贵金属就会被自动地存储起来。货币可以贮藏的特性,发挥了货币币值调节的"蓄水池"功能。事实说明马克思是对的。李嘉图所说的问题,只能在纸币为主要流通货币的情况下发生。

马克思仔细考察了流通中实际需要的货币数量与商品总价值之间的关系,并将它们总结为

$$流通中所需要的货币量 = \frac{商品价格总额}{同名货币的流通次数} \qquad (14-2)$$

如果商品价格总额为 100 单位,货币流通速度为年平均 5 次,则流通中需要的货币数量就是 20 单位。

### 二、传统的货币数量学说

#### (一) 费雪公式:现金交易数量说

美国经济学家费雪 (I. Fisher) 1911 年出版了《货币的购买力》一书,完成了他的货币数量理论。由于他的研究视角主要集中在现金量上,所以又被人们称为"现金交易数量说"。在书中费雪提出了著名的货币数量方程式:

$$MV = PT \text{ 或 } M = PT/V \qquad (14-3)$$

其中,$M$ 表示一定时期内流通中需要的货币数量;$V$ 代表货币的流通速度;$P$ 代表交易中各种商品的平均价格;$T$ 代表各种商品的交易量。

费雪认为,$V$ 和 $T$ 是外生变量,不受 $M$ 变动的影响。$V$ 是由制度因素决定的,例如人们的习惯、社会信用发展程度、运输与通信发展水平等。而 $T$ 取决于资本、劳动力及自然资源的供给情况和生产技术水平等非货币因素。这样一来,决定货币需求数量的因素便只剩下唯一的一个,即价格水平 $P$。反之货币数量变动会产生的影响也只剩下了唯一的一个,即价格水平。从这一点上看,费雪受马克思的影响很大。

---

① 李嘉图. 政治经济学及赋税原理 [M]. 北京:商务印书馆,1976:308.

当然，当长期经济社会发展导致影响 $T$ 和 $V$ 的各种因素发生变化后，$T$ 和 $V$ 会随之变化（总体上是上升趋势），这样，他们又会反过来影响货币的数量和价格水平。

令 $V=5$，$P=1$，$T=500$，则需要的货币数量为 100。如果在以上的条件下将货币的数量增加到 120，则 $P$ 就上升为 1.2。或可以理解为产生了 20% 的通货膨胀。假定经济发展后，$V$ 上升为 6，$T$ 增长到 1200，要保持 $P$ 为 1，则需要将 $M$ 相应地增加到 200。

（二）剑桥学派：现金余额数量说

该理论的主要代表人物为剑桥学派经济学家马歇尔与庇古。1923 年，马歇尔出版《货币、信用与商业》一书，提出了以实物价值计算的备用购买力和财富的一部分以货币的形式保存起来，这部分保有的备用购买力，就是一国通货的总价值。因此，货币的价值决定于一国公众愿意以通货形态保持的实物价值与该国货币数量的比率。在一国公众愿意持有的实物价值既定的情况下，货币数量越多，单位货币的价值越低，而物价水平也越高。反之，若货币数量越少，则单位货币的价值越高，物价水平也越低。这种以通货形态保持的实物价值，马歇尔称作"实物余额"，根据实物余额的价值以保持的相应的通货数量称作"货币余额"。马歇尔认为，由"实物余额"所决定的"货币余额"是影响货币价值和商品价格的决定性因素。

剑桥学派的另一位代表人物庇古于 1917 年在英国《经济学季刊》上发表文章《货币的价值》，提出了著名的剑桥方程式。庇古认为，货币的价值为一单位货币所具有的交换价值，其大小用一定数量的商品所表示。如果以社会总收入或财富作为代表进行交换的商品数量，则

$$M = kY \text{ 或 } M = kPy \quad (14-4)$$

其中，$M$ 表示货币余额；$k$ 表示以货币形态持有的备用购买力占社会总收入的比例；$Y$ 与 $y$ 分别代表社会名义总收入与实际总收入；$P$ 代表物价水平。

该方程即为我们习惯上所称的剑桥方程式或庇古方程式，而 $k$ 则为"剑桥系数"。它表示货币数量与名义国民收入之间的直接关系。人们以货币形态持有的备用购买力占社会总收入或总财富的比率不变，也就是假定人们的持币时间与持币量既定，则货币数量与名义国民收入成正比例变动。同样，若再假定充分就业条件下社会实际总收入不变，则仍可得出货币数量论的基本命题，即货币数量与物价水平间有正比例的关系。

剑桥方程式与交易方程式实质上是对货币数量论的两种表述。在表述中，两者还是有一定的不同的，主要表现在：第一，费雪方程式强调的是流通中的货币数量，而剑桥方程式作为一个货币需求方程，强调的恰恰是暂时退出流通的货币；第二，在费雪方程式中，货币数量居主导地位，是决定物价水平的外生变量，而剑桥方程式中的 $M$ 首先是由收入所决定的内生变量，依存于收入变动；第三，费雪方程式中物价水平与货币供给量成正比例关系，但剑桥方程式中，由于货币需求依存于收入变动，故当名义收入随货币供给量变动之后，人们会调整名义货币需求量，进而引起名义收入向相反方向的变动，部分抵销货币供给对名义收入的直接影响。

换句话说，现金余额说强调人们对货币的主观需求因素，开创了从个人对资产的选

择的角度研究货币的需求量的新模式。但是，剑桥学派并未对 $k$ 究竟怎样被分解、怎样被测算以及怎样解释货币流通速度等问题进行深入探讨。

> **专栏 14-1**
> **剑桥学派与新剑桥学派**
>
> 剑桥学派是 19 世纪末 20 世纪初由英国经济学家 A. 马歇尔创建的一个学派。由于马歇尔和他的忠实门生 A. C. 庇古、D. H. 罗伯逊（1890—1963）等长期在英国剑桥大学任教，所以被称为剑桥学派。这个学派所传播的经济学说，主要包括在马歇尔于 1890 年出版的《经济学原理》一书中。该书继承了 19 世纪初以来的英国经济学传统，兼收并蓄，用折中主义的方法把供求论、生产费用论、边际效用论、边际生产力论等融合在一起。建立了一个以完全竞争为前提，以"均衡价格论"为核心的完整的庸俗经济学体系。又由于现代资产阶级经济学家把 A. 斯密、D. 李嘉图直至 19 世纪中叶的 J. S. 密尔的经济学说，包括这个时期的庸俗经济学在内，统称为古典经济学，因此该学派又被称为"新古典综合学派"。
>
> 新剑桥学派是现代凯恩斯主义的另一个重要分支。在理解和继承凯恩斯主义的过程中，该学派提出了与新古典综合学派相对立的观点，试图在否定新古典综合学派的基础上，重新恢复李嘉图的传统，建立一个以客观价值理论为基础，以分配理论为中心的理论体系。并以此为根据，探讨和制定新的社会政策，以通过改变资本主义现存的分配制度来调节失业与通货膨胀的矛盾。因为在第二次世界大战后，在与新古典综合学派的论战之中，剑桥大学的琼·罗宾逊、卡尔多、帕西内蒂等学者提出了与新古典综合学派相对立的主张，且他们的理论观点完全背离了以马歇尔为首的老一代剑桥学派的传统理论，因而被称为"新剑桥学派"。

## 三、凯恩斯的货币需求理论

### （一）时代背景

古典经济理论萨伊定理认为，供给创造自己的需求，供求是均衡的。然而，20 世纪 30 年代的经济大危机，宣告了古典经济理论的破产，长期大规模的失业成为西方经济的中心问题，正是在这种背景下，凯恩斯于 1936 年出版《就业、利息与货币通论》，它标志着"凯恩斯革命"的开始。

### （二）凯恩斯货币需求理论的内容

凯恩斯在建立自己的货币需求理论时，首先批判了传统的货币数量论关于产量（$T$）或实际收入（$y$）及货币流通速度（$V$）和货币持有比例（$k$）都是常数的假说，他认为，收入或产量并不是常数，$V$ 和 $k$ 也是变动不定的，为了解释 $V$、$k$ 的不稳定性，他将剑桥方程式加以修改，提出了自己的货币需求理论。他认为，人们之所以保持一部分不生息的货币是因为货币具有流动性，而且人们普遍存在流动偏好这种心理倾向；而决定流动偏好的因素主要是交易动机、预防动机和投机动机。交易动机是由于收入和支出的时间不一致，人们必须持有一定的货币在手中，以应付日常交易需求，它分为所得动机和营业动机。他断定出于交易动机的货币需求主要取决于收入，是收入的增函数，而对利率的变化不敏感。预防动机是人们为应付不测之需而持有货币的动机,在这一点上,他超出了传统的货币数量论,他不仅认识到了人们持有货币是为了日常交易,还认识到持有多余的货币是为了预防不测。他相信人们出于预防动机的货币需求主要取决于他们预计在未来交易的规模,由于这些交易同收入成正比关系,因此,他假定预防动机货币需求也取决于人们的收入水平,是收入的增函数,与利率没有直接关系。投机动机是由于未来利率的不确定性,人们便根据对市场利率变动的预期,持有一部分货币以便在有利时机购买债券进行投机的动机,由于利率变化将创造了债券价格的改变,这便给人们创造了在货币和债券之间进行选择的机会。凯恩斯同意剑桥经济学家关于货币是一种资产的理论,但他认为货币资产需求或投机需求主要受到利率影响,对利率变动敏感,而且是利率的减函数。凯恩斯把用于储藏财富的资产分为两类,即货币和债券。投机动机是凯恩斯独创的。

(三) 凯恩斯货币需求函数

凯恩斯认为由于交易动机和预防动机的货币需求主要取决于货币收入的多少并且与货币收入同方向变动,所以,可将其统称为货币的交易性需求,用 $M_1$ 表示;由于投机动机的货币需求主要与金融资产的投机与保值有关,因此,可将其称为货币的资产性需求,用 $M_2$ 表示,所以,货币的总需求就等于货币交易性需求与货币资产性需求之和,用公式表示为

$$M = M_1 + M_2 = L_1(Y) + L_2(r)$$

这个函数式与古典货币数量论的函数式的关键区别在于:如果古典货币数量论的函数式可以概括地表示为 $M = f(Y)$,则凯恩斯的货币需求函数式可表示为 $M = L(Y, r)$。虽然剑桥学派看到了 $r$ 对货币需求的影响,但是把 $r$ 确定为货币需求函数中与 $Y$ 相等意义的自变量,却始于凯恩斯的货币需求函数。

(四) "安全水准"的提出

凯恩斯在提出投机性货币需求时,独创性地引入了利率"安全水准"的概念,即人们心中正常的利率水平。他认为,投机性需求取决于人们是选择持有货币资产还是选择生息资产,如债券等。而如何作出这种选择则是依靠持有债券所能获得预期收益的大小。这种预期收益由债券的利息收入和资本利得构成。此时,人们判断预期收益的大小则要遵循其个人对市场利率水平高低的理解,即市场利率与心中"安全水准"利率的比较。

当市场处于高利率、高利息收入情况时,个人持有生息资产可以获得利息收入,则对货币的需求减少。同样,当利率高于安全水准时,人们会预期未来利率将下降,此时预期生息资产价格将上升,那么持有生息资产可以获得资本利得回报,因而持有的货币资产减少。反之则相反。

## 四、凯恩斯货币理论的发展

凯恩斯的发现对经济学家产生了革命性的冲击,引起了很多经济学家的重视和兴趣。他们分别就自己熟悉的角度,对凯恩斯货币理论做了研究和探索,补充和丰富了凯

恩斯货币理论。

（一）鲍莫尔模型——平方根定律

鲍莫尔模型的特点是，强调当利率上升到一定高度后，货币的交易性余额也会对利率作出反应，也可以说"具有利率弹性"。这个观点，汉森早在20世纪40年代就已经提出，但是鲍莫尔的模型形成得更早一些。

鲍莫尔认为，一个企业的现金余额通常可以看作一种存货——货币存货。如果是这样，则最佳存货（费用最低的存货）原理，就同样可以用在货币需求量的估计上。保留较多现金，所需要的手续费降低，但是牺牲的利息较多。而多投资，少保留现金，虽然可以减少利息损失，却会增加手续费支出。

据此，他给出了自己的货币模型：

$$\frac{M}{P} = \frac{1}{2}\sqrt{\frac{2bY}{i}} \qquad (14-5)$$

其中，$M$ 为货币需求量；$Y$ 代表该企业的总收入；$P$ 代表价格水平；$b$ 代表每次变现（将投资变为现金）的费用；$i$ 则代表利率。假定价格不变，每次变现的手续费也不变，那么，货币需求量多少就完全取决于利率的高低。此时的交易性货币需求与交易或收入的平方根成比例变化，而不是与交易或收入同比例变化，所以，被称为平方根定律。

交易性货币需求也会受到利率的影响，这是不同于凯恩斯的。最适度货币量与交易量、手续费、利率变化不是成比例的关系，其弹性分别为：0.5、0.5、-0.5。如果没有交易成本，就不需要货币，所以货币是一种交易媒介。

✪【例14-1】价格水平 $P=1$，每次变现的手续费为0.2，企业的总货币收入 $Y=30$，利率 $i=0.06$，问该企业的货币需求量是多少？

$$M = 0.5 \times \sqrt{2 \times 0.2 \times 30 / 0.06} = 7.1$$

即该企业最佳现金留存量为7.1单位。

（二）惠伦模型

在考虑了收入和支出在时间上的不确定性之后，1966年惠伦等先后发表文章，强调预防动机的货币需求也同样存在利率反应，且是利率的减函数。

惠伦认为，影响预防性货币需求的因素有三个，即非流动性成本、持有现金余额的机会成本及收入和支出的平均和的变化情况。

惠伦的最大贡献在于强调了非流动性的巨大风险——如果因缺乏现金（流动性不足）而无法支付，就有可能破产。而银行借款由于手续繁杂和时间的滞后，有可能于事无补。惠伦的另一个贡献是在模型中引入了概率，并用方差的方法解决。惠伦模型的假设是：如果一定时期内净支出 $N$（支出减收入后的余值）大于预防性现金持有量 $M$，公司就要将其他资产变现，费用为 $b$。净支出大于预防性现金持有量（$N>M$）的概率为 $P$。如此，持有预防性现金余额的机会成本为 $Mi$，预期的非流动性成本为 $bP$。预期总成本为

$$C = Mi + bP$$

假定企业家和个人都期望风险最小，有 $P = \dfrac{S^2}{M^2}$，式中 $S$ 是净支出的标准差。将

将 $P = \dfrac{S^2}{M^2}$ 代入上式有

$$C = Mi + bP = iM + b\dfrac{S^2}{M^2} \tag{14-6}$$

对式（14-6）求一阶导数，并令其为 0，可求得 $C$ 的最小值。

$$f'(C) = \dfrac{dC}{dM} = i - \dfrac{2bS^2}{M^3} = 0 \tag{14-7}$$

整理后得

$$M = \sqrt[3]{\dfrac{2bS^2}{i}} \tag{14-8}$$

公式（14-8）表明：人们的预防性货币需求也有一个最佳的量，其确定的依据是收入和支出的状况以及持币的成本。则最佳预防性货币余额的变化与货币支出分布的方差（$S^2$）、转换现金的手续费（$b$）和持有货币的机会成本比率（$i$）成立方根关系。预防性货币需求与利率反方向变化。

（三）托宾模型

托宾在 1958 年发表了论文《作为应付风险之行为的流动性偏好》，把前人的资产选择理论结合起来，用投资者回避风险的动机来解释对闲置货币余额的需求。托宾对凯恩斯货币理论的重大发展，是引入了资产偏好或资产组合概念。

他首先假设个人资产的保存形式有两种：货币和债券。之后分析认为：在决策持有何种资产时，人们不仅考虑一种资产相对于另一种资产的预期回报率，而且还考虑来自每种资产回报上的风险。具体来说，托宾假定大多数人都属于风险规避型，即人们更愿意持有风险较小、预期回报率较低的资产。他又假定货币的回报率为零，但风险较小；而债券的回报率较大，但价格波动剧烈，回报的风险大，有时甚至为负回报。因此，即使债券的预期回报率超过货币的预期回报率，但因债券的风险大，人们仍愿意将货币作为储藏财富的手段。托宾的分析还表明，通过同时持有货币和债券这一多样化措施，人们可以减少所持有资产的总风险。该模型表明，人们将同时持有债券和货币作为价值储藏的手段。由于对人们这种行为的描述较之凯恩斯的理论更符合实际情况，所以他对投机性货币需求的推理似乎建立在更牢固的基础之上。

## 五、货币主义学派的货币需求函数

货币主义学派的代表人物是美国经济学家弗里德曼，他坚称自己强烈反对凯恩斯主义。他的货币需求理论是其货币数量理论的重要组成部分。在 1956 年发表的《货币数量说的重新表述》一书中，他强调：数量说首先是货币需求的学说而不是产出学说，也不是货币收入学说或价格水平学说。当然，他不否认名义收入水平、价格水平等变量，在货币需求数量的研究中占有举足轻重的地位。

与传统的货币需求数量说不一样，弗里德曼不认为货币需求是由支付习惯、工业一体化程度决定的常数，而将它看成是一个由多种变量决定的函数。货币是一种资产，是保持财富的一种方式。因此货币需求函数由总财富和各种不同形式财富的报酬率决定。财富是收入的资本化价值。因此，当前收入并不是财富，只有"恒久收入"才是财富。

弗里德曼将自己的货币需求函数表述为

$$\frac{M_d}{P} = f\left(y, w, r_m, r_b, r_e, \frac{1}{p} \cdot \frac{dp}{dt}; u\right) \quad (14-9)$$

式中，$\frac{M_d}{P}$ 代表实际货币需求；$y$ 为实际恒久收入；$w$ 为非人力财富对人力财富的比例；$r_m$，$r_b$，$r_e$ 分别代表货币预期收益率、固定收益债券的债券利率以及非固定收益证券的证券收益率；$\frac{1}{p} \cdot \frac{dp}{dt}$ 代表预期物价变动率；$u$ 代表影响货币需求偏好的其他因素。

（一）总财富水平（$y$）

既然货币只是财产的一种持有形式或总财产的一部分，故总财富是决定货币需求量最重要的因素。由于总财富无法从统计中得到，所以他把总财富改用收入来代表，原因在于财富可视为收入的资本化价值。但弗里德曼所说的收入并不是现期收入，而是恒久性收入。所谓恒久性收入，是指一个人在比较长的一个时期内的过去、现在和今后预期会得到的收入的平均数。货币需求与持久性收入成正比关系，由总财富决定，收入水平越高，货币需求也越大。

（二）人力财富在总收入中所占比重（$w$）

弗里德曼把财产划分为人力财富和物质财富，它们都能带来收入。但是人力财富缺乏流动性，很难转化为物质财富；而非人力财富则有较强的流动性，能比较容易转化为人力财富。因而，如果恒久性收入主要来自工薪等人力财富，人们就需要持有更多具有高流动性的货币，以备不时之需；反之，如果恒久性收入主要来自股息、利息、租金等非人力财富，总财富中货币的比重就会少些。人力财富收入所占比重与货币需求成正比关系，非人力财富占个人总财富的比例与货币需求呈负相关关系。

（三）各种金融资产的预期收益率（$r_m, r_b, r_e$）

个人可以持有货币、固定收益债券以及非固定收益证券（如股票）等三种金融资产。它们各自的收益均为持有另一种资产形式的机会成本。货币不能带来收益，但它的高度灵活性能避免不便及意外支出时可能形成的损失，所避免的这些损失也可看作是它的收益。如果持有货币所能避免的损失是确定的，那么利率或股息率越高，持有货币的机会成本越高，人们将减少货币在财富中所占比重，扩大债券及股票持有量；反之，利率或股息率下降，人们则趋于减少债券及股票持有量，扩大货币在财富中所占比。因此，利率或股息率与货币在收入中所占比重成反比关系。但也应该注意利率不过是一系列影响货币需求量的因素之一，而且根据弗里德曼1867—1961年的经验分析，利率对货币需求的影响较之收入、物价水平等因素是微弱的。

（四）预期物价变动率（$\frac{1}{P} \cdot \frac{dp}{dt}$，$t$ 为时间）

预期物价变动率即预期通货膨胀率，如果预期有更高的通货膨胀率，持有货币则会降低财产的实际价值，人们趋于减少货币需求，将收入中一个更大的比例转向非货币财产以求保值，故通货膨胀预期与货币在实际收入中所占比重成反比。

除上述因素外，对政治、经济形势及政府政策的预期、偏好、技术及制度等多种因素都会影响到货币在收入中所占比重，这些非收入综合变量用 $u$ 表示。

在弗里德曼看来，决定货币需求的上述大部分因素都有长期稳定性，故货币需求趋于长期稳定。由于货币需求具有长期稳定性，故弗里德曼认为应从货币供给方面研究对名义收入的影响。当货币供给增加时，以货币形式持有的实际购买力增加，扩大了货币与其他资产形式持有量的比例。为维持货币与收入，或货币与其他资产的意愿比例，人们将会以多余的货币购买包括实物资产在内的其他资产。这样，一方面直接扩大总支出，增加名义收入；另一方面导致其他资产价格上涨，利率下跌，进一步刺激投资和总支出。总支出增加，势必导致物价水平上涨，货币所代表的实际购买力下降，同时也由于其他资产持有量增加，货币同其他资产重新达到组合均衡。反之，如果货币供给量减少，同样会引起资产的重新组合，名义收入下降，货币与其他资产将在更高的利率或更低的名义收入水平上实现组合均衡。

**专栏 14-2**
**米尔顿·弗里德曼**

米尔顿·弗里德曼，美国经济学家，以研究宏观经济学、微观经济学、经济史、统计学及主张自由放任资本主义而闻名。1976 年获得诺贝尔经济学奖，以表扬他在消费分析、货币供应理论及历史和稳定政策复杂性等范畴的贡献。弗里德曼是《资本主义与自由》一书的作者，该书在 1962 年出版，提倡将政府的角色最小化以让自由市场运作，以此维持政治和社会自由。他的政治哲学强调自由市场经济的优点，并反对政府的干预。他的理论成了自由意志主义的主要经济根据之一，并且对 1980 年开始美国的里根以及许多其他国家的经济政策都有极大影响。

前英国首相撒切尔夫人：弗里德曼重振了自由经济学，在它即将被世人所遗忘的时候。他是一个学术界的自由斗士，再没有比他更忧郁的"忧郁科学"（资本主义社会中讽刺经济学的说法）实践者。

前美国总统布什：他的工作证明了自由市场是经济发展的最重要引擎，他的著作为当今世界各国中央银行的政策奠定了重要的理论基础，有效帮助中央银行维持经济稳定，也改善了全世界人民的生活水平。

前美联储主席格林斯潘：半个世纪以来，他一直是我生命中的一个重要坐标，不管是在职业还是个人生活方面。没有他的存在，我的生活会是完全两样的。

前美国财长保尔森：米尔顿·弗里德曼永远属于最伟大的经济学家行列，他在经济与政治自由的联系方面的创新理念，为当今世界的繁荣和金融活力奠定了坚实的基础。

## 【本章小结】

现代货币需求理论是从个人的资产选择出发，探讨人们愿意以多大的比例以货币形式持有财富。而早期的货币需求理论是研究在经济的正常运转中需要多少流通手段。

为了分析货币需求量的决定及其变动规律，而建立的一种函数关系就是货币需求函数。

现金交易论把货币流通速度视为有制度因素决定的常数，因而认为货币需求取决于名义收入，剑桥学派则从以货币形式保有资产存量的角度研究货币需求，重视这个存量占收入的比例，因而被称为现金余额说。

凯恩斯论述了人们持有货币的三种动机，并通过对投机性货币需求的论述将利率这一重要变量引入货币需求函数中。凯恩斯的流动偏好理论是20世纪货币需求理论的重大突破，凯恩斯的追随者对这一理论的完善和发展作出了重大贡献。

弗里德曼的新货币数量说，在一个更广泛的范围内考察人们的资产选择行为，认为货币需求对利率不敏感，得出了货币需求函数本身高度稳定的结论。

## 【重要概念】

货币需求量　交易性货币需求　货币需求函数　交易方程式
剑桥方程式　预防性货币需求　投机性货币需求　货币流通速度

## 【思考题】

1. 费雪的货币需求函数与剑桥方程式的区别何在？
2. 凯恩斯货币需求理论的思想源头是什么？理论贡献是什么？
3. 弗里德曼是如何得出货币需求对利率不敏感的结论的？

# 第十五章

# 货币供给

在现代信用货币制度条件下,社会上流通的货币均为银行体系创造的信用货币,而信用货币的投放主要包括两部分:一是中央银行基础货币的供给,二是商业银行派生存款的创造。经过这两级银行体系,形成了社会上流通的货币供给,而货币供给的可控性则直接影响到中央银行货币政策的执行效果。我国的货币供给与我国的信贷资金管理体制有密切的关系,自从取消信贷规模控制后,我国的基础货币与货币乘数才具有实际意义,并随着国内外形势的变化呈现出新的特点。

## 第一节 中央银行的货币供给:基础货币

在货币供给的过程中,基础货币的投放居于首要地位。基础货币的投放是通过中央银行的资产负债业务实现的,在货币乘数的作用下,基础货币的增长会导致货币供给数倍扩张,从而满足经济主体的货币需求。

### 一、中央银行的基础货币投放

(一) 基础货币的定义

基础货币,也称货币基数(Monetary Base)、强力货币、始初货币,因其具有使货币供应总量成倍放大或收缩的能力,又被称为高能货币(High-powered Money),它是中央银行发行的债务凭证,表现为货币当局对存款机构和社会公众的负债。

在国际货币基金组织的报告中,基础货币被称为 Reserve Money。根据国际货币基金组织《货币与金融统计手册》(2000 年版)的定义,基础货币包括中央银行为广义货币和信贷扩张提供支持的各种负债,主要指银行持有的货币(库存现金)和银行外的货币(流通中的现金),以及银行与非银行在货币当局的存款。

Frederic Mishkin(2005)等认为,美联储的货币负债(流通中的联邦银行券与存款准备金)与美国财政部的货币负债(流动中的财政通货,主要是铸币)之和即是基础货币,表示为

$$MB = C + R$$

### (二) 基础货币的本质

基础货币的构成要素本身并不是基础货币,而是基础货币运动的结果,基础货币的本质是创造货币的货币。无论采取何种渠道投放的基础货币,必须进入到商业银行的派生领域才能算作真正意义的基础货币,才能使货币供给成倍增加,而新增的基础货币经过多次派生,全部转为流通中的现金、法定存款准备金和超额存款准备金后,派生能力宣告结束。因此,投放的基础货币的数额在量上与流通中现金、法定存款准备金、超额存款准备金三者的合计数相等,所以一般认为基础货币由流通中的现金、法定存款准备金、超额存款准备金这三部分组成,仅仅是数量上的等值关系,并不是说它们都具有使货币供给成倍扩张的能力。

### (三) 基础货币的投放过程

基础货币是中央银行负债的重要组成部分,因此,中央银行的资产负债业务可以引起基础货币的变化,从而实现基础货币的投放或回笼。一般而言,基础货币的投放主要是通过中央银行资产负债表资产项目的增加来实现的,另外,还有一个途径就是通过减少中央银行非基础货币类负债来实现。

为了便于理解基础货币的投放过程,我们将中央银行的资产负债表加以简化,一般而言,各国中央银行资产的负债表大都包括以下四个内容。

| 资产 | 负债 |
| --- | --- |
| 政府债券 | 流通中的现金 |
| 贴现贷款 | 准备金 |

资产负债表中的两类负债,即流通中的现金和准备金,是货币供给过程中重要的组成部分,其中任意一项或两项的变动都将导致货币供给的变化。这两类负债的总和即为基础货币。其中,流通中的现金是指社会公众手持的货币数量。准备金则包括商业银行等金融机构在中央银行的存款以及其以实物形式持有的货币(银行保留的库存现金)。准备金可以分为两大类:中央银行要求金融机构必须持有的准备金——法定存款准备金以及金融机构自愿持有的额外的准备金——超额存款准备金。准备金是银行的资产,却是中央银行的负债,准备金的增加会导致存款的增加,进而增加货币供给。

中央银行的资产不仅能为其带来收益,也与负债项目的数额紧密相关。资产项目的变动会导致负债项下基础货币的变动,并最终影响货币供给的变化。其中,两类重要的资产项目主要包括政府债券和贴现贷款。政府债券包括中央银行持有的政府发行的债券,它是各国中央银行进行公开市场业务的主要标的物,各国中央银行一般都采取购买债券的方式向银行体系提供准备金,以达到增加基础货币、扩大货币供给的目的。发放贴现贷款是中央银行向银行体系提供准备金的另一种方式。对于获得贴现贷款的银行而言,这部分资金是商业银行本身的负债,它的增加也会导致货币供给的增加。

## 二、货币乘数

货币乘数也称货币扩张系数或货币扩张乘数,是指在基础货币(高能货币)基础上，货币供给量通过商业银行的存款创造功能产生的信用扩张倍数，是货币供给量对基础货币的倍数关系。货币供给、基础货币和货币乘数之间的关系可以表示为

$$M = m \times MB$$

（一）货币乘数的推导

1. $M_1$ 层次上的货币乘数。根据 $M_1$ 的内部构成，有 $M_1 = C + D$，其中 $C$ 代表流通中的现金，$D$ 代表活期存款。又有 $MB = C + R_d + R_e$，其中，$R_d$ 代表活期存款的法定存款准备金，$R_e$ 代表超额存款准备金。进而 $M_1$ 的货币乘数可以表示为

$$m_1 = \frac{M_1}{MB} = \frac{(C+D)}{C + R_d + R_e}$$

将上式中的分子、分母均除以 D，得

$$m_1 = \frac{\frac{(C+D)}{D}}{\frac{(C+R_d+R_e)}{D}} = \frac{\frac{C}{D}+1}{\frac{C}{D}+\frac{R_d}{D}+\frac{R_e}{D}}$$

令 $c = \frac{C}{D}$，$r_d = \frac{R_d}{D}$，$r_e = \frac{R_e}{D}$，代入上式得

$$m_1 = \frac{c+1}{c+r_d+r_e}$$

该式表明，$M_1$ 的乘数主要由现金漏损率 $c$，活期存款法定存款准备金率 $r_d$ 以及超额存款准备金率 $r_e$ 三个因素共同决定。

2. $M_2$ 层次上的货币乘数。同理，可以得出 $M_2$ 层次上的货币乘数。根据 $M_2$ 的内部构成，有 $M_2 = C + D + T$，其中 $C$ 代表流通中的现金，$D$ 代表活期存款，$T$ 代表定期存款。又有 $MB = C + R_d + R_t + R_e$，其中，$R_d$ 代表活期存款的法定存款准备金，$R_t$ 代表定期存款的法定存款准备金，$R_e$ 代表超额存款准备金。进而 $M_2$ 的货币乘数可以表示为

$$m_2 = \frac{M_2}{MB} = \frac{(C+D+T)}{(C+R_d+R_t+R_e)}$$

将上式中的分子、分母均除以 D，得

$$m_2 = \frac{\frac{(C+D+T)}{D}}{\frac{(C+R_d+R_t+R_e)}{D}} = \frac{\frac{C}{D}+1+\frac{T}{D}}{\frac{C}{D}+\frac{R_d}{D}+\frac{R_t}{T} \times \frac{T}{D}+\frac{R_e}{D}}$$

令 $c = \frac{C}{D}$，$r_d = \frac{R_d}{D}$，$r_t = \frac{R_t}{T}$，$t = \frac{T}{D}$，$r_e = \frac{R_e}{D}$ 代入上式得

$$m_2 = \frac{c+t+1}{c+r_d+r_t \times t+r_e}$$

可以看出，$M_2$ 的货币乘数主要取决于现金漏损率 $c$，活期存款法定存款准备金率 $r_d$，定期存款法定准备金率 $r_t$，定期存款与活期存款的比率以及超额存款准备金率 $r_e$ 五个因素共同决定。

## (二) 影响货币乘数的主要因素

在基础货币一定的情况下，货币乘数的大小决定了货币供给的扩张能力，其主要受以下因素的影响。

1. 现金漏损率。现金漏损率是指流通中的现金与商业银行活期存款的比率。现金漏损率的高低取决于公众的流动性偏好。在可支配收入增加、通货膨胀率提高、利率降低、转账支付便利的情况下，社会公众会更加倾向于持有现金，从而造成现金漏损率提高。现金漏损率越高，说明现金退出存款货币的扩张过程而流入日常流通的量越多，因而银行的可贷资金量越少，存款派生能力越差，货币乘数就越小。因此，在其他条件不变的情况下，现金漏损率值越大，货币乘数越小，扩张能力越弱；反之，扩张能力越强。

2. 法定存款准备金率。法定存款准备金是指商业银行按照法律规定必须存在中央银行里的自身所吸收存款的一个最低限度的准备金。法定存款准备金的比例是由中央银行决定的，被称为法定存款准备金率。法定存款准备金率对商业银行的贷款规模有直接的影响，法定存款准备金率的提高，降低了商业银行可贷款额，制约了商业银行的信贷能力。因此，在其他条件不变的情况下，中央银行提高法定存款准备金率，会导致货币乘数变小；降低法定存款准备金率，会导致货币乘数变大。

3. 超额存款准备金率。超额存款准备金是商业银行存放在中央银行的超出规定的法定存款准备金以外的那部分准备金，其主要作用是参加清算。与法定存款准备金率由中央银行完全确定不同，超额存款准备金率则取决于商业银行自身的经营，是由商业银行自主决定的。一般而言，持有超额准备金的机会成本、借入资金的成本、经营风险等都会影响商业银行持有的超额存款准备金水平。商业银行持有的超额存款准备金越多，其用于放贷的资金就越少，货币乘数就越小。因此，在其他条件不变的情况下，超额存款准备金率的提高，会导致货币乘数变小；超额存款准备金率的下降，会导致货币乘数变大。

4. 定期存款与活期存款的比率。由于定期存款的派生能力低于活期存款，各国中央银行都针对商业银行存款的不同种类规定不同的法定准备金率，通常定期存款的法定准备金率要比活期存款的低。这样即便在法定准备金率不变的情况下，定期存款与活期存款间的比率改变也会引起实际的平均法定存款准备金率改变，最终影响货币乘数的大小。

在以上几个因素中，一般来说，中央银行能控制的是法定存款准备金率；现金漏损率、超额存款准备金率、定期存款与活期存款的比率则取决于商业银行和社会公众的选择。

**专栏 15-1**

**我国货币乘数的变动态势** ιιιιιιιιιιιιιιιιιιιιιιιιιιιιιιιιιιιιιιιιιιιιιιιιιιιιι

图 15-1 显示了 2002—2019 年我国货币乘数及其影响因素的变动态势，从图 15-1 中可以看出，在这十几年间，现金漏损率与超额存款准备金率均呈现出明显的下降态势，而我国的货币

乘数基本与法定存款准备金率呈现出反向变动的关系。

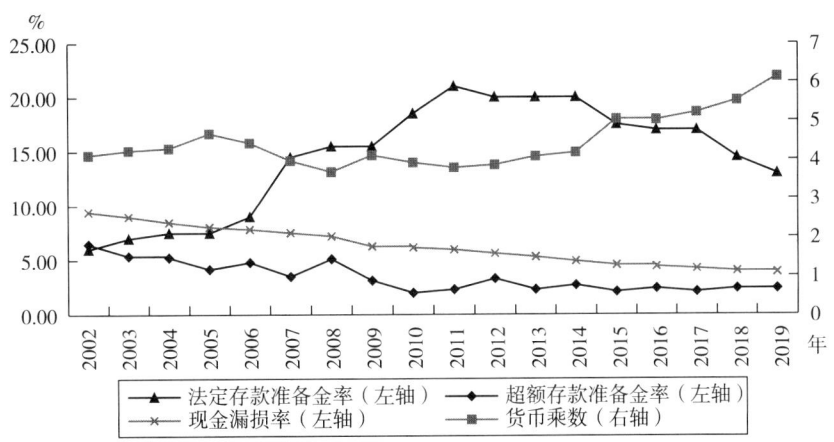

**图 15-1 我国货币乘数及其影响因素变动趋势图**

自 2002 年第一季度至 2006 年第一季度，我国的货币乘数呈现出明显的上升态势，造成这一态势的主要原因是现金漏损率与超额存款准备金率的下降，而同期的法定存款准备金率并没有发生显著的变化，从而货币乘数的变化被现金漏损率与超额存款准备金率的下降所主导，呈现出上升态势。

自 2006 年第二季度开始，我国的货币乘数进入了剧烈波动的时期，这与我国货币政策的操作，尤其是法定存款准备金率的调整紧密相关。2006 年 7 月至 2008 年 6 月这两年间，为了对冲市场上充裕的流动性，我国中央银行连续 19 次上调法定存款准备金率达 10 个百分点，上调后的法定存款准备金率达到了 17.5%，显著地超过了超额存款准备金率和现金漏损率持续下滑所导致的货币乘数的上升，同期的货币乘数从 5.12 下降到 3.84，达到了预期的调控效果。另外，为了应对次贷危机给我国经济带来的不利影响，我国中央银行于 2008 年 9 月至 12 月四次下调法定存款准备金率 2 个百分点至 15.5%，并一直持续到 2009 年底。其与现金漏损率和超额存款准备金率的下降共同导致了货币乘数的上升，起到了刺激经济复苏的目的。其后，由于通胀压力，我国又于 2010 年第一季度开始上调法定存款准备金率，使法定存款准备金率由 15.5% 上升至 2011 年第三季度的 21.5%，并于通胀压力缓解后逐步下降，至 2019 年已降为 13%，这也导致了这一时期货币乘数的先降后升态势。

整体上看，法定存款准备金率是我国调控货币乘数的有效手段，在货币乘数的三个直接影响因素中，可以主导货币乘数的变化，因此，我国频繁使用法定存款准备金率来调控经济是较为有效的。

## 第二节 商业银行的货币供给：存款创造

在现代信用货币制度下，商业银行是货币供给的二级主体，在支票流通和转账结算等前提下，商业银行可以通过信用创造派生出数倍于基础货币增量的存款，从而增加货币供给。

## 一、原始存款与派生存款

商业银行持有的存款货币按照形式不同可分为原始存款和派生存款。原始存款是中央银行创造的货币，商业银行原始存款的增加主要来源于两方面：一是客户将现金存入银行，二是中央银行以再贴现、再贷款等方式向商业银行放款。派生存款是指商业银行通过发放贷款、办理贴现或投资等业务活动引申而来的存款，是与原始存款相对应的存款货币，是现代银行制度的产物。

典型的派生存款产生于支票流通和非现金结算的制度下，商业银行吸收客户存款后，按照中央银行的法定存款准备金率的要求上缴法定存款准备金，并根据自身业务经营需要在保留足额超额存款准备金的基础上，将剩余的存款以转账的方式贷放给合格的借款人。借款人以签发转账支票的方式，将所借贷款用于购物或进行支付。当收款人开户行与贷款行进行清算时，收款人开户行的存款就会增加，在上缴法定存款准备金和留存超额存款准备金后，仍然可以以转账的方式向合格借款人放款，如此周而复始，循环往复。而其中每一次清算后，收款人开户行取得的存款均为派生存款，因此，派生存款是对原始存款的派生和扩大，使得商业银行可以在不受自身资产规模限制的情况下发放贷款，以存款货币的形式扩大了社会上流通的货币总量。

## 二、商业银行派生存款创造的前提条件

派生存款是商业银行在一定制度条件下信用活动的产物，派生存款的产生离不开相应的制度基础，脱离这些制度条件，商业银行的行为方式会发生很大的改变，而派生存款也丧失了产生的基本条件。

（一）支票流通和转账结算

支票与现金一样，都可以作为结算的工具，但随着支票的广泛应用，并逐步代替现金作为结算工具，才使得结算单位无须提取现金，只需办理银行转账即可实现资金划转。而这也是派生存款产生的最基本的条件，因为一旦以现金方式结算，这部分资金是否还会再次流回银行内部则完全取决于个体行为。因此，只有进行转账结算，才可以使得资金在银行系统内流转，形成一轮又一轮的派生存款。但是在现实生活中，企业或多或少都会面临现金的需求，因此，就会造成一部分现金流出银行，但只要企业不把全部的资金以现金方式提走，银行就具有扩张信用的条件，就可以继续创造派生存款。

（二）部分存款准备金制度

部分存款准备金制度是指，商业银行在取得一笔存款后，只需缴纳一定比例的法定存款准备金，剩余资金即可贷放出去，无须将全部资金存入中央银行的制度。在这种制度下，商业银行可以自行支配扣除法定存款准备金后的余额，利用这部分超额准备金发放贷款，产生派生存款。

（三）商业银行自成体系

由派生存款的特点可知，派生存款必须由机构众多的商业银行体系才可完成，一家商业银行无法自行创造派生存款。一笔存款在不同银行间账户上的多次流转，经过存款

与贷款的多次交替,使得其相对于原始数额而言扩大了若干倍。因此,健全发达的商业银行系统是派生存款创造的重要前提之一。

(四) 企业有贷款需求

商业银行之所以能够进行信用创造,与企业的贷款需求密切相关。企业若没有贷款需求,则商业银行结算后增加的派生存款就沉淀在机构内部,无法通过发放贷款进行下一轮的信用创造。因此,企业的贷款需求是商业银行进行信用创造的重要基础。

### 三、商业银行派生存款的创造过程

商业银行要进行派生存款的创造,必须有基础货币的注入。因此,无论以何种方式从中央银行获得的基础货币都会使商业银行的超额准备金增加,进而使其具有信用创造的基础。以下以参与信用创造的各家商业银行的资产负债表为基础,通过资产负债表的变化来说明商业银行每一轮的信用创造过程。

假设有一家银行叫做银行 A,其简化的资产负债表如表 15 – 1 所示。

表 15 – 1　　　　　　　　　　A 银行资产负债表　　　　　　　　　单位:亿元

| 资产 | | 负债及所有者权益 | |
|---|---|---|---|
| 存款准备金 | 11.5 | 吸收存款 | 115.0 |
| 贷款 | 85.5 | 其他负债 | 20.0 |
| 其他资产 | 48.0 | 所有者权益 | 10.0 |
| 总资产 | 145.0 | 总负债和所有者权益 | 145.0 |

为计算简便,假设法定存款准备金率是金融机构吸收存款总额的 10%。则初始情况下,A 银行的法定存款准备金是

$$115 \times 10\% = 11.5（亿元）$$

因为这个数字刚好等于其存款准备金,所以 A 银行目前没有超额存款准备金。但是,当中央银行通过公开市场业务增加 A 银行的基础货币供给时,A 银行的资产负债表会发生什么变化呢?假设 A 银行的一个客户为国债经销商,当人民银行进行公开市场操作时,该经销商出售了 2 亿元的国债。这笔交易会导致 A 银行在中央银行的存款增加,即准备金增加,同时,该客户在 A 银行的存款也增加,即 A 银行的负债增加。这样,A 银行的资产负债表就变为表 15 – 2。

表 15 – 2　　　　　　　　　　A 银行资产负债表　　　　　　　　　单位:亿元

| 资产 | | 负债及所有者权益 | |
|---|---|---|---|
| 存款准备金 | 13.5 | 吸收存款 | 117.0 |
| 贷款 | 85.5 | 其他负债 | 20.0 |
| 其他资产 | 48.0 | 所有者权益 | 10.0 |
| 总资产 | 147.0 | 总负债和所有者权益 | 147.0 |

A 银行资产负债表的变化体现为资产方的存款准备金增加 2 亿元,负债方的吸收存

款增加 2 亿元。由于 A 银行的存款增加，那么它就必须持有这额外的 2 亿元的法定存款准备金，则 A 银行的法定存款准备金变为 117×10% = 11.7（亿元）。

A 银行的准备金头寸是 13.5 亿元，而法定存款准备金是 11.7 亿元，则 A 银行的超额存款准备金就变为 1.8 亿元 [13.5 - 11.7 = 1.8（亿元）]。

由于超额存款准备金的收益远远低于贷款的利息收入，因此 A 银行会减少其超额存款准备金而对符合条件的企业发放贷款。假设 A 银行决定给其开户单位甲公司贷款 1.8 亿元，并在与该公司签署贷款协议后发放了该笔贷款，这样 A 银行资产负债表资产一列的贷款就增加了。为了将贷款支付给甲公司，A 银行只需在其电脑系统中在甲公司的账户上贷记 1.8 亿元即可。这个变化在 A 银行的资产负债表中反映如表 15-3 所示。

表 15-3　　　　　　　　　A 银行资产负债表　　　　　　　　　单位：亿元

| 资产 | | 负债及所有者权益 | |
| --- | --- | --- | --- |
| 存款准备金 | 13.5 | 吸收存款 | 118.8 |
| 贷款 | 87.3 | 其他负债 | 20.0 |
| 其他资产 | 48.0 | 所有者权益 | 10.0 |
| 总资产 | 148.8 | 总负债和所有者权益 | 148.8 |

由于 A 银行的存款增加了 1.8 亿元，那么它就必须持有这额外的 1.8 亿元的法定存款准备金，则 A 银行的法定存款准备金变为 118.8×10% = 11.88（亿元）。

A 银行的准备金头寸是 13.5 亿元，而法定存款准备金是 11.88 亿元，则 A 银行的超额存款准备金就变为 1.62 亿元 [13.5 - 11.88 = 1.62（亿元）]。

A 银行虽然仍然有超额存款准备金，但是其不会继续给其他公司发放贷款。因为甲公司不会把借来的 1.8 亿元存入其活期存款账户，其贷款是为了促进企业更好地发展。当甲公司用于支付时，该笔准备金就会相应减少。假设甲公司从乙公司处购买新型设备用于扩大再生产，并签发了一张金额为 1.8 亿元的转账支票作为支付凭证交给了乙公司。乙公司会将其作为收款凭证送交到自己的开户行 B 银行，假设 A 银行和 B 银行都具有清算行资格，则 A、B 两家银行会通过票据清算中心进行票据清算，B 银行会向 A 银行索要这笔资金。当 A 银行支付这笔资金时，其资产负债表会变化为表 15-4。

表 15-4　　　　　　　　　A 银行资产负债表　　　　　　　　　单位：亿元

| 资产 | | 负债及所有者权益 | |
| --- | --- | --- | --- |
| 存款准备金 | 11.7 | 吸收存款 | 117.0 |
| 贷款 | 87.3 | 其他负债 | 20.0 |
| 其他资产 | 48.0 | 所有者权益 | 10.0 |
| 总资产 | 147.0 | 总负债和所有者权益 | 147.0 |

现在，A 银行的法定存款准备金为 11.7 亿元 [117×10% = 11.7（亿元）]，没有超额存款准备金。

但是，资金循环并不会就此结束。当乙公司收到甲公司支付的款项后，其在 B 银行的存款增加了 1.8 亿元。假设 B 银行最初的资产负债表如表 15-5 所示。

### 第十五章 货币供给

| 表 15-5 | B 银行资产负债表 | | 单位：亿元 |
|---|---|---|---|
| 资产 | | 负债及所有者权益 | |
| 存款准备金 | 20.0 | 吸收存款 | 200.0 |
| 贷款 | 130.0 | 其他负债 | 25.0 |
| 其他资产 | 90.0 | 所有者权益 | 15.0 |
| 总资产 | 240.0 | 总负债和所有者权益 | 240.0 |

此时，B 银行没有超额存款准备金，因为它的法定存款准备金为 200×10% = 20.0（亿元），这个数额恰好等于它持有的总准备金数额。

在乙公司存入的 1.8 亿元和支票被清算后，B 银行的存款准备金增加了 1.8 亿元，同时吸收存款这项负债也增加了 1.8 亿元。B 银行的资产负债表就变为表 15-6。

| 表 15-6 | B 银行资产负债表 | | 单位：亿元 |
|---|---|---|---|
| 资产 | | 负债及所有者权益 | |
| 存款准备金 | 21.8 | 吸收存款 | 201.8 |
| 贷款 | 130.0 | 其他负债 | 25.0 |
| 其他资产 | 90.0 | 所有者权益 | 15.0 |
| 总资产 | 241.8 | 总负债和所有者权益 | 241.8 |

由于 B 银行的存款增加了 1.8 亿元，那么它就必须持有这额外的 1.8 亿元的法定存款准备金，则 B 银行的法定存款准备金变为 201.8×10% = 20.18（亿元）。

这个总数相对于总准备金而言少了 1.62 亿元，因此，B 银行持有的超额存款准备金为 1.62 亿元 [21.8 - 20.18 = 1.62（亿元）]。

由于 B 银行具有超额存款准备金，所以其可以进行放贷以提高利润水平。假设 B 银行发放给丙公司 1.62 亿元的贷款，该公司会花掉这笔钱，这笔钱又会被存入 C 银行。当这笔钱被支付后，B 银行的资产负债表变为表 15-7。

| 表 15-7 | B 银行资产负债表 | | 单位：亿元 |
|---|---|---|---|
| 资产 | | 负债及所有者权益 | |
| 存款准备金 | 20.18 | 吸收存款 | 201.80 |
| 贷款 | 131.62 | 其他负债 | 25.00 |
| 其他资产 | 90.00 | 所有者权益 | 15.00 |
| 总资产 | 241.80 | 总负债和所有者权益 | 241.80 |

现在，B 银行不再持有超额存款准备金，因为其法定存款准备金为 201.8×10% = 20.18（亿元）。

但是，C 银行在收到了 1.62 亿元的存款后，除了需要上交 0.162 亿元的法定存款准备金外，还持有 1.62 亿元的超额存款准备金，其仍然有动力进行贷款发放。如此，贷款转化为存款，存款又被用来放贷，各金融机构都按照法定比率上缴法定准备金后，将所有的超额储备贷放出去，这个过程直至新增的基础货币全部转化为金融机构的法定存款准备金后宣告结束。经过整个银行体系的运作，在最初原始存款为 2 亿元，法定存款准备金率为10%的情况下,整个银行体系的存款、贷款变动如表15-8所示。

表15-8　　　　　　　　　　整个银行体系存款创造过程　　　　　　　　单位:亿元

| 银行 | 存款增加额 | 法定存款准备金增加额 | 贷款总金额 |
|---|---|---|---|
| A | 2.00 | 0.200 | 1.800 |
| B | 1.80 | 0.180 | 1.620 |
| C | 1.62 | 0.162 | 1.458 |
| … | … | … | … |
| … | … | … | … |
| 合计 | 20.00 | 2.00 | 18.00 |

由此可见,中央银行在公开市场上买入2亿元国债,导致整个银行体系的存款增加了20亿元,贷款增加了18亿元,而最初的2亿元则完全被所有银行作为法定存款准备金持有。

但是,在现实生活中,商业银行增加的存款除了需要扣除法定存款准备金后才可用于放贷外,还有两个非常重要的因素会影响存款派生的系数,一是商业银行新增的以备提款需要的现金,二是商业银行新增的用于清算的超额存款准备金。由此,在这个前提下,商业银行新增的贷款总额就会比表15-8中的合计数略小,而派生的过程也将在所有的新增基础货币全部转为流通中的现金、法定存款准备金以及超额存款准备金三者的合计数后终止。

假设中央银行公开市场业务导致的存款增加额为$\Delta B$,商业银行的法定存款准备金率为$r_d$,超额存款准备金率为$r_e$,现金漏损率为$c_d$,则整个银行体系的存款、贷款变动可表示为表15-9。

表15-9　　　　　　　　　　整个金融机构系统存款创造过程

| 银行 | 存款增加额 | 法定存款准备金增加额 | 贷款总金额 |
|---|---|---|---|
| A | $\Delta B$ | $\Delta B \cdot r_d$ | $\Delta B(1-r_d-r_e-c_d)$ |
| B | $\Delta B(1-r_d-r_e-c_d)$ | $\Delta B \cdot r_d(1-r_d-r_e-c_d)$ | $\Delta B(1-r_d-r_e-c_d)^2$ |
| C | $\Delta B(1-r_d-r_e-c_d)^2$ | $\Delta B \cdot r_d(1-r_d-r_e-c_d)^2$ | $\Delta B(1-r_d-r_e-c_d)^3$ |
| … | … | … | … |
| 合计 | $\Delta B/(r_d+r_e+c_d)$ | $\Delta B \cdot r_d/(r_d+r_e+c_d)$ | $\Delta B/(r_d+r_e+c_d)-\Delta B$ |

考虑较为复杂的因素后,商业银行初始存款增加$\Delta B$,会导致整个银行系统存款增加$\Delta B/(r_d+r_e+c_d)$,法定存款准备金增加$\Delta B \cdot r_d/(r_d+r_e+c_d)$,贷款总额增加$\Delta B/(r_d+r_e+c_d)-\Delta B$。

因此,在支票流通和转账结算制度的前提下,由于部分准备金制度的实行,一笔原始存款的增加,经过整个商业银行体系的信用创造,可以产生数倍于基础货币的派生存款,从而增加了社会上流通的货币供给量,满足了社会商品流通的需要。这样,从流通方面看,人们不再会感到缺少货币,全部商品都可以实现价值;从价值分配方面看,银行信用确实充分发挥了调剂资金余缺,有效利用社会资源的作用。

## 第三节 货币供给的内生性与外生性

### 一、货币供给的内生性与外生性及其政策含义

(一) 货币供给的内生性

货币供给的内生性是指现实中的货币供给量是由经济运行本身内在要求决定的,其变动取决于公众、商业银行等微观主体的经济行为以及经济体系中的实际变量,如物价水平、利率、收入、投资等。中央银行的货币供给并不是一种主动的选择行为,而是一种被动的适应行为。

(二) 货币供给的外生性

货币供给的外生性是指货币供给是经济运行过程中的一个外生变量,由中央银行独立自主地加以确定,其变动主要取决于货币当局的政策行为,而不是取决于经济体系中的微观主体和实际变量。

(三) 货币供给内生性与外生性的政策含义

货币供给的内生性与外生性是货币金融理论发展史上争论已久的问题,它不仅反映的是货币供给量受哪些因素影响,更渗透着较强的政策含义。即如果认定货币供给具有内生性,则说明货币供给是被动地决定于客观经济过程,货币当局并不能有效地控制货币供给;如果认定货币供给具有外生性,则说明货币供给可以由中央银行自主决定,货币政策的调节作用是决定性的。因此,货币供给的内生性与外生性能在一定程度上反映出货币政策的执行效果,并为中央银行的宏观调控提供理论和实证依据。

### 二、内生性货币供给理论

(一) 拉德克利夫的"货币体系之运转"

20 世纪 50 年代末期,以拉德克利夫报告为开始,一批经济学家开始对外生的货币供给理论提出质疑,从不同的角度阐述了包括内生货币供给理论在内的一系列"新观点"。1959 年,英国的拉德克利夫(Radcliffe)委员会发表了一份关于"货币体系之运转"的引起争论的报告,这就是著名的《拉德克利夫报告》,其流动性命题是对以外生货币供给为前提的传统货币政策的完全摒弃。报告得出结论:货币供应量在很大程度上已变得不甚重要,只有对经济的一般流动性加以控制才能获得一种有效的货币政策。虽然没有明确说出,但拉德克利夫委员会所实际主张的是,货币供给是内生的,因而它是不受货币当局控制的。

(二) 格利和肖的货币供给理论

同一时期,美国经济学家格利和肖从金融中介机构的类同性出发,分析了银行和其他非银行中介机构在信用创造过程中的作用,提出了现代金融中介机构理论。在他们看来,货币并不是货币金融理论的唯一分析对象,而只是无数金融资产中的一种。而商业

银行在金融机构中并不是唯一有能力创造活期存款形式的货币的机构,相反,其他金融机构也能创造某种独特的金融债权凭证,它们通过贷款和投资与商业银行共同行使信用扩张的权利。由于非银行金融机构能够在信用创造中发挥重要的作用,而货币当局又不能对它们进行有效的控制,所以非银行金融机构的存在和发展弱化了货币当局对信用货币的控制能力,从而加强了货币供给的内生性。

(三) 托宾的货币供给理论

托宾建立了资产选择模型,并且对货币供给进行了一般均衡分析,这个模型突出了货币供给的内生性和货币传导过程中的资产替代性。托宾认为,在现代金融制度下,货币和其他金融资产、商业银行和其他金融机构之间的差别越来越小,这就使得人们可以在范围广泛的金融资产之间进行资产组合的选择。托宾认为,公众的资产偏好和资产选择结构在很大程度上受社会经济活动和经济环境的影响,因此不能单纯从中央银行角度研究货币数量的决定。托宾在分析了存款准备金比率和存款通货比率的变动情况的基础上,指出这两个比率是由经济过程内生决定的,从而货币乘数具有内生性。

(四) 温特劳布的货币供给理论

温特劳布 (Siney. S. Weintraub) 从货币供给内生性的角度分析了广义货币 $M_2$ 的具体形成过程,其货币供给模型是建立在著名的工资定理基础上的。根据温特劳布提出的工资定理,商品价格是由劳动成本及劳动成本之上的某种加成决定的,即

$$p = k(w/q)$$

其中,$p$ 为一般物价水平;$k$ 代表整个经济中由企业的外生制度环境所决定的单位劳动成本或总边际利润上的平均加成;$w$ 代表平均货币工资;$q$ 代表平均劳动生产率;$w/q$ 代表全部产出的单位劳动成本。

如果中央银行拒绝增加货币供给,那么过度的货币需求就会使利率上升,引起投资减少,实际产出和就业水平下降。而在较低实际产出水平上(这是中央银行拒绝增加货币供给的结果)货币需求将会减少,从而迫使货币供求实现均衡,但这一调整过程是以降低实际产出和就业水平为代价的。同样,中央银行也可以选择部分增加货币供给,在这种情况下,实际产出和就业水平也会下降,但下降的幅度比货币供给全然不做相应增加时较少。

由于货币供给没有或只是部分地满足了货币需求的增加,物价水平将会提高,产出和就业水平将会下降。在温特劳布看来,这对政府而言是不可接受的,即政府宁愿价格上涨也不愿接受经济偏离充分就业状态,因此,为了避免失业增加,中央银行就必须增加货币供给以适应名义工资增长率超过平均劳动生产率而增加的货币需求。这不是中央银行可以独立决定的,而是由经济运行的客观要求决定的。

(五) 卡尔多的货币供给理论

卡尔多虽然也从内生性的角度对货币供给的具体形成进行分析,但是如果说温特劳布的货币供给理论表现为中央银行对"政治"的服从,卡尔多的货币供给理论则更多地强调中央银行的最后贷款人职能。卡尔多认为,需求压力、国内投资、出口、财政政策、工资上涨以及公共部门的借贷要求等因素的变动都有可能引起名义收入的增加,从

而引起货币需求增加，而增加的货币需求很容易从货币供给那里得到充分满足。因为"中央银行不能拒绝为它的'合法票据'贴现……如果它这样做了，即如果它为每天或每周打算贴现的票据确定了一个固定的数量限制……中央银行就不能履行其作为银行体系中最后贷款人的职能。而这一职能对于确保清算银行不致因缺少流动性而丧失偿付能力是极为重要的。正是因为货币当局不能接受银行体系崩溃这一灾难性后果……在信贷——货币经济中，'货币供给'是内生的而不是外生的……它直接随公众对持有现金和银行存款的需求的变化而变化，而不能独立于这种需求的变化"。① 中央银行虽然对货币供给没有控制能力，但是却可以决定利率和贴现率，从而通过作用于投资及总产出，影响货币需求，即

贴现率→利率（水平或结构）→投资→总产出→货币需求→货币供给

卡尔多也讨论了货币供给不能完全满足货币需求的情况，在他看来，货币供给的任何不足都将由货币流通速度的变化予以弥补，即当货币供给存量不与货币需求同比例增加时，货币流通速度将会提高，以弥补货币供求的差额；反之，货币流通速度将下降，以使货币供求平衡。

（六）莫尔的货币供给理论

同样以货币供给内生性作为分析视角，如果说温特劳布和卡尔多的理论突出了中央银行在承担其最后贷款人和货币保卫者职能上的被动与无奈，那么，莫尔（Basil. J. Moore）的理论则更深入地探讨了金融运行机制变化的影响。莫尔从信用货币本质的内生性、基础货币供给的内生性、商业银行的主动负债管理造成的货币供给内生性以及商业银行角色转换传导造成的货币供给内生性四个方面来论证其内生货币供给理论，并由此得出了一些重要的推论。

首先，莫尔将货币分成商品货币（金币）、政府货币和信用货币三类。莫尔指出，商品货币的供给由该商品的生产成本所决定；政府货币主要用于弥补财政赤字，其供给由政府的利益决定；早期的信用货币与金币之间保持固定的兑换比率，其供给也从属于商品货币。因此，这些货币的供给与它们的需求都没有直接关系，所以它们的货币供给曲线是一条与利率变动无关的垂直线。

其次，莫尔从中央银行调节基础货币的主要手段入手，论证了中央银行对基础货币的控制能力有限，基础货币供给具有内生性。

对于大多数国家而言，公开市场业务是中央银行调节基础货币的主要手段，但是，其作用的发挥则需要满足两个条件：第一，商业银行有闲置的资金参与公开市场买卖；第二，中央银行公开市场买卖的标的资产收益率较高。而对于这两个条件而言，商业银行和中央银行都很难达到，因而中央银行并不能完全自主地通过公开市场业务调控基础货币供应量。

再次，金融市场和商业银行负债管理政策的发展，促使货币供给表现出更加明显的内生性。

---

① 斯蒂芬·罗西斯. 后凯恩斯主义货币经济学 [M]. 北京：中国社会科学出版社，1991：88.

伴随着金融市场的发展，大量的创新型金融工具不断涌现，使得商业银行可以直接在金融市场上筹集资金，而无须等待中央银行基础货币的注入。同时，商业银行不再被动地等候存款人上门，而是主动根据经济目标和资金的需要，随时在国内或欧洲美元市场上发行可上市的信用凭证。另外，商业银行间激烈的市场竞争，也使得商业银行为稳定与客户的关系，只能顺应客户的贷款需求而发行可上市的贷款凭证。这一系列的表现都说明，商业银行的主动负债管理使其负债业务由单一的吸收存款变成直接在金融市场融资，这大大降低了商业银行对中央银行资金的依赖性。

最后，莫尔将金融市场分成批发市场和零售市场，商业银行筹资的市场是批发市场，而商业银行贷款的市场则是零售市场。

在零售市场上，商业银行成为零售市场贷款条件（价格）的决定者和贷款数量的接受者。在批发市场上，商业银行是批发市场贷款规模的决定者和贷款条件的接受者。商业银行在这两个市场上的角色转换，必然使得零售市场上的资金需求传导到批发市场上，从而对批发市场上的资金需求产生影响，所以批发市场上的资金需求最终是由零售市场上的资金需求决定的，批发市场上的资金需求又直接传导给中央银行，迫使中央银行增加货币供给，因此，货币供给具有内生性。

另外，通过对货币供给内生性的分析，莫尔还得出了一些重要的推论，比如：货币乘数没有实际意义，利率由中央银行外生决定，通货膨胀不是货币现象，等等。

### 三、外生性货币供给理论

（一）弗里德曼—施瓦茨的货币供给理论

弗里德曼（Milton Friedman）和施瓦茨（Anna J. Schwartz）基于对美国93年货币史的实证研究，在其合著出版的《美国货币史：1867—1960》一书中，提出了著名的弗里德曼—施瓦茨货币供给模型，并对决定货币供给的因素进行了系统的分析。弗里德曼和施瓦茨首先将现代经济中的货币划分为两种类型：一是货币当局的负债，即通货；二是商业银行的负债，即银行存款。然后以 $M$、$C$、$D$ 分别代表货币供给量、非银行公众所持通货和商业银行存款，则可推导出如下等式：

$$M = C + D$$
$$H = C + R$$

其中，$H$ 代表高能货币或强力货币；$R$ 代表商业银行的存款准备金。

$$\frac{M}{H} = \frac{C+D}{C+R} = \frac{\frac{D}{R}\left(1 + \frac{D}{C}\right)}{\frac{D}{R} + \frac{D}{C}}$$

则弗里德曼—施瓦茨的货币供给决定模型最终可表示为

$$M = H \cdot \frac{\frac{D}{R}\left(1 + \frac{D}{C}\right)}{\frac{D}{R} + \frac{D}{C}}$$

从上式中可以看出，决定货币供给量的主要因素包括：高能货币 $H$、商业银行的存款与准备金之比 $\dfrac{D}{R}$ 以及商业银行存款与公众持有的通货之比 $\dfrac{D}{C}$。弗里德曼和施瓦茨把这三个因素称之为"货币存量的大致决定因素"，而 $\dfrac{D}{R}$ 和 $\dfrac{D}{C}$ 同时也是货币乘数的决定因素。由于这三个因素分别涉及货币当局、银行和公众三个主体，因而货币供给量也是由这三个主体的行为决定的。

由此可以看出，在弗里德曼—施瓦茨的分析框架中，尤其重视强力货币在货币供给量变动中的作用，而忽视 $\dfrac{D}{R}$ 和 $\dfrac{D}{C}$ 两个因素对货币乘数的影响。他们认为，社会货币供给总量的变化路径是

中央银行行为改变强力货币的供给→商业银行行为改变存款准备金比率 $\dfrac{D}{R}$ →

社会公众改变存款通货比率 $\dfrac{D}{C}$ →社会货币供给总量改变

虽然货币乘数或决定货币乘数两个因素的变化，也会导致货币供给量的变动，但弗里德曼和施瓦茨认为，这只不过是货币供给量变动的必要辅助过程或次要过程而已。

### （二）卡甘的货币供给理论

就在弗里德曼、施瓦茨两人写作《美国货币史：1867—1960》一书的同时，卡甘在对美国85年货币存量的决定因素进行实证分析后，于1965年出版了《1875—1960年美国货币存量变化的决定及其影响》一书，可以说，该书的研究成果是对近100年来美国货币供应量决定最全面最深入的分析。

在该书中，他提出了一个形式及理论结构与弗里德曼和施瓦茨基本类似的货币供给决定方程。同弗里德曼、施瓦茨一样，卡甘也将货币定义为公众手持通货及商业银行的活期存款和定期存款，也采用了与弗里德曼、施瓦茨相同的分析框架，其基本观点和主要结论也大致相同，但在卡甘的方程中，他将货币乘数的两个决定因素作了不同的安排，即以通货比率 $\dfrac{C}{M}$（通货占货币存量的比率）取代存款通货比率 $\dfrac{C}{C}$，以准备金存款比率 $\dfrac{R}{D}$ 取代存款准备金比率 $\dfrac{D}{R}$ ①，从而将他的货币供给决定模型表述为

$$\frac{H}{M} = \frac{C}{M} = \frac{R}{D} - \frac{C}{M} \cdot \frac{R}{D}$$

$$M = \frac{H}{\dfrac{C}{M} + \dfrac{R}{D} - \dfrac{C}{M} \cdot \dfrac{R}{D}}$$

---

① 卡甘作这种变动的原因是，试图考察这两组比率的关系究竟以什么形态较能反映真实的情况或者较具稳定关系，进而考察它们对货币供给量的影响，以弥补弗里德曼—施瓦茨方程式的缺陷。

上式表明，货币存量由强力货币 $H$ 和货币乘数 $\dfrac{1}{\dfrac{C}{M}+\dfrac{R}{D}-\dfrac{C}{M}\cdot\dfrac{R}{D}}$ 两方面决定，而货币乘数则由通货比率 $\dfrac{C}{M}$ 和准备金存款比率 $\dfrac{R}{D}$ 决定，进而货币供给量由 $H$、$\dfrac{C}{M}$ 和 $\dfrac{R}{D}$ 三个因素共同决定。

同时，卡甘还指出，决定货币供给量的这三个因素并不是相互独立的，它们之间也存在着紧密的联系。首先，这些决定因素都受到某些经济现象的影响，比如金融危机常导致 $\dfrac{C}{M}$ 和 $\dfrac{R}{D}$ 提高。其次，某一决定因素发生变化可能会导致另一决定因素也发生变化。这种相互依赖的客观存在，使得货币供给量及其三项决定因素与经济活动间的关系变得更加复杂。

（三）乔顿的货币供给理论

1969 年 10 月，美国经济学家乔顿（Jerryv L. Jordan）在《圣·路易斯联邦储备银行评论》上发表了《决定货币存量的要素》一文，对受制于不同法定存款准备金率的存款加以区分，提出了较为复杂的货币供给决定模型。

$$M = B \times m = B \times \dfrac{1+k}{r(1+t+g)+k}$$

其中，$B$ 为基础货币；$m$ 为货币乘数；而决定货币乘数的主要因素有：通货比率 $k$、准备金比率 $r$、定期存款比率 $t$ 以及政府存款比率 $g$。由于货币供给量为基础货币和货币乘数的乘积，因此，决定货币供给量的要素为基础货币、通货比率、准备金比率、定期存款比率以及政府存款比率。

根据上式可知，货币乘数是 $r$、$t$ 和 $g$ 的减函数，但是对于 $k$ 对货币乘数的影响却具有不确定性。因此，货币供给量是由中央银行、商业银行、社会公众这三个经济主体的行为共同决定的。

乔顿的货币乘数模型还表明，各行为参数对货币乘数的决定并不是完全独立的，而是相互影响的。例如，若定期存款比率 $t$ 因活期存款增加或定期存款减少而下降，平均准备金率 $r$ 就会上升，因为活期存款的准备金率高于定期存款的准备金率。定期存款比率 $t$ 的下降使货币乘数变大，而平均准备金率 $r$ 的上升则使货币乘数趋于缩小，所以货币乘数的最终变化方向将取决于这两种比率的变化对货币乘数影响的相对大小。

## 四、货币供给的内生性与外生性之争

货币供给的内外生争论自古典经济学时期以来就一直存在，但直到 20 世纪 70 年代后凯恩斯学派成立，相对完整的货币供给内生理论才真正建立起来。此后，货币供给的内外生争论逐渐演变成了后凯恩斯主义和货币主义两个学派之间的争论。围绕贷款创造存款还是存款创造贷款这一核心问题，货币学派和后凯恩斯学派的货币供给内外生争论已经持续约半个世纪，一直没有得出一致性的结论。

需要指出的是，在当前的部分准备金、资本充足率监管等货币金融制度下，一国中央银行和金融监管当局的政策调整对货币供给均具有较大的影响力，因此货币供给的内生本质并不能否定其外生性。由此可以得出，货币供给的外生理论与内生理论应是对立统一的，即尽管两个理论框架下的货币供给链条是截然相反的，但也有着内在统一性。正如经济的发展需要供给的推动也需要需求的拉动一样，货币规模的波动是由中央银行的外生供给和经济活动的内在需求共同决定的。尽管货币供给兼具内生性和外生性，但不可忽视的是，随着金融体系的变迁和商业银行资产负债管理理念的发展，货币供给的内生性正在不断增强。

## 第四节 中国的货币供给

### 一、信贷规模管理下的货币供给

自 1978 年经济体制改革开始，我国银行系统的存款一直小于贷款，即所谓"贷差"。在这种条件下，为了适应和促进我国的经济发展，满足在相对短缺经济下对货币资金的需求，中央银行对资金进行了数量管理，即信贷规模管理。在 1998 年之前，我国一直执行严格的信贷规模管理。

在此背景下，由于信贷规模的限制，在达到贷款计划总量的时候，派生存款所能形成的下一笔派生贷款就不能发放，整个货币创造过程就此被打断，基础货币变动已不再按货币乘数的倍数增减货币供应量。也就是说，这时候对于基础货币增减，货币乘数原理已不再适用，计算出的货币乘数已不是真正的具有放大功能的货币乘数，仅仅是表象的货币乘数的观测值而已。因此，在资金的数量管制下，货币供给基本上是由银行体系的资金运用，也就是信贷规模决定的，基础货币、货币乘数与货币供给之间不存在因果关系。

但是，这并不意味着中央银行对货币供给具有主动的控制权。在当时市场机制不健全和资金短缺的情况下，政府、企业和银行通过倒逼机制，压迫独立性不强的中国人民银行对政府提供透支，对国有企业放松贷款软约束和对专业银行增加信贷规模来扩大整个数量管制的规模，这种倒逼机制形成了货币供给过程中的主要压力。

### 二、取消信贷规模控制以来的货币供给

1998 年 1 月 1 日，中国人民银行正式宣布取消信贷规模控制，实行完全的资产负债比例管理，这也意味着我国的货币政策实施从直接控制转向间接调控。同时，我国的货币供给出现了一些新的变化。

(一) 货币供给整体规模平稳增长

整体上看，我国狭义货币供给 $M_1$ 和广义货币供给 $M_2$ 的规模均在不断增加。其中，狭义货币供给 $M_1$ 从 2002 年底的 7.09 万亿元上升到 2019 年底的 57.6 万亿元，增长了约 8.1 倍。同期的广义货币供给 $M_2$ 则从 18.32 万亿元增长到 198.65 万亿元，增长了 10 倍多。货币供给的增长与我国的经济发展水平紧密相关，一方面，随着居民生活水平的日益提高，其对货币的需求量也日益加大，客观上需要增加货币供给来满足居民的交易需要；另一方面，企业的发展壮大也需要更多的资金支持，从而也要求更多的货币供给。

因此，货币供给的增长不仅满足了我国经济主体对货币的需求，也对刺激我国的经济增长起到了相应的作用。

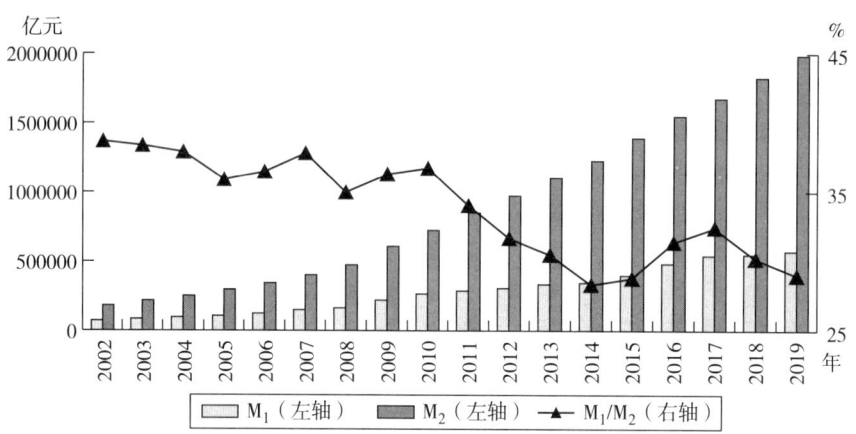

图 15-2 2002—2019 年我国货币供给增长态势

但是，从图 15-2 中也可看出，狭义货币供给 $M_1$ 在广义货币供给 $M_2$ 中的比重在 2002—2014 年呈现出震荡下降的态势，从 2002 年底的 38.68% 下降到 2014 年的 28.33%，随后逐步小幅攀升至 2017 年的 32.43%。其间，由于股票市场两次较大幅度的起落，导致 $M_1$ 占 $M_2$ 的比重在 2005 年至 2010 年出现了较大幅度的上下波动，从 2004 年第四季度的 38.27% 降至 2006 年第一季度的 34.38%，然后逐步回升至 2007 年第四季度的 37.81%，又下降至 2009 年第一季度的 33.27%，其后回升至 2010 年第四季度的 36.73%，说明股票市场收益率的变化对经济主体的流动性需求有较大影响。但是，无论如何，$M_1$ 占比的下降表明，随着我国经济的发展和人民生活水平的提高，经济主体为满足近期交易所持有的货币量不断下降，更多货币则以资产的形式被持有，经济主体的持币动机向预防性和投机性倾斜。

（二）基础货币投放渠道日益丰富

近十几年来，我国的基础货币投放渠道发生了根本性的变化，并直接影响到了人民银行对基础货币的控制能力。2001 年以前，再贷款和外汇占款都是我国基础货币投放的主要渠道。随着我国加入世贸组织，我国对外贸易规模快速发展，2001 年，我国进出口贸易总额为 5096 亿美元，贸易顺差仅为 224 亿美元；2005 年我国进出口贸易总额达到 14219 亿美元，贸易顺差为 1020 亿美元；2013 年我国进出口贸易总额达到 41603 亿美元，贸易顺差达到 2597 亿美元；2015 年我国进出口贸易总额达到 39569 亿美元，贸易顺差达到 5930 亿美元。

贸易顺差的大幅扩张，直接结果就是外汇占款规模的扩大，进而成为基础货币投放的主要渠道。另外，虽然结售汇制度在 2007 年终结，但由于人民币的升值，企业结汇意愿强烈，即便在金融危机对我国贸易形势形成负面影响、贸易顺差在 2009—2011 年负增长期间，我国外汇占款依然保持大幅增长：2009 年外汇占款新增规模为 24681 亿元、2010 年为 32682 亿元、2011 年为 27791 亿元，这对我国货币政策最直接的困扰就是货币政策主动性的削弱。

同时，为了对冲由于外汇占款增加引起的基础货币的过度投放，人民银行于 2002 年开始进行中央银行票据的正回购操作，中央银行票据成为我国对冲外汇占款增加的主要工具。2002 年，其转换的票据就占了当年下半年开始的正回购总额的 78.5%。2004 年外汇占款压力增大，人民银行发行票据力度也相应增大，为减缓短期票据到期压力，使发行票据回笼的资金冻结更久，12 月人民银行开始有计划地推行 3 年期票据的发行工作，当年通过新增票据回笼的基础货币占外汇占款增幅超过 50%。2005 年为了对冲快速增长的流动性，人民银行发行票据的频率和力度更大，当年新增票据为新增基础货币的 168%。随后几年，由于国内外经济形势的变化，我国的贸易顺差状况得到了改善，中央银行票据的对冲力度逐步减弱，至 2009 年已转为投放基础货币的渠道。随着中央银行票据的到期兑付，其投放货币的能力也逐渐下降，至 2017 年 5 月已全部兑付完毕，中央银行票据完成了其历史使命。

进入 2014 年以来，我国新增外汇占款规模收缩明显，除 1 月的外汇占款规模为 4416 亿元之外，2 月、3 月、4 月均为 1000 多亿元，5 月更收缩至不足 400 亿元。未来，在人民币单边升值预期被打破、经济增长放缓的背景下，外汇占款的增长更不容乐观，其作为基础货币主要投放渠道的地位将受到挑战。因此，为确保实现 $M_2$ 的增速目标，人民银行创设了多种货币政策工具拓展基础货币的投放渠道，如公开市场短期流动性调节工具（SLO）、常备借贷便利（SLF）、中期借贷便利（MLF）、抵押补充贷款（PSL）、信贷资产质押再贷款等。基础货币投放渠道从外汇占款为主转向更为侧重再贷款、再贴现以及新型货币政策工具等途径，这不仅丰富了我国基础货币的投放渠道，也提升了人民银行货币政策调控的主动性。

**专栏 15-2**
**我国基础货币的投放渠道**

基础货币是人民银行负债的重要项目之一，其变动会在人民银行的资产负债表中加以反映，因此，可以通过分析人民银行的资产负债表来研究基础货币的来源。下表为调整后的中国人民银行资产负债表。从我国货币当局的资产负债表来看，货币当局的资产包括国外净资产、对政府债权、对金融机构债权、对非金融性公司债权以及其他资产五项。其中，国外净资产所在总资产中的比重已达到 58.82%，对金融机构债权为 33%，对政府债权为 4.12%。货币当局的负债包括储备货币、不计入储备货币的金融性公司存款、发行债券、政府存款、自有资金以及其他负债六项。其中，储备货币所占比重超过 80%，而人民银行发行的债券与政府存款合计所占比重为 9.03%。

**人民银行资产负债表（2019 年末）**　　　　　　　　　　单位：亿元

| 资产 | | | 负债及所有者权益 | | |
| --- | --- | --- | --- | --- | --- |
| 项目 | 金额 | 比例 | 项目 | 金额 | 比例 |
| 国外净资产（NFA） | 217796.95 | 58.82% | 储备货币（B） | 324174.95 | 87.55% |
| 对政府债权（LG） | 15250.24 | 4.12% | 不计入储备货币的金融性公司存款（DE） | 4574.40 | 1.24% |

续表

| 资产 | | | 负债及所有者权益 | | |
|---|---|---|---|---|---|
| 项目 | 金额 | 比例 | 项目 | 金额 | 比例 |
| 对金融机构债权（LB） | 122372.25 | 33.05% | 政府存款 | 1020.00 | 0.28% |
| 对非金融性公司债权（LN） | 0 | 0.00% | 政府存款（DG） | 32415.13 | 8.75% |
| 其他资产（OA） | 14869.26 | 4.02% | 自有资金（OC） | 219.75 | 0.06% |
| | | | 其他负债（OL） | 7884.49 | 2.13% |
| 合计 | 370288.70 | 100.00% | 合计 | 370288.72 | 100.00% |

注：国外净资产为国外资产与国外负债的差额，对金融机构债权为对其他存款性公司债权与对其他金融性公司债权合计，合计数值据此作相应调整。

资料来源：作者编制。

按照上表，中央银行的资产可分为国外净资产（NFA）、对政府债权（LG）、对金融机构债权（LB）、对非金融机构债权（LN）以及其他资产五个部分。负债可分为基础货币（B）、不计入储备货币的金融性公司存款（DE）、政府存款（DG）、发行债券（BI）、自有资金和其他负债五个部分，根据"资产=负债"原理，则有

$$NAF + LG + LB + CO = B + DE + DG + BI + COL$$

其中，COL为其他净负债，即负债方的自有资金和其他负债减去资产方的其他资产后得到的差额。鉴于对非金融机构债权（CO）、不计入储备货币的金融性公司存款（DE）以及其他净负债（COL）在中央银行的资产负债表中所占比重极少，所以将其忽略不计，予以舍弃。

将上式进行整理，得

$$B = BAF + LB + BLG - BI$$

其中，$NLG = LG - DG$，为对政府的净债权，即资产方对政府债权与负债方政府存款的差额。进一步基础货币增量的来源可以表示为

$$\Delta B = \Delta NAF + \Delta LB + \Delta NLG - \Delta BI$$

从上式中可以清楚地看到基础货币的投放渠道主要有四种：一是通过收购外汇、黄金等方式，形成一国对外净债权以增加基础货币供给；二是通过对金融机构的再贷款或再贴现的方式，形成对金融机构的债权以增加基础货币供给；三是通过向政府提供融资、实行积极财政政策的方式，形成对政府的净债权以增加基础货币供给；四是通过减少发行中央银行票据，降低资金回笼力度的方式增加基础货币供给。

### （三）货币乘数影响因素趋于复杂

按照经典理论，货币乘数一般受现金漏损率、法定存款准备金率、超额存款准备金率、定期存款与活期存款比率的影响，但是，随着商业银行的业务模式日益多元化，其可贷资金不仅来源于公众存款货币，而是一个包含吸收存款、债券融资、股权融资、同业往来、中央银行再贷款等在内的"资金池"；其资金运用的途径也不仅局限于发放贷款，而是一个包括各项贷款、有价证券投资、中央银行存款、存放同业等在内的"工具箱"。同时，商业银行所面临的外部约束也日益多样，这些都对商业银行的货币创造产生了影响。具体而言，主要包括存贷利差、超额存款准备金付息率、贷款需求等。

存贷利差是指商业银行资金来源的平均成本率与资金运用的平均收益率之差，是衡

量银行盈利能力的重要指标之一。狭义的存贷利差仅指贷款利率与存款利率之差。随着商业银行业务的多元化以及资金来源、运用渠道的增加，广义的存贷利差指商业银行生息资产的收益率水平。目前，我国还没有完全实现利率市场化，中央银行对金融机构存贷款利率水平仍实行"贷款管下限、存款管上限"，无形中形成了"法定存贷利差"的水平。"法定存贷利差"的存在，使我国商业银行主要通过贷款业务获取收益的经营模式有了可靠的保障，从而激励了银行的放贷意愿，增强了其货币创造的功能。因此，存贷利差越大，商业银行的货币创造功能越强，货币乘数也就越大。

与西方发达国家不同，我国中央银行对超额存款准备金支付利息。超额存款准备金是商业银行的无风险资产，超额存款准备金付息率越高，其与其他资产的真实收益率（考虑风险损失后的收益水平）之间的"利差"将越小，甚至出现"利率倒挂"（如企业大面积经营不善使贷款风险大增，贷款的风险收益水平大幅下降而低于准备金利率水平），则商业银行将越倾向于持有超额准备金，超额准备金率提高，货币乘数降低。

在其他因素（如监管要求、资金来源及贷款之外的其他资金运用）不变的情况下，可贷资金的规模既定，而可贷资金转化为贷款进而派生存款货币仍需经历真实的贷款投放这一过程。实践中，尽管贷款业务是商业银行的主要收入来源，银行对盈利的追求必然带来贷款扩张的冲动，但可贷资金往往并不一定能够全部转化为真实的贷款，这一"漏损"主要是受公众（企业与个人）信贷需求以及商业银行基于风险收益考量之上的贷款意愿的影响。一般来说，信贷需求越大，商业银行的贷款扩张越显著，货币乘数增大。

另外，一些流动性监管指标，如流动性比、商业银行的负债选择以及同业往来、有价证券投资等也对货币乘数产生着影响。货币乘数的大小和变化不是仅由现金漏损率、法定存款准备金率、超额存款准备金率、定期存款与活期存款比率来决定，而且是由包括宏观货币政策、微观监管政策、金融主体对自身资产负债结构的选择、社会公众行为偏好等在内的诸多因素共同决定。

## 【本章小结】

在货币供给的过程中，基础货币的投放居于首要地位。基础货币的投放是通过中央银行的资产负债业务实现的，中央银行通过控制法定存款准备金率影响基础货币；这种原始存款的增加，经过整个商业银行体系的信用创造，可以产生数倍于基础货币的派生存款，从而增加了社会上流通的货币供给量，满足了社会商品流通的需要。

货币供给的内生性与外生性能在一定程度上反映出货币政策的执行效果，并为中央银行的宏观调控提供理论和实证依据。内生性货币供给理论主要有拉德克利夫的"货币体系之运转"、格利和肖的货币供给理论、托宾的货币供给理论、温特劳布的货币供给理论、卡尔多的货币供给理论、莫尔的货币供给理论等；外生性货币供给理论主要有弗里德曼—施瓦茨的货币供给理论、卡甘的货币供给理论、乔顿的货币供给理论等。

1998年1月1日以来我国的货币政策实施从直接控制转向间接调控。同时，我国的货币供给出现了一些新的变化。其中货币乘数的大小和变化也由包括宏观货币政策、微观监管政策、金融主体对自身资产负债结构的选择、社会公众行为偏好等在内的诸多因素共同决定。

【重要概念】

基础货币　货币乘数　原始存款　派生存款　现金漏损率　法定存款准备金率　超额存款准备金率　货币供给内生性　货币供给外生性

【思考题】

1. 影响货币乘数的主要因素是什么？其作用机制如何？
2. 简述商业银行派生存款的前提条件。
3. 什么是货币供给的内生性与外生性？其政策含义是什么？
4. 分析我国货币供给的内生性与外生性。

# 第十六章

# 货币政策

货币政策能够促进社会总需求与总供给的平衡、维持物价稳定、提高就业水平从而促进经济发展、保持汇率相对稳定以促进国际收支平衡、抑制金融泡沫和经济泡沫的形成以防范金融风险和维护金融稳定等。其在国民经济宏观调控中居于十分重要的地位，成为市场经济国家调控国民经济运行的重要手段之一。

## 第一节 货币政策与最终目标

### 一、货币政策的概念和框架

（一）货币政策的概念

广义的货币政策包括政府、中央银行和其他有关部门所有有关货币方面的规定和所采取的影响货币供给数量的一切措施。按照这个定义，货币政策包括了有关建立货币制度的种种规定，所有旨在影响金融系统的发展、利用和效率的措施，甚至还包括政府借款、国债管理以及政府税收和开支等可能影响货币支出的行为。

狭义的货币政策是指中央银行为实现预期的宏观经济目标，运用各种政策工具调节与控制货币供给量和利率水平，调节宏观经济运行的方针与措施的总称。

货币政策在国民经济宏观调控中居于十分重要的地位，成为市场经济国家调控国民经济运行的重要手段之一，在国家法律授权的范围内独立地或在中央政府的领导下制定与实施货币政策由此成为中央银行最为重要的基本职能之一。

（二）货币政策框架

货币政策理论所要研究的问题主要涉及五个方面的内容：第一，货币政策的最终目标；第二，货币政策的操作目标和中介目标；第三，货币政策的工具；第四，货币政策的传导机制；第五，货币政策的有效性。这五个方面的内容基本反映了货币政策从确立目标开始到取得最终目标效果的全部运行过程。

货币政策的宏观经济调控职能的发挥需要经过一个比较复杂的传导过程（见图16-1），由此而形成由最终目标、中介目标和操作目标三个层次构成的货币政策指标体系。货币政策的最终目标、中介目标和操作目标三者宏观性次序是由强至弱,而中央银行对它们的可控性的次序则由弱至强,中央银行通过对操作目标、中介目标、最终目标进行观测与控制,可以及时有效地监测与控制货币政策的实施效果。

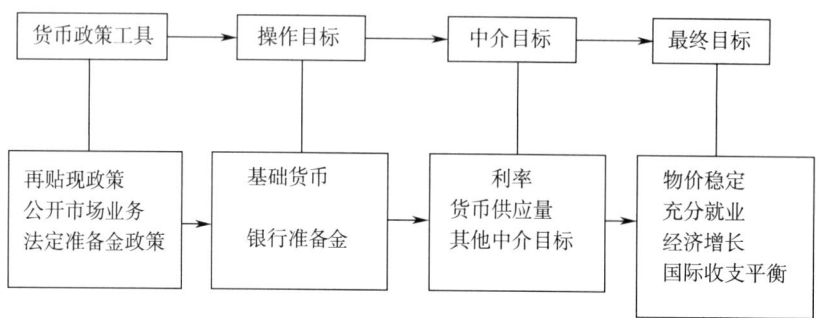

图 16-1 货币政策的传导过程

## 二、货币政策的最终目标

### (一)货币政策最终目标的概念

货币政策最终目标(Monetary Policy Goal)是指中央银行通过货币政策的制定和实施所期望实现的最终目的,具体表现为一定的宏观经济目标,如币值稳定、经济增长、充分就业、金融稳定及国际收支平衡等目标。

从历史上看,货币政策的目标是随着经济与社会的发展变化逐渐变化的,在一国经济、金融发展的不同阶段,货币政策的目标也有相应的变化。即使在同一时期,处于不同经济发展背景下的国家,货币政策的目标也有较大的差异。例如,1913 年美联储成立的时候,没有规定目标,只说它的作用是维持货币弹性;1946 年《就业法》规定美联储的货币政策目标是促进最大就业;1977 年和 1978 年的《全面就业和预算平衡法》规定,货币政策有三个主要目标:"完全就业,价格稳定,中长期利率平稳"。在 20 世纪 70 年代,美元危机以及布雷顿森林体系的解体,使不少国家将国际收支平衡列为货币政策的主要目标;到了 90 年代,伴随着金融风险的增加以及金融危机的频频爆发,许多国家的中央银行将金融稳定也作为重要的政策目标。

### (二)货币政策最终目标的主要内容

如今,各国的货币政策最终目标一般包括币值稳定(或物价稳定)、充分就业、经济增长、国际收支平衡和金融稳定。

1. 币值稳定(或稳定物价)。币值稳定(或稳定物价)是指中央银行通过货币政策操作,保持货币购买力稳定,从而使一般物价水平和汇率在短期内没有显著的或剧烈的波动。这里的物价是指一般物价水平,而不是指某种商品的价格。人们之所以希望物价保持稳定,是因为物价水平的持续上升会造成经济的不稳定。在物价水平不断变化的情况下,消费者、企业和政府的决策难以决定。如果物价极端不稳定,出现恶性膨胀,就会冲击国家经济。

衡量物价稳定与否的指标通常采用物价指数,主要有三种:批发物价指数、消费物价指数和国民生产总值平减指数。三者指标包含的商品和劳务的范围不同，反映的物价变化也都有一定的局限性。目前，多数中央银行采用核心通货膨胀率，即扣除食品和原油等消费品的消费物价指数作为通货膨胀的重要参考指标。

2. 充分就业。充分就业通常是指凡有能力并自愿参加工作者都能在较合理的条件下随时找到合适的工作。因此，充分就业实际上是指失业率在合理适度的范围内，而不是没有失业。

衡量充分就业的标准通常采用失业率。一般来说，失业率是社会的失业人数与愿意就业的劳动力之比。在计算失业率时，各国的计算方法各不相同，因此失业率指标很难确定，各国对充分就业程度的评价也不一致。一些西方国家的经验是，失业率若能控制在4%以下，即可视为充分就业。

3. 经济增长。保持经济增长通常是一国政府追求的最终目标。因此，作为宏观经济政策组成部分的货币政策，自然会将经济增长目标作为货币政策的一项重要目标。经济增长通常是指社会经济生活中商品和服务产量的增加。经济增长通常表现为一国经济规模的扩大（如国内生产总值的增加），如考虑到人口的增加和价格的变动，经济增长则表现为人均实际国内生产总值的增加。

衡量经济增长的指标通常有国内（国民）生产总值增长率、国民收入增长率、人均国内（国民）生产总值和人均国民收入增长率。

4. 国际收支平衡。国际收支平衡是保证国民经济持续稳定增长和国家安全稳定的重要条件。一般地，国际收支平衡是指一国或地区对其他国家或地区在一定时间内的全部经济活动的收支相抵，略有顺差或略有逆差。反映在国际收支平衡表中，就是每年黄金外汇储备基本不发生增减变化。国际收支平衡又可分为静态平衡和动态平衡两种。静态平衡，是指1年的国际收支相抵，略有顺差或略有逆差的状况。动态平衡，是指一定时期（3年或5年）的国际收支相抵，略有顺差或略有逆差的状况。

5. 金融稳定。金融稳定是指通过货币政策和宏观审慎监管相结合，保持一国利率、汇率和社会流动性的相对稳定，维持国家金融体系的稳健运行。在现代经济中，金融稳定是经济和社会稳定的重要条件。如果一国出现了货币危机、银行危机或金融危机等，金融的资金积聚、风险分散、支付、定价、信息反馈等功能就会发生紊乱，就会影响经济系统的正常运营，通常会带来较大的经济损失，甚至造成社会动荡。自20世纪90年代后，尤其是2008年美国次贷危机引发的国际金融危机之后，许多中央银行都把金融稳定视为货币政策的重要目标内容。

### 三、货币政策最终目标之间的关系

货币政策的最终目标，都是国民经济政策的战略目标的组成部分，然而，对于一国中央银行来说，很难同时兼顾多个最终目标，因为在最终目标之间，存在着一定的相互冲突。

（一）稳定物价与充分就业

菲利普斯曲线表明了失业率和通货膨胀率二者的反向关系。

1958年，菲利普斯根据英国1867—1957年间失业率和货币工资变动率的经验统计资料，提出了一条用于表示失业率和货币工资变动率之间交替关系的曲线。这条曲线表明：当失业率较低时，货币工资增长率较高；反之，当失业率较高时，货币工资增长率较低，甚至是负数。根据成本推动的通货膨胀理论，货币工资可以表示通货膨胀率。因此，这条曲线就可以表示失业率与通货膨胀率之间的交替关系，即失业率和通货膨胀率之间存在着反方向变动的关系。

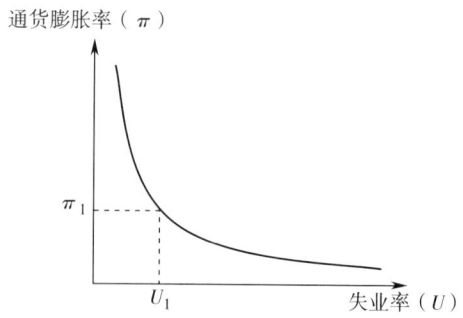

图 16-2　菲利普斯曲线

菲利普斯曲线所表明的通货膨胀率和失业率的关系，一方面为中央银行实现单一货币政策目标提供了理论依据，例如，如果经济体面临较高的通货膨胀率，中央银行就可以通过增加失业率降低通货膨胀率；如果经济体面临严重的失业率，中央银行就可以通过提高通货膨胀率降低失业率。另一方面也提出了中央银行在同时面临高失业率和高通胀率时的两难困境，如果降低失业率，则会进一步加重通货膨胀；采用措施降低通胀率，又会使失业率恶化。

对于菲利普斯曲线所描绘的通货膨胀率和失业率之间的替代关系，弗里德曼等经济学家都提出过质疑。一般认为，通货膨胀率和失业率之间的替代关系，仅存在于短期分析，上述的菲利普斯曲线也常被称为短期菲利普斯曲线。根据弗里德曼的分析，长期菲利普斯是一条垂直的直线，也就是垂直于横轴的直线，即在长期，自然失业率与通货膨胀率无关。

（二）稳定物价与经济增长

稳定物价与经济增长作为两大货币政策目标，存在着一定的矛盾性，在短期内尤其如此。经济增长速度加快时，就业增加，市场有效需求增加，一般物价水平趋于上升；而当采取措施控制物价，使物价水平下降时，信用收缩，货币供应减少，市场有效需求减弱，生产收缩，就业减少，经济增长速度减慢。相反的理论观点认为，只有在物价稳定的环境中，经济才能实现长期而持续的增长，物价稳定与经济增长没有矛盾，可以兼得。

（三）经济增长与国际收支平衡的关系

两者之间也常常发生矛盾，具体表现在：（1）在经济发展过程中，由于GDP的增加提高了支付能力，除了要求增加国内商品的供应量，也会增加对进口商品的需求，使进口的增长快于出口的增长，这就可能导致国际收支出现逆差。（2）为促进国内经济的增长，必然要求增加投资，在国内资本来源不足的情况下，必然要借助于外资的流入。外资的流入会使资本项目出现顺差，从而在一定程度上弥补由于贸易逆差导致的国际收支失衡。（3）当国内经济衰退与对外收支逆差同时共存时，中央银行则处于一种两难的困境：为了改善对外收支的状况，采取提高利率的方法，这虽然有利于吸引国外资本流入，但利率的提高却进一步抑制了投资，使本已衰退的经济雪上加霜；反之，为了促进经济的增长，采取降低利率的办法，这虽然有利于刺激投资，但是，利率的降低却会引起国内资本的流出，使国际收支逆差更为严重。所以，经济增长与国际收支平衡也难以同时实现。

（四）稳定物价与国际收支平衡的关系

一般地，若国内物价上涨，使外国商品的价格相对降低，将导致本国输出减少，输入增加，国际收支恶化；若本国维持物价稳定，而外国发生通货膨胀，则本国输出增加，输入减少，则会发生贸易顺差。因此只有全球都维持大致相同的物价水平，物价稳定才能与国际收支平衡同时存在。在国际经济关系日益复杂，世界经济发展极不平衡的现实经济生活里，这两个条件同时并存是不可能的。稳定物价与国际收支平衡的目标也就很难兼顾。

（五）充分就业与经济增长的关系

一般而言，要实现充分就业，必然要采取刺激需求的政策措施，由此会带动经济增长，因此充分就业与经济在增长之间存在着正相关关系。但是，也存在特殊情况，如果经济增长方式由劳动密集型向资本密集型、资源密集型和知识密集型等不同的发展模式转变，那么经济增长不仅不能带来就业率的上升，甚至还可能引起就业率的下降，因此充分就业与经济增长之间也有一定的矛盾。

（六）币值稳定与金融稳定

传统观点认为，币值稳定和金融稳定目标是一致的，币值稳定是金融稳定的充分条件。其主要原因是，通货膨胀不仅会导致预期收益的不确定性，扰乱融资者和储蓄者的信息传递，导致金融机构的不稳定，而且会导致金融市场的大幅度波动，严重阻碍资金从储蓄向投资的转化，造成金融不稳定。历史经验也表明，许多金融危机是和高通货膨胀相联系的，金融危机的一个重要原因就是通货膨胀。

进入 21 世纪后，随着经济金融的发展，全球资产规模日益增大，资产价格波动加大，全球金融稳定出现了新情况：通货膨胀得到了有效控制，但资产价格波动明显加大，并成为宏观经济不稳定和总体价格波动的来源。尤其是 2008 年的国际金融危机，在物价处于长期稳定时，宽松的货币政策引发美国的房地产价格泡沫，房地产价格泡沫的最终破裂，导致了美国的金融危机，并波及全世界。

由此可见，货币政策的五大目标之间是相互联系，而又彼此矛盾的，是很难同时实现的。因此，协调货币政策之间的矛盾，平衡其关系，求得五大目标之间的最佳组合，成为中央银行的首要任务。近几年来，西方国家在组合中经常使用"相机抉择"原则、"临界点"原理、"轮番突出"政策。

"相机抉择"原则，是指中央银行在不同时期，应当根据不同的经济形势，灵活机动地选择不同的货币政策。如在通货膨胀时期，中央银行应当实行紧缩性的货币政策，以抑制通货膨胀；而在经济萧条时期，中央银行应该实行扩张性的货币政策，以刺激投资，促进经济复苏。可见，通过实行相机抉择的货币政策，中央银行可以根据当时的经济形势，区别轻重缓急，优先解决当时的主要问题，以达到当时最需达到的政策目标，并在一定程度上缓和货币政策目标之间的矛盾。

"临界点"原理，是指中央银行对于两个相互矛盾的目标，研究其临界点，并通过适当的操作，使这两个目标都能控制在相对合理、能被人们所接受的水平。例如，通货膨胀与失业率具有此消彼长的关系，中央银行不可能在同一时间内同时实现稳定物价和充分就业这两个目标。但可以研究并制定临界点，如果社会可承受的通货膨胀率为4%，失业率也为4%，二者均在这个范围内，政府就不必采取任何措施；若失业率上升到6%，通货膨胀率为2%，则政府就可以采取扩张的货币政策，增加货币供应量，刺激投资与需求，使通货膨胀率稍有上升，而失业率将会下降，如此使二者均控制在社会可接受的范围内。

"轮番突出"政策，即中央银行为了实现货币政策目标，或者扩大信用规模，执行信用扩张的政策；或者缩小信用规模，执行信用紧缩政策。这是货币政策最根本的方法与政策措施，但无论采取哪一种，对经济过程产生的影响都是矛盾的。为此，中央银行只能根据不同时期的特点，利用信用扩张和信用紧缩交替使用，即轮番突出的办法来实现货币政策的目标。一般地，在经济衰退时，采用信用扩张的货币政策，以刺激经济维持就业；在经济高涨或过热时，采用信用紧缩的货币政策，以稳定物价、平衡国际收支。这是当前世界各国最为普遍采取的做法。

### 四、最终目标的选择

(一) 国外货币政策最终目标

目前，西方发达国家的货币政策一般包括稳定物价、充分就业、经济增长、国际收支平衡、金融稳定等。各国的货币政策目标一般都在这五个目标中选择，一国的货币政策目标总是这五个目标的部分或者全部的某种组合。由于不同国家和地区的经济、金融环境不同，所处的发展阶段和历史背景不同，经济生活和管理体制的风格不同等，在货币政策目标的选择上必然存在差异。

20世纪90年代以后，一些国家先后采取了"通货膨胀目标制"（Inflation Targeting）的货币政策。政策的核心是以未来一段时间内确定的通货膨胀率或者目标作为货币政策目标，并根据对未来中长期通货膨胀的预测采取适当的货币政策操作，以实现长期的价格稳定，这是一种明确的单一货币政策目标制度。

到目前为止，已有诸如新西兰、加拿大、英国、瑞典、芬兰、澳大利亚、西班牙、瑞士、巴西、智利、墨西哥、泰国、韩国、捷克、波兰等20个国家实施了通货膨胀目标制。

(二) 我国的货币政策最终目标

1995年《中华人民共和国中国人民银行法》对"双重目标"进行了修正，确定货币政策目标是"保持货币币值的稳定，并以此促进经济增长"。这一货币政策目标说明我国中央银行货币政策首要目标是保持币值的稳定，但最终目的是促进经济的增长。货币政策目标组合既肯定了"稳定货币"的第一性，又明确了"稳定货币"是为了"促进经济发展"这一目标，可谓主次分明，重点突出，既符合国际惯例，又适合中国经济金融改革的要求。

## 第二节 货币政策操作目标与中介目标

### 一、货币政策中介指标的含义

（一）货币政策中介指标

货币政策中介指标是指受中央银行货币政策工具作用，反映货币政策最终目标能否实现的传导性金融观察变量。它是连接中央银行货币政策工具和最终目标的桥梁和纽带，为中央银行预测其最终目标能否顺利实现提供了参数的指标，为中央银行调整运用货币政策工具提供了回旋的余地。

（二）货币政策中介指标选择的标准

中央银行选择货币政策中介指标应满足的基本标准通常有三个，即可测性、可控性和相关性。

1. 可测性。可测性是指中介标准变量的可计量性，它包含两层含义：第一，中央银行能够迅速得到有关中介指标的数据资料；第二，能够通过这些数据对中介指标变量的变化情况进行准确测量、分析和预测。选择的指标是否有用，关键要看这个指标变量在货币政策实施过程中偏离目标时是否能比政策目标更快地发出信号，而要让这些变量很快发出信号的前提，就是中央银行能够对它进行迅速、准确的测量。

2. 可控性。可控性是中央银行能够运用各种货币政策工具，对中介指标变量进行有效的控制和调节，并能够准确地控制中介指标变量的变化情况及变动趋势。

3. 相关性。相关性是指中介指标与货币政策目标之间必须要有密切的、稳定的联系，中央银行通过控制和调节中介指标，可促使最终目标的实现。相关性反映了中介指标对最终目标的影响力。中介指标与最终目标的相关性程度越高，中央银行通过控制中介指标来实现货币最终目标的效力就越大。

（三）中介指标的种类

中央银行选择的中介指标通常是由几个金融变量组成的指标体系。在中介指标体系中，根据各个中介指标对货币政策工具反映的先后和作用于最终目标的过程，一般把中介指标分为近期中介目标（即操作目标）和远期中介目标。

### 二、货币政策操作目标

（一）操作目标的概念

货币政策操作目标即近期中介指标，是指受中央银行货币政策工具直接作用，间接反映最终目标能否实现的传导性金融观测变量，中央银行对它们的控制力很强。近期中介指标主要有基础货币和存款准备金等。

（二）操作目标具体变量

1. 基础货币。基础货币，又称为高能货币或弹力货币，是流通中的现金和商业银行存款准备金之和，它构成了货币供应量数倍伸缩的基础。中央银行通过向商业银行及其他金融机构放款、向政府提供信贷、购买有价证券、购买储备资产等方式向社会注入基础货币。在货币乘数不变的情况下，基础货币有微小的变化，即会通过商业银行存款的扩张或收缩引起货币供应量的多倍变化。因此，中央银行以基础货币作为中介指标，具有重要意义。

2. 存款准备金。银行体系的存款准备金是中央银行负债的一部分。存款准备金作为中央银行货币政策的传导变量，具有很高的可测性。就资料收集而言，存款准备金直接反映在中央银行的资产负债表上。就可控性而言，中央银行是资产规模决定负债规模，中央银行可以通过资产规模的调整，控制存款准备金的大小。就相关性而言，存款准备金的规模决定了商业银行的信贷规模，进而决定了货币供应量的大小。

3. 短期利率。短期利率通常指市场利率，即能够反映市场资金供求状况、变动灵活的利率。它是影响社会的货币需求与货币供给、实现货币政策目标的一个重要的政策性指标，如西方国家中央银行的贴现率、伦敦同业拆放利率等。作为操作目标，中央银行通常只需要其中一种利率。过去美联储主要采用国库券利率，近年来转为采用联邦基金利率。日本采用的是银行同业拆借利率，英国的情况较为特殊，英格兰银行的长、短期利率均以一组利率为标准，其用作操作目标的短期利率有：隔夜拆借利率、3个月的银行拆借利率、3个月的国库券利率；用作中间目标的长期利率有5年期公债利率、10年期公债利率、20年期公债利率。

### 三、货币政策远期中介目标

(一) 中介目标的概念

货币政策中介目标即远期中介指标，是指受中央银行货币政策工具间接作用，直接反映最终目标能否实现的传导性金融观测变量。远期中介指标主要有货币供应量和利率。

(二) 中介目标具体变量

1. 货币供应量。货币供应量是一定时点上的货币总存量，大多数国家都根据货币流动性差别，把货币供应量划分为不同层次，给予不同的定义，无论哪一层次的货币供应量，都能满足可测性、可控性、相关性的要求。

货币供应量作为中介指标的不足在于，货币供应量包括的范围和口径复杂，难以清晰界定。同时，当代金融创新的活跃，使货币供应量的计量更为复杂，中央银行对货币供应量的控制更为困难。

2. 利率。利率之所以被用做远期中介指标，是因为：第一，可测性强。中央银行在任何时候都能够观察到市场利率的水平和结构。第二，可控性强。中央银行能直接控制对金融机构融资的利率。而通过公开市场业务或再贴现政策，也能调节市场利率的走向。第三，相关性强。中央银行能够通过对利率的调控来影响投资和消费，进而调控社会总供求。

## 第三节 货币政策工具

货币政策工具是中央银行为达到货币政策目标而采取的调控手段。货币政策工具一般被划分为四类：一般性货币政策工具、选择性货币政策工具、其他货币政策工具和非传统货币政策工具。

### 一、一般性货币政策工具

一般性货币政策工具是指对货币供应总量或信用总量进行调节的传统货币政策工具，俗称货币政策的"三大法宝"，包括法定存款准备金政策、再贴现政策和公开市场业务。

(一) 法定存款准备金政策

1. 法定存款准备金政策的含义。法定存款准备金政策是指一国中央银行在法律所赋予的权力范围内，通过规定或调整商业银行等存款货币机构必须缴存中央银行的法定存款准备金比率，改变金融机构的准备金数量和货币扩张乘数，从而达到控制金融机构的信用创造能力和货币供应量的目的。

2. 法定存款准备金政策的原理。法定存款准备金政策通过改变法定存款准备金率进而改变货币乘数来影响货币供给，即使法定存款准备金率进行很小幅度的变化，由于货币乘数的缘故，也会引起货币供给量巨大的变动。为满足存款人的日常提现需要，存款金融机构一般都会自觉地保持一定金额的现金储备。由于存款准备金没有利息收入，同时还要支付一系列相关的存款利息、保管费用和运营费用，对于以盈利为目的的金融机构来说，存款准备金是一种负担。存款准备金越多，意味着可用来投资的资金越少，因此当市场上出现诱人的放款和投资机会时，存款金融机构更倾向于减少存款准备金，而这种行为往往会提高银行发生流动性风险的可能性。建立法定存款准备金制度，强制存款金融机构将准备金上缴中央银行，保证了存款金融机构的流动性和清偿力，稳定金融，从制度上防止银行倒闭。

此外，法定存款准备金率的提高会使银行可供同业拆借的资金数量下降，迫使商业银行减少放款和投资，使货币供应量缩小。相对于可供拆借的资金减少，资金拆借需求的增加将引起同业拆借市场利率的上升并传导到资本市场，从而引起社会上的投资和支出都相应缩减。同理，法定存款准备金率的降低会使信贷规模和货币供应总量得以扩张。

3. 法定存款准备金政策的优缺点。从理论上讲，法定存款准备金政策的优点在于：对货币供应量有极强的影响力，力度大、速度快、见效显著。但在实际操作中具有以下局限性：第一，法定存款准备金威力巨大，其细微变化都会引起货币供给的巨大波动，对整个经济和社会心理预期产生显著影响，不利于货币的稳定和经济社会的稳定；第二，法定存款准备金频繁地调整会破坏准备金需求的稳定性和可测性，不利于中央银行的公开市场操作和对短期利率的控制，因而中央银行在使用时一般较为慎重。

## (二) 再贴现政策

1. 再贴现政策的含义。中央银行通过贴现窗口向商业银行提供的贷款即贴现贷款，贷款利率即为贴现率。再贴现政策是指中央银行通过提高或降低再贴现率的办法来影响市场利率及货币市场的供应和需求，从而实现货币政策目标的一种政策措施。相对于市场利率而言，再贴现率经常被用来表达中央银行的政策意向，具有短期性，并对整个市场利率水平有引导作用。

2. 再贴现政策的原理。一般来说，再贴现政策包括两方面的内容：一是再贴现率的调整，主要影响商业银行的放款成本及市场利率；二是规定何种票据具有向中央银行申请再贴现的资格，主要影响商业银行的资金构成以及社会的资金结构。

中央银行通过调整再贴现率来影响商业银行的准备金以及社会的资金供求。当中央银行提高再贴现率，使之高于市场利率时，商业银行向中央银行借款或再贴现的资金成本上升，就会减少向中央银行借款或再贴现，这使商业银行的准备金相应减少，从而也缩减了市场的货币供应量。随着市场货币供应量的减少，银根紧缩，市场利率也相应上升，借款成本增加，社会对货币的需求也相应减少。当中央银行降低再贴现率，使之低于市场利率时，商业银行向中央银行借款或再贴现的资金成本降低，就会增加向中央银行借款或再贴现，这使商业银行的准备金相应增加，从而导致市场的货币供应量增加，银根松动，市场利率也相应降低，筹资容易，社会对货币的需求也相应增加。

3. 再贴现政策的优缺点。再贴现政策的效果主要体现在再贴现率的变化在一定程度上反映了中央银行的政策意图，具有告示作用，从而影响社会预期。如再贴现率提高时，意味着中央银行将可能实行较为紧缩的货币政策，反之则意味着中央银行将有放松银根的意向，这对短期市场利率有一定意义的导向作用。但是它也存在着某种局限性：一是再贴现率的告示作用是相对的，有时不一定能准确反映中央银行货币政策的意向。因为有时候即使中央银行并无某种特定的货币政策意图，但为了控制再贴现贷款规模和调整基础货币的结构，也会对再贴现率作出调整。这很可能会让公众产生中央银行正在转向某种特定的货币政策的误判。这时，告示效应并非准确地表达了中央银行的货币政策意向。二是中央银行在运用再贴现率政策调节货币供应量时不掌握主动权。商业银行可自主决策是否愿意到中央银行申请再贴现或再贴现多少，中央银行能够对再贴现率进行调整，但是不能强迫商业银行借款，这样中央银行不能有效地控制货币供应量。

## (三) 公开市场业务

1. 公开市场业务的含义。公开市场业务是指中央银行在公开市场上买进或卖出有价证券（主要是政府债券）以调控货币供应量的一种政策措施。目前，公开市场业务已成为大多数国家中央银行执行货币政策的主要工具。

2. 公开市场业务的原理。当经济不景气时，市场上资金短缺，中央银行认为有增加货币供应量的必要时，就在金融市场上买入有价证券，实质上是向市场注入一笔基础货币，由此导致信用规模的扩大和货币供应量的增加；反之，当经济过热时，金融市场上货币过多，中央银行认为有必要减少货币供应量时，就会卖出有价证券，回笼基础货币，使商业银行的准备金减少，由此导致货币供应量的相应减少。

3. 公开市场业务的优缺点。和其他货币政策工具相比，公开市场业务具有以下优点：

（1）灵活性。中央银行可运用公开市场业务对货币供应量进行微调，用较小的规模和步骤进行操作，以较为准确地达到政策目标，避免了法定存款准备金政策对经济产生过于猛烈的冲击。

（2）主动性。中央银行运用公开市场业务时可自主决定操作的时机和规模，不再像实施再贴现政策时处于被动地位，无须考虑商业银行的配合。

（3）连续性。公开市场业务能使中央银行随时根据经济形势的变化进行经常性、连续性的操作，是中央银行进行日常性调节的较为理想的工具。

（4）可逆转性。当中央银行在公开市场操作中发现错误，可立即逆向操作进行纠错，这是其他货币政策工具所不具备的优点。

虽然公开市场业务具有很多优点，但是也无可避免地存在某些局限性：（1）各种市场因素如商业周期、货币流通速度或是民间债券的增减变动等都可能会抵销公开市场业务的影响。（2）公开市场操作随时发生并且持续不断，减轻了其预告性效果。（3）该工具的影响可能有不均匀的时滞现象存在。

## 二、选择性货币政策工具

选择性货币政策工具是指中央银行在不影响货币供应总量的情况下，针对某些特殊经济领域的借贷加以调节所采用的政策工具，一般期限较短，居于补充工具的地位。选择性货币政策工具主要包括以下几种。

（一）不动产信用控制

不动产信用控制是指中央银行对商业银行办理新住房或商业房屋的贷款的限制措施，其主要内容包括中央银行规定商业银行对不动产放款的最高限额、贷款的最长期限以及首付款的最低比例。因为不动产需求尤其是住房消费不同于一般耐用品的消费，它们往往投资金额大，投资周期长，不动产信用控制能有效控制不动产市场的信贷规模，减少过度投机，有利于宏观经济的稳定。

（二）消费者信用控制

消费者信用控制是指中央银行对消费者分期购买不动产以外的各种耐用消费品的贷款的管理措施。在需求过旺及通货膨胀时，中央银行可以通过采取以下措施加强对消费者信用的管控，如限制可用消费信贷购买的产品种类、提高消费贷款首付比例、缩短分期付款期限。相反，在经济衰退时期，中央银行须放宽消费信用的限制，以刺激消费的增长，促进经济回升。

（三）证券市场信用控制

证券市场信用控制是指中央银行对于商业银行办理的以证券为抵押的贷款有权规定保证金比率的管理措施。保证金比率是指证券购买者在首次购买证券时必须支付现金的比率。中央银行根据金融市场状况调节保证金比率，可以控制证券市场的信贷资金需求量，稳定证券市场价格，并调节信贷供给结构，限制资金流向证券市场的数量，从而对资金流向做合理的导向。

### （四）优惠利率

优惠利率是指中央银行对国家拟重点发展的某些经济部门、行业或产品制定较低的优惠利率，从而刺激这些部门的生产积极性，实现产业结构升级和产品结构调整。

## 三、其他货币政策工具

### （一）直接信用控制

直接信用控制是指中央银行依据有关法令，从总量和结构两个方面以行政命令或其他方式对金融机构尤其是商业银行的信用业务进行直接干预的措施。其中包括流动性比率、直接干预、信用配额管理和利率最高限制。

1. 流动性比率。流动性比率是指流动资产与存款的比率，是中央银行为了限制商业银行信用扩张所采取的直接管制措施之一。一般来说，流动性比率与收益率成反比。商业银行为了能保持中央银行所规定的流动性比率，必须减少长期放款，扩大短期放款和增加应付提现的资产。

2. 直接干预。直接干预是指中央银行直接对商业银行的信贷业务加以合理的干预。如直接限制放款额度，直接干预商业银行对活期存款的吸收，对业务经营不当的商业银行拒绝贴现或采取高于一般利率的惩罚性利率，明确规定各家银行的放款或投资的范围等。

3. 信用配额管理。信用配额管理是指中央银行根据金融市场的状况和经济发展的需要，对商业银行的资金用途加以分配和控制，从而使有限的信贷资金投向更高效的地方。信用配额管理是一种计划控制手段，在资金供给相对紧张的发展中国家被广泛采用。

4. 利率最高限制。利率最高限制是指中央银行对商业银行的存贷款利率水平实行限制，如规定商业银行存款利率的上限和贷款利率的下限。在1980年以前，美国的"Q条例"对定期存款最高利率限额作出了规定，目的在于防止商业银行用抬高利率的办法竞相吸收存款，以及为了牟取高回报在资产运用方面承担过高的风险。

### （二）间接信用控制工具

中央银行还可以通过道义劝告和窗口指导的方式对商业银行的信用创造施以影响。

1. 道义劝告。道义劝告是指中央银行利用其在金融体系中特殊的声望和地位，对商业银行和其他金融机构发出通告或与各金融机构负责人进行面谈，劝告其遵守和贯彻中央银行政策。比如国际收支出现赤字时劝告各金融机构减少海外贷款；在房地产投机盛行时，中央银行要求各商业银行减少对这个市场的贷款等。

2. 窗口指导。窗口指导是指中央银行根据市场情况、物价趋势和金融市场动向，规定商业银行的贷款重点投向和贷款变动数量等。这些规定虽然没有法律强制力，但有时作用也很显著。窗口指导曾一度是日本银行货币政策的主要工具。

### 四、非传统货币政策工具

非传统货币政策是指当传统的货币政策利率传导机制受阻，传统货币政策工具失效，经济面临长期萧条时，中央银行所采取的以修正市场利率预期和恢复货币政策传导机制为目标的非常规的货币政策操作。这里以美国为例，介绍三种非传统货币政策工具（Bernanke & Rein-hart，2004）：引导市场预期、扩张中央银行资产负债表的规模和调整中央银行资产负债表的结构。

（一）非传统货币政策工具的含义

1. 引导市场预期。引导市场预期是指运用沟通政策，通过改变公众对市场短期利率上升的预期，以摆脱流动性陷阱。日本从 2001 年 3 月开始实行非传统宽松货币政策时，承诺维持已实行的低利率政策；自 2007 年 7 月开始，美联储连续下调联邦基金利率，并于 2008 年 12 月将联邦基金利率下调至 0~0.25% 这一低利率区间，持续一段时间以应对突如其来的金融危机。

2. 扩张资产负债表规模。扩张资产负债表规模是指通过扩大中央银行的资产负债表规模，向市场注入超常规模的基础货币。通过向银行体系提供超量的基础货币，影响经济中的资产价格和利率，进而影响实际产出和一般价格水平。扩张资产负债表规模，注入基础货币的方式包括通过创新工具向金融中介提供低成本的流动性支持、扩大中央银行信贷提供的范围、大量购买国债和私人债券、对信贷市场提供直接信贷支持等。这种超常规基础货币的注入常常被称为"量化宽松"或是"定量宽松"。

3. 调整资产负债表的结构。调整资产负债表的结构是指调整中央银行的资产负债表结构，有针对性地影响长期利率预期，降低风险溢价。调整资产负债表结构的手段包括增大长期国债的比重、直接购买金融机构"有毒资产"、直接向金融机构提供信贷支持等。这类操作通常被称为"性质宽松"或"信贷宽松"。美联储此次通过改变联储的资产负债表结构，购买目标市场的私人部门资产（如抵押贷款证券）来改善信贷市场。

（二）非传统货币政策工具的原理

非传统货币政策工具主要通过信号渠道与资产组合平衡渠道进行传导，其实质是降低融资成本，促进消费者扩大支出、企业增加投资，增加净出口，进而增加总需求。

1. 信号渠道。信号渠道是指中央银行通过与公众沟通，发出未来货币政策的信号，该信号将影响市场参与者对利率的预期，进而影响利率。中央银行可采取以下措施：向公众沟通有关未来短期利率变化的走势、购买金融资产、实施其他措施以恢复金融市场的正常功能。这一渠道的有效性依赖于中央银行信誉与私人对金融市场环境的预期与信心。

2. 资产组合平衡渠道。资产组合平衡渠道是指中央银行通过购买长期债券、资产互换或注入流动性等方式，调整中央银行与私人部门的资产负债表规模和构成。由于中央银行具有发行基础货币的垄断地位，从原则上说，中央银行可以无限发行货币进行市场干预。中央银行采取购买长期债券等措施会导致资产价格上涨，提升家庭财富和支出。资产价格的高涨使得资产收益率降低，最终改善融资环境，促进企业增加投资。同时，中央银行注入流动性购买长期债券，使得本币贬值，从而促进出口增加与进口减少。这一渠道的有效性取决于货币与其他金融资产的不完全替代性。

（三）非传统货币政策工具的评价

在国际金融危机爆发初期（2007年12月至2008年3月），美联储选择为银行及其他存款机构和金融机构提供短期流动性工具，包括定期拍卖融资工具（TAF）、短期证券借贷工具（TSLF）、一级交易商信贷工具（PDCF）。随着危机演变（2008年9月至2008年11月），美联储开始直接为主要信贷市场的借款者和投资者提供流动性，包括资产支持商业票据货币市场共同基金流动性工具（AMLF）、商业银行票据融资工具（CPFF）、货币市场投资者融资工具（MMIFF）、定期资产支持证券贷款工具（TALF）。这些非传统货币政策大多为信贷宽松政策。2008年12月以来，美国采用两种降低长期名义利率的策略：第一，美联储通过拓展公开市场操作，推出大规模资产购买计划和期限延长计划来压低长期利率，刺激经济增长，此举可被视为定量宽松政策；第二，承诺将短期利率在一段时间内维持零水平，一直维持到利率恢复的条件就绪之后，即美联储的前瞻指引。

美联储采用的非传统货币政策工具并不是千篇一律的，它采用了适合自身金融市场与宏观经济的措施，如加大信贷支持力度、放宽信贷、定量宽松政策以及提供外币流动性等。美联储运用非传统货币政策工具的实施效果从金融市场层面上看，维护了主要金融市场的稳定，具体表现为：短期融资市场运转更加正常，公司债券发行有所增加，股票价格上涨，住房按揭贷款利率大幅降低；从宏观经济层面上看，有效抑制了信用价差的进一步扩大，降低了宏观经济风险，一定程度上遏制了居民和企业支出的下滑，因此，美联储的货币政策是有效的。但是，美联储货币量化宽松政策工具在刺激力度、退出战略等方面仍存在一定的风险，前瞻指引也并非美联储想象得那么完美。从定量的分析来看，缺少量化宽松政策的实证经验，因而，量化宽松政策的操作力度很难把握。非传统货币政策的退出需把握好时机，退出太早，可能引发二次衰退；退出太迟，可能引发严重的通胀和资产价格泡沫等问题。此外，非传统货币政策的退出应关注经济增长、失业率、通胀等指标。前瞻指引的技术缺陷也逐渐显现出来。不断更改前瞻指引框架，会对信誉造成冲击；长时期超低水平的利率，使投资者转向高风险的金融资产，给金融稳定造成威胁等。

# 第四节 货币政策传导机制

一定的货币政策工具，如何引起社会经济生活的某些变化，并最终实现预期的货币政策目标，就是货币政策的传导机制。

## 一、传统的货币政策传导机制理论

（一）凯恩斯学派的货币政策传导机制理论

早期凯恩斯学派的货币政策传导机制理论的主要环节是利率，其思路可以归结为：

通过货币供给（M）的增减影响利率（r），利率的变化则通过资本边际效益的影响使投资（I）以乘数方式增减，而投资的增减进而影响总支出（E）和总收入（Y）。用符号可表示为

$$M \rightarrow r \rightarrow I \rightarrow E \rightarrow Y$$

在这个传导机制发挥作用的过程中，货币供应量的调整首先影响利率的升降，进而使投资乃至总支出发生变化。

(二) 货币学派的货币政策传导机制理论

与凯恩斯学派不同，货币学派认为，利率在货币传导机制中不起重要作用。他们更强调货币供应量在整个传导机制上的直接效果。货币学派论证的传导机制可表示为

$$M \rightarrow E \rightarrow I \rightarrow Y$$

上面的 M→E，是表明货币供给量的变化直接影响支出。这是因为：

1. 货币需求有其内在的稳定性。至于货币供给，货币主义把它视为外生变量。

2. 当作为外生变量的货币供给改变，比如增大时，由于货币需求并不改变，公众手持的货币量会超过他们所愿意持有的货币量，从而必然增加支出。

上面的 E→I 是指变化了的支出用于投资的过程，货币主义者认为这将是资产结构的调整过程：

1. 超过意愿持有的货币，或用于购买金融资产，或用于购买非金融资产，直至人力资本的投资。

2. 不同取向的投资会相应引起不同资产相对收益率的变动，如投资于金融资产偏多，金融资产市值上涨，从而会刺激非金融资产，如产业投资；产业投资增加，既可能促使产出增加，也会促使产品价格上涨，如此等等。

3. 这就引起资产结构的调整，而在这一调整过程中，不同资产收益率的比又会趋于相对稳定状态。由于 M 作用于支出，导致资产结构调整，并最终引起 Y 的变动。货币学派对这一过程的评价是：货币供给的变化短期内对实际产量和物价水平这两方面均可发生影响；就长期来说，只会影响物价水平。这反映了货币学派不赞同国家干预的态度。

(三) 资产价格传导渠道

1. 托宾 q 理论。托宾提出了称之为 q 理论的投资理论，托宾是这样定义 q 的：

$$q = \frac{公司的市场价值}{资本的重置成本}$$

其中，公司的市场价值就是该公司股票的价值；资本的重置成本为该公司如重新购置机器设备、建造厂房等需要付出的费用。

如果股票市场对公司估价很高，q 就很高。相对于公司考虑重新购置和增添的设备和建筑所需付出的成本来讲，公司发行新股份就可以获得好价钱。在这种情况下，投资水平将会很高。在股票价格十分低迷的时候，q 很低，公司不愿意发行新股份进行新的投资，投资水平就会很低。

在这个理论当中，货币政策通过改变股票价格来影响投资决策。刺激性的货币政策降低利息率，提高股票价格，提高 q，进而刺激投资支出。可表示如下：

$$M\uparrow \to 股票价格\uparrow \to q\uparrow \to 投资\uparrow \to GDP\uparrow$$

2. 财富效应货币政策传导。资本市场的财富效应及其对产出的影响可表示如下：

$$Pe\uparrow \to W\uparrow \to C\uparrow \to Y\uparrow$$

其中，W 代表财富；C 代表消费。

股票价格上涨，持股人的财富增加，刺激他们的消费需求，进而带动经济的增长。对于这样的效应传递，是普遍认同的。而且随着资本市场作用的迅速增强，这一传导机制无疑会起越来越大的作用。问题是，要把它确定为货币政策的传导机制，必须肯定货币当局通过对货币供给和利率的操作，可以达到调节资本市场行情特别是股票价格的效果。对于这一点，目前还不是十分清楚，至少还没有取得较为一致的见解。

## 二、货币政策的信用传导渠道理论

信贷传导机制理论强调信贷传导有其独立性，不能由利率传导、货币数量传导的分析代替，需要专门考察，而且主要侧重于紧缩效应。

### （一）银行贷款渠道

由于银行不能全部由其他融资形式，如资本市场的有价证券发行所替代。特定类型的借款人，如小企业和普通消费者，他们的融资需求只能通过银行贷款来满足。如果中央银行能够通过货币政策操作影响贷款的供给，那么，就能通过影响银行贷款的增减变化影响总支出。

假设中央银行决定实施紧缩性的货币政策，比如在公开市场上售出债券，商业银行可以用的准备金（R）相应减少，存款货币（D）的创造相应减少，其他条件不变，银行贷款（L）的供给也不得不同时削减。结果，致使那些依赖银行贷款融资的特定借款人必须削减投资和消费，于是总支出下降。

$$M\downarrow \to R\downarrow \to D\downarrow \to L\downarrow \to I\downarrow \to Y\downarrow$$

全过程的特点是不必通过利率机制。

商业银行的行为绝不仅仅体现为利率的支配作用。比如，在经济景气之际，银行不太顾虑还款违约的风险而过分扩大贷款；经济萧条时则会过分收缩贷款。如果判定货币当局有紧缩的意向，它们会先行紧缩贷款。要是货币当局采取直接限制商业银行贷款扩张幅度的措施，商业银行有可能不仅不利用允许的扩张幅度，而且会立即自行紧缩。这就是说，商业银行所提供的信用数量并不一定受中央银行行为的制约，有时候会主动地改变其信用规模。

银行贷款作为货币政策发挥作用的重要途径，有两个重要的前提条件。首先，银行贷款必须是"特定的"，也就是说，一些借款者很难获得其他的资金来源，换句话说，至少对一些借款者来说，没有比银行贷款更好的替代品；其次，美联储必须能够影响银行贷款。这意味着，从银行资产管理角度说，贷款和证券不能互相替代。

### （二）资产负债表渠道

20 世纪 90 年代，有的经济学家从货币供给变动对借款人资产负债状况影响的角度来分析信用传导机制。他们认为，货币供给量的减少和利率的上升，将影响借款人的资产状况,特别是现金流的状况。利率的上升直接导致利息等费用支出的增加,会减少净现金流;又间接导致销售收入下降,也会减少净现金流。同时,利率的上升将导致股价的下跌,从而恶化其资产状况,并且也使可用做借款担保品的价值减少。由于这种种情况,使贷款的逆向选择和道德风险问题趋于严重,并促使银行减少贷款投放。一部分资产状况恶化和资信状况不佳的借款人不仅不易获得银行贷款,也难以从金融市场直接融资,结果导致投资与产出的下降。

$$M\downarrow \to r\uparrow \to Pe\downarrow \to NCF\downarrow \to H\uparrow \to L\downarrow \to I\downarrow \to Y\downarrow$$

其中,NCF 代表净现金流;H 代表逆向选择和道德风险。

### 三、开放经济下的货币传导机制

在开放经济条件下,净出口是总需求的一个重要组成部分。货币政策可以通过影响国际资本流动,改变汇率,并在一定的贸易条件下影响净出口。

在实行固定汇率制度的国家,中央银行可以直接调整汇率;在实行浮动汇率制度的国家,中央银行必须通过公开市场操作来改变汇率。当一国实行紧缩的货币政策时,利率随之上升,外国对该国生息的金融资产,如债券的需求会增加;而该国对国外类似资产,如外国生息的金融资产的需求会下降。为了购买该国金融资产,外国人必须购买该国货币,外国对该国货币的需求增加。相应的该国对外国货币的需求减少。这就使该国货币在外汇市场上升值。本币的升值对本国商品的出口不利,却会提升外国商品在本国的市场竞争力,该国贸易收支恶化,净出口下降。当一国实行扩张的货币政策时,则有相反的过程。

$$M\downarrow \to r\uparrow \to e\uparrow \to NX\downarrow \to Y\downarrow$$

## 第五节 货币政策有效性

货币政策效应是指货币政策作用于经济活动产生的实际结果与货币政策预期目标间的偏离程度。如果偏离程度小,实际结果接近于预期目标,货币政策有效;如果偏离程度高,实际结果远远偏离预期目标,则货币政策有效性低下。影响货币政策有效性的主要因素包括货币政策时滞、经济主体合理预期等。

### 一、货币政策时滞

货币政策时滞,是指货币政策从制定到取得预期效果必须经过的时间段。

从需要采取政策措施的经济事件的发生到政策措施产生作用的全部时间可以分为三种不同的时滞:

(1) 认识时滞。从经济扰动事件发生到政策制定者认识到这一事件的时滞。
(2) 行动时滞。从政策制定者认识到必须采取政策措施到政策措施的实施的时滞。
(3) 作用时滞。从采取政策措施到对最终目标产生作用的时滞。

(一) 认识时滞

认识时滞的产生主要由于我们一般不能立即了解经济在任意时期所发生的事件。我们对数据收集和分析是需要时间的。虽然有关许多金融变量的信息我们可以在每一天或者每个星期得到，但是有关实际变量的许多信息我们只能在每个月或是每个季度得到。有时不到某个特定时期结束，我们不能获得我们想要的信息。此外，许多数据序列必须在日后进行修正。

此外，有时即使能搜集到相关的数据，但也只有对一个季度或者一年这样长的时间内变量的变化进行考察才是有意义的。由于国内生产总值和就业的数据每天变化很大，从中根本无法得出有关经济的有明显意义的信息，所以分析家们不得不通过对一个较长时间内变量的变化进行考察以消除随机事件的影响。

（二）行动时滞

行动时滞的长短取决于制度和组织的行为。一般而言，参与政策制定过程中的决策者越多，要形成一个决定所需要的时间就越长。为了降低行动时滞，我们可以减少政策制定者人数。然而，这并不都是可行或者让人喜欢的。采取行动的速度不能与行动的合理性和其最终的有效性相混淆。一个快的行动并不一定是一个好的行动。

（三）作用时滞

作用时滞受经济结构的影响，也就是说，经济中的制度、习惯、法律以及技术会影响作用时滞的长短。作用时滞的时间长短取决于传导机制的特征。只有通过变动经济结构才能缩短作用时滞。只有通过以上因素的变动，我们才能够改变作用时滞。在短期内，经济的结构不大容易发生变化，所以作用时滞也较难以改变。

总时滞的长短，即三个单独的时滞的总和，对于货币政策能否取得成功具有重大意义。一个成功的政策是指当经济条件需要某种实施政策加以修正时，各项政策必须能够及时发挥意图的作用。否则，随着时间条件的变化，它反而可能会使情况恶化。

## 二、货币政策的动态非一致性

理解动态非一致性的关键在于记住通货膨胀和失业之间的短期替代是由短期菲利普斯曲线给定的。但是由于通货膨胀预期的调整，两者之间没有长期的替代关系。经济的最佳长期情况是充分就业和零（或者至少是低）通货膨胀。然而，如果政策制定者宣布一项充分就业和零通货膨胀政策，它立刻被引导去进行"欺骗"，即追求较低的失业和略高的通货膨胀。公开宣布的计划与执行的计划之间的分离，产生了"动态非一致性"概念。

在以下连续的三个步骤中，产生的政策制定者和经济之间的相互作用可以将其模型化：

（1）政策制定者宣布一项政策，例如，零通货膨胀政策。

（2）经济决策者选择与宣布的政策相一致的预期通货膨胀水平，这意味着经济将处于短期菲利普斯曲线上的充分就业水平。

（3）政策制定者执行了可能是最佳的政策。由于短期菲利普斯曲线现在是固定不变的，政策制定者能够以很少的通货膨胀水平为代价来减少失业。这个政策是最优的，尽管它与在步骤（1）中宣布的政策不一致。

我们利用图 16-3 来举例说明政策制定者和经济决策者之间的相互影响。图 16-3 显示了菲利普斯曲线在失业和通货膨胀之间的权衡取舍关系。每个人，无论是政策制定者还是公众，首选处于零通货膨胀和充分就业的 A 点。在 A 点，是政策制定者许诺，而公众预期的零通货膨胀，于是经济运行在短期菲利普斯曲线上。假设运气好，经济达到优先选择的 A 点。政策制定者将会做什么呢？在零通货膨胀水平，每个人，政策制定者和公众，愿意接受小幅度增加的通货膨胀来减少失业。于是，政策制定者要做的正确的事，是小幅度增加通货膨胀来减少失业，沿着短期菲利普斯曲线向左上方滑行。政策制定者把经济推动到 B 点，在 B 点，通货膨胀恰好高到使较高通货膨胀的边际损失等于较低失业的边际收益。

在 B 点，通货膨胀高于预期水平。经济决策者将预期更高的通货膨胀，短期菲利普斯曲线将向上移动到短期均衡的菲利普斯曲线。经济最终在处于充分就业但有正的通货膨胀的 C 点达到均衡（在 C 点，通货膨胀的边际损失高到使政策制定者不愿意进一步增加通货膨胀来减少失业，即没有沿着短期均衡的菲利普斯曲线进一步向左移动的诱惑）。

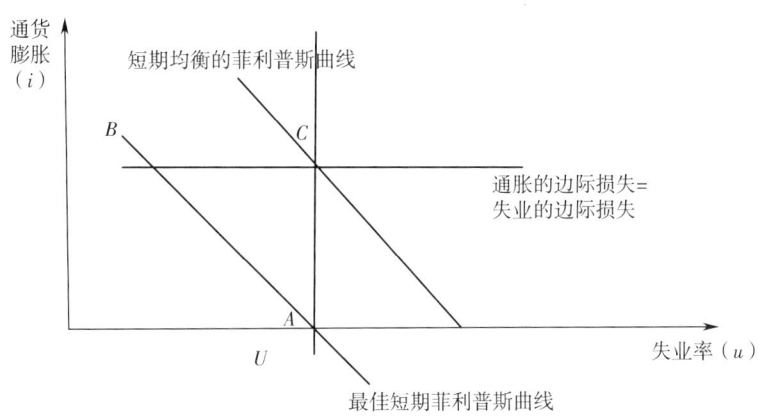

图 16-3　菲利普斯曲线的变动

即使每一个人首选 A 点，经济最终在高通货膨胀的 C 点达到均衡，政策制定者将高兴地允诺回到零通货膨胀并且停留在 A 点，但是这个允诺不可信，因为如果经济回到 A 点，每一个人也都不会同意通货膨胀回到 B 点。如果政策制定者遵守诺言，情况会好些，但是一旦相信低通货膨胀的诺言，则欺骗符合每个人的最高利益。

动态非一致性问题能否避免，或者是否可以减弱呢？第一，政策制定者应具有较高的声誉。困难在于货币当局总有推动短期通货膨胀倾向的外部压力。第二，政府要选择一个这样的政策制定者，他个人经历比其他公众更具有反通货膨胀倾向，从而这个政策制定者会抵制通货膨胀的压力。根据图 16-3，这意味着找到一个政策制定者，他的黑线（BC）低于社会的黑线。第三，通过签订奖励低通货膨胀的合同激励政策制定者。第四，采取低通货膨胀的"规则"，防止政策制定者运用"相机抉择"导致动态不一致。所有这些建议都有理论价值，并且都已在一定程度上得到了应用。

## 【本章小结】

货币政策是指中央银行为实现一定的经济目标而采取的控制和调节货币供应量的策略和各种金融措施。作为重要的宏观经济政策,货币政策在促进社会供给和总需求均衡,保持经济、金融稳定,实现充分就业等方面有着重要的功能。

货币政策的终极目标是中央银行通过调节货币和信用所要达到的宏观经济目标,主要包括:稳定物价、经济增长、充分就业和国际收支平衡。终极目标之间存在矛盾。

货币政策工具是中央银行为实现货币政策目标而使用的各种策略手段。一般分为一般性政策工具、选择性政策工具和其他补充性政策工具三类。

货币政策的传导机制是指货币管理当局确定货币政策之后,从选用一定的政策工具,现实地进行操作开始,到实现其预期目的之间,所经过的各种中间环节相互之间的有机联系及其因果关系的总和。

货币政策传导的一般过程由三个基本环节组成:从中央银行至各金融机构和金融市场;从各金融机构和金融市场至企业和个人的投资与消费;从企业和个人的投资与消费至产量、物价和就业的变动。

## 【重要概念】

货币政策　货币政策目标　充分就业　菲利普斯曲线　法定存款准备金政策
再贴现政策　公开市场业务　证券市场信用控制　信用配额管理　基础货币
货币政策传导机制　流动性陷阱

## 【思考题】

1. 货币政策有哪些主要功能?
2. 解释菲利普斯曲线如何说明充分就业与通货膨胀的矛盾?
3. 一般性货币政策工具与选择性货币政策工具的基本区别是什么?
4. 请比较中央银行三大基本政策工具各自的优缺点。
5. 货币政策中介目标和操作目标选择的标准是什么?
6. 简述货币政策作用时滞的基本内容。

# 第十七章

# 通货膨胀

## 第一节 通货膨胀概述

### 一、通货膨胀的定义

通货膨胀是纸币制度下伴随经济活动发生的常见现象。在金属货币时期，由于贵金属货币自身具有稳定的内在价值，使得货币购买力的波动幅度有限，进而抑制了通货膨胀现象的频繁出现。但是，当纸币成为全世界主要流通与支付手段后，特别是第一次世界大战和第二次世界大战的爆发，关于通货膨胀的讨论就逐渐成为西方学者研究的课题。

哈耶克认为，通货膨胀是指货币数量的过度增长，这种增长导致物价的上涨。弗里德曼认为，物价普遍的上涨就是通货膨胀。萨缪尔森则加上时期概念来看待通货膨胀。他认为，通货膨胀的意思是，物品和生产要素的价格普遍上升的时期。罗宾逊夫人对通货膨胀的解释是，通货膨胀是由于对同样经济活动的工资报酬率的日益增长引起的物价的上升。

如果我们从引起的原因来看待通货膨胀，则是因为过多的货币追逐过少的商品。通货膨胀是一种货币现象，起因于货币量的急剧增长。如果货币数量的增加速度超过能够买到的商品和劳务的增加速度，就会发生通货膨胀。达到充分就业后，供给已毫无弹性，货币供给的增加对有效需求的增加已无作用，物价便随货币供给的增加作同比例的上涨，为真正的通货膨胀。

如果我们从结果上看，通货膨胀则表现为物价普遍地上涨，即物品和生产要素的价格普遍上涨时期——面包、汽车、理发的价格上升；工资、租金等均出现上升。

因此，本书中将通货膨胀定义为：在纸币流通的情况下，流通中的货币量超过了流通中所需要的货币量，导致单位货币的价值减小，从而引起物价水平普遍、持续上涨的经济现象。

### 专栏 17-1
#### 思考：金属货币时期有通货膨胀吗？

此节我们给出的通货膨胀定义指出纸币流通是发生通货膨胀的现实基础，那么在金属货币时期真的没有通货膨胀吗？

关于这个问题，需要同学们首先思考在金属货币时期，货币本身具有什么样的属性？然后我们再去分析通货膨胀是否存在，以及物价上涨是否是我们此节界定的通货膨胀概念。

第一，我们考虑货币本身价值相对稳定的情况。假定在一定时期内单位金属货币的官方规定的含金量没有发生改变，此时金属货币本身的固有价值是稳定的，单位本币不存在贬值的可能。如果商品市场相对稳定，那么金属货币所标示的商品价格不会出现明显波动，也就不存在通货膨胀现象。

第二，我们再来考虑货币价值下降的情况。单位金属货币价值下降的情形大多是由执政者的人为因素造成（此处不考虑货币私自发行混乱等因素）。这里的人为因素主要是指货币发行者故意缩减单位本币的含金量，造成单位本币价值下降，购买力缩水。单位本币价值的下降造成的结果便是同样多的金属可以铸造出更多的货币。例如，官方规定的货币价值与兑换关系未变，但实际可能不足原有货币含金量的1/4，那么自然就会铸造超过原有4倍的货币量。这个时候，商品市场上物价水平上涨就成为必然，通货膨胀现象出现。如古罗马时期，国王为了战争需要降低了单位货币含银量用以购买更多的物资，但造成后来长期的通胀，并由此开启了帝国衰亡之路。

第三，关于金属货币的贮藏职能与通货膨胀的关系。我们知道，金属货币时期的货币具有贮藏职能。这个职能也是纸币制度下没有的。该职能主要的体现便是"蓄水池"功能：当市场中货币的兑换关系与货币本身的内在价值不相符时，造成货币过多。那么，过多的金属货币会自动退出流通领域，人们将其变成贵金属商品或者财富贮藏等形式来看待。此时，市场上过多的货币不复存在，货币逐渐恢复原有购买力。一旦反向情况发生，之前被人们贮藏起来的货币又会进入市场，调节货币购买力水平与商品的价格水平。这样看来，在货币贮藏职能够充分发挥作用的情况下，金属货币时期是不存在通货膨胀现象的。

结论：在金属货币时期，通货膨胀现象同样会偶尔出现，但是其原理与纸币制度下的通货膨胀不同。前者是由于货币发行者直接降低了本币价值造成的货币数量激增，价格水平上涨；后者则是源自纸币超发造成。

## 二、通货膨胀的类型

根据不同的标准，可将通货膨胀进行不同的分类。

### （一）根据市场机制的作用分为公开型和隐蔽型

公开型通货膨胀是指完全通过物价总水平的明显、持续上涨所体现出来的通货膨胀。它主要发生在物价不受管制的市场经济体制下。这也是我们最易察觉与观测到的通货膨胀。隐蔽型通货膨胀是指居民的货币工资没有下降，物价总水平也未出现明显提高，但居民的实际消费水平出现下降。这种类型的通货膨胀集中显现于计划经济体制下。政府部门严格管制物价，抑制来自市场作用下的物价水平上涨。当然，在我国进入市场经济后，也曾出现过隐蔽型通货膨胀。如方便面在不改变价格时缩小面饼重量，或饮料产品不降价却减少含量等。

（二）根据通货膨胀的程度分为爬行通货膨胀、快步通货膨胀和恶性通货膨胀

爬行通货膨胀是一种缓慢而持续的通货膨胀，也可称之为温和的通货膨胀。一般物价年增长率在2%~3%。快步通货膨胀是较为严重的通货膨胀，比如物价的年上升幅度达到两位数。恶性通货膨胀一般表现为年物价上升比率超过50%。如，1923年德国的通货膨胀曾经达到月度增长2500%。不过，对于通货膨胀的程度，不同发展水平的国家会抱以不同的态度。西方发达国家一般将6%以上的物价上涨视为恶性通货膨胀，而发展中国家在面对6%的物价上涨时却相对冷静。这说明，无论是温和还是恶性，对其评判的标准还要以各国自身经济发展状况而定，并非完全一致。

 专栏17-2
**津巴布韦的恶性通货膨胀** ••••••••••••••••••••••••••••••••••

当非洲的津巴布韦在1980年成为一个独立的国家时，津巴布韦元（Zimbabwe Dollar）实际上比美元的价值还要高，汇率为1比1.25。由于没有节制地印出纸币和部族冲突造成的强征土地，津巴布韦元在21世纪初开始经历了恶性通货膨胀。到2004年，通货膨胀率达到了前所未有的624%，在2005年低于了三位数，而到了2006年又飙升到了1730%。在2006年8月，新的津巴布韦元以1比1000的兑换率取代了旧货币。到了2007年中，在一年时间里通货膨胀率达到了11000%。到2008年5月，1亿面值和2.5亿面值的新津巴布韦元被发行了，而就在不到两周后，5亿面值的货币就出现了（大约值2.5美元）。一周不到，5亿、25亿和50亿津巴布韦元纸币被发行了，以后，到了7月，出现了100亿面值的货币。在2008年8月，政府从货币上勾掉了10个零，100亿津巴布韦元相当于1新津巴布韦元。据估计在这一年里，年通货膨胀率达到了5%乘以10的18次方，月通货膨胀率为百分之一百三十亿。

### 三、通货膨胀的衡量指标

世界范围内衡量与表示通货膨胀的方法主要有以下三个：消费物价指数（CPI）、批发物价指数（WPI）和国内生产总值的缩减因子（GDP Deflator）。

以消费物价指数来衡量通货膨胀，其优点在于消费品的价格变化能及时反映消费品供给与需求的对比关系，直接与公众的日常生活相联系，在分析通货膨胀效应方面有其他指标难以比拟的优点。我国现在主要是以居民消费价格指数（CPI）作为衡量通货膨胀的尺度的。消费物价指数的局限表现在，消费品仅是社会产品的一部分，从而不能说明全面的物价上涨。

以批发物价指数来衡量通货膨胀，其优点是在最终产品价格变动之前获得工业投入品及非零售消费品的价格变动信号，进而能够判断其价格变动对最终进入流通的零售商品价格变动的影响。批发物价指数的变动规律同消费物价的变动有显著区别：在一般情况下，即使存在过度需求，其波动幅度也常常小于零售商品的价格波动幅度。因而使用批发物价指数去判断总供给与总需求关系时，可能会导致不正确的结论。

国内生产总值缩减因子（GDP Deflator）是指按当年价格计算的国内生产总值对按固定价格计算的国内生产总值的比率，即

$$当年GDP缩减因子 = \frac{当年GDP}{以基年价格计算出的当年GDP} \times 100\%$$

这个指标的优点是覆盖范围全面，能度量各种商品价格变动对价格总水平的影响。但它容易受价格结构因素的影响。例如，虽然与公众生活密切相关的消费品价格上涨幅度已经很高，但其他产品价格上涨不大，就会出现GDP缩减因子虽然不高，但公众的日常消费支出却已明显增加的情况。GDP缩减因子的主要用途是对国民经济的综合指标进行名义值与实际值的换算。

除了上述三种价格指数外，近年来，在我国用于观测市场价格水平变化的指标还包括生产价格指数（Producer Price Index，PPI）。它是衡量工业企业产品出厂价格变动趋势和变动程度的指数。与CPI不同，它主要的目的是衡量企业购买的一篮子物品和劳务的总费用。根据价格传导规律，PPI对CPI有一定的影响。PPI反映生产环节价格水平，CPI反映消费环节的价格水平。整体价格水平的波动一般先出现在生产领域，然后通过产业链向下游产业扩散，最后波及流通领域消费品。以工业品为原材料的生产即工业品价格向CPI的传导途径为：从原材料→生产资料→生活资料的传导。

### 专栏 17-3
### 中国 CPI 的构成

1. 关于我国 CPI 的基期调整

CPI基期轮换是一项国际惯例，目的是使CPI调查所涉及的商品和服务更具有代表性，更及时准确反映居民消费结构的新变化和物价的实际变动。我国参考联合国制定的《按目的划分的个人消费分类》（COICOP）和国家统计局发布的《居民消费支出分类（2013）》，对CPI调查目录进行调整，以便新基期调查目录和规格品与国际标准更为接近，一些新产品新服务纳入其中，能更加真实地反映居民消费和经济结构的变化。目前，我国选择逢0逢5年度作为计算CPI的对比基期，目的是为了与我国国民经济和社会发展五年规划保持相同周期，便于数据分析与使用。

2. 2011 年版本

从2011年1月起，我国CPI开始计算以2010年为对比基期的价格指数序列，调整后的构成为：（1）食品31.79%；（2）烟酒及用品3.49%；（3）居住17.22%；（4）交通通信9.95%；（5）医疗保健个人用品9.64%；（6）衣着8.52%；（7）家庭设备及维修服务5.64%；（8）娱乐教育文化用品及服务13.75%。

3. 2016 年版本

我国于2016年1月开始使用2015年作为新一轮的对比基期，前三轮基期分别为2000年、2005年和2010年。本轮基期的CPI调查目录有几个主要变化。一是按照《居民消费支出分类（2013）》，原来的"食品"、"烟酒"合并为现在的"食品烟酒"；原来的"医疗保健和个人用品"被拆分到现在的"生活用品及服务"、"医疗保健"和"其他用品和服务"中；原来的"娱乐教育文化用品及服务"被拆分到现在的"教育文化和娱乐"和"其他用品和服务"中；原来的"家庭

设备用品及维修服务"被拆分到现在的"生活用品及服务"和"其他用品及服务"中。二是食品的指标内涵发生了变化,旧分类中的"食品"为大类,包括粮食、肉禽、鲜菜、鲜果、水产品、茶及饮料、在外餐饮等分类;新"食品"为"食品烟酒"大类下的中类,仅包括粮食、畜肉、禽肉、鲜菜、鲜果、水产品等,不再包括"茶及饮料"和"在外餐饮"两项。三是新增了"园艺花卉及用品"、"宠物及用品"、"养老服务"和"金融服务"等居民支出增加较快的分类,能够更加及时准确反映居民消费结构的新变化。

其中最为明显的变化便是"食品"权重明显降低。在同等条件下,食品项目权重被大幅度降低,则导致全年 CPI 水平降低 0.2~0.3 个百分点。例如,按照老权重计算,2016 年 CPI 增速平均水平在 2.0%,则按照新权重计算,2016 年 CPI 增速平均水平为 1.7%~1.8%。

## 第二节 通货膨胀成因

从 20 世纪 30 年代中期到 60 年代中期,凯恩斯主义盛行,传统货币数量论受到批判。他认为经济未达到充分就业水平之前,货币数量增加至多只会引发小幅的通货膨胀。只有在经济达到充分就业之后,货币数量论才是适用的。在这个阶段,大部分西方经济学家都把通胀直接定义为物价水平的全面上涨过程,先后提出了需求拉上型的通胀、成本推进型的通胀、结构型的通胀理论。

### 一、需求拉上型通货膨胀

需求拉上型通货膨胀(Demand-pull Inflation),就是指总需求超出了社会潜在产出之后引起价格水平持续上涨从而产生的通货膨胀。换言之,就是对商品和劳务的需求超出了在现在价格条件下可得到的供给,从而导致一般价格水平上涨。对于需求拉上型通货膨胀的原理,我们可用图 17-1 来加以说明。

图 17-1 中,$AD$ 及 $AS$ 分别表示原来的总需求与总供给曲线,其交点 $H_0$ 决定了 $P_0$ 的价格水平和 $Y_0$ 的国民收入水平。假设 $Y_0$ 已达到充分就业,总供给就应该保持不变,总供给曲线就成为一条垂直于横轴的直线;当总需求继续增加时,比如由 $AD$ 增加到 $AD_1$,价格水平就会由 $P_0$ 上涨到 $P_2$,这种情形形成了需求拉上型的通货膨胀;假设 $Y_0$ 未达到充分就业,当总需求继续增加时,还是由 $AD$ 增加到 $AD_1$,$AD_1$ 与 $AS$ 相交于 $H_1$,则会使价格水平由 $P_0$ 上涨到 $P_1$,这种情形也形成了需求

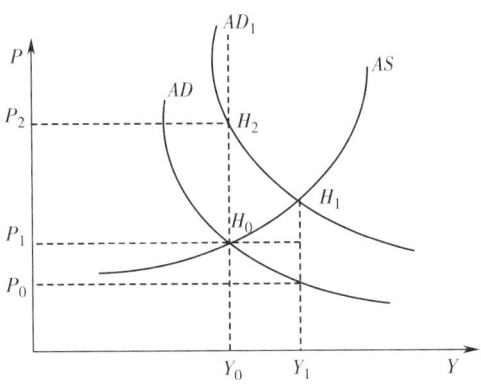

图 17-1 需求拉上型通货膨胀

拉上型的通货膨胀。总之,无论在 $Y_0$ 处是否达到充分就业,总需求的增加都将导致通货膨胀的产生,只不过价格上涨的程度不同从而使通货膨胀的程度也不同而已。

但是,经济学家们对总需求增加的原因存在分歧。货币主义学派认为,货币供应量

的增加是总需求增加的主要原因;而且,充分就业是一种常态,所以由货币供给增加所产生的总需求的增加必然形成需求拉上型的通货膨胀。与此不同,凯恩斯学派则认为,总需求由消费支出、投资支出和政府支出构成,总需求各部分的增加是总需求增加的原因;而且,充分就业就不是一种经济常态,非充分就业才是常态。当经济处于非充分就业水平时,总需求的增加部分推动价格上涨,部分引起总供给的增加;只有当充分就业达到时,才全部通过价格上涨反映出来。

### 二、成本推动型通货膨胀

20世纪50年代以前,通货膨胀的原因主要被归结为需求性因素;50年代以后,引起通货膨胀的供给方面的因素开始受到人们的重视,从而提出了"成本推动"的通货膨胀理论。我们把由成本的提高引起总供给的减少而产生的通货膨胀称为成本推动型的通货膨胀(Cost-push Inflation)。

对于成本推动型通货膨胀的原理,我们可用图17-2来加以说明。图中,$AD$及$AS$分别表示原来的总需求曲线与总供给曲线,其交点$H_0$决定了$Y_0$的国民收入和$P_0$的价格水平。当成本增加时,总供给曲线从$AS$向上移动到$AS_1$。这时,如果仍要维持原产量水平$Y_0$,价格就会上升为$P_2$,这是成本增加所直接引起的通货膨胀。但由于这时的价格水平太高,在总需求未变的情况下,产品无法全部卖出,厂商便减少产量,使之由$Y_0$减为$Y_1$,同时价格水平由$P_2$降为$P_1$,直至$H_1$点成为新的均衡点。与原均衡点的价格水平$P_0$相比,价格仍然上升了。这样,在总需求不变的情况下,就由于供给方面的原因而产生了通货膨胀。

生产成本的不断提高主要原因在于:其一,工资与物价螺旋上升。工资的增长引起生产成本的增加,商品价格上涨;物价上涨后,工资再一次增长,生产成本继续提高,物价继续上涨,如此工资与物价都呈刚性上涨,最终导致通货膨胀。这种情况往往被称为"工资推动的通货膨胀"。其二,垄断企业不断提高垄断产品价格。当垄断企业操纵并控制某些产品及其价格后,往往造成社会其他部门,特别是以该产品为原材料的企业生产成本增加,在通货膨胀预期的作用下,带动了其他产品价格的上涨,从而引起物价总水平上涨。这种情况被称为"利润推动的通货膨胀"。

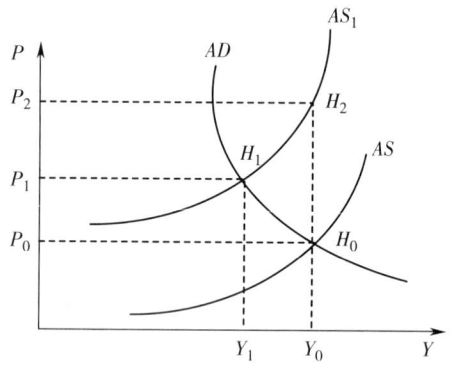

图17-2 成本推动型通货膨胀

### 三、供求混合型通货膨胀

供求混合型通货膨胀(Hybrid Inflation),就是指由总需求和总供给两方面因素共同作用引起物价水平的持续上涨而产生的通货膨胀。这种通货膨胀的产生,可以由总需求因素引起,也可以由总供给因素引起。

如果通货膨胀的产生是由总需求因素引起的，这时过度需求的存在会引起价格水平的上升，形成通货膨胀。但在这一过程中，价格的上升又会引起货币工资的增加。因此，在需求拉上型的通货膨胀中不能排除成本推动的作用。同样，如果通货膨胀的产生是由总供给因素引起的，也只有在总需求相应增加的配合下，通货膨胀才能持续下去。对于这种供求混合型的通货膨胀的原理，我们可以用图17-3来加以分析。

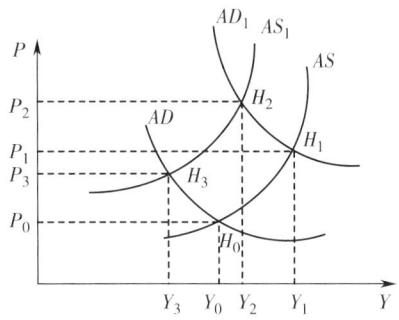

图17-3　供求混合型通货膨胀

图17-3中，$AD$及$AS$分别表示原来的总需求曲线与总供给曲线，原均衡点为$H_0$，国民收入为$Y_0$，价格水平为$P_0$。当总需求增加，总需求曲线从$AD$移动到$AD_1$，$AD_1$与$AS$相交于$H_1$，决定了国民收入为$Y_1$，价格水平由原来的$P_0$上升到$P_1$，通货膨胀出现。这时，如果总供给不变，总供给曲线不向上移动，实际工资下降会使总需求减少，最终又会下降到$AD$，通货膨胀不可能持续下去。只有在货币工资增加，总供给曲线从$AS$移动到$AS_1$时，$AS_1$与$AD_1$相交于$H_2$，价格水平才会继续上涨到$P_2$。这样，就因总需求增加而产生了持续的价格上涨从而导致通货膨胀。

如果是工资成本增加，总供给曲线$AS$移动到$AS_1$，$AS_1$与$AD$相交于$H_3$，此时，价格水平由$P_0$上升到$P_3$，发生了通货膨胀。但如果总需求不变，则工资上升会使产量进一步减少，从而价格下降，通货膨胀难以持续下去。只有在总需求增加，总需求曲线从$AD$移动到$AD_1$时，$AS_1$与$AD_1$相交于$H_2$，决定了价格水平才会继续上升到$P_2$。这样，就因总供给增加而产生了持续的价格上涨从而导致通货膨胀。

### 四、结构型通货膨胀

结构型通货膨胀（Structural Inflation）就是指由于经济结构方面的因素变动引起物价水平的持续上涨从而产生的通货膨胀。它通常是由部门结构之间的某些特点引起的。一些部门在需求方面或成本方面的变动，往往通过部门之间相互看齐的过程而影响其他部门，以致引起一般物价水平的上涨。这可以分为三种情况。

第一种情况，从整体社会来看，需求可能并不多，但各部门之间因供求关系发展的不平衡，有些部门可能因需求过多或供给不足而出现价格上涨现象，而另一些部门则出现供给超过需求的现象；如果这些部门的价格能够随着供过于求而相应下跌，则只会发生部门之间相对价格的变动，不会引起一般物价水平的上涨和通货膨胀。但若供过于求的部门价格具有只涨不跌（刚性）的特点，即它的价格并不因供给超过需求而下跌，就会出现这样的情况：尽管整个社会的货币总需求并不过多，有些部门甚至存在着大量失业和闲置未用的生产能力，也会出现一般物价水平持续上涨。

第二种情况，对于国际贸易占国民经济较大份额的国家，一般来说，与世界市场密切联系的部门（也叫开放经济部门）的价格，依存于世界市场的价格。而与世界市场没有直接联系的部门（也叫非开放经济部门）的价格，则取决于本国的需求和成本状况。

因此，开放经济部门的价格将随世界市场价格水平的上升而上升，其价格上涨率和劳动生产率共同决定本部门的货币工资增长率。但在开放部门货币工资增长后，非开放部门货币工资向前者看齐；当非开放部门货币工资增长率超过其劳动生产率时，便会出现工资推动所引起的通货膨胀。这时，一国通货膨胀率取决于开放经济部门与非开放经济部门在该国国民经济中的相对份额及各部门的货币工资增长率和劳动生产增长率。

第三种情况，在一个国家的国民经济中，总有些部门劳动生产率提高较快，而另一些部门的劳动生产率提高较慢。当前者因劳动生产率提高而增加货币工资时，后一类部门的货币工资由于向前者看齐而提高，就会引起工资推动的通货膨胀。

## 第三节 通货膨胀的经济影响

### 一、对经济增长的影响

（一）促进论

凯恩斯认为货币数量增加后，在充分就业这一关键点的前后，其膨胀效果程度不同。在经济达到充分就业分界点之前，货币量增加可以带动有效需求增加。此时货币数量额增加一方面可以增加就业和产量，另一方面也使物价上涨。这种情况被凯恩斯称之为半通货膨胀。而当经济实现了充分就业后，由于各种生产资源均无剩余，货币量增加引起有效需求增加，但就业量和产量将不再增加，增加只是边际成本中各生产要素的报酬，即单位成本。此时的通货膨胀就是真实的通货膨胀。由于凯恩斯的理论中，充分就业是一种例外，因此，增加货币数量只会出现利多弊少的半通货膨胀。

新古典综合派的促进论认为，通货膨胀通过强制储蓄，扩大投资来实现增加就业和促进经济增长。当政府财政入不敷出时，常常借助于财政透支来解决收入来源。如果政府将膨胀性的收入用于实际投资，就会增加资本形成，而只要私人投资不降低或者降低数额小于政府投资新增数额，就能提高社会总投资并促进经济增长。当人们对通货膨胀的预期调整比较缓慢，从而名义工资的变动滞后于价格变动时，收入就会发生转移，转移的方向是从工人转向雇主阶层，而后者的储蓄率高，因而增加一国的总储蓄。由于通货膨胀提高了盈利率，因而私人总投资也会增大，这样，政府与私人的投资都增加，无疑有利于经济增长。

（二）促退论

首先，在通货膨胀环境下，从事生产和投资的风险较大，而相比之下，进行投机会有利可图。这说明，在通货膨胀环境中，长期生产资本会向短期生产资本转化，短期生产资本会向投机资本转化。生产资本，特别是长期生产资本的减少对一个国家的长期发展是不利的。同时，短期资本，特别是投机资本增加会使各种财产价格上升，土地、房屋等所有者可以坐享其成，而对这类财产的过度投机对社会的利益要小于其害处。

其次，投资者是根据投资收益预期而从事投资的，当出现明显的通货膨胀时，价格上涨在各行业中是不一致的，投资者也无法判断价格上涨的结构，因此投资者行为就会变得盲目，而盲目的投资不利于产业结构的优化。从而，造成社会资源的浪费。

最后，通货膨胀会造成外贸逆差。当一个国家货币购买力下降，在国内出现较为明显的通货膨胀后，会使得出口商品价格上涨，不利出口，有利进口。此时，在一定时期内如果本币贬值速度不能跟上通货膨胀上涨幅度的话，那么长期来看将造成本国外贸逆差局面的形成。

### 二、强制储蓄效应

通货膨胀的出现会产生多种效应。强制储蓄效应是政府扩大投资引发通货膨胀后可能出现的结果。强制储蓄效应指的是政府通过向中央银行借款（透支或发行国债）的方式来筹集生产性的财政投资资金，从而提高社会能够转化为投资的储蓄率水平的效应。之所以说是强制储蓄，这是因为对于企业或个人而言，这种储蓄率的提高并非他们主动自觉决策的结果，而是政府建设支出赤字货币化的必然结果。

强制储蓄效应在经济已经达到充分就业的水平上，可能会带来物价的上涨。但在产出还未达到充分就业的水平时，生产要素大量闲置，这种通过扩张性的财政、货币政策来实施的强制储蓄过程，并不会引起社会物价水平的上涨。

关于中国能否利用强制储蓄效应这个问题，过去通常是予以否定的。因为我国宏观经济长期以来运行在一种总需求大于总供给的状态下，通货膨胀的潜在压力一直比较大，所以不便采用像这类扩大总需求的强制储蓄政策。但是进入20世纪90年代中期后，我国经济逐步地进入了供给过剩、有效需求不足的这样一个全新发展阶段，特别是在1997—2002年的通货紧缩时期，我国的出口滑坡，因而有效需求不足的矛盾更加突出，国内经济进一步陷入了增长乏力、下岗失业严重、物价水平持续下跌的通货紧缩困境中。显然，在这种形式下，实行能够扩大政府投资以至整个社会投资水平的强制储蓄政策，是应当给予肯定的。

事实上，1998年后，我国实行扩大公共投资的积极财政政策，从相当程度上已经证明了强制储蓄政策的适用性。

### 三、收入分配效应

此效应是指通货膨胀对不同主体的实际收入（货币流量）水平会进行自动调整的效应。在通货膨胀环境下，人们的收入往往有名义收入和实际收入之分，扣除了货币贬值因素之后的收入是实际收入。对人们最有意义的是实际收入而非名义收入。

社会各个阶层的收入渠道、收入性质不同，所以通货膨胀对不同收入阶层的实际收入的影响方向及程度也就不一样。

在现实经济生活中，具有固定性质的收入形式，诸如工资、利息、租金、年金收入等，这类收入的增长往往滞后于物价水平的上涨，因而，以这类固定收入为主要收入的一般工薪阶层、退休人员，在通货膨胀条件下，他们的实际收入会出现下降。

而我们知道，像工资、利息、租金等项目是构成经营成本的主要部分，如果它们的增长滞后于物价上涨率的话,则意味着厂商和企业的实际经营成本将下降,利润将增加。所以与一般普通工薪阶层相反,拥有企业利润分配权的阶层——往往是高收入者,他们的实际收入会提高。

所以,通货膨胀对现有收入分配格局的调整,必然会朝着有利于高收入阶层而不利于低收入阶层的方向发展。而广大老百姓收入的降低,自然会对整个社会的稳定构成威胁,因此,在西方国家曾经或现在都较普遍地推行了"指数化"政策,以尽可能地消除通货膨胀给固定收入者带来的不利影响。

### 四、财富分配效应

强制储蓄效应强调的是对经济主体货币流量的分析,财富效应则是指通货膨胀对不同阶层、不同主体所持存量净资产价值变动的影响作用。

一个经济主体拥有的财富或资产由实物资产与金融资产两部分组成,在拥有资产的同时,一般情况下,经济资产还有一定量的负债,资产与负债两者相抵,就是一个经济主体的净资产。

1. 通货膨胀对实物资产的影响。从某种意义上说通货膨胀率就是实物资产的收益率,尤其是在宏观经济较热所造成的通货膨胀环境下,以房地产为代表的实物资产应该是一种倾向于较快增值的资产形式,因而,其持有人也将大受裨益。

2. 通货膨胀对金融资产的影响。由于金融资产本身品种繁多,性质各异,所以通货膨胀对其影响效应比较复杂。如对股权资产,由于经济较热而造成的温和通货膨胀有利于企业利润的提高,因而股权价值可能会增加。对债权资产,特别是具有固定利率的债权资产,通货膨胀往往会减少其价值(同时也减轻类似债务的负担)。

一般而言,作为高收入阶层来讲,其资产组合较为丰富,而且其中如地产、股权类等在通货膨胀环境下有利于增值的资产品种比较多;同时高收入阶层信誉高,其负债能力强,因而其负债也较多,通货膨胀对其减轻债务负担是有利的。这样看来,通货膨胀使高收入阶层的净资产组合价值增值的可能性非常之大。相比较之下,作为一般的低收入阶层,其资产组合一般较为单调,而且构成主要以银行存款等具有固定收益的金融资产为主;由于其负债能力的限制,所以负债很少或没有。综合来看,在通货膨胀环境下,其资产组合净值往往趋于贬值。

总之,通过以上两种效应的分析,无论是从流量的收入还是存量的资产角度看,通货膨胀都是一种有利于高收入阶层而不利于低收入阶层的再分配机制。

### 五、恶性通货膨胀与社会危机

以上对通货膨胀效应的分析,都是以它的严重程度保持在一定限度之内为假定前提。当物价总水平的持续上涨超过一定界限从而形成恶性通货膨胀时,就有可能引发社会危机。

恶性通货膨胀会使正常的生产经营难以进行:在物价飞涨时,产品销售收入往往不足以补进必要的原材料;在物价迅速上涨的过程中,地区之间上涨幅度不均衡是必然现象，这就会造成原有渠道破坏，流通秩序的紊乱；迅速上涨的物价，使债务的实际价值下降，如果利率的调整难以弥补由物价上涨所造成的货币债权损失，正常信用关系也会极度萎缩。恶性通货膨胀只是投机盛行的温床，而投机是经济机体的严重腐蚀剂。

恶性通货膨胀会引起突发性的商品抢购和银行挤兑的风潮。它所造成的收入再分配和人民生活水准急剧下降则会导致社会冲突加剧。这一切的后果往往是政治动荡。

更为严重的是，恶性通货膨胀的进一步加剧还会使得纸币流通制度不能维持；金银贵金属会重新成为流通、支付手段；经济不发达地区则会迅速向经济的实物化倒退。

所以，各国政府在未遇到特殊政治麻烦的情况下，总是把控制通货膨胀作为自己的施政目标。

## 第四节　通货膨胀的治理

当一个国家采取通货膨胀政策以促进该国经济增长时，不存在对通货膨胀的治理问题。当一个国家由于各种原因而存在通货膨胀并且已经对宏观经济产生诸多不利影响时，才谈得上对通货膨胀的治理。因此，在持有通货膨胀促进论观点的学者那里，并没有通货膨胀对策，而在持通货膨胀促退论观点的学者那里，就通货膨胀都有各自互不相同的治理措施。

### 一、货币紧缩政策

货币紧缩政策主要有两种措施，其一是减缓货币供应量的增长速度，其二是控制实际利率。减缓货币供应量有两种选择，一是减少中央银行基础货币的投放，包括通过公开市场出售政府债券，减少对商业银行的贴现贷款和其他贷款数量，减少对政府的透支等。二是降低货币乘数，包括提高法定准备金率等手段。控制实际利率的手段有：提高中央银行对商业银行的再贴现率，提高对商业银行的抵押贷款和信用贷款利率。中央银行通过影响商业银行的筹资成本进而控制市场利率。另一手段是提高政府债券的利率，从而影响一般市场利率。关于货币政策应采取"急刹车"办法，还是采取"软着陆"办法，不同人有不同的看法。但一般看法是，过急的货币政策将对生产、就业、投资造成比较大的破坏。

### 二、财政紧缩政策

财政紧缩政策就是调整财政支出结构，减少赤字。首先，削减财政赤字，控制政府支出。财政赤字对通货膨胀的影响是非常明显的，因此，削减甚至消除赤字是取得治理通货膨胀成功的重要措施。其次，对投资给予税收优惠，目的是强有力地刺激工商业投资，以增加有效供给。最后，当总失业率超过某一界限时，根据情况减少或停止发放失业津贴，因为在大量失业人口存在时，如果仍然给予失业补助，只会削弱他们寻找工作的意愿和要求，不利于扩大就业。

### 三、收入管制政策

收入管制政策实际是采取工资—物价管理政策,以阻止工会和雇主协会两大集团互相抬价所引起的工资和物价轮番上涨的趋势。有以下三种选择:

第一,确定工资—物价指导线。所谓指导线就是政府在一定年份内允许货币总收入增长的目标数额线。对特定的工资或物价进行"权威性劝说"或政府施加压力,使工会与雇主让步;对一般性的工资和物价,由政府根据生产率平均增长幅度确定工资和物价增长标准,并作为工会和雇主协会双方协商的指导线。

第二,管制或冻结工资和物价。这是一种特殊时期采取的特殊政策,即强行将工资或工资增长率以及物价增长率固定在一定的水平上。

第三,运用税收手段。政府以税收作为奖励和惩罚手段来限制工资—物价的增长。如果增长率保持在政府规定的幅度内,政府就以降低个人所得税率和企业所得税率为奖励;否则,就提高税率进行惩罚。在历史上,西方发达国家都实行过收入管制政策。20世纪60年代和70年代初期,西欧和日本实行过上述收入政策。美国尼克松政府所实行的新经济政策中也包括了管制或冻结工资这种收入政策。

### 四、增加有效供给

要治理通货膨胀,真正的治本方法是增加生产和供给。增加生产意味着经济增长,从而克服停滞;而增加供给可以消除过剩的需求,从而克服通货膨胀,克服滞胀的手段唯有增加生产和供给。要增加生产和供给,首先必须减税,以提高人们储蓄与投资的能力和积极性。其次,政府必须有相应的财政与货币政策,目的是稳定物价、排除对市场机制的干扰,保证人们的储蓄与投资的实际收益,增强人们的信心和预期的乐观性。政府除了为增加供给提供良好的环境和必要的条件之外,不应对经济活动进行干预,而应由市场机制对经济自发调节。只有这样,才能充分发挥减税对供给的刺激作用。随着商品和劳务供给的增加,通货膨胀才会彻底消除。

## 第五节 中国改革开放后的通货膨胀

### 一、中国通货膨胀的整体情况

经过改革开放后40多年的飞速发展,中国的经济总量跃升世界第二,人均GDP达到10276美元[1]。在此期间,中国国内的通货膨胀水平在不同时期呈现出较大的差异。

从图17-4中可以看出,在1978—2018年,中国的居民消费价格指数呈现出先扬后抑的走势。一方面,1997年以前,中国的CPI年同比增长率曾经出现过两次较为大幅的上涨:一次是1988—1989年,该指数均超过了18%;另一次是在1994年,该数字更是

---

[1] 引自国家统计局网站《2019年国民经济和社会发展统计公报》。

达到了 24.1%。这主要是因为中国在计划经济体制向市场经济体制转轨的过程中，货币政策的安排、实施与市场经济发展之间存在不协调因素。

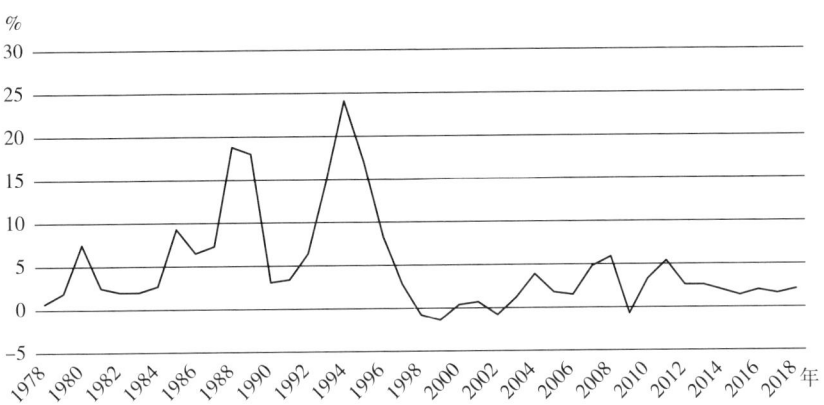

**图 17-4　1978—2018 年中国居民消费价格指数同比变动情况**

（资料来源：根据国家统计局官方数据编制）

另一方面，从 1998 年开始，中国的年度 CPI 同比增长率数据始终维持在 6% 以下。即使是 2002 年以后，当经济保持每年 10% 左右的高度增长时，中国的通货膨胀水平依然没有出现大幅度的、持续性的上涨。但是，2007 年美国次贷危机以后，中国的通货膨胀压力有了明显的上升。虽然年均 CPI 增长率没有超过 6%，但是如果我们仔细观察其间的月度数据会发现，CPI 同比增长率在 2008 年以及 2011 年曾多次超过 6%、7%，甚至 8%。这说明在这一段时间内，我国国内所面临的通货膨胀压力还是较为显著的。

## 二、1980—1986 年的两次通货膨胀

1978 年 12 月，中国共产党第十一届三中全会召开后，中央政府决定把工作重心转移到经济建设上来，并作出了进行经济改革的决议。国家从 1979 年开始了一系列的价格改革，逐步放开农副产品价格，并有计划地提高了煤炭、铁矿石、生铁、钢锭、钢坯和有色金属、水泥等产品的出厂价格。同时，国家还从 1978 年开始增加基础设施建设的力度与财政支出规模，造成货币市场超额的现金投放。最终使得我国 1980 年的居民消费价格指数比上年上涨 7.5%，成为改革开放以来我国经历的第一次通货膨胀。为了治理通货膨胀，1981 年国家开始实行紧缩的经济政策，当年居民消费价格指数涨幅降为 2.5%，并在随后的几年时间里，一直控制在 3% 以下的水平。

但是好景不长，1985 年的第二次通货膨胀出现。1984 年中共十二届三中全会通过了《关于经济体制改革的决定》，国家放开了除粮、棉、油等 11 种重要农产品之外的全部农产品价格，放开了计划外生产的生产资料价格。同时，过热的经济又导致国内信贷增速从 1983 年的 13% 跃至 1984 年的 31%，并且在 1985 年保持这一增速。在此种情形下，1985 年居民消费价格指数同比上涨 9.3%，创改革开放以来物价上涨水平的新高。

### 三、1988—1989 年的恶性通货膨胀

我国为了尽快实现经济体制改革目标,从 1988 年开始放松银根。当年金融机构新增贷款突破 2000 亿元,达到 2150.2 亿元,比上年增加 478.8 亿元。现金投放 679.5 亿元,是上年的 2.88 倍。财政赤字突破 100 亿元,达到 134 亿元,是上年的 2.13 倍。财政信贷的扩张,推动了投资进一步增长:1988 年投资增速达到 25.4%,比上年提高 4.9 个百分点。

在财政信贷扩张的同时,国家进一步对农副产品和一些材料价格进行了调整,使得农业生产资料价格、农副产品以及轻工业消费品价格水平出现跳跃性上涨。受此影响,我国居民消费价格指数的年增长率也从 1986 年的 6.5% 增至 1988 年的 18.8% 和 1989 年的 18%。

1989 年后,中央开始治理经济环境、整顿经济秩序,并采取了一系列金融调控措施:1989 年金融机构新贷款增速 19.1%,比上年减少 2.4 个百分点;现金投放 210 亿元,比上年减少 469.5 亿元,下降近 70%;新增城乡居民存款 1347.4 亿元,比上年增加 611.8 亿元。到 1990 年,全国社会消费品零售总额比 1989 年仅增长 2.5%,居民消费价格指数上涨 3.1%。

### 四、1992—1996 年的通货膨胀

经过 1989—1991 年三年治理整顿,我国经济秩序好转,但 1990 年经济增长速度降到仅为 3.8%,成为改革开放以来经济增长速度最低的一年。1992 年邓小平视察南方讲话发表后,被压抑的投资和经济增长冲动彻底爆发。在"开发区投资热""房地产投资热"带动下,金融领域出现了乱投资、乱拆借等情况,造成社会信用一度膨胀。1992 年、1993 年金融机构新增贷款分别达到 4626.4 亿元和 6335.4 亿元,分别增长 23.4% 和 25.2%,比同期经济增长速度高出 9.2 个和 10.8 个百分点。故而在带动 1992 年、1993 年经济增长速度都超过 14% 的同时造成同期居民消费价格指数分别上涨 14.7% 和 24.1%。

针对经济过热和通货膨胀态势严重的情况,中央发出了《关于当前经济情况和加强宏观调控的意见》,对经济进行再次治理整顿。经过三年时间的治理与调控,我国经济成功实现"软着陆":经济增长速度从 1993 年 14% 回落到 1996 年的 10% 的适宜区间,居民消费价格指数涨幅也从 1994 年的 24.1% 下降到 1996 年的 8.3%。

### 五、2007—2011 年的通货膨胀

20 世纪后期先后出现的通货膨胀给我国国民经济造成了不同程度的影响。但是在改革开放的大背景下,经过中央政府和货币当局的持续性治理,到 21 世纪初基本消除了物价水平过快上涨的局面。并且,受亚洲金融危机的影响,我国的物价水平还出现了近 5 年的零增长甚至负增长。从 2003 年开始,我国经济在上一次成功"软着陆"的基础上显现出高亢的增长势头,GDP 年增长率多年围绕在 10% 上下波动。

然而，2007年开始，我国在继续保持高速经济增长的同时，居民价格消费指数的年增长率也开始抬头。虽然2009年出现了负增长，但其余年份所表现出的通货膨胀压力还是较为明显的。具体来看，我们将2007—2011年CPI的月度数据描绘为图17-5。

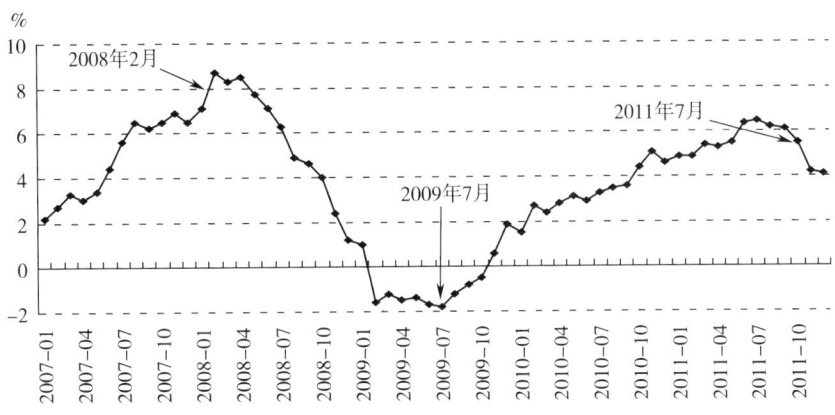

图17-5　2007—2011年中国月度CPI同比增长率

（资料来源：根据国家统计局官方数据编制）

2007年至2011年底，我国的月度通货膨胀分别在2008年和2011年呈现出两个峰值：2008年2月CPI同比增长8.7%，2011年7月为6.5%。一方面，2008年的通货膨胀主要是受各方面价格上涨因素的影响。食品价格上，2006年开始我国猪肉与粮食价格持续地出现上涨，推动了其他食品价格的普遍上涨。在生产资料价格上，2007年我国原材料、燃料、动力购进价格同比上涨4.1%。其中仅11月，燃料、动力类和黑色金属材料类的购进价格就同比分别上涨了9.9%和9.7%。

另一方面，2011年出现的通货膨胀则是治理2008年国际金融危机后国内经济下滑所产生的负面影响。2008年，我国为了刺激经济恢复以及汶川的灾后重建等，实施了扩大内需的4万亿元投资计划。与之配套的各方投资总计超过10万亿元人民币。虽然我国的经济刺激计划很好地完成了保证GDP平稳增长的目标，但货币供给的集中投放也在2011年体现出了对物价水平的深刻影响。到2009年末，广义货币供应量$M_2$余额为60.6万亿元，同比增长27.7%。而到2010年末，这两个数字分别为72.6万亿元和19.7%。较之2007年（16.7%）、2008年（17.8%），2009年和2010年我国$M_2$的增速明显加快。因此，自2010年，我国的通货膨胀水平进入了一个新的上涨阶段并在2011年7月达到最高。

专栏17-4

通货紧缩

一、通货紧缩的定义及判断标准

（一）通货紧缩的定义

按照目前较为流行的观点，所谓通货紧缩就是指货币不断升值、社会价格总水平持续下降的经济现象。这个定义强调下面三层含义：

1. 通货紧缩条件下的物价水平持续下降，并不是由于技术的进步和劳动生产率的提高而引起，而是由许多原因所导致的一种不正常现象。
2. 通货紧缩条件下的物价水平不是存在于个别部门和部分产品上的价格下降，而是整个社会的价格水平普遍地下降。
3. 通货紧缩条件下的物价水平下降，不是存在于相对较短的时间内，而是在较长的时期内，社会价格总水平连续不断下降的动态过程。

（二）通货紧缩的判断标准

1. 物价水平持续下降；
2. 货币供应量持续减少；
3. 商品有效需求不足，失业率上升。

二、通货紧缩的效应

1. 加速经济衰退；
2. 导致社会财富缩水；
3. 收入分配效应；
4. 引发金融危机。

三、通货紧缩的治理

1. 实行扩张性财政政策；
2. 实行宽松的货币政策；
3. 刺激投资；
4. 增加有效需求。

---

## 【本章小结】

通货膨胀是一种货币现象。它强调在一定时期内，由于货币供给量过多，造成物价水平全面、普遍且持续性的上涨。衡量通货膨胀的经济指标很多，在我国常用的主要包括 CPI、PPI 等。

## 【重要概念】

通货膨胀　需求拉上型通货膨胀　成本推动型通货膨胀　通货紧缩

## 【思考题】

1. 2007—2008 年中国出现的物价上涨是否为通货膨胀？
2. 中国在 2011 年前后出现通货膨胀的原因主要是什么？
3. 你认为治理通货膨胀最有效的办法有哪些？

# 第十八章

# 金融风险与管理

金融风险是金融活动的内在属性,广泛存在于金融市场活动中。伴随着信息技术和金融创新的快速发展,各国以及全球金融市场的波动性显著增加,金融体系的稳定性下降。2008年美国次贷危机后,风险管理在国内逐渐受到密切关注和高度重视,如何计量和管理这些风险,成为实务界和理论界共同关心的重要问题。本章在介绍金融风险基本理论的基础上,对风险的计量与管理进行重点阐述,并引用经典案例进行说明,希望读者阅后能从理论、案例、实证的角度对金融风险管理的知识有系统的了解。

## 第一节 金融风险概述

### 一、金融风险的定义及特征

金融风险是指经济主体在金融活动中遭受损失的不确定性或可能性。

金融风险作为风险的一种,具有风险的共同特征,如客观性、多面性、潜在性和不确定性等。但因为金融风险与经济主体的投融资活动密切相关,因此又具有一些独有的特征。

#### (一) 传染性广

现代金融体系中,银行、证券公司、保险公司、信托公司等金融机构之间密切相关,它们不仅在业务活动中经常拆借资金,而且常常作为战略投资者互相持股,因此相互之间债权债务关系复杂。不同金融机构之间的风险容易相互作用、相互影响,叠加后导致风险扩大。

#### (二) 累积性强

金融风险的累积性是指,随着时间的推移,风险会因为正反馈作用而不断积累变大,当积累到爆发的临界点,风险容易发生质的变化,并有可能导致严重损失。

#### (三) 破坏性大

在经济高速发展的今天,金融已经成为各国经济的核心,一旦金融体系出现问题,对整个国民生产生活、经济增长都会造成严重打击。

### (四) 连锁效应

经济全球化的趋势下，各国经济金融联系空前密切，联动效应更加明显，只要有一个环节发生问题，可能就会通过国际金融风险的传导机制，波及相关国家和地区，引发世界性的经济危机。

### (五) 具有周期性

金融活动会受到经济周期和货币政策的直接影响，呈现出一定的周期性。通常，在经济繁荣期，货币政策宽松，资金供应的充足性掩盖了许多企业的财务困难，金融风险显现的可能性较小；在经济衰退期，银根收紧，导致借贷困难，使得本来有可能正常经营的企业也陷入财务困境，金融风险随之增加。

## 二、金融风险的经济影响分析

### (一) 金融风险可能给微观经济主体带来直接或潜在损失

股票投资者可能因为股价下跌而减少资本利得收入，股指期货投资者也会因为指数变动与预期相反而遭受重大损失，这些影响都是直接的；金融风险也可能带来间接损失，一家商业银行由于存在信用风险，存款人可能出于某种原因对其信任度降低，导致银行吸储能力下降，资金来源减少和业务萎缩，这将引发银行不可避免地遭受潜在损失，这些损失很难准确度量，但却不容忽视。

### (二) 金融风险增大了交易和经营管理成本

金融风险的存在既增加了经济主体收集和整理信息的难度，也增大了预测工作的成本、难度以及经济主体的决策风险；经济主体在实施计划和决策的过程中，金融风险有可能会导致市场环境变化，此时就必须适时调整行动方案，修改或者放弃原来的计划，管理成本必然增加，还可能出现金融风险估计失误，从而导致不必要的损失。

### (三) 金融风险可能会造成产业结构不合理和降低资金利用率

由于金融风险的存在，生产要素更多地流向金融风险低的产业或部门，而很少流向金融风险高的产业或部门，严重影响了要素的分配使用效率，使得一些产品的边际生产率接近甚至低于要素价格，造成产业结构不合理，整个经济产出效率降低；同时，由于金融风险出现的突然性和广泛性，一些单位和个人通常需要持有一定的风险准备金来预防和应付风险，从而有可能降低资金的利用率，由于对金融风险的顾虑，也会让部分消费者和投资者持币观望，造成大量社会资金闲置，同样降低资金利用率。

### (四) 金融风险会影响一国的国际收支

在国际金融活动中，汇率波动影响着商品的进出口和贸易收支。利率风险和国家风险的增加将会影响国际资本流动，从而直接影响着一国的资本项目。

### (五) 金融风险对宏观经济政策的制定和实施也产生重大影响

政府对宏观经济的调节很大程度上就是对金融风险的调控。过大的金融风险既会增加宏观经济政策制定的难度，也会削弱宏观经济政策的实施效果；从政策制定的角度来看，金融风险会导致市场环境的经常变动，从而使得政府难以及时准确地掌握社会总供给和总需求的状况，并及时作出决策；从政策传导和实施的角度来看，金融风险既会使传导机制中某些重要环节（利率、信贷规模等）出现非预期障碍，还常常对政策实施效果引发滞后效应，导致经济政策的实施效果偏离政策的预定目标。

（六）金融风险会引起一国经济增长、消费水平和投资水平下降

由于金融风险的存在，经济主体不得不选择风险较低的技术组合，而创新型项目通常风险较高，投资者由于担心不能获得足够的风险补偿而不愿投资创新项目，使得一些创新项目因缺乏资金而搁置，长期如此对一国经济增长不利；消费者和投资者由于担心金融风险的不确定性，消费和投资行为趋向保守，这样一来，拉动经济的"三驾马车"中（消费、投资和进出口），前两项的作用都减弱，同样影响经济的长期发展。

## 第二节 金融风险的种类

### 一、按照风险来源分类

按照风险来源不同，可以将金融风险分为市场风险、信用风险、流动性风险、操作风险、环境风险、政策风险、关联风险和国家风险等。

（一）市场风险

市场风险，也称金融资产价格风险，是指由于金融市场变量（市场风险因子）的变化或波动而引起的资产组合未来收益的不确定性。根据引起市场风险因子的不同，可以将其细化为利率风险、汇率风险、证券价格风险和通货膨胀风险。

1. 利率风险。利率风险是指由于市场利率水平变化使经济主体在筹集资金和运用资金时可能遭受的损失。以商业银行为例，如果银行资产主要为固定利率的长期债券和长期贷款，而负债为短期存款，则当利率上升时，银行利息支出加快，而固定利率下的利息收入不变，使银行收益下降而增加风险。

2. 汇率风险。汇率风险也称作货币风险，指由于汇率变化而导致的风险。主要包括交易风险、会计风险和经营风险。交易风险指外汇买卖后所持头寸由于汇率变动引起损失的可能性；会计风险，也称折算风险，指由于外汇汇率的变动而引起的企业资产负债表中某些外汇资金项目金额变动的可能性；经营风险，指意料之外的汇率变动通过影响企业的生产销售数量、价格、成本，引起企业未来一定期间收益或现金流量减少的一种可能性。

3. 证券价格风险。证券价格风险指证券价格的变化给投资者带来的风险。投资者从事证券的买卖，不仅仅是为了取得利息收入，而且是为了获得资本利得，即通过低价买进、高价卖出而赚取差价。由于金融市场证券价格受到政治、经济、行业、心理等多种因素的影响，价格波动频繁，投资者既可能获得较大的收益，也可能受到严重的损失。

4. 通货膨胀风险。通货膨胀风险是指物价水平变化带来的风险。通货膨胀会导致货币购买力的下降，使债权人面临债权价值下降；通货膨胀也会导致实际收益率的变化，在名义利率一定时，通货膨胀率越高，实际收益率就越低，因此通货膨胀会导致金融资产价值的变化；通货膨胀还会通过影响企业的经营活动给经济主体带来风险。

（二）信用风险

信用风险是指由于借款人或交易对手不能或不愿履行合约而给另一方带来损失的可

能性，以及由于借款人的信用评级变动或履约能力变化导致其债务市场价值的变动而引发损失的可能性。狭义的信用风险主要指信贷风险，即在信贷过程中由于各种不确定性使借款人不能按时偿还贷款而造成另一方本息损失的可能性；广义的信用风险是指参与经济活动的各方根据需要签订经纪合约以后，由于一方当事人不履约而给对方带来的风险皆可视为信用风险，包括传统的信贷风险，以及贷款、承诺、证券投资、金融衍生工具等各种表内和表外业务中所有与违约或信用有关的风险。

按照不同标准，信用风险分为不同类别：

1. 按照信用风险的性质，可将信用风险分为违约风险、信用等级降级风险、信用价差增大风险。违约风险是指借款人或交易对手违约给金融机构带来的风险。信用等级降级风险是指由于借款人信用等级的变动造成的债务市场价值变化的不确定性。信用价差增大风险是指由于资产收益率波动、市场利率等因素变化导致信用价差增大所带来的风险。

2. 按照信用风险涉及的业务种类，可将信用风险分为表内风险和表外风险。源于表内业务的信用风险称为表内风险，如传统信贷风险；源于表外业务的信用风险称为表外风险，如商业票据承兑所带来的风险。

3. 按照信用风险导致的结果，将信用风险分为本金风险和重置风险。当交易对手不按约足额交付资产或价款时，金融机构有可能收不到或不能全部收到应得的资产或价款而面临损失的可能性，称为本金风险；当交易对手违约而造成交易不能实现时，未违约方为购得金融资产或进行变现就需要再次交易，将有可能遭受因市场价格不利变化而带来损失的可能性，称为重置风险。

（三）流动性风险

流动性风险指金融参与者自身现金流动性的变化或证券市场流动性的变化所造成损失的可能性。

流动性风险包括筹资流动性风险和市场流动性风险。筹资流动性风险是指金融机构缺乏足够现金流且没有能力筹集资金偿还到期债务而在未来产生损失的可能性；市场流动性风险是指由于交易的头寸规模相对于市场正常交易量过大，不能以当时的有利价格完成该笔交易而在未来产生损失的可能性。

（四）操作风险

操作风险，从狭义上讲，仅指由于操作不当而引发的风险，与交易过程和系统失灵有关；从广义上讲，指除市场风险和信用风险以外的一切金融风险。

新巴塞尔协议将操作风险定义为"由于内部流程、人员、技术和外部事件的不完善或故障造成损失的风险"，并将引起操作风险的原因细化为七个方面：内部欺诈、外部欺诈、雇佣及工作现场安全性、客户产品以及经营行为、有形资产损失、经营中断和系统出错、执行交割以及交易过程管理。

（五）环境风险

环境风险是指金融活动参与者由于所处的自然、法律、政治、社会等环境的变化而遭受的直接或间接损失的可能性。如地震、火山等自然灾害可能对银行等金融机构的经营活动带来损失;违反法律法规或者监管部门要求也会遭受处罚等。

### (六) 政策风险

政策风险是指货币政策、财政政策、汇率政策的变化及相关政策工具的使用对金融机构和非金融机构所带来的风险。

### (七) 关联风险

关联风险是指因相关产业或相关市场的变化而导致经济主体未来收益变化的不确定性。关联风险源于金融机构与相关产业或相关市场之间的相互依赖性,相关企业或市场上的风险事件,有时可以通过传导机制,引起金融机构未来收益的不确定性变化,进而演化成金融危机。

### (八) 国家风险

国家风险是指在跨国金融活动中,由于外国政府行为的不确定变化而导致经济主体未来收益变化的不确定性。

国家风险可以分为政治风险和经济风险。政治风险是指由于他国内部政治环境或国际关系等因素的不确定性变化而导致本国经济主体发生损失的可能性,如政局动荡、工人罢工、政府政策变化等;经济风险是指他国各种经济因素的不确定性变化而导致本国经济主体遭受损失的可能性,如其他国家出现通货膨胀、股市崩盘等。

## 二、按照风险影响范围分类

按照风险影响范围,金融风险可以划分为系统性风险和非系统性风险。

1. 系统性风险。系统性风险,又称作不可分散风险,是指由影响全局性金融市场的风险因素所引起的风险,这些因素包括经济周期、宏观经济政策变化、战争动乱等。系统性风险对所有金融变量都有影响,因此不能通过调整投资机构和投资组合多样化来规避。

2. 非系统性风险。非系统性风险,又称作可分散风险,是指对特定公司和行业发生影响的金融风险,与影响整个金融市场的经济政治变量无关。对这类风险,投资者可以通过多样化投资策略分散投资、规避风险。

## 第三节 金融风险管理的基本理论与流程

金融风险管理是指经济主体为了最大限度地减少金融风险所带来的不利影响,运用适当的方法、政策和措施,对金融风险进行识别、评估、对策制定和控制的行为过程。

自 20 世纪 70 年代以来,风险管理理念和技术都发展迅速。70 年代末期,"风险管理"的观念受到美国企业界的重视,一些金融主管、银行、投资公司和金融机构开始尝试使用金融管理技术和方法,以控制经营环境迅速变化中的金融风险;20 世纪 90 年代,风险管理工具开始广泛使用,J. P. Morgan 开始使用风险价值量化模型(VaR),用于内部风险的衡量与管控;1993 年,30 人团体(Group of Thirty, G-30)发布《风险值使用于衡量市场风险为最佳实务方案》,相继受到美国财务会计准则委员会(FASB)、美国证券管理委员会(SEC)及巴塞尔银行监管委员会等的认可及推荐使用。

## 一、金融风险管理的基本理论

金融风险管理的基本理论主要有保险理论、资产组合理论、无套利理论、风险管理制度理论等。

(一)保险理论

保险理论是根据保险学的基本原理的理论,其理论基础是概率论和风险分散化理论,指企业通过购买保险将自己不易控制的风险转移出去予以防范风险。保险理论是保险学课程的主要内容,这里不予详细介绍。

(二)资产组合理论

资产组合投资理论,由美国经济学家马科维茨提出,其基本思想为:证券之间存在相关性,因此可以利用这种相关性,通过构造投资组合降低投资风险;一般证券之间的负相关性越大,投资组合降低风险的效果就越明显,是企业或投资者自我风险管理最主要的指导思想。

1. 单个证券风险的度量。对于证券投资而言,投资收益由股利收入和资本利得构成,投资收益率可以表示为

$$R = \frac{D_t + (P_t - P_{t-1})}{P_{t-1}}$$

其中,$R$ 是投资收益率;$t$ 是特定的时间段;$D_t$ 是第 $t$ 期的现金股利;$P_t$ 是第 $t$ 期的证券价格,$P_{t-1}$ 是第 $t-1$ 期的证券价格,$(P_t - P_{t-1})$ 代表这期间的资本利得或资本损失。

由于投资收益是不确定的,投资者只能估计各种可能发生的结果与每一种结果发生的可能性即概率,因此投资收益率可以用统计学中的期望值表示为

$$\bar{R} = \sum_{i=1}^{n} R_i P_i$$

其中,$\bar{R}$ 是预期收益率;$R_i$ 是第 $i$ 种可能的收益率;$P_i$ 是收益率 $R_i$ 发生的概率。

单个证券的风险,可以用统计学中的方差或标准差表示为

$$\sigma = \sqrt{\sum_{i=1}^{n}(R_i - \bar{R})^2 P_i}$$

使用标准差表示风险的大小也不十分合理,因为标准差仅仅考虑偏离期望值的程度,没有考虑期望值本身的大小,因此,引入变差系数(CV)的概念,变差系数是相对偏离程度的衡量标准,即每单位预期收益率所含风险的衡量标准。变差系数越大,投资的相对风险就越大。数学表示为

$$CV = \sigma/\bar{R}$$

2. 证券组合风险的衡量。与单个证券风险不同的是,当投资者构建一个资产组合时,由于不同证券之间存在相关性,正好可以利用这种相关性,来降低证券组合的风险。现实生活中,投资者也都会选择这样做,这就是"不要把鸡蛋放在同一个篮子里"

的理念。

按照资产组合理论，仍然采用期望和方差的统计学表达，证券组合的收益和风险可以表示为

$$\overline{R} = \sum_{i=1}^{n} X_i \overline{R_i}$$

其中，$X_i$ 是投资于证券 $i$ 的资金占总投资额的比例或权数；$\overline{R_i}$ 是证券 $i$ 的预期收益率；$n$ 是证券组合中不同证券的总数。

$$\sigma = \sqrt{\sum_{i=1}^{n} \sum_{j=1}^{n} X_i X_j \sigma_{ij}}$$

其中，$n$ 是证券组合中不同证券的总数；$X_i$ 和 $X_j$ 分别是投资于证券 $i$ 和 $j$ 的资金占总投资额的比重；$\sigma_{ij}$ 是证券 $i$ 和证券 $j$ 的可能收益率的协方差。

证券组合理论说明，其风险不仅取决于单个证券的标准差，还取决于各种证券之间的协方差。随着组合中证券数目的增加，协方差对组合中标准差的作用越来越大。实际上，不论证券组合中包括多少种证券，只要证券组合中每对证券间的相关系数小于1，证券组合的标准差就会小于单个证券标准差的加权平均数，单个高风险的证券都可以通过证券组合转变成只有中低风险的证券组合。

(三) 无套利理论

无套利理论是指在金融市场上，两个具有相同盈亏的证券组合，应具有相同价格，如果违反此原则，则必定出现套利机会。无套利理论是资产定价的主要理论，在风险管理的套期保值方法中具有重要应用。

举例说明：现有两个投资项目甲和乙可以选择，假定两者投资期限相同，期末可以获得相同的利润。根据无套利理论，这两项投资在期初的定价应当相同，否则就会出现套利行为。假如两者定价不同，如果甲的定价低于乙，那么套利者可以卖空定价高的项目乙，然后用其所得买入定价相对较低的甲，从中赚取差价。到了期末，由于两项投资回报相同，套利者正好可以用做多投资甲的利润去轧平做空的投资乙，而且没有任何风险。如此一来，这个机会慢慢被市场大量参与者发现，纷纷采取相同的套利做法，结果导致项目甲的需求增加，价格上涨，项目乙大量抛售，价格下跌，直到二者价格达到持平结束。

无套利定价方法就是运用无套利理论对资产进行定价的方法，基本做法为：构建两个投资组合，如果终值相等，则现值一定相等，否则就会出现套利机会。无套利定价方法确定的资产价格是不存在套利价格时的均衡价格。根据无套利定价方法，在有效金融市场上，任何一项金融资产的定价，应当使得利用该项金融资产进行套利的机会不复存在。或者说，如果资产定价使得套利机会出现，套利活动也会促使资产价格发生变化，直至套利机会消失。

(四) 风险管理制度理论

风险管理制度理论是指任何业务运作都应当按照一定程序与规范进行，这些程序与规范是这些业务规范运作经验的总结，如果严格按照程序与规范运作，业务出错的概率

就会下降,否则出错概率上升,风险增加。风险管理制度化理论要求统一业务平台,制定统一规范,对工作流程标准化,以此提高业务运作效率,减少风险。这是一种定性化的管理方法,主要通过政策措施实行、定期检查、考核评估、奖罚等方法来控制金融风险。

该理论主要应用于操作风险控制,也用于对信用风险、市场风险、流动性风险的控制方面。

## 二、金融风险管理的流程

金融风险管理的流程包括风险识别、风险度量、风险控制、风险管理的评估与总结四个方面。

(一)风险识别

风险识别是指对经济主体面临的各种潜在的风险因素进行认识、鉴别和分析,是风险管理的基础环节。主要包括两个方面:一是分析经济主体的风险暴露;二是分析金融风险的成因和特征。

风险管理者首先要分析经济主体的金融风险暴露。金融风险暴露是指金融活动中存在金融风险的部位以及受金融风险影响的程度。风险管理者可以针对具体的资产负债项目进行分析,如哪些资产的收益是固定的,哪些资产的收益是浮动的,以及负债的成本是固定的还是变化不定的。同时,风险管理者还要对经济主体的资产负债搭配进行整体考察,如果经济主体持有外汇风险敞口或利率风险敞口,则面临汇率风险暴露或利率风险暴露,若风险敞口为零,则经济主体净收益在一定时期不会受到汇率或者利率变化的影响。此外,风险管理者不仅要考察表内业务的风险暴露,还要关注表外业务的风险暴露。通过对风险暴露的鉴别与分析,风险管理者就可以确定风险管理的重点,做到有的放矢。

风险管理者还要分析金融风险的成因和特征。诱发金融风险的因素有很多,有主观因素、客观因素、系统因素、非系统因素等。不同的金融风险具有不同的特性,有的可以通过投资分散加以降低乃至消除,有的则无法消除,只能将之转移出去。风险管理者对风险的性质进行分析,可以为制定风险管理策略提供依据。

(二)风险度量

风险度量是对金融风险水平的分析和估量,包括衡量各种风险导致损失的可能性大小以及损失发生的范围和程度,是金融风险管理过程中最重要的一个环节。

风险度量大致可分为设定风险类别、衡量风险因素、确定风险参数、计算风险值几个步骤。伴随金融风险管理研究的深入,风险度量的方法也更加精准,如经常被采用的灵敏度方法、波动性方法、VAR方法、压力试验或压力测试、极值理论等。

1. 灵敏度方法的基本思想是:假设资产组合的价值为 $P$,受到 $N$ 个市场风险因子 $x_i$ ($i=1,2,\cdots,n$) 的影响,利用定价理论可得到资产组合价值关于市场因子的映射关系为 $P=P(t,x_1,\cdots,x_n)$,然后利用泰勒展开式近似得到资产组合价值随市场因子变化的二阶式,即

$$P \approx \frac{\partial P}{\partial t} + \Delta t + \sum_{i=1}^{n} \frac{\partial P}{\partial X_i} \Delta X_i + \frac{1}{2} \sum_{i,y=1}^{n} \frac{\partial^2 P}{\partial X_i \partial X_j} \Delta X_i \Delta X_j$$

其中，$\Delta P = P(t + \Delta t, x_1 + \Delta x_1, x_2 + \Delta x_2, \cdots, x_n + \Delta x_n) - P(t, x_1, \cdots, x_n)$；$\Delta x_i$ 表示市场风险因子 $x_i$ 的变化；$\frac{\partial P}{\partial t}$ 表示资产组合对时间 $t$ 的灵敏度系数；$\frac{\partial p}{\partial x_i}$ 和 $\frac{\partial p}{\partial x_i^2}$ 分别表示资产组合对风险因子 $x_i$ 的一阶和二阶灵敏度，$i = 1, 2, \cdots, n$。

资产组合的市场风险来自市场风险因子未来变动的方向和幅度的不确定，市场风险的大小取决于两个因素：第一，资产组合价值对风险因子变动的敏感性；第二，市场风险因子本身变动的方向和幅度。常见的灵敏度指标有久期、凸性、β 值以及主要应用于金融衍生工具风险度量的 delta、gamma、theta 等。

2. 波动性方法，基本思想是用因市场风险因子的变化而导致的资产组合收益的波动程度来度量资产组合的市场风险，实质就是使用统计学中标准差的概念，来描述资产收益率偏离其预期收益率的程度，标准差越大，说明该资产组合的波动性越大，从而该资产面临的市场风险也就越大，反之，则说明该资产面临的市场风险越小。

3. VAR 方法，VAR 是英文"value at risk"的缩写，字面意思为在险价值，具体含义是指市场处于正常波动的状态下，对应于给定的置信水平，投资组合或资产组合在未来特定的一段时间内所遭受的最大可能损失。

用数学语言表示为

$$\text{Prob}(\Delta P > \text{VAR}) = 1 - c$$

其中，Prob 表示概率测度；$\Delta P = P(t + \Delta t) - P(t)$ 表示组合在未来持有期 $\Delta t$ 内的损失；$P(t)$ 表示组合在当前时刻 $t$ 的价值（下文常记为 $P_0$）；$c$ 为置信水平；VAR 为置信水平 $c$ 下组合的在险价值。

4. 压力测验的核心思想是通过构造、模拟一些极端情景，度量资产组合在极端情景发生时的可能损失的大小。

5. 极值理论是应用极值统计方法来刻画资产组合价值变化的尾部统计特征，进而估计资产组合所面临的最大可能损失。

（三）风险控制

风险控制是指，根据金融风险管理的目标，经济主体运用各种手段和工具对其所面临的风险进行定量管理，尽量减少企业的风险暴露，降低损失频率和减少损失幅度。

风险管理技术一般分为控制性风险管理技术和财务性风险管理技术。

控制性风险管理技术，也称作风险控制，其目的是降低风险事故发生的频率，减少损失幅度，主要包括风险回避、损失预防、损失控制。风险回避指在考虑到某一活动可能带来风险或风险损失较大时，采取极端的手段，主动放弃或改变该活动，从而避免与该活动相联系的风险，也避免了该风险可能带来的损失；损失预防是指在损失发生前，通过调整或重组经营过程中的某些方面，以降低损失发生的频率，特别适应于损失频率高的风险事件，主要包括工作程序重组、工作量和职业调整、产品和服务再设计、员工培训、欺诈的防范与发现等；损失控制是指在风险事故发生前后采取一定的措施，以降低损失幅度,包括应急计划、风险组合等事前措施和危机管理等事后措施。

财务性风险管理技术包括风险自留和风险转移。风险自留是指经济单位当某项金融风险无法避免或由于获利而需要承担风险时,采用承担或保留这种风险,由经济主体自行设立或筹集资金进行赔偿的措施;风险转移是指经济主体将自己不能承担的或不愿承担的以及超过自身财务承担能力的风险损失转移给另一经济主体,转移方式有购买保险或金融衍生工具等。

### (四) 风险管理的评估与总结

风险管理的评估与总结,是对风险管理手段的适用性和效益性进行分析、检查、修正和评估,也是对金融风险管理过程中业务人员的业绩和工作效果进行评价和总结。由于金融风险随着市场的变化而不断变化,风险管理的方式方法也要随之不断调整和总结前阶段管理过程中的经验教训,使之更接近于风险管理希望达到的目标。

## 第四节 主要金融风险的度量方法

### 一、市场风险的 VAR 度量方法

市场风险的计量方法是一个逐渐演变的过程,由最初的名义交易量法、波动性方法、敏感性方法,发展到后来的 VAR 方法等。本书主要介绍目前被越来越多金融机构用来测量和控制市场风险的 VAR 方法。

VAR 直译为风险价值或在险价值,是指在正常的市场条件和给定的置信水平(通常是 95% 或 99%)上,某一投资组合或资产组合在未来特定的一段时间内预期可能发生的最大损失,或者说,在正常的市场条件和给定的时间段内,该投资组合发生风险价值损失的概率仅为给定的概率水平(置信水平)。用公式表示为

$$\text{Prob}(\Delta P > \text{VAR}) = 1 - c$$

其中,$\Delta P$ 表示证券组合在持有期内的损失;VAR 为置信水平 $c$ 下处于风险之中的资产价值。

假定某年 J. P. 摩根公司测定置信水平为 95% 的每日 VAR 值为 960 万美元,含义是该公司能够以 95% 的把握保证,1994 年某一特定时点上,公司的金融资产在未来 24 小时内,由于市场价格变动带来的损失不会超过 960 万美元。或者说,只有 5% 的可能性损失会超过 960 万美元。

#### (一) VAR 方法中两个重要的参数

一是持有期。VAR 的持有时间范围是度量 VAR 的一个先决条件,因为随着时间延长,资产价格的波动性也必然增加,对度量市场风险而言,一天或者一个月可能更为适合。二是置信水平。从 VAR 的定义可知,置信水平越高,资产组合的损失小于其 VAR 值的概率越大,也就是说 VAR 模型对于极端事件的发生进行预测时失效的可能性越小。但是,置信水平并非越高越好,而是要依赖于对 VAR 验证的需要、内部风险资本需求、监管的要求及在不同机构之间进行比较的需要。

(二) VAR 方法的计算步骤

计算所有 VAR 的方法，实质上都是围绕着如何估计金融风险因子的变化分布以及在金融风险因子变化影响下资产组合的未来损益分布而展开的，不同之处在于采用的估计方法不同。

计算 VAR 的一般步骤为：

1. 建立函数关系。将组合中每一项资产头寸的价值表示为投资收益率或风险因子函数表达式。

2. 建立模型。一般根据需要建立投资收益率或者风险因子的波动性和相关性模型，用来预测投资收益率或风险因子未来的波动性和相关性，或者用于生成投资收益率或风险因子未来可能的不同结果。

3. 给出估值模型和 VAR 值。根据投资收益率或者风险因子的波动性或相关性，或者投资收益率或风险因子未来可能的不同结果，结合第一步的函数关系，估计出组合未来的价值变化及其分布特征，在此基础上得到组合的 VAR 值。

(三) VAR 的衡量方法

VAR 的衡量方法主要有德尔塔—正态法、历史模拟法和蒙特卡洛模拟法。

1. 德尔塔—正态法 (Delta - Normal Method)，又称方差—协方差方法，是假设资产收益率是风险因素的线性 (德尔塔) 函数，并认为风险因素呈正态分布，然后通过计算求出方差和协方差，得到其收益和风险的情况，以此来推断 VAR 值，是传统投资组合分析方法的直接应用。

2. 历史模拟法，是用给定历史时期所观察到的市场因子的变化来表示市场因子的未来变化。主要是借助过去一段时间内的资产组合收益的频度分布，通过找到历史上一段时间内的平均收益以及既定置信区间下的最低收益水平来推断 VAR 值，其本质是用收益率的历史分布来代替收益率的真实分布。

3. 蒙特卡洛模拟法，也称作随机模拟法。是通过产生一个模拟的资产组合收益分布来估算 VAR 值，通过模拟收益排序，可以估算出给定置信水平下的 VAR 值。但蒙特卡洛模拟法的基础是假设一个随机过程，即特定的价格动态模型或市场变量动态模型，这一点不同于以价格或市场变量变化的历史数据为基础的历史模拟法。蒙特卡洛模拟法估算风险价值的思路是：借助计算机的统计推断方法及手段，利用相应的"随机数发生器"，通过对资产组合已有样本采取有放回的抽样（每个样本被抽取的概率都相同），来产生大量的符合历史分布的可能数据（伪随机数），然后对收益的不同行为分布进行模拟，构造出资产组合的可能损益情况，从而确定整体分布，再按照给定的置信水平估算出 VAR 值。

## 二、信用风险的度量方法

(一) 专家分析法

1970 年以前，大多数金融机构主要根据专家的经验和主观分析来评估信用风险。专家通过分析借款人的财务信息、经营信息、经济环境等因素，来对借款人的资信、品质等进行评判,以确定是否给予贷款。主要有 5C 法、5W 或 5P 法、LAPP 法、五级分类法等。

最常用的是 5C 法。商业银行根据专家对借款企业的资信品格（Character）、资本（Capital）、还款能力（Capacity）、抵押品（Collateral）以及当时所处的经济周期（Cycle Conditions）等因素考察评分,然后通过专家的主观判断给予各个考察因素不同的权重,综合得出一个分值,以此作为信贷决策的依据。分值的大小反映了借款人信用品质的好坏。

5W 法是指借款人（Who）、借款用途（Why）、还款期限（When）、担保物（What）、如何还款（How）；5P 是指个人因素（Personal）、目的因素（Purpose）、偿还因素（Payment）、保障因素（Protection）、前景因素（Perspective）。

LAPP 法则是从借款人的流动性（Liquidity）、活动性（Activity）、盈利性（Profitability）、发展潜力（Potentialities）四个方面评估信用风险。

五级分类法是对现有信贷资产质量进行分类的方法,它以还款的可能性为核心,综合应用定性和定量分析方法来判定资产质量,并将资产分为正常、关注、次级、可疑和损失五类。

专家分析法直指信用风险的核心本质,目前受到世界上大多数国家的认可和采纳,但这种方法比较简单,受主观因素的影响较大,对人的素质要求较高,与其说是一种分析方法,不如说是一种思想。

(二) 基于财务指标的信用评分模型

近年来,金融机构已经逐渐放弃纯粹定性分析的专家分析法,而转为使用更多的定量分析,其中,最重要的就是信用评分模型。基于财务指标的信用评分模型以关键财务比例为基础,对各类财务指标赋予不同权重,通过模型产生一个信用风险分数或违约概率,如果该分数或概率超过一定值,就认为该项目隐含较大的信用风险。建立基于财务指标的信用评分模型主要有线性概率模型、定性响应模型和奥尔特曼的 Z 值模型与 ZETA 模型。

1. 线性概率模型。线性概率模型是以评判对象信用状况为被解释变量、多个财务比率指标为解释变量所构造的线性回归模型,通过最小二乘法回归得出各解释变量与企业违约率之间的相关关系,建立预测模型,然后利用模型预测企业未来的违约概率。该方法对解释变量的概率分布没有特殊要求,应用方便。但是,模型预测的概率估计值有可能落在区间 [0, 1] 之外,这与概率理论相违背,因此,这种方法使用较少。

2. 定性响应模型。定性响应模型用以预测某一时期开始时生存着的某一公司在该时期（一个月、一年等）结束时生存的概率。较为常用的两种定性响应模型是 Probit 模型和 Logit 模型,两种模型旨在改进线性模型的预测值可能落在区间 [0, 1] 之外的缺陷,即研究者假设事件发生的概率服从某种累积概率分布,使模型预测值落在区间 [0, 1] 之间。若假设事件发生的概率服从累积标准正态分布,则称为 Probit 模型,若假设事件发生的概率服从累积 Logistic 分布,则称为 Logit 模型。

3. 奥尔特曼的 Z 值评分模型。Z 值评分模型的基本原理就是利用统计方法,对银行过去的贷款案例进行分析，选择出最能反映借款人财务状况、对贷款质量影响最大，并且最具预测或分析价值的比率指标；然后利用所选择的比率指标，设计出一个能最大限度地区分贷款风险度的数学模型；最后借助该模型，对借款者的信用风险及资信情况进行评估、判别，并把借款人划分为偿还和违约两类。

建立 Z 值评分模型的基本步骤为：

第一，选取一组能反映借款人财务状况和还本付息能力的财务比率指标，如流动性比率、资产收益率、偿债能力指标等；

第二，从银行过去的贷款资料中分类收集样本，并将样本分为两类：一类是能正常还本付息的案例，另一类是坏账、呆账的案例；

第三，针对各个比率对借款还本付息的影响程度，选用费舍尔、贝叶斯等判别分析法，建立由上述比率指标所决定的线性判别函数，确定每个比率的影响权重，即可得到一个 Z 值评分模型；

第四，对一系列所选样本的 Z 值进行分析，得到一个违约或破产临界值以及一个可以度量贷款风险度的 Z 值区域；

第五，将贷款人的有关财务数据输入模型，可得到一个 Z 值，若得分高于某一预先确定的违约临界值或值域，就可以判定这家公司的财务状况良好；若小于某一数值，表明该公司可能无法按时还本付息，甚至破产。

奥尔特曼依据五个财务比率指标建立的 Z 值评分模型为

$$Z = 0.012X_1 + 0.014X_2 + 0.033X_3 + 0.006X_4 + 0.999X_5$$

其中，$X_1$ = 营运资本/总资产，反映流动性的比率；$X_2$ = 留存盈余/总资产比率，反映累积盈利能力的比率；$X_3$ = 息税前利润/总资产，反映企业资产盈利水平的比率；$X_4$ = 股权的市场价值/总负债的账面价值，反映公司负债额超过资产额以及破产前资产价值下降程度的比率；$X_5$ = 销售额/总资产，反映资本周转率和企业销售能力的比率。

奥尔特曼的 Z 值评分模型给出了一个灰色 Z 值区域，即 $(Z_0, Z_1)$ = (1.81, 2.99)，当 Z 值小于 1.81 时，表示企业可能会破产，即 1.81 为破产或违约临界值；当 Z 值大于 2.99 时表示企业违约风险很小，不会破产；当 Z 值处于灰色区域中，则不能确定该企业是否会破产。

4. 改进的 Z 值评分模型：ZETA 模型。1977 年，奥尔特曼等人对原始的 Z 值评分模型进行了扩展，建立了第二代模型——ZETA 模型，该模型更加明确地反映了公司破产的可能性。

ZETA 模型选用了 7 个判别财务变量：$X_1$ = 息税前利润/总资产的比率；$X_2$ = $X_1$ 在 5~10 年变化的标准差，用以反映公司收入的稳定性；$X_3$ = 息税前利润/总利息支付额，反映公司的债务偿还能力；$X_4$ = 公司的留存收益/资产总额，反映公司的累积盈利情况；$X_5$ = 流动资产/流动负债，反映公司的变现能力和债务的偿还能力；$X_6$ = 普通股权益/总资本，反映公司的资本化程度，其中普通股权益用公司近 5 年的股票平均市值计算；$X_7$ = 公司总资产的对数，反映公司规模。ZETA 模型的数学表达式为

$$ZETA = aX_1 + bX_2 + cX_3 + dX_4 + eX_5 + fX_6 + gX_7$$

ZETA 模型无论在变量选择、变量的稳定性方面，还是在样本开发、统计方法的应用方面，都比 Z 值评分模型有了很大进步，所以 ZETA 模型更加准确有效，并且企业破产前预测的年限越长，该模型预测的准确度越高。

### 三、流动性风险的度量方法

（一）静态指标及其比较

金融机构流动性的静态计量主要依靠各种指标和比率，反映的是金融机构在某个时点上的流动性水平。这些指标大都侧重反映了流动性风险的某个方面，只有将其综合成为一个指标体系，才能全面衡量金融机构的流动性风险。

1. 存贷款比率。

$$存贷款比率 = \frac{贷款额}{存款额}$$

该指标是传统上衡量银行流动性风险的一个基本指标，综合反映了银行的资产和负债的流动性特征。一般该比率越高，表明流动性越差。因为贷款难以变现，存贷款比率越高，意味着大部分资金用于发放流动性的贷款，而较低的存贷款比率则意味着流动性风险较小。

2. 核心存款比率。

$$核心存款比率 = \frac{核心存款}{总存款}$$

这个指标集中反映了银行的流动性。银行的存款按其稳定性可分为核心存款与易变性存款。核心存款是指对利率变化不敏感、较为稳定的存款，受季节变化和经济环境的影响小，是银行稳定和低成本的资金来源；易变性存款则受利率等外部因素的影响较大，容易流失。该比率越高一般表明流动性越好，但规模较大的银行由于负债来源多元化，对存款依赖性较低，因此即使核心存款比率较低，也不表示大银行的流动性风险高。

3. 流动资产比率。

$$流动资产比率 = \frac{流动性资产}{总资产}$$

该指标重点反映了金融机构资产方的流动性。其中，流动性资产是指期限不超过 1 年、变现能力强的资产，最重要的是现金、同业存款和国债等。该比率越高，资产中储存的流动性越多，应付潜在的流动性需求的能力就越强。

4. 流动性指数。流动性指数由美联储 Jim Pierce 提出，用来衡量金融机构因突然或紧急出售资产时，相对于正常市场情况下，以市场公允价值出售所遭受的潜在损失。如果用 $P_i$ 代表资产 $i$ 紧急出售的价格，$P_i^*$ 代表资产 $i$ 正常变现的价格，这两个价格的差异越大，金融机构资产的流动性就越差，这样流动性指数可以表示为

$$I = \sum_{i=1}^{N} \left( W_i \frac{P_i}{P_i^*} \right)$$

其中，$W_i$ 代表资产 $i$ 在总资产中的权重。

流动性指数越小,表明即时出售资产的价格与公平的市场价格之间的差距就越大,流动性也就越差。

(二) 动态指标和方法

1. 流动性缺口。流动性缺口是指在未来一定时期内,金融机构潜在的资金需求与资金供给的差额,即

$$LG = F_1 - F_2$$

其中,$LG$ 表示流动性缺口;$F_1$ 表示流动性供给;$F_2$ 表示流动性需求。如果 $LG<0$,表示流动性供给不能满足流动性需求,面临流动性短缺风险;如果 $LG>0$,表示流动性有富余。

2. 融资缺口。融资缺口表示金融机构必须筹集的用于新资产融资及对负债进行再融资的那部分新资金。

$$融资缺口 = 预测的资金总需要量 - 预测的稳定资金来源$$

融资缺口体现为总的融资需要量与稳定的资金来源之间的差额,被视为一种不稳定的融资。在这种情况下,金融机构必须通过不稳定负债来筹措新资金。

3. 基于久期计量。久期理论认为资产组合的久期等于各单个资产久期的加权平均,其中权重是各单个资产的市场价值占资产组合总市场价值的比重。例如,某一资产组合由市值分别为 $x_1, x_2, \cdots, x_n$ 的 $n$ 种资产组成,该组合的久期分别为 $D_1, D_2, \cdots, D_n$,那么该资产组合的久期为

$$D_p = \sum_{i=1}^{n} \frac{x_i}{\sum_{i=1}^{n} x_i} D_i$$

根据上式的计算方法可以分别得出资产组合和负债组合的久期,分别记为 $D_a, D_l$。当 $D_a - D_l > 0$,说明在这一时期,资产的平均到期期限大于负债的平均到期期限,即金融机构容易面临支付困难,进而产生流动性风险;当 $D_a - D_l < 0$,说明在这一时期,资产的平均到期期限小于负债的平均到期期限,表明金融机构的流动性状况较好。

4. 现金流量分析。现金流量分析是一种较新的流动性管理方法,具有较强的实用性。金融机构把未来一段时间内的现金流量区分为实际的现金流量和潜在的现金流量,同时对其进行细分,然后给各项现金流量作出一个含概率分布的预测,体现不确定程度,在情况变化时进行调整。此外,还给各项目附加了一个权数来进一步体现其不确定性的差异,对于非常不稳定的现金流量,金融机构往往对其现金流入分配很低的权数,而对其现金流出分配很高的权数。

### 四、操作风险的度量方法

(一) 基本指标法

基本指标法是总收入水平作为银行计量操作性风险的基本指标,用总收入乘以比例指标 $a$ 来表示一个机构整体的操作风险水平。其计算公式为

$$KBIA = GI \cdot a$$

其中，KBIA 是基本指标法下的资本配置要求；GI 表示前三年总收入的平均值，总收入为净利息收入加上非利息收入。

巴塞尔委员会经过多年的数据收集和分析，提出以银行过去三年的平均总收入为标准，乘以 12% 来确定操作风险所需要的资本准备。同时，为了将行业范围的监管资本要求与行业范围的指标联系起来，a 应设在 17%～20%。基本指标法的优势是易于操作，几乎所有的银行都可以采用这种方法计算操作风险。但这种方法自身也存在一定的缺点：一是对操作风险的衡量缺乏敏感性，简单易行的代价是资本要求对操作风险的敏感性下降，不能充分反映各金融机构的具体特点和资本要求；二是难以将银行自身的操作风险与其他银行和整个银行业的操作风险进行直接比较；三是没有办法对银行各个业务领域或产品领域的操作风险进行准确衡量。使用该方法计算出的资本要求一般较高，特别是由于各银行使用统一的 a，这样具有不同风险特征和风险管理状况的银行每单位的总收入被要求配置相同的监管资本，无法实现监管与激励的相容。因此，巴塞尔委员会建议基本指标法仅适用于业务简单的小银行，对于业务复杂、规模庞大的国际活跃银行，委员会建议选用更高级的计量方法。

（二）标准法

标准法使用财务指标和平均的业务量指标来计量风险资本，银行业务活动被划分为 8 个标准的业务类型，每个业务类型的资本金要求就是该类别的风险暴露指标与其 $\beta$ 乘子的积，将所有业务类型的操作性风险资本要求简单加总，即为整个机构的操作性风险资本要求。用公式表示为

$$KTSA = \sum_{i=1}^{s} EI_i \cdot \beta_i$$

其中，KTSA 为标准法计算的操作风险资本要求；$EI_i$ 为 8 种业务过去 3 年的年均总收入或业务量；$\beta_i$ 表示特定业务种类下银行操作风险的经验损失与该类业务按监管标准修正的基本财务指标间的关系，$\beta_i$ 由委员会设定，是根据业务类型确定的固定百分数。$\beta_i$ 建立了 8 个业务类型中各类型业务的总收入与资本要求之间的联系，它在 12%～18% 变化。

标准法对银行业务进行了划分，使用反映不同业务类型风险特征的 $\beta$ 值，比基本指标法前进了一步，能够较好地反映金融机构所面临的操作风险。其不足之处在于：同一业务类别的不同事故类型的风险分布是不同的，使用同样的 $\beta$ 值与事实不符。此外，同基本指标法一样，该方法下的监管资本计算并不直接与损失数据相连，而且也无法反映各银行自身的操作风险特征，在使用上有一定的局限性。

（三）高级度量法

高级度量法包括内部度量法、记分卡法、损失分布法、极值理论控制以及其他一些新的高级衡量法等。使用高级度量法的多是规模很大、业务组合非常复杂的银行。这些方法所针对的业务类型和情况都不相同，银行可以完全采用最适合自己的方法来量化操作风险，评估资本需求。不同银行采用的模型有很大的差异，不过大都是建立模型，力求估计出操作风险在一定时间段（通常是一年）内的概率分布。以下，我们简要介绍内部度量法、记分卡法和损失分布法。

1. 内部度量法。内部度量法是商业银行由简单的自上至下模型向更加复杂的操作风险资本度量过渡的关键一步。内部度量法的基本思想就是根据非预期损失与预期损失之间的系数 $\gamma$，通过计算预期损失而得到非预期损失。因此内部度量法主要是要估算出预期损失。

首先基于银行内部损失数据估算出 56 个小单元格的操作风险敞口 $EI(i,j)$、损失事件发生概率 $PE(i,j)$、损失事件发生时的损失程度 $LGE(i,j)$，这样通过计算它们之间的乘积得到该单元格的预期损失 $EL(i,j)$；然后通过预期损失与非预期损失的转换系数 $\gamma$ 得到该单元格的非预期损失 $UL(i,j)$，即该单元格的操作风险资本；最后加总 56 个单元格的操作风险资本。

单元格的操作风险资本 $ORC\ i,j$ 的计算公式为

$$ORC(i,j)\ UL(i,j) = \gamma(i,j) \cdot EL(i,j) = \gamma(i,j) \cdot EI(i,j) \cdot PE(i,j) \cdot LGE(i,j)$$

监管当局根据全行业损失分布数据确定的 Y 值，将适用于所有银行。但是，各银行的损失分布未必与银行业整体的损失分布相同。为解决这个问题，巴塞尔委员会引入风险特征指数 RPI 来进一步调整不同银行的操作风险资本要求。风险特征指数反映了各银行具体风险状况与行业风险的区别，运用 RPI 对操作风险定价的调整计算公式为

$$ORC(i,j) = \gamma(i,j) \cdot EI(i,j) \cdot PE(i,j) \cdot LGE(i,j) \cdot RPI(i,j)$$

2. 记分卡法。记分卡法主要是通过调查和专家分析设计出多项前瞻性的关于操作风险的指标，并用这些指标来量化操作风险，测算和分配其他方法计算出来的操作风险资本。从这些操作风险计量方式可以知道要量化操作风险，关键在于估计出每一类损失事件的风险指标、损失事件可能性、损失比率三个参数，有了这些参数也就可以计算出操作风险的大小了。用记分卡法计算操作风险的方法可以表示为

$$ORC(i,j) = EI(i,j) \cdot \omega(i;j) \cdot RS(i,j)$$

其中，$EI$ 代表风险暴露；$RS$ 代表风险评分；$\omega$ 代表一个比例因子。计算的基础建立在银行的高级管理层所提供的信息之上。记分卡方法目前已经在商业银行中得到广泛运用，银行的大部分自动记分授权问答卷设计都可以视为记分卡法的运用。

采用记分卡法计算操作风险经济资本时，由于记分卡的数据是根据专家或风险经理评分得出，因此完全依赖他们的直觉和尝试，容易受到人员主观判断的影响。记分卡法较少依赖历史数据的分析方法，更多偏重于全面的定性分析，用银行的风险控制能力反映其资本水平。因此，记分卡法必须建立在良好的定量基础上，并通过历史数据验证其风险评估和计算结果。

3. 损失分布法。损失分布法是由一些著名的金融机构如 J. P. MorganChase、Citigroup、RBC、Financial Group 等组成的行业技术工作小组开发的一套运营风险高级度量模型。损失分布法是基于损失事件频率和损失严重性的有关假设的前提下，对每个单元格的操作风险损失分布进行估计的方法。采用损失分布法计算每个单元格操作风险资本 $ORC(i,j)$ 时，首先根据历史数据拟合出损失频率和损失严重性的分布函数，然后通过蒙特卡洛等方法模拟年度损失分布，最后从年度损失分布计算出所需操作风险资本。

2008 年国际金融危机发生后，巴塞尔银行监管委员会在总结、反思金融危机的原因、改进金融监管时，进一步提出了巴塞尔协议Ⅲ，其中对流动性资本提出了新的监管

要求，引入短期流动性覆盖率与净稳定融资比率的概念，以确保银行具备对短期流动性压力的能力，以及为其资产保持较稳定的长期资金来源。

（1）流动性覆盖率。

$$流动性覆盖率 = \frac{高流动性资产储备}{未来30日的资金净流出量}$$

根据巴塞尔协议Ⅲ的要求，流动性覆盖率需大于100%，其中高流动性资产储备，强调低风险、易定价、与高风险资产的低相关性、在合格的市场交易和向中央银行抵押融资的可接受性等特征，一般包括现金、政府债券、中央银行票据、存放中央银行超额准备金等，也包括高评级公司债券和抵押债券。

（2）净稳定融资比率。

$$净稳定融资比率 = \frac{银行可用的稳定资金来源}{业务所需的稳定资金来源}$$

巴塞尔协议Ⅲ要求净稳定融资比率也需要大于100%。

### 专栏18-1
### LTCM 事件

美国长期资本管理公司（LTCM）是一家主要从事债务工具套利活动的对冲基金。该基金创立于1994年，它与量子基金、老虎基金、欧米伽基金一起被称为国际四大"对冲基金"。

在1994—1997年，LTCM的业绩辉煌骄人。成立之初，资产净值为12.5亿美元。到1997年末，上升为48亿美元，净增长2.84倍。每年的投资回报率分别为：1994年28.5%、1995年42.8%、1996年40.85%、1997年17%。

长期资本管理公司以"不同市场证券间不合理价差生灭的自然性"为基础，制定了"通过电脑精密计算，发现不正常市场价差，资金杠杆放大，入市套利"的投资策略。他们利用计算机处理大量的历史数据，通过连续而精密的计算得到两种不同金融工具间的正常历史价格差，然后结合市场信息分析它们之间的最新价格差。如果两者之间出现偏差，并且该偏差正在放大，电脑立即建立起庞大的债券和衍生工具组合，大举套利入市投资。经过市场一段时间的调节，放大的偏差会自动恢复到正常水平，此时电脑指令平仓离场，获取偏差值。为了控制风险，LTCM的每一笔核心交易都有数以百计的金融衍生合约作为支持，这都归功于电脑中复杂的数学估价模型——LTCM正是凭着这一点战无不胜，攻无不克。但是，这套电脑数学自动投资模型也有一些致命之处——LTCM的投资策略是建立在投资组合中两种证券的价格波动正相关的基础上。但是，历史数据的统计过程往往会忽略一些小概率事件，即上述两种债券的负相关性。

俄罗斯金融危机引发了全球的金融动荡，结果它所沽空的德国债券价格上涨，它所做多的意大利债券等证券价格下跌，它所期望的正相关变成负相关，结果两头亏损。其电脑自动投资系统面对这种原本忽略不计的小概率事件，错误地不断扩大金融衍生产品的运作规模。从5月俄罗斯金融危机到9月全面溃败，资产净值下降90%，出现了43亿美元的巨额亏损。公司走到破产的边缘。9月23日，美联储出面组织安排，以美林、摩根为首的15家国际性金融机构注资37.25亿美元购买了LTCM 90%的股权，共同接管了该公司，避免了它倒闭的厄运。

> 专栏 18-2
> 世界 "交易员胖手指" 事件

2005年2月，一位经纪人准备卖出音乐出版商 EMI 公司的 1.5 万股股票，但是搞错了小数点，成了卖出 1500 万股。

2003年4月，一位交易员错误地以每股 13 英镑的价格，买进了制药公司格兰素—史克公司 50 万股股票，当时其股价为每股低于 70 便士。

2002年10月，世界最大的欧洲期货交易所（EUREX）伦敦的一交易员键入了一个错误的价格，导致该交易所中断交易 3 个小时，其指数下跌了 500 点。

2002年9月，EUREX 一个交易员想要在德国的主要股票指数 DAX 达到 5180 点的时候卖出一个期货合同。但是，他却卖出了 5180 份该期货合同，使相关市场暴跌。5 个小时后交易所宣布取消这笔交易。

2001年12月，瑞士一家投资银行的交易员要以 60 万日元的价格卖出日本一家大型广告公司的 16 股，结果他却以每股 6 日元的价格卖出了 61 万股，数秒钟内就损失了 7100 万英镑。

2001年5月，美国雷曼兄弟伦敦分公司的交易员通过电脑交易同时卖出 FTSE 百种指数几乎所有成分股，将一个小数点点错位置，卖出金额放大 100 倍，导致该指数暴跌 120 点，英国百家蓝筹股 400 亿英镑的市值化为乌有，雷曼兄弟赔了近 1000 万英镑。

## 【本章小结】

金融风险广泛存在于金融市场活动中，如何计量和控制这些风险，成为金融业界和学术界广泛研究的课题。本章首先对金融风险的定义、特征、经济影响和种类进行了全面的分析和阐述，然后在对近年来金融风险管理的基本理论与流程介绍的基础上，就市场风险、信用风险、流动性风险和操作风险的主要度量方法进行了深入介绍。其中，金融风险和风险管理的基本定义、理论、特征、种类和流程是基础，主要金融风险的度量方法是本章的难点。

## 【重要概念】

金融风险　市场风险　流动性风险　信用风险　操作风险　系统性风险
非系统性风险　风险识别　风险度量　风险控制

## 【思考题】

1. 金融风险的特征及经济影响有哪些？
2. 按照风险来源的不同，金融风险可以划分为哪些种类？
3. 市场风险细化成哪些种类，具体含义是什么？
4. 如何理解 VAR 方法的含义、步骤和衡量方法？
5. 简述奥尔特曼的 Z 值评分模型和 ZETA 模型。

# 第十九章

# 金融监管

## 第一节 金融危机

金融风险在金融市场中无处不在，当金融风险在金融机构间产生连锁反应和传染效应，从而被无限放大，急剧上升为金融业整体产生损失的可能性时，就发生了金融危机。

### 一、金融危机的概念

金融危机又称金融风暴，《新帕尔格雷夫经济学大辞典》将其定义为"全部或大部分金融指标——短期利率、资产（证券、房地产、土地）价格、商业破产数和金融机构倒闭数的急剧、短暂和超周期的恶化"。[①] 具体而言，当金融体系出现严重困难乃至崩溃，表现为所有的或绝大部分金融指标急剧恶化，各类金融资产价格暴跌，金融机构陷入严重困难并大量破产，并对实质经济的运行产生极其不利的影响时，就发生了金融危机（董小君，2004）。

金融危机实质就是金融风险大规模、高强度的集中爆发，是货币信用领域出现的混乱状态，一般都具有形成的潜伏性、爆发的突然性、传染的广泛性等基本特点。

### 二、金融危机的类型

IMF（1998）按照性质和内容不同，将金融危机划分为货币危机（Currency Crisis）、银行危机（Banking Crisis）、债务危机（Foreign Debt Crisis）、资本市场危机和系统性金融危机（Systematic Financial Crisis）。[②]

（一）货币危机

货币危机，又称货币汇率危机，通常爆发在实行盯住汇率制或者固定汇率制的国

---

[①] ［英］伊特韦尔，［美］米尔盖特，［美］纽曼. 新帕尔格雷夫经济学大辞典（中译本）[M]. 北京：经济科学出版社，1987：362.

[②] 详见 IMF 于 1998 年 5 月发表的 "World Economic Outlook"。

家。当实行该种特定汇率制度的国家出现本币汇率高估时,投机者会在外汇市场上对该国货币发起投机性攻击,导致外汇市场上该国货币大幅贬值,这就迫使该国金融当局为维持本币汇率动用大量外汇储备干预货币市场或急剧提高国内利率,从而造成该国货币市场出现严重混乱,甚至使原有汇率制度崩溃转而实行浮动汇率制,因此称之为货币危机。货币危机容易进一步引发银行危机、资本市场危机以及债务危机等其他多种危机。其中,1997年亚洲金融危机中的泰国危机就是典型的货币危机。

(二) 银行危机

银行危机是指商业银行由于大量放贷给高风险行业,导致其资产负债严重失衡,资产质量下降,信用等级恶化,出现支付困难甚至挤兑,进而在行业内引发多米诺骨牌效应,大量金融机构破产倒闭的危机。

20世纪90年代以来,银行危机在世界范围内频发,银行的资产流动性缺乏成为危机爆发的主因。由于各金融机构之间因资产配置而形成复杂的债权债务关系,因此银行危机的传染性极强。一般情况下,银行危机比货币危机持续时间更长、影响更深远,很容易扩散至整个金融系统形成系统性危机。由于破坏性较大,一旦发生银行危机,政府会迅速采取救助措施以防止危机进一步蔓延和恶化。

(三) 债务危机

债务危机,是指一国在国际借贷中大量负债,超过了该国的清偿能力,造成无力还债或必须延期还债的情况。衡量一个国家外债清偿能力有多个指标,其中最主要的是外债清偿率指标,即一个国家在一年中外债的还本付息额占当年或上一年出口收汇额的比率。一般情况下,该指标应保持在20%以下,超过20%就说明外债负担过高。20世纪80年代的拉美债务危机和2009年末爆发的欧洲债务危机,都是债务危机的典型代表。

(四) 资本市场危机

资本市场危机,又称证券市场危机,指一国资本市场(主要是股票市场)价格在短期内急剧下降所形成的危机。1987年的美国"股灾"就是资本市场危机的典型代表,20世纪80年代末90年代初的日本泡沫危机也是最先由资本市场危机开始的。资本市场危机与货币危机、银行危机具有很强的联动性,它们往往相继发生于一次金融危机之中,1998年的亚洲金融危机就是多种类型金融危机混合相继发生的情形。

(五) 系统性金融危机

系统性金融危机,又称全面金融危机,是指主要的金融领域都出现严重混乱,常常表现为以上几种危机同时或相继发生、相互演化。

系统性金融危机往往发生在金融经济比较繁荣的市场化国家和地区,以及赤字和外债较为严重的国家,危机通常波及整个金融体系乃至整个经济体系,对世界经济发展具有巨大的破坏作用。20世纪30年代引发西方经济大萧条的美国金融危机、1997—1998年的亚洲金融危机和2008年席卷全球的美国次贷危机都是典型的系统性金融危机。

## 三、全球主要金融危机回顾

(一) 大萧条(1929—1933年)

大萧条(Great Depression)是发生在1929年至1933年之间的一次全球性经济大衰

退。20世纪20年代,美国耐用消费品尤其是住房的生产过剩,而社会总需求却出现下降,这样耐用消费品尤其是住房的过度供给和总需求不足形成了供需不平衡的局面,房地产价格急剧下跌,并迅速波及股票市场,引起资本市场价格骤降,进而构成了大萧条爆发的主要原因(金德尔伯格,2000)。

1929年10月24日,美国迎来了"黑色星期四",美国股票市场突然暴跌,出现了空前的抛售风潮,一天内有12894650股股票易手;10月28日,"黑色星期一"继续跌势,股指狂泻13%;10月29日的"黑色星期二",美国股市崩溃达到极点,有1638万股股票易手,再跌22%,又一次打破了历史纪录,损失比协约国所欠美国的战债还大5倍;紧接着,从1929年10月29日到11月13日短短的两个星期内,共有300亿美元的财富消失,相当于美国在第一次世界大战中的总开支。股市的跌势一直持续到1932年中期,在历经的34个月中,道琼斯工业指数下跌了87.4%,冶金、机械、汽车、电力、化工等这些领跌行业的股票,跌幅均在90%以上。纽约的股市暴跌还波及英国、德国、法国、比利时、奥地利、瑞典、挪威和荷兰,引发了一场大规模的、持久的股市下跌风潮。从那时起,世界金融和经济发展陷入了长期的萧条之中。

面对经济的颓势,各国政府和商业组织采取各种措施振兴经济,1930年中期利率已经降至新低,但预期通货紧缩和信贷市场的萧条使得消费和投资依然低迷。弗里德曼(1963)认为,正是20世纪30年代初期美国货币供给不足引发的通货紧缩,导致了严重的经济衰退。1933年,美国国民生产总值由2036亿美元降至1415亿美元,降幅达到30%;倒闭企业家数达到85600家,银行倒闭10500家,占总数的49%;工业生产降幅达55.6%;进出口减少了77.6%;失业率达到25%。

表19-1　　　　　　　　　1929—1932年相关各国经济指数变化

| 经济指数 | 美国 | 英国 | 法国 | 德国 |
| --- | --- | --- | --- | --- |
| 工业产值 | -46% | -23% | -24% | -41% |
| 批发价格 | -32% | -33% | -34% | -29% |
| 对外贸易 | -70% | -60% | -54% | -61% |
| 失业率 | +607% | +129% | +214% | +232% |

资料来源:Jerome Blum, Rondo Cameron, Thomas G. Barnes, The European World: A History (2$^{nd}$ ed 1970): page 885.

1933年初,新任美国总统富兰克林·罗斯福(Franklin Roosevelt)针对危机采取了一系列改革措施,历史上被称为"罗斯福新政"。新政的主要内容可以用"3R"来概括,即复兴(Recover)、救济(Relief)、改革(Reform)。由于大萧条始于投机活动引发的金融危机,罗斯福总统的新政也先从整顿金融入手。在被称为"百日新政"(1933年3月9日至6月16日)期间制定的15项重要立法中,与金融相关的法律就占了1/3。1933年3月9日,美国国会通过《紧急银行法》,决定对银行采取个别审查颁发许可证制度,让有偿付能力的银行尽快复业。从3月13日至15日,已有14771家银行领到执照重新开业,与1929年危机爆发前的25568家相比少了近一半。在整顿银行的同时,罗斯福还竭力促使议会先后通过了《农业调整法》和《全国工业复兴法》,为美国的经济复苏和社会稳定发挥了积极作用。1935年开始的第二期"新政",在第一阶段的基础上着重通过《社会保险法案》《全国劳工关系法案》《公用事业法案》等法规,以立法的形式巩固新政成果。从1935年开始,美国几乎所有的经济指标都稳步回升,国民生产总值从1933年的742亿美元又增至1939年的2049亿美元,失业人数从1700万下降至800万,恢复了国民对国家制度的信心。

(二)亚洲金融危机(1997—1998年)

1997年7月2日,泰国宣布放弃固定汇率制,转而实行浮动汇率制,就此引发了一场遍及东南亚的金融危机。7月2日当天,泰铢兑美元汇率下降了17%,外汇及其他金融市场一片混乱。在泰铢波动的影响下,菲律宾比索、印度尼西亚盾、马来西亚林吉特相继成为国际投机者的攻击对象。10月下旬,国际投机者开始攻击港元,中国香港的联系汇率制度岌岌可危,股指急剧下跌。香港恒生指数在10月23日大跌1211.47点,28日又下跌1621.80点。11月中旬,韩国也受到了金融危机的冲击,爆发金融危机。11月17日,韩元兑美元汇率跌至历史新低1008:1。韩国政府不得不向国际货币基金组织请求援助,危机得以暂时控制,但韩元兑美元汇率到12月13日继续降至1737.60:1。韩元危机进一步冲击了在韩国有大量投资的日本金融业,日本的银行和证券公司相继破产,东南亚金融风暴演变为亚洲金融危机。

1998年初,印度尼西亚再次陷入金融危机的泥淖,经济严重衰退。2月11日,印度尼西亚政府宣布实行印度尼西亚盾与美元保持固定汇率的联系汇率制,以稳定印度尼西亚盾。此举遭到国际货币基金组织及美国、西欧的一致反对,国际货币基金组织意欲撤回对印度尼西亚的援助,印度尼西亚陷入政治和经济的双重危机。2月16日,印度尼西亚盾兑美元汇率跌破10000:1,新加坡元、马来西亚林吉特、泰铢、菲律宾比索等东南亚货币受此影响纷纷下跌。同时,日元的大幅贬值使得国际金融形势更加不明朗,亚洲金融危机继续深化。

1998年8月初,乘美国股市动荡、日元汇率持续下跌之际,国际投资者对香港发动新一轮进攻,恒生指数一度跌至6600多点。香港特区政府予以回击,金融管理局动用外汇基金进入股市和期货市场,吸纳国际投资者抛售的港元,将汇市稳定在7.75港元兑换1美元的水平上,成功抵制了国际投机资金的冲击。与此同时,俄罗斯中央银行8月17日宣布年内将卢布兑换美元汇率的浮动幅度扩大到6.0:1~9.5:1,并推迟偿还外债及暂停国债券交易。俄罗斯就此爆发金融危机,股市和汇市[①]急剧下跌,1998年底俄罗斯经济仍没有摆脱困境。这说明亚洲金融危机已经超出了区域性范围,具有了全球性。

(三)次贷金融危机

自2004年6月至2006年6月两年的时间里,美国联邦储备委员会连续17次提息,将联邦基金利率从1%提升到5.25%,利率大幅攀升加重了购房者的还贷负担。另外,自2005年第二季度以来,美国住房市场出现大幅下跌,购房者难以将房屋出售或者通过抵押获得融资。受以上因素影响,很多次级抵押贷款市场的借款人无法按期偿还借款,次级抵押贷款市场危机开始显现并呈愈演愈烈之势。

根据借款人信用记录和评分、借款人负债率(债务与收入比)和信贷率(贷款金额

---

① 至1998年9月2日,卢布贬值了70%。

与住房价值比），美国住房抵押贷款分为三类：优质抵押贷款（Prime Loan）①、"Alt-A"抵押贷款②和次级抵押贷款（Subprime Loan）③。银行基于盘活资产、规避风险和扩大业务规模的需要，将住房抵押贷款出售给投资银行，由其打包重组后形成一种新的金融创新产品——住房抵押贷款证券（MBS）。这种产品的价值源于抵押贷款偿付和住房资产价格，由于美国房地产市场在危机前长期稳定增长④，因此住房抵押贷款证券市场的规模迅速扩大，风险也不断累积。金融机构持有大量次级抵押贷款证券，从危机爆发至2008年7月17日已亏损约4350亿美元。⑤

2007年4月2日，美国第二大抵押贷款公司——新世纪金融公司因无力偿付投资人贷款回购申请而破产，美国次贷危机以此拉开序幕。随后，多家次级抵押贷款机构陷入坏账危机，次级债券价格大幅下跌。市场弥漫着悲观和恐慌情绪，人们不再信任银行，纷纷要求银行清偿债务；人们也不再信任次级债券发行人，纷纷抛售次级抵押贷款和次级债券相关公司的股票。银行为缓解流动性不足，不得不将违约借款人的房产收回拍卖。房地产市场上随处可见急于出售的房产，导致房价进一步下跌，启动了费雪的"债务—通货紧缩"机制，即由于过度负债导致债务链条断裂而不得不通过贱卖商品来偿债，引起商品价格的普遍下跌。

2008年1月，美国银行宣布收购陷入困境的美国第一大抵押贷款公司美国国家金融服务公司（Countrywide）；3月，美国第二大投行摩根士丹利收购濒临破产的第五大投行贝尔斯登；9月7日，美国政府宣布接管"两房"⑥；9月14日，有着158年历史的美国第四大投行雷曼兄弟宣布申请破产保护；9月15日，美国银行收购第三大投行美林集团；9月16日，美国政府同意以控股79.9%的方式接管美国国际集团（AIG）；9月25日，华盛顿互惠银行被美国联邦存款保险公司FEIC接管，成为美国历史上倒闭的规模最大银行。到2008年10月，美国五大投资银行中的三家不复存在，仅剩的高盛和摩根士丹利也已转向了商业模式的银行控股公司。

2008年10月，IMF在2008年4月的估算基础上，对美国金融部门的损失再一次进行估算。贷款和债券损失总额由9450亿美元升至1.4万亿美元。在贷款损失方面，优级抵押贷款的损失额由400亿美元升至850亿美元，说明不断下跌的房价对抵押贷款借款人的负

---

① 优质抵押贷款借款人信用评分在660分以上，月还款额占收入比例不高于40%，首付超过20%以上，收入稳定可靠、债务负担比较合理。每年优质抵押贷款中大约有80%的固定利率贷款，期限多为30年或15年。因借款人违约风险低，其利率水平最低。

② "Alt-A"抵押贷款，即可选择抵押贷款，借款人评分在620~660分，也包括少数评分高于660分的高信用客户，这些客户信用评分较高，但信用记录较弱，有些不能或者不愿意提供收入证明文件，比如自由职业者。经济运行良好时，这类贷款比较安全，但经济下滑时，这类贷款面临很大风险。其利率水平居中，多为浮动利率贷款。

③ 次级抵押贷款借款人信用评分在620分以下；月还款额占收入比重较高（达到50%甚至更高）；首付低于20%；12个月里有两次或者两次以上30天逾期还款记录，或者24个月内有一次60天逾期还款记录；24个月内有一次丧失抵押品赎回权；60个月内有过破产记录；收入证明缺失、负债较重。这类借款人因为信用风险高，在借款谈判时处于不利地位，因此，往往不得不接受浮动利率贷款，而且利率水平远高于优质抵押贷款和可选择抵押贷款。

④ 1997年到2006年间，美国平均住房价格增长了124%。

⑤ Yalman Onaran. Subprime Losses Top $379 Billion on Balance-Sheet Marks: Table. 彭博通讯社. 2008.5.19.

⑥ 两房，即房利美（Fannie Mae）与房地美（Freddie Mac），是带有政府性质的住房贷款抵押融资公司。

面影响日渐加深。美国股票市场和房地产市场也相应受到冲击，2008年11月初美国股市标准普尔500指数已经从2007年的高点下跌45%，房价从2006年的高峰下跌了20%。次贷危机对全球金融市场产生了严重冲击。从危机爆发至2008年8月，全球各地金融机构相继减持其与次贷有关的债券共5010亿美元。实体经济也受到了较大冲击。

美国国内生产总值在2008年第四季度年度值下滑了6.2%。[①] 美国金融业出现重大裁员，截至2008年9月有65400人失去工作。截至2009年2月的12个月以内，美国境内就有约500万人失业，失业率攀升至8.1%，成为26年来的最高失业率水平。

## 第二节 金融监管

金融业作为特殊的高风险行业，一旦发生支付危机很可能引发连锁反应，影响宏观经济的稳定发展和货币政策的有效执行，甚至演变为极具破坏力的金融危机。金融风险往往是经济主体追求利益最大化的"理性行为"，具有自发性和内在性，因此金融业需要权威机构来实施监督管理，以确保金融体系的安全与稳定。

### 一、金融监管的概念

金融监管，即金融监督和金融管理的统称，指政府通过特定机构[②]对金融交易主体进行的某种规范或限制，以实现金融机构稳健经营、金融体系稳定发展的目标。

金融监管有狭义和广义之分。狭义的金融监管指金融监管当局依据国家的法律法规，对金融机构和金融业务实施一系列的监督和管理；广义的金融监管是指除了狭义概念所覆盖的金融监管范围，还包括政府对同业自律性组织和社会中介组织的监管，以及金融机构的内部控制和稽核等。

### 二、金融监管的必要性

长期以来，对金融监管必要性的争论可以归为两大阵营：自由主义和干预主义。自由主义经济学理论认为，金融市场是一个自动稳定器，"看不见的手"使得市场具有负反馈功能，任何均衡状态的偏离都是短暂的、可以自动恢复的。因此，没有必要进行严格的金融监管，政府的作用主要凸显在制定相关法律法规来维持市场的自由竞争，政府的干预应该降到最低。然而，次贷金融危机的爆发，使得加强金融监管的呼声在世界范围内高涨，学术领域的相关研究和各国政府的改革与实践纷纷证明了这一点。下面内容是对金融监管必要性相关理论的简单梳理和介绍。

（一）金融脆弱论

自Minsky于1982年首次提出"金融不稳定假说"后，金融脆弱性问题引起了学界广泛的关注和讨论。银行业利润最大化的目标促使其偏好于从事风险性业务，这使其具

---

① Gross Domestic Product: Fourth Quarter 2008 (Preliminary)，新闻稿. 美国商务部经济分析局，2009. 2. 27.
② 一般为各国的中央银行，有的国家由其他机构和中央银行共同负责。

有较强的脆弱性和传染性，造成金融系统内在的不稳定性，一旦金融恐慌引发挤兑，很容易出现连锁性的"技术性破产"，这就是著名的银行挤兑模型（Diamond and Dybvigr, 1983）。因此，对银行的经营行为进行金融监管是非常必要的（Minsky, 1982; Cypher, 1996; Diamond and Rajian, 2001）。

金融的脆弱性由其高负债经营和资产价格频繁波动的特点所决定。当信贷市场出现违约风险，或金融资产市场上的价格和流量发生无法预测的变化，金融机构很可能陷入困境甚至面临倒闭的危险，这种危险有可能进一步在行业内蔓延扩散，破坏整个支付体系以及金融体系资金融通的能力。由于金融脆弱性的存在，非理性偏差导致市场低效，然而这种低效率却无法通过市场自身调节，这时政府部门的监管职能就显得尤为重要，它是提高市场有效性和公正性的保证（Robert A. Prentice, 2005）。

（二）公共利益论

"市场是脆弱的，如果放任自流就会趋向于不公正和低效率；而公共管制正是对社会的公正和需求所做的无代价的、有效的和仁慈的反应"（弗朗茨，1993）。因此，为纠正市场失灵，需要对经济进行适当干预。金融市场同样存在市场失灵，从而导致金融资源的配置不能实现"帕累托最优"（Stiglitz, 1981）。金融监管作为一种公共产品，是一种降低或消除市场失灵的手段。金融监管的基本出发点是维护社会公众的利益，而社会公众利益的高度分散化，决定了只能由国家授权的机构来履行这一职责。

（三）外部效应论

外部性又称为溢出效应、外部影响或外差效应，指一个人或一群人的行动和决策使另一个人或一群人受损或受益的情况。外部性分为正外部性和负外部性。正外部性是某个经济行为个体的活动使他人或社会受益，而受益者无须花费代价；负外部性是某个经济行为个体的活动使他人或社会受损，而造成负外部经济的人却没有为此承担成本。

与实体经济的生产经营相比较，金融机构的经营活动具有很大的不同，产生负外部效应的影响和表现也不相同。一旦金融机构倒闭，其带来的社会影响和损失要远远大于单个金融机构的私人成本（阙方平，2000）。单个银行的倒闭可能会产生多米诺骨牌效应，导致银行系统瘫痪甚至引发金融危机。金融体系负外部性的存在，以及市场机制在解决负外部性上的缺陷，成为政府对银行机构进行监管的理论基础。[①]

（四）信息不对称论

金融市场是一个信息不完全市场，金融主体之间的信息不对称，形成了逆向选择与道德风险问题。信息不对称程度越深，逆向选择与道德风险问题就越严重，市场失灵也就越明显。另外，信息不对称使得金融市场不能够有效地传递信息，信息成本升高，造成金融市场运行低效（Grossman and Stiglitz, 1976）。因此，金融市场在一定程度上需要依靠政府监管来搭建金融交易者之间的信息桥梁，进而提高市场运行效率和稳健程度。

（五）投资者利益保护论

在金融市场中，信息不对称的情况非常普遍，由此产生了交易的不公平。这就有必

---

① 白钦先. 20世纪金融监管理论与实践的回顾和展望 [J]. 城市金融论坛，2000 (5).

要对信息优势方（主要是金融机构）的行为加以规范和约束，进而为投资者创造更为公平、公正、有效率的投资环境。

### 三、金融监管的目标

#### （一）维护金融体系的安全与稳定

维护金融体系的安全与稳定是金融监管的首要目标。金融机构普遍具有自有资本较少、杠杆率较高的特点，这就决定了金融机构在日常经营活动中面临较大风险。金融风险的传递性还可能引起连锁反应，从而对经济运行、金融秩序带来严重影响，经济金融危机就是金融风险这种量变过程积聚到一定程度的质变。由于金融泡沫具有隐蔽性，市场对泡沫的反应往往比较滞后，好的金融监管制度与措施有利于监督和规范金融活动参与者的行为，维护金融体系的安全与稳定。

#### （二）提高金融业的运行效率

金融市场要实现有效运行，离不开良好的市场竞争机制和制度环境。金融监管机构应保证金融市场主体拥有平等的机会和权力，实现公平、有效竞争，避免不正当竞争，更要防止过度竞争和恶性竞争，促进金融资源的优化配置。以银行业为例，金融监管能够在一定程度上保障存款人的利益，引导贷款发放的规模、速度和方向，避免贷款发放过于集中在某一行业而引发风险，并对银行的资本充足性进行监管，提高银行业整体运行的安全性。

#### （三）保护存款人与投资人的利益

在金融监管的具体目标上，存款人也就是金融消费者的权益应该受到保护。在信用创造的过程中，存款人是这一过程的起始环节，是整个信用链条中事实上的投资人和贷款人。维护好广大存款人的利益，在本质上就是维护好银行体系，维护好银行的信用制度，保证银行不出现挤兑风险，从而得以生存。在资本市场上，投资者尤其是中小投资者是最基础、数量最多的参与主体。由于人数多，信息不对称，中小投资者容易受到各种交易风险的损害，因此，在金融监管中，金融监管当局要对这类投资者进行重点的保护，保证存款人和投资人的利益不因信息的不对称等公平问题而受到损害。[1]

#### （四）确保金融机构金融活动与中央银行货币政策目标的一致性

货币政策是一国政府或中央银行借助货币政策工具，调整货币供应量，进而影响经济活动达到货币政策目标的宏观调控措施，具有宏观性和全局性。而金融机构以利润最大化为经营目标，其经营活动有时可能与货币政策目标存在冲突，因此需要金融监管来进行协调。例如，当一国经济处于衰退阶段，中央银行为了促进经济增长而实施宽松货币政策，但商业银行为了防止不良资产增加而倾向于"惜贷"，这时金融监管机构可以通过政策指引、出台措施来缓解这种情况，以最大限度实现货币政策实施的效果。

### 四、金融监管的原则

金融监管原则是金融机构在政府金融监管机构以及金融机构内部监管机构的金融监

---

[1] 白宏宇，张荔．百年来的金融监管：理论演化、实践变迁及前景展望［J］．国际金融研究，2000（1）．

管活动中，始终应当遵循的最低行为准则，具体包括以下几个方面。

（一）依法原则

依法监管原则又称合法性原则，是指金融机构的经营行为必须符合相关法律、法规的规定，同时金融监管部门的监管行为也必须有法可依。

（二）独立性原则

金融监督机构及从事监督管理工作人员的监管行为受到法律保护，地方政府、各级政府部门、社会团体和个人不得干涉。同时，金融监管机构不得干涉金融机构内部进行的合法范围内的企业管理。

（三）"三公"原则

"三公"原则即公平、公正、公开。金融监管当局应当依照金融监管法规、按照统一监管标准和监管方式对监管对象进行监管，提高监管活动的透明度，这样才能保证监管的权威性、稳定性和有序性，维护金融市场的秩序和效率。

（四）效率原则

金融监管应当尊重金融市场规律，以提高金融体系的整体效率为出发点，不轻易压制金融创新与市场竞争。同时，金融监管当局应合理配置和利用监管资源以降低成本，减少社会支出，从而节约社会公共资源。

（五）外部监管与自律监管相结合原则

外部金融监管的有效性需要被监管对象的配合和协调，金融监管也应当从金融参与主体自我约束的角度出台相关措施，最大限度地避免金融参与主体的道德风险和高风险行为。

### 五、金融监管的内容

金融监管的内容主要包括对金融业市场准入、业务运营、问题机构纠正与救助以及市场退出等方面的监管。

（一）对市场准入的监管

市场准入监管是指对申请进入特定市场的机构和人员进行筛选，保证只让合格的机构和人员进入市场，维持市场公平竞争的秩序。市场准入监管是一种预防性管理方式，在一定程度上可以控制金融业内的竞争程度，防止过度竞争。金融机构的市场准入包括三个方面，即机构准入、业务准入和高级管理人员准入。

金融机构法人准入的一般条件包括：（1）符合国民经济发展的客观需要；（2）符合金融业发展的政策和方向，金融机构合理布局、公平竞争的原则；（3）最低资本金及股权结构和股东资格要求；（4）高级管理人员任职资格和金融从业人员比例要求；（5）法人治理结构和内控制度的要求；（6）经济核算的要求，确定的综合经营计划和预期财务指标水平比较合理；（7）办公和营业场所的安全要求。

金融机构分支机构市场准入的一般条件包括：（1）符合当地经济发展的客观需要；（2）合理布局、适度竞争的要求；（3）申请者经营稳健，财务状况良好，具有完善的内部控制制度；（4）与申请者的管理水平和发展能力相适应；（5）符合成本核算及经济效益的要求；（6）符合营运资金的要求；（7）符合高级管理人员任职资格和营业场所的要求。

业务准入的一般条件包括：（1）符合社会和经济发展的客观需要；（2）金融分业经营的法律规定与政策；（3）金融机构的功能定位与业务发展能力；（4）根据业务风险特征建立完善的风险防控系统；（5）已建立严格科学的业务操作规程和安全保障；（6）符合对从业人员专业素质的要求；（7）与中国银行业监督管理委员会的监管能力相适应。

高级管理人员的任职资格的基本标准包括：（1）能正确贯彻执行国家的经济、金融方针政策；（2）熟悉并严格遵守有关经济、金融法律法规；（3）具有与担任职务相适应的学历与经历；（4）具备与担任职务相称的专业知识、组织管理能力和业务能力；（5）无违法、违规、违纪等不良记录。

（二）对业务营运的监管

金融机构大量的风险问题都是在日常业务中逐步形成和积累的，因此对金融机构业务运营的监管是金融监管的重点内容。金融监管的主要方法包括非现场监管和现场监管两部分。

1. 非现场监管。非现场监管是按照风险为本的监管理念，全面、持续地收集、监测和分析被监管机构的风险信息，针对被监管机构的主要风险隐患制订监管计划，并结合被监管机构风险水平的高低和对金融体系稳定的影响程度，合理配置监管资源，实施一系列分类监管措施周而复始的过程。非现场监管的主要内容包括资产质量分析、资本充足性分析、流动性分析、市场风险的分析（主要是利率风险和汇率风险）、盈亏分析。

非现场监管的一般程序是：（1）收集数据；（2）对有关数据进行核对、整理；（3）生成风险监管指标值；（4）风险监测分析；（5）风险初步评价与早期预警；（6）指导现场检查。

2. 现场监管。现场检查，又称金融稽核检查，是指金融监管当局指派专人或专门小组，进入金融机构进行实地检查。现场检查的目的是针对业务报表、相关资料中暴露出的迹象、问题进行专项重点检查，及时提出意见和建议，采取必要措施督促其纠正；以及对金融机构经营状况（包括资产质量、贷款风险、经营管理水平和日常业务操作等）进行定期全面检查。

现场稽核检查的频率一般视银行机构的经营状况而定，对高风险或有问题金融机构的检查频率要更高。如美国联邦储备银行对符合三个条件（上次检查情况较好，上次检查至今未发现不良现象，主要管理人员没有变动）经营正常的一般商业银行，可一年进行一次检查；新开立的银行通常头三年中每年对其进行一次检查；被认为有问题的商业银行至少半年就要接受一次检查。

现场监管的一般程序是：（1）根据非现场分析和其他渠道获得的信息，确定现场检查的具体对象和时间；（2）向被检查机构发出《检查前问卷》，有针对性地提出问题；（3）制订现场检查方案；（4）向被检查机构发出现场检查通知；（5）金融现场检查开始。

（三）对问题机构的纠正和救助

当金融机构经营出现问题，金融监管当局应及时对其进行纠正，纠正的措施包括提出建议性或参考性措施，也可以根据情况提出强制性纠正措施。

当某些金融机构遇到临时的经营困境（如流动性不足），并有可能动摇金融市场投资者的信心、影响金融体系安全稳定时，金融监管当局应积极展开紧急救助。救助性措施包括调整决策层和管理层、实施资产和负债重组、外部注资、提供临时贷款、股东增资、冻结大额开支、冻结股息分红分配等。

当采取纠正措施或紧急救助后，金融机构仍无法恢复正常经营能力，金融监管当局应尽力促成有实力的金融机构对其进行兼并或收购。当所有努力均无法奏效时，金融监管当局应果断收回该金融机构的经营权，以防止危机传染和蔓延，进而维护金融体系的安全与稳定。

（四）对市场退出的监管

市场退出监管是指金融监管当局对金融机构退出金融业、破产倒闭或合（兼）并、变更等实施监管，也包括对违规金融机构终止经营的监管。

按照退出的原因和方式，金融机构市场退出一般分为自愿退出和强制退出两种。自愿退出是指金融机构因分立、合并或者出现公司章程规定事由需要解散，因而退出市场的。强制退出是指该金融机构已经发生严重的支付危机，难以救助或者救助宣告失败，或因严重违规被监管当局依法取消经营金融业务资格而退出市场。我国对金融机构市场退出的监管由法律予以规定，一般有接管、解散、撤销、破产几种形式。

## 第三节　巴塞尔资本协议

目前我国的金融体系以银行业为主导，对金融风险的防范与金融安全的维护，银行业无疑是重中之重。因此，本章将国际银行业监管标准——巴塞尔资本协议，作为重点介绍内容，考察巴塞尔资本协议的演进历程及其对银行业的影响。

### 一、巴塞尔协议 I

（一）巴塞尔协议 I 产生的背景

20 世纪 70 年代以来，随着金融全球化步伐的加快，跨国银行业务迅速扩张，在世界经济中逐渐扮演着越来越重要的角色，跨国银行之间的竞争也越来越激烈。加之当时布雷顿森林体系的崩溃导致汇率和利率剧烈波动，汇率风险和利率风险显著加大，使得银行业的经营环境变得更加复杂多变。由于缺乏统一的监管标准，跨国银行处于监管缺位状态，容易累积风险和引发危机，1974 年德国赫斯塔特银行和美国富兰克林国民银行的相继倒闭就是实例。当时各国金融监管部门给予高度重视，呼吁制定统一的国际银行监管标准。1974 年底，巴塞尔银行监管委员会（Basel Committee on Banking Supervision）在瑞士巴塞尔正式成立，陆续制定和颁布了一系列关于国际金融监管的文件。1988 年 7 月 15 日，巴塞尔银行监管委员会正式公布了一个具有里程碑意义的文件——《关于统一国际银行的资本计算和资本标准的协议》（International Convergence of Capital Measurement and Capital Standards），巴塞尔协议 I 就此诞生，亦称巴塞尔旧资本协议。该协议第一次建立了一套完整的、国际通用的、以加权方式衡量表内与表外风险的资本充足率标准,并在1996年1月通过《资本协议市场风险补充规定》进行了补充和更新。巴塞尔协议Ⅰ主要针对信用风险和市场风险,提出了统一的国际资本充足率标准,消除因各国资本要求不同而产生的不公平竞争,将原本注重规模扩张的银行业逐步转为注重资本资产质量,强化了国际银行系统的稳定性。

(二) 巴塞尔协议Ⅰ的主要内容

1. 确定资本的构成。巴塞尔协议Ⅰ将商业银行资本分为核心资本（Core Capital）和附属资本（Supplementary Capital）。核心资本亦称一级资本（Tier 1）,主要包括实收资本和公开储备；附属资本亦称二级资本（Tier 2）,主要包括未公开储备、重估储备、一般损失准备金、混合债务工具和长期次级债券。

2. 确定银行资产的风险权重。巴塞尔协议Ⅰ根据资产风险的大小,将表内资产分为四个风险等级,每个等级适用不同的风险权重,即0、20%、50%、100%。另外,巴塞尔协议利用转化系数将表外授信业务也纳入资本监管框架中。表外资产如信用证、回购协议、票据发行便利、金融衍生交易等,先按照相应的信用转换系数转换成表内等同的风险资产,然后再乘以表内资产的风险权数。

3. 资本充足率方面的规定。协议规定,商业银行的总资本充足率不得低于8%,核心资本充足率不得低于4%。①

(三) 巴塞尔协议Ⅰ的影响

巴塞尔协议Ⅰ首创了银行业监管的统一国际标准,可操作性较强,被100多个国家采纳并践行,在国际范围内加强了银行业的风险管理,增强了存款人对银行业的信心。巴塞尔协议Ⅰ首次提出了基于信用风险的资本监管要求,将监管重心从过去的银行资产负债状况转移到了银行的风险资产,实现了以风险为导向的监管。但是,在20世纪90年代金融创新和风险量化技术不断发展的大背景下,大量商业银行通过证券化将表内业务移至表外,进行监管资本套利,隐匿并放大了银行系统的风险,在一定程度上削弱了巴塞尔协议Ⅰ的有效性。

## 二、巴塞尔协议Ⅱ

(一) 巴塞尔协议Ⅱ产生的背景

国际银行业的经营监管环境在20世纪90年代发生了巨大变化,信用风险和市场风险以外的风险（如操作风险、流动性风险等）也对银行业形成了很大威胁,仅通过最低资本规定已经无法维系金融体系的安全和稳定,巴塞尔协议Ⅰ的局限性逐渐暴露出来,巴塞尔委员会在此基础上继续进行修订。巴塞尔委员会先后于1999年6月、2001年6月和2003年4月推出了三次巴塞尔协议Ⅰ修正案征求意见稿,最终于2004年6月由十国集团的中央银行行长一致通过《资本计量和资本标准的国际协议：修订框架》,这就是

---

① 总资本充足率 = $\dfrac{核心资本 + 附属资本}{风险加权资产}$,

核心资本充足率 = $\dfrac{核心资本}{风险加权总资产}$

巴塞尔新资本协议，亦称巴塞尔协议Ⅱ。巴塞尔协议Ⅱ延续了巴塞尔协议Ⅰ以资本监管为核心的风险监管思路，同时又对银行资本监管规则进行了一次根本性的推陈出新。

（二）巴塞尔协议Ⅱ的主要内容

巴塞尔协议Ⅱ的主要内容可以概括为"3个三"，即三大支柱、三类风险和三种方法。

1. 三大支柱。三大支柱即最低资本要求、外部监管和市场纪律。

（1）最低资本要求。巴塞尔协议Ⅱ延续了巴塞尔协议Ⅰ对最低资本要求8%的规定，资本充足率的分子（即监管资本构成）基本不变，而对分母（即加权风险资产）作出了较大修改。其一，对旧协议中信用风险的处理方法进行了调整，如以是否为经合组织成员国来划分国家信用；其二，将市场风险和操作风险纳入监管框架，作为资本充足率分母的一部分，使得商业银行资本充足率的分母由信用风险加权资产、12.5倍的市场风险和12.5倍的操作风险三部分构成。这使得资本充足率的计算公式修改成为

$$\text{资本充足率} = \frac{\text{资本}}{\text{信用风险加权资产} + 12.5 \times \text{市场风险资本要求} + 12.5 \times \text{操作风险资本要求}}$$

（2）外部监管。外部监管是巴塞尔协议Ⅱ确立的第二支柱，是最低资本标准的重要补充。巴塞尔协议Ⅱ给予各国监管当局更大的决策自主权，同时也对各国监管当局的监管能力提出了更高要求。第二支柱的目的是：根据银行的风险状况和外部经营环境，对银行资本充足率进行严格控制；确保各家银行建立有效的内部控制程序，以此评估银行在风险分析基础上确定的资本充足率。巴塞尔协议Ⅱ使得银行业的监管思路从合规导向转为风险导向，即从静态的事后被动监管转为动态的事前主动监管。巴塞尔协议Ⅱ强调对商业银行的资本监管采用"骆驼评级"体系（CAMEL），即采用资本充足程度（Capital Adequacy）、资产质量（Asset Quality）、管理能力（Management）、盈利性（Earnings）和流动性（Liquidity）五个评估指标对商业银行进行评估。

（3）市场纪律。市场纪律，又称为信息披露，是巴塞尔协议Ⅱ确立的第三支柱，旨在通过要求银行进行相关信息披露而引入市场约束机制，以加强前两个支柱对于银行风险管理的监督。有效的信息披露可以向市场参与者提供信息，能够让市场参与者评估具体银行的风险结构和资本充足问题，帮助市场纪律发挥作用。市场纪律具有强化资本监管、帮助监管当局提高金融体系安全稳健性的潜在作用。信息披露内容包括适用范围、资本构成、风险暴露评估和风险管理技术、资本充足率。巴塞尔协议Ⅱ允许银行使用内部模型法来计算信用风险及操作风险的资本要求，其中一个重要条件就是必须自始至终满足适当信息披露的规定。对于信息披露的频率，巴塞尔协议Ⅱ要求大银行每季度进行1次信息披露，一般银行每半年披露1次信息。

2. 三类风险。三类风险，即信用风险、市场风险和操作风险。巴塞尔协议Ⅱ在原有信用风险的基础上加入了市场风险和操作风险，对风险的认识更加系统和全面，监管的准确性和灵敏度也有所提高。

（1）信用风险。信用风险是指借款人到期不能偿还债务造成损失的可能性。巴塞尔协议Ⅱ将银行资产分为公司贷款、国家贷款、银行同业、零售贷款、专利贷款和股权投

资六类。其中，对于公司贷款、国家贷款和银行同业三类贷款，巴塞尔协议Ⅱ规定了标准法、基础内部评级法和高级内部评级法三种不同的风险计量方法。而对零售贷款的风险评估只允许采用高级内部评级法，商业银行不必计算单笔的风险敞口（指由于债务人的违约所导致的可能承受风险的信贷业务余额），但需计算一揽子同类风险敞口的估计值。

（2）市场风险。市场风险是指在一段时期内由于汇率、利率等市场价格变化导致金融工具市场价格下降造成损失的可能性。巴塞尔协议Ⅱ规定了债务衍生产品、股权衍生产品和外汇衍生产品等市场风险的资本要求，商业银行要运用金融工程技术把股权、利率产品和汇率产品三大类衍生产品转化成相应的基础工具（即股票、债券和货币），然后将转换的基础工具分别按照三套不同的计算规则计量。另外，新协议还鼓励银行采用自己的内部风险管理模型。

（3）操作风险。操作风险是指由于内部程序、人员、系统不完善或运行失当，以及因为外部事件冲击导致直接或者间接损失的可能性。巴塞尔协议Ⅱ指出操作风险包含法律风险，但是并不包含策略性风险和声誉风险。操作风险要求商业银行评估操作风险并相应配置资本，规定了三种不同的操作风险计量方法：第一，基本指标法，所需资本等于商业银行前三年总收入的平均值乘以0.15的系数；第二，标准法，银行根据每一产品线总收入乘以委员会规定的几项特定系数，计算出各产品线的资本要求然后加总，就是所需要的操作风险总资本；第三，高级计量法，银行可以运用自己的风险模型计量操作风险。

3. 三种方法。三种方法，即标准法、基础内部评级法和高级内部评级法。巴塞尔协议Ⅱ保留了旧协议的标准法，并鼓励有能力的银行运用内部评级法（Internal Rating Based Approaches，IRB）来衡量和测算信用风险和操作风险，从而使监管规则具有一定的灵活性。内部评级法是银行根据以往借款人的历史记录，估算借款人的违约概率（Probability of Default，PD），在给定违约损失（Loss Given Default，LGD）的条件下，与标准风险权重（Benchmark Risk Weight，BRWc）比较来确定借款人风险权重的方法。内部评级法分为基础内部评级法（初级法）和高级内部评级法（高级法）。

（1）标准法。标准法是最简单的评估方法，适用于业务简单和尚未建立内部风险模型的中小型商业银行。该方法先将银行资产进行分类，然后按照监管机构规定的风险权数进行加权计算。在标准法下，银行信用风险被细分为五个档次（见表19-2）。

表19-2　　巴塞尔协议Ⅱ标准法关于银行主要资产的风险加权系数　　单位：%

| 银行债权 | | 信用等级（标准普尔） | | | | | |
|---|---|---|---|---|---|---|---|
| | | AAA到AA- | A+到A- | BBB+到BBB- | BB+到B- | 低于B- | 未评级 |
| 主权评级 | | 0 | 20 | 50 | 100 | 150 | 100 |
| 银行 | 方法1 | 20 | 50 | 100 | 100 | 150 | 100 |
| | 方法2 | 20 | 50 | 50 | 100 | 150 | 50 |
| 企业 | | 20 | 100 | 100 | 100 | 150 | 100 |

资料来源：BIS网站，http://www.bis.org。

按照上述标准，对于 AA - 以上的企业，权重都是 20%，而对于 B - 以下的企业，权重都是 150%。也就是说，对于信用风险特别高（即信用等级特别低）的国家、银行或企业的债权，银行的最低资本要求不是 8%，而是 12%（8% ×150%）。

（2）基础内部评级法。内部评级法的特点在于资产风险权重主要由商业银行根据自己对客户的信用评级确定，风险加权资产等于风险敞口与风险权重的乘积，其中风险权重由违约概率（未来一段时间内借款人发生违约的可能性）、违约损失率（预期违约损失占风险资产敞口的百分比）和期限三个因素确定。如果违约概率由商业银行确定，其他参数由监管部门确定，则该评级法称为基础内部评级法，或初级法。在初级法下，银行对违约损失的取值一般为 50% 和 75%。

（3）高级内部评级法。高级内部评级法，简称为高级法。在高级法下，给定违约损失的取值完全由银行自身情况决定，而监管者仅负责审查。

（三）巴塞尔协议 II 的影响

巴塞尔协议从单一的资本充足率监管到三大支柱的确立，体现了监管思想的重大变革。实施资本充足率监管对于提高银行体系的稳定性具有重要意义，但是"银行和监管当局注意到足够的资本并不能保证银行的成功，或者银行的长期生存"[1]，银行及整个银行体系的稳定并不是单一的资本所能决定的，它主要来自公众对银行的信任，监管当局的外部监督检查和市场纪律的约束正是对公众信心维护的体现。

巴塞尔协议 II 对各国银行业的制度、设备、数据、人才等各个方面都提出了更为严苛的要求，践行巴塞尔协议 II 的银行需要投入巨额合规成本，对人力、财力和效率都是严峻的考验。

但是，巴塞尔协议 II 的推广和实施为全球商业银行风险管理产生了更多积极的影响。第一，巴塞尔协议 II 促进商业银行建立更加完善的数据积累和管理系统，这也为各种风险计量模型的开发和应用奠定了基础，使得商业银行的风险量化能力显著提高；第二，巴塞尔协议 II 促进银行对风险管理政策和流程进行改造，完善了风险管理组织架构和政策框架，银行的风险管理水平得到全面提升；第三，高级内部评级法为大型跨国银行节约了资本成本，使其更具竞争优势，有利于其进一步拓展业务份额。因此，国际银行业普遍认为，与实施巴塞尔协议 II 所带来的长期收益相比，前期的成本支出是值得的。

## 三、巴塞尔协议 III 的基本框架

（一）巴塞尔协议 III 产生的背景

2007 年爆发的次贷危机及其引发的国际金融危机，暴露了银行体系及其监管的脆弱性，这对原有的金融监管模式、方法和工具均构成了前所未有的挑战。首先，次贷危机暴露出巴塞尔协议 II 缺乏对系统性风险的认识和监管；其次，巴塞尔协议 II 已经明显跟

---

[1] 卡如纳（巴塞尔银行监管委员会主席）：《制定巴塞尔新协议的必要性以及目前的进展情况》，——在国际金融协会第十五届年会（亚洲计划）中的讲话，2003 年 11 月 17 日。

不上金融创新的步伐,对表外业务(尤其是金融衍生品)的监管明显不足,亦无法实现对投资银行、对冲基金、特殊目的实体等影子银行金融机构的监管;最后,巴塞尔协议Ⅱ的监管框架具有顺周期性,能够通过影响银行体系的信贷行为放大宏观经济周期的波动。于是,次贷金融危机后的金融监管改革,对原有的金融监管理念、规则和制度进行了重大改革,这也加快了巴塞尔协议Ⅱ向巴塞尔协议Ⅲ演进的步伐。

自2009年初以来,按照宏观审慎与微观审慎兼顾、资本监管和流动性监管并重、资本数量和质量同步提高的改革方向,巴塞尔委员会对现行资本监管框架进行了原则性修订。2009年12月,巴塞尔银行监管委员会决策委员会(GHOS)发布了《增强银行业抗风险能力(征求意见稿)》,其中资本监管改革的方案包括两个方面,一是提高资本的质量、一致性和透明度;二是加强资本框架的风险覆盖能力。2010年7月,GHOS举行会议审议了巴塞尔委员会资本和流动性改革一揽子建议,包括对作为资本充足率分子的资本定义的更改,降低顺周期性的逆周期资本缓冲的提出,还包括对资本充足率要求的提高,更提出了杠杆率这一不含风险因素的资本衡量标准,对资本充足率进行了有效的补充。2010年9月,在肯定此前改革方案的基础上,最终确定了新的资本要求框架,并提出循序渐进的过渡安排。2010年12月,基于一系列的定量测算及征求意见反馈的结果基础上,巴塞尔委员会发布了《巴塞尔Ⅲ:一个更稳健的银行及银行体系的全球监管框架》和《巴塞尔第三版协议:流动性风险计量、标准和监测的国际框架》等文件,打破了资本监管的单一目标,第一次将流动性风险监管提升至与资本监管同等重要的地位。2013年1月6日,巴塞尔委员会发布了巴塞尔协议Ⅲ的最新规定,放宽了对高流动性资产的定义和实施时间。2017年12月8日发布的《巴塞尔Ⅲ:后危机改革的最终方案》是巴塞尔委员会对本轮国际金融危机金融监管理念和规则的最终整理和完善。

(二)巴塞尔协议Ⅲ的主要内容

巴塞尔委员会在巴塞尔协议Ⅱ三大支柱基础上,重点对第一支柱下的资本监管框架进行了改革,以提高银行体系的稳健性。改革方案包括提高监管资本数量和质量,扩大风险覆盖范围,利用杠杆率应对模型风险和度量错误,引入宏观审慎监管工具来缓释顺周期性,应对金融机构间的联动性以及系统性风险。巴塞尔协议Ⅲ资本监管框架的改革主要体现在以下几个方面。

1. 提高资本充足率要求。巴塞尔协议Ⅲ将普通股比率的最低要求从2%提升至4.5%,这也是增加的"核心一级资本充足率"监管指标;将一级资本充足率下限从现行的4%调高至6%;另外还需要建立2.5%的资本留存缓冲(由普通股构成)和0~2.5%的"逆周期资本缓冲"。银行需要在2015年前达到最低资本比率要求,即不包括资本缓冲在内的普通股占风险加权资产的比率达到4.5%,一级资本比率达到6%,缓冲资本在2016年1月至2019年1月期间分阶段落实。虽然总资本充足率下限仍保持在8%,但是由于银行还须持有相应数量的留存资本缓冲,因此实际的普通股(含留存收益)充足率、一级资本充足率和总资本充足率分别达到了7%、8.5%和10.5%。

为了提高银行间资本充足率的可比性，保持公平的竞争环境，巴塞尔协议Ⅲ设定了内部评级法风险加权资产的资本底线，与标准法的风险加权资产测算值挂钩。资本底线的实施设置了过渡期安排，2022年1月1日为50%的资本底线要求，2027年1月1日起实施72.5%的资本底线要求，从而防止银行使用内部评级法减少资本计提。

2. 提高银行资本的质量。巴塞尔协议Ⅲ重新确立了普通股在监管资本中的主导地位，明确普通股为核心一级资本，而其他计入一级资本的工具需满足严格的条件[①]，强调一级资本中普通股、股本溢价和股本留存收益的作用；明确了二级资本的标准[②]，并简化了二级资本结构，取消了原先的子类；取消了专门用于覆盖市场风险资本要求的三级资本。同时，为了加强市场约束，提高市场透明度，巴塞尔协议Ⅲ要求银行必须披露资本工具的全部条款及主要特征。

3. 建立资本缓冲运行机制。巴塞尔委员会在巴塞尔协议Ⅲ中引入资本缓冲机制，主要用于商业银行在经济衰退期缓冲资本损失，缓解经济周期通过信贷渠道传导带来的资本波动，从而在一定程度上降低资本监管的顺周期性。

资本留存缓冲可以分为两类：

第一类是资本留存缓冲（Capital Conservation Buffer），由扣除递延税等其他项目后的普通股权益构成，要求不低于2.5%。一旦银行的资本留存缓冲比率达不到要求，监管机构将限制银行拍卖、回购股份、分配红利、发放薪酬等。这一机制可以防止银行在资本头寸恶化时肆意发放高额奖金和红利，从而节约资金更好地应对经营困境。

第二类是与信贷过度增长挂钩的逆周期资本缓冲（Countercyclical Buffer）。信贷规模激增容易使银行脱离稳健经营的轨道，当银行体系信贷规模总体急速增长，还有可能引发系统性风险，促使金融危机爆发。巴塞尔协议Ⅲ提出各国监管当局可要求银行在信贷过度高速增长时计提逆周期资本缓冲，计提范围在0～2.5%，以弱化银行体系与实体经济之间的负反馈效应。

4. 引入流动性监管标准。与其他风险相比，流动性风险具有不确定性强、冲击破坏力大、传染性强等特点，这在历次金融危机中体现得淋漓尽致。比如，由市场信心缺失带来的挤兑风波就是声誉风险演变为流动性危机的一种表现形式，而且流动性危机的范围可能不断扩大，最终升级为系统性甚至全球性的金融危机。

次贷危机发生后，巴塞尔委员会对流动性监管不断进行探索。2008年，巴塞尔委员会发布《流动性风险管理和监管的原则》，指出稳健原则是流动性风险管理的最佳实践准则。2010年4月，巴塞尔委员会正式公布《流动性风险测量的国际框架、标准和监测》，引入两个流动性监管指标，即流动性覆盖率及净稳定资金比率（见表19-3）。

---

① 一级资本工具须满足在持续经营条件下具备吸收损失的能力，在清偿等级方面具备次级性，没有到期日，也没有激励赎回机制，还包括一些在收益分配和担保抵押方面的限制，以及会计列示和披露要求等方面的要求。

② 要求二级资本必须能够吸收损失，因此其受偿顺序须列在存款人、一般债权人之后，不得由发行人及其关联方提供保证，原始期限不得低于5年，若附带有回购期权必须满足特定条件且发行超过5年才可由发行人主动行权，投资者无权要求提前偿付未来应得的收益和本金，发行合同不得包括收益与发行人信用状况相关的条款，银行及其关联方不得故意购买该资本工具等。

表 19-3　　　　　　　　　　　巴塞尔协议Ⅲ中流动性监管指标

| 监管指标 | 流动性覆盖率（LCR） | 净稳定资金比率（NSFR） |
| --- | --- | --- |
| 公式 | $\dfrac{\text{优质流动性资产储备}}{\text{未来 30 日的资金净流出量}}$ | $\dfrac{\text{可用的稳定资金（ASF）}}{\text{业务所需的稳定资金（RSF）}}$ |
| 最低标准 | 100% | 100% |
| 监管目标 | 短期流动性风险的监测 | 调整期限错配、稳定资金来源 |
| 分析基础 | 现金流量表 | 资产负债表 |
| 作用 | 保障银行基本的短期流动性 | 促进银行使用更长期的结构性资金来源以支持资产负债表内、表外风险暴露和资本市场业务活动 |
| 目的 | 通过确保机构拥有足够的优质流动性资源来提高应对短期流动性风险的能力 | 让银行运用更加稳定、持久和结构化的融资渠道来提高其在较长时期内应对流动性风险的能力，防止银行在市场繁荣、流动性充裕时期过度依赖批发性融资 |
| 标准引入安排 | 2011 年进入观察期，最终于 2015 年达到最低标准 | 2012 年进入观察期，在 2018 年以前达到最低标准 |

资料来源：巴曙松，等. 巴塞尔资本协议Ⅲ研究 [M]. 北京：中国金融出版社，2011.

5. 增加杠杆率的限制。次贷危机期间，银行体系的快速去杠杆化过程削弱了其信贷中介功能，导致信贷紧缩，放大了危机的影响。2009 年 12 月，巴塞尔委员会发布《增强银行业抗风险能力（征求意见稿）》，正式引入杠杆率监管作为资本充足率监管的重要补充。2010 年 7 月举行的 GHOS 会议上，最低一级资本杠杆率被确定为 3%，同时杠杆率监管的过渡时期安排得以确定。

杠杆率的分子项（资本）为巴塞尔协议Ⅲ中重新定义的一级资本，分母项（风险总额）包括资产负债表内总资产[1]和特定的表外资产[2]。用于计算杠杆率的风险暴露一般应遵从计算风险暴露的会计方法。为保证其计算与财务报表一致，表内非衍生品风险暴露应扣除专项拨备和估值调整（如信用估值调整）；实物或金融抵押、担保或者购买的信用风险缓释都不允许用以抵扣表内风险暴露；存贷款不允许净额结算。

杠杆率有利于缓冲风险评估模型中的错误，且与风险独立、计算简单，不需要复杂的风险计量模型，有利于降低其在银行业的实施成本和推广难度。同时，杠杆率作为逆周期宏观审慎监管的工具，在一定程度上能够防止银行业在经济繁荣期过度扩张，产生过高的杠杆威胁稳健经营。

巴塞尔协议Ⅲ调整了杠杆率监管中风险敞口的计算方法模型，明确了全球系统重要性银行（G-SIB）的附加杠杆率的要求。与 2011 年巴塞尔委员会提出的附加资本充足

---

[1] 表内风险总额涵盖所有表内资产，包括一般的资产负债表项目、证券融资交易（Securities Financing Transactions，SFT）和衍生品。

[2] 巴塞尔委员会建议将特定表外资产［巴塞尔协议Ⅱ中规定的贷款承诺（包括流动性便利）、直接信用替代、承兑、备用信用证、贸易信用证、已失败交易和未结算证券］采用 100% 信用风险转换因子视为表内资产处理；无条件可撤销承诺采用 10% 的信用风险转换因子。

率要求相对应，巴塞尔协议Ⅲ的附加杠杆率监管要求同样分为 A、B、C、D、E 五档，对应的附加杠杆率要求分别为 0.5%、0.75%、1.0%、1.25% 和 1.75%。同时，规定每年更新附加杠杆率监管要求，以反映全球系统重要性银行最新的监管需求。可见，新标准下杠杆率的监管更为细致、具体。商业银行在杠杆率计算方面的自主空间减少，之前通过采用不同会计方式、资产分类的监管套利行为将得到较大程度的约束，使得杠杆率指标能够真实地反映出商业银行的经营杠杆水平。

同时，新的框架提高了信用衍生品的风险敞口计提的要求，显著体现了新框架注重实际杠杆测量的修订原则。与普通的衍生品风险敞口计算方式不同，杠杆率中重点引入了参与实体的交易对手信用风险，作为计算信用衍生品风险敞口工具的一部分，使得信用衍生品在银行经营业务中涉及的风险敞口得到了较为全面和精确的测量，同时也将给商业银行信用衍生品业务的发展带来更大的资本金压力。

（三）巴塞尔协议Ⅲ的影响

巴塞尔协议Ⅲ提高了银行业的监管标准，对银行业经营金融衍生工具等金融创新产品提出了更高的资本要求，这在一定程度上会促使商业银行由资产证券化业务向传统银行业务回归，可能会对国际化大银行的盈利能力造成一定影响。根据经济合作与发展组织的研究，假设实施的货币政策不变，由于银行体系融资成本提高，巴塞尔协议Ⅲ将对于世界经济产生 0.05%～0.15% 的负面影响。根据国际金融学会（2010）的研究报告，巴塞尔协议Ⅲ将导致贷款利率上升 130 个基点，致使 2011—2015 年美、日、欧三大经济体产生 3.1% 的损失，每年平均损失 0.7%。

但是，通过对危机的反思，巴塞尔协议Ⅲ对监管思路的设计更加全面，促进提高银行业抗击冲击、风险管理等方面的能力，且有利于进一步加强银行的透明度，保护投资者利益。从长期来看，巴塞尔协议Ⅲ对系统性风险的认识和监管达到了前所未有的高度，能够对全球长期金融稳定和经济增长起到支持作用，并促进改善银行业的经营和竞争环境。

2012 年 6 月，中国银监会（现银保监会）正式颁布《商业银行资本管理办法》，我国正式进入巴塞尔协议Ⅲ的全面实施阶段，我国的银行业也将面临考验。与巴塞尔协议Ⅲ相比，我国银行业新的资本监管标准更加严格。如普通股核心资本充足率标准比巴塞尔协议Ⅲ要求的高 0.5 个百分点，杠杆率监管标准比巴塞尔协议Ⅲ 3% 的最低标准高 1 个百分点，留存缓冲资本的实施时间比巴塞尔协议Ⅲ早 3 年。研究表明，我国实施巴塞尔协议Ⅲ的成本相对较高，监管新规实施应更多考虑我国国情和经济周期性底部等因素，采取更加灵活和差别化的措施稳步推进，尽量降低改革成本（中国人民银行长沙中心支行课题组，2013）。

## 【本章小结】

金融风险是参与金融活动的经济主体必然面临的问题，随着经济一体化和经济全球化的演进，以及金融创新步伐的加快，金融风险显现出更为复杂的特征，甚至以爆发金融危机的形式对金融体系和宏观经济造成严重破坏。因此，金融监管成为金融安全与稳定的必要保障。本章对金融危机和金融监管的相关内容进行了介绍，并重点分析了全球银行业的监管准则——巴塞尔资本协议，包括其内容的演进和对全球银行业的影响。

## 【重要概念】

金融危机　金融监管　巴塞尔资本协议　资本充足率

## 【思考题】

1. 试述金融危机的特征与影响。
2. 简述金融监管的目标、原则和内容。
3. 试述巴塞尔资本协议内容的演进及其影响。

# 第二十章

# 金融创新与金融发展

## 第一节 金融创新理论及主要内容

从20世纪50年代开始，特别是进入70年代以后，西方金融领域出现了一系列重大而引人注目的新事物：广泛采用的新技术，不断形成的新市场，层出不穷的新工具、新交易、新服务，浪潮般地冲击着金融领域。人们把这些以新型化、自由化、多样化为特征的新事物统称为金融创新。当代的金融创新不仅革新了传统的业务活动和经营管理方式，模糊了各类金融机构的界限，加剧了金融业的竞争，打破了金融活动的国界局限，形成了放松管制的强大压力，而且改变了金融总量和结构，对货币政策和宏观调控提出了严峻的挑战，由此对世界金融业的发展和经济发展产生了巨大而深刻的影响。更有当代以电子化为龙头的大规模、全方位的金融创新等。

### 一、当代金融创新的主要内容

人们在对金融创新进行研究时，由于观察和力图说明问题的角度不同，分类的方法可以有多种。较为简单清晰的分类方法是将金融创新的各种表现大致归为以下三类。

（一）金融制度创新

1. 国际货币制度的创新。当20世纪70年代初以美元和固定汇率制维系的布雷顿森林体系彻底崩溃以后，以1976年国际货币基金组织20国临时委员会在牙买加达成的国际货币制度改革协议为起点，主要发达国家正式宣布实行浮动汇率制为标志，现行的在多元化储备货币体系下以浮动汇率制为核心的新型国际货币制度应运而生。国际货币制度创新的另一重要表现是区域性货币一体化趋势。它通常以某一地区的若干国家组成货币联盟的形式而存在，成员国之间统一汇率、统一货币、统一货币管理、统一货币政策。其中最著名的便是由欧洲中央银行于1999年1月1日发行的欧洲统一货币——欧元。此外，阿拉伯货币基金组织、西非货币联盟、中美洲经济一体化银行、拉美地区的安第斯储备基金组织、中非货币联盟、加勒比开发银行等都是区域性的货币联盟。

2. 国际金融监管制度的创新。在国际经济和金融一体化进程中，面对动荡的国际金融环境、频繁的国际金融创新和日益严重的金融风险，各国强烈要求创建新型、有效的国际金融监管体制。1975年，在国际清算银行主持下成立了巴塞尔委员会，专门致力于国际银行的监管工作，该委员会于1988年7月通过的《巴塞尔协议》，成为国际银行业监管的一个里程碑。随着国际证券业委员会、国际保险监督官协会、国际投资与跨国企业委员会、期货业国际公会、证券交易所国际公会等国际性监管或监管协调机构和国际性行业自律机构的创立与履职，一个新型的国际性金融监管组织体系已经开始运转起来。各国监管当局的联手监管和专门机构的跨国监管正在不断创新监管方式和手段，着手创建一个集早期预警、风险防范、事后救援三大系统于一体的新型国际化监管体系。

(二) 金融业务创新

1. 新技术在金融业的广泛应用。以微电子技术的发展和广泛运用为核心的西方新技术革命，为金融业务创新开辟了一个全新的领域。将电子技术引入金融业，使金融业务发生了巨大的变革：金融业普遍装备了电子计算机，改变了传统的业务处理手段和程序，存、贷、取、汇、证券买卖、市场分析、预测乃至金融机构的内部管理，均通过计算机处理；电子化资金转移系统、电子化清算系统、自动付款系统等金融电子系统的创建，形成了国内外纵横交错的电子化资金流转网络，资金的调拨、转账、清算、支付等都可以通过电子计算机完成；金融和经济信息的传递、储存、显示、记录、分析均借助电子计算机完成；各种金融交易也普遍使用计算机报价、撮合、过户、清算……电子计算机正在把各种金融业务"织进"一张巨大的电子网络之中。其终端机触角遍及各个家庭、企业、各地、各国，发达国家已经实现了金融业务处理电子化、资金流转电子化、信息处理电子化、交易活动电子化。

2. 金融工具不断创新。各类金融机构一方面通过对原有金融工具特性的解捆和重新配套不断推出新型的金融工具，另一方面在新的金融结构和条件下创造出全新特征的新工具。这些金融工具种类繁多，不胜枚举。例如，有可满足投资、投机、保值、提高社会地位等多种需求的；有可适合大小投资者、长短期资金余缺者、国内外投资者等多种对象的；有介于定活期存款间、股票与债券间、存款与债券间、存款与保险单间、贷款与证券间等各种组合式的；有定期转活期、债券转股票或股票转债券、贷款转证券、存款转证券等可转换式的；有与价格指数、市场利率或某一收益率挂钩等弹性收益式的……总之，品种多样化、特性灵活化、标准国际通用化的各种新型金融工具正源源不断地涌现出来。下面以美国的情况举例说明：

第一，自动转账制（Automatic Transfer Services，ATS）。在这种业务中，客户在银行开立两个账户：一个储蓄账户，一个活期存款账户，后一账户上的余额永远是1美元。当客户开出支票后，银行即自动地把必要的金额从储蓄账户上转到活期存款账户上并进行付款。这一创新就是为了规避银行不准对活期存款付息，只对储蓄付息的规定而设计的。

第二，可转让支付命令账户（Negotiable Order of Withdrawal Account，NOW）。这种账户是储蓄账户，可以付息；但与一般储蓄账户不同，可以开出有支票作用但无支票名称的"可转让支付命令"。通过该账户，银行可以提供支付上的便利，又可以支付利息，从而吸引客户，扩大存款。

第三，货币市场存款账户（Money Market Deposit Account，MMDA）。货币市场存款账户也是一种活期存账户，客户把短期闲置资金以买入股权的方式交给货币市场基金去投资运用。投资的方向可指定，也可以不指定。投资的范围主要是各类有价证券以及其他易变现的短期金融资产。当客户需要提取款项时，用出售该基金股权的方式进行，当天取款，手续简便。该账户是一种储蓄和投资相结合的账户，它弥补了商业银行缺乏小额投资业务的不足，为小额投资者提供了方便。

第四，货币市场共同基金（Money Market Mutual Fund，MMMF）。它可以是金融机构的一个受托账户，也可以是一个独立的机构。它以出售基金股份的方式吸收公众的小额资金，从而形成一笔巨大的资金，再将该笔巨额资金投在利率高、数额大的金融商品上。小额投资者单凭自己的资金实力，很难买得起，但利用该市场就可购买。所获利润，投资者按持有共同基金的份数比例分享。

3. 新型金融市场不断形成。金融市场的创新主要表现在两个方面：其一，金融市场的国际化。在金融自由化浪潮的冲击下，各国陆续取消或放松了对国内外市场分割的限制，各国金融市场逐步趋于国际化；计算机技术引入金融市场后，各国金融市场互相连接，形成了全球性的连体市场，24小时全球性金融交易已经梦想成真；欧洲及亚洲美元市场、欧洲日元市场等新型的离岸金融市场纷纷出现；计算机屏幕式跨国交易所业已诞生；新型的国际化金融市场不断出现。其二，衍生金融工具市场异军突起。人们通过预测股价、利率、汇率等变量的行情走势，以支付少量保证金签订远期合同，买卖选择权或互换不同金融商品，由此形成了期货、期权、掉期等不同衍生工具市场。20世纪90年代以来，金融衍生工具市场呈现出爆发性的增长。

4. 新业务和新交易大量涌现。银行、证券、保险、信托、租赁等各类金融机构一方面在传统基础上推陈出新，另一方面积极开拓全新的业务与交易。例如，银行在传统的存、贷、汇业务基础上推出了NOW账户、协议账户等新型的存款负债业务，各类批发或零售贷款业务或安排，新的结算工具与方式；同时大量开发新型的跨国业务、信息业务、表外业务、信用卡业务、咨询业务、代理业务及各种服务性业务等。期货交易、期权交易、掉期交易等各种新型的融资技术、融资方式、交易方式被不断地设计开发出来。

（三）金融组织结构创新

1. 创设新型金融机构。20世纪50年代以来，在金融创新中涌现出与传统金融机构有别的新型化金融机构，其中有以计算机网络为主体而无具体营业点的电子银行；有以家庭为专门对象，居民足不出户就可以享受各种金融服务的家庭银行；有专为企业提供一切金融服务的企业银行；有一切业务均由机器受理的无人银行；有多国共组的跨国银行；有各国银行以股权方式联合成立的国际性联合银行；还有集银行、证券、保险、信托、租赁和商贸于一体的大型复合金融机构。70年代以后，跨国大型复合金融机构、金融百货公司或金融超级市场等新型金融机构风行欧美国家。

2. 各类金融机构的业务逐渐趋同。金融机构在业务和组织创新的基础上，逐渐打破了职能分工的界限，实际上的混业经营迫使分业管制被动放松。例如，美国 1980 年允许商业银行、储蓄银行、证券商之间进行业务交叉和竞争；日本 1981 年允许商业银行、长期信贷银行、信托银行经办证券业务；英国 1986 年允许所有金融机构均能参加证券交易所交易。管制的放松加剧了各类金融机构之间的业务交叉与渗透，模糊了原有的职能分工界限，使各种金融机构的性质趋于同质化。

3. 金融机构的组织形式不断创新。在过去单一制、总分行制的基础上，新推出了连锁制、控股公司制以及经济上相互独立而业务经营上互助互认并协调一致的联盟制银行；在分支机构形式上，也创新了全自动化分支点、百货店式分支点、专业店式分支点、金融广场式分支点。

4. 金融机构的经营管理频繁创新。20 世纪 50 年代以来，金融机构通过管理创新不断调整业务结构，开发出多种新型负债和资产业务，中间业务特别是表外业务的比重日益加大，业务手段、业务制度、操作程序、管理制度等被不断革新；金融机构的内部机构设置也在不断创新，旧部门撤并、新部门设立不断发生，各部门权限与关系几乎被重新配置；经营管理方法也在推陈出新，如 60 年代的负债管理、70 年代的资产管理及资产组合管理、80 年代的资产负债失衡管理和多元化管理、90 年代的全面质量管理和全方位满意管理、CI 战略、市场营销管理等，层出不穷。

## 二、当代金融创新的主要特征

（一）新型化

当代金融创新虽然与历史上的金融创新有一定联系，但更多的是为适应现代社会需要而作的革新。如上所述，创新活动中推出了大量具有现代意义的新业务、新工具、新交易、新服务，开辟了新型的金融市场，创立了新式金融机构，实行了新的金融制度和金融管理，这些都极富创造性。

（二）电子化

当代金融创新充分运用了以微电子技术为核心的现代科技成果，将电子计算机和高科技通信技术引入金融业，通过业务操作、支付结算、融资技术、信息处理的电子化，成倍地提高了金融业的行业能力，降低了交易成本，扩大了业务和市场容量，加快了资金流动和信息传递的速度，实现了金融业务的自动化、管理手段的现代化和全球市场的一体化。可以说，若没有迅速有效和日益成熟的电子技术，大部分金融业务创新和组织管理创新就难以实现，因为到目前为止，几乎所有的新业务、新技术、新工具、新市场、新机构、新管理都离不开电子计算机和电讯技术。因此，电子化是当代金融创新的一个突出特征。

（三）网络化

伴随着电子化趋势的深入，互联网的出现以及应用，进一步推动了金融服务业的创新与革命。借助互联网技术的不断发展，金融业在服务渠道、产品创新以及支付方式等领域进入了一个新纪元。同时，作为二者的结合，互联网金融更是对传统金融的商业模式带来了冲击与挑战，改变了人们的金融消费模式与理念，加速了货币流通，扩大了商品流通范围。

#### （四）多样化

当代金融创新的种类之繁多、范围之广泛是以往金融创新所难以比拟的。至今，从金融制度到金融结构，从金融机构到金融市场，从宏观调控到微观管理，从金融工具到金融服务，从融资技术到支付制度，都进行了全方位的创新。金融创新活动遍及金融领域的方方面面，几乎涉及了全部的金融制度、组织、业务与管理，创新活动的多样化带来了创新成果的多样化。

#### （五）持续化

虽然从广义的创新概念看，金融创新已具有漫长的历史过程，但以往的创新活动并非均匀分布于各个年代，而是在条件成熟时集中出现于某些年份并形成一个高潮。各次高潮之间都存在着间隔期，尽管这种间隔期在历史的长河中有缩短的趋势，但高潮与间隔仍然是明显的。而当代金融创新自20世纪50年代始高潮迭起，至今已持续了60余年，其间几乎没有间断，创新活动一直十分活跃，其速度之快、成果之多也是空前的，至今仍未有低落的迹象。

## 第二节　金融创新的原因及对经济发展的影响

### 一、当代金融创新的成因

各国经济学家对当代金融创新发生原因的解释众说纷纭，有的认为新技术革命的出现是促成当代金融创新的主要原因和条件；有的认为20世纪50年代以后的通货膨胀和利率、汇率反复无常的波动是金融创新的重要成因；有的认为是第二次世界大战以后经济高速发展所带来的财富迅速增长激发了金融业通过创新来满足多种需求；有的认为金融机构积极创新的主要目的是逃脱或回避现有的内部传统管理指标约束和外部金融当局的种种管制和限制；有的认为金融需求的变化是刺激金融创新的动因；有的认为金融创新与世界经济深刻的结构性变化有关。上述解说虽各有道理，但却忽略了各因素间的互相作用和合力。当代金融创新的高潮不是由某一因素导致的，而是在特定的经济背景下多因素共同作用和影响的产物。其中最主要的因素有以下四个方面。

#### （一）经济思潮的变迁

20世纪70年代西方兴盛的经济自由主义思潮，为金融业要求放松管制、追求自由经营提供了思想武器和理论武器。在经济自由主义思潮支配下，金融业强烈要求当局放松第二次世界大战后设置的种种限制和管制，并不约而同地通过金融创新逃避管制，形成了金融自由化浪潮。而各国当局在经济自由主义思潮影响下，一方面主动放弃了一些明显不合时宜的管制；另一方面被迫默认了许多避管性创新的成果，放松了金融管制的程度，这又进一步促进了金融创新。

#### （二）需求刺激与供给推动

第二次世界大战以后，各国经济与金融的快速发展，从需求和供给两个方面掀起了当代金融创新的高潮。在需求方面，经济货币化向金融化发展以后，许多新的金融需求随着金融化程度的提高不断产生出来，对金融业提供的产品和劳务在范围、种类、数量、质量上的要求越来越高。这些新的或更高标准的需求，刺激了金融创新的蓬勃开展。同时，当代西方经济金融发展的内在矛盾冲突，产生了新的金融需求。例如，长期的通货膨胀、布雷顿森林体系的崩溃和浮动汇率制的实行、国际债务危机的发生等，导致了价格、利率、汇率的易变性和不确定性大大增加，日益上升的金融风险成为矛盾的焦点，使得转移风险、增加流动性方面的金融需求极为旺盛，从而引发了期货、期权、掉期等各种转移价格风险、利率风险和信用风险的创新，在一定程度上分散或减少了个别风险，缓解了金融发展中的突出矛盾。

从供给方面看，金融机构资产的剧增，大大提高了金融创新的规模报酬，刺激了金融机构增加创新的供给。当代金融机构为了实现业务经营的"三性"方针的最佳组合，需要通过创新来回避和分散金融风险，保证流动性，提高收益性。特别是在金融业垄断竞争的格局下和激烈的竞争中，金融机构只有通过创新才能获取潜在收益，保持或扩展自己的市场份额。此外，当代金融创新的有利条件增多，技术难度和成本呈下降趋势，金融机构的创新供给能力增强。因此，金融创新层出不穷。

（三）对不合理金融管制的规避

20世纪70年代前后，随着经济金融的发展、技术的进步、需求的更新、供给的变化，原有的管制出现了不合时宜或限制过分的问题，管制的副作用开始加大。当现行管制已经不能适应经济、金融发展的要求而又未作改革时，金融机构就会通过规避管制性创新来冲破障碍，以抵销管制的副作用。

（四）新科技革命的推动

20世纪60年代以来的新科技革命不仅改变了金融观念和金融运作，而且直接推动了金融创新，掀起了一场金融领域的科技革命，使金融发展进入了一个更高的层次与阶段。新科技成果的应用，大大降低了创新的平均成本，增加了规模报酬和金融创新的总收益；迅速提高了金融机构的经营效率和业务处理能力，开辟了新的资金来源或业务机会，为各种金融创新提供了必要的物质基础和技术服务，大大增强了金融机构的创新供给能力。70年代以来，几乎所有的金融创新都直接或间接依赖于新科技革命所提供的物质装备和技术服务。

## 二、当代金融创新对金融和经济发展的影响

（一）对金融和经济发展的推动作用

当代金融创新对金融和经济发展的推动，主要是通过以下四个方面来实现的：

1. 提高了金融机构的运作效率。首先，金融创新通过大量提供具有特定内涵与特性的金融工具、金融服务、交易方式或融资技术等成果，从数量和质量两个方面同时提高了需求者的满足程度，增加了金融商品和服务的效用，从而增强了金融机构的基本功能，提高了金融机构的运作效率。其次，金融创新提高了支付清算能力和速度。把电子计算机引入支付清算系统，成百倍地提高了支付清算的速度和效率，使金融机构的支付

清算能力和效率上了一个新台阶，大大提高了资金周转速度和使用效率，节约了大量的流通费用。最后，金融创新大幅度增加了金融机构的资产和盈利率。当代金融创新中涌现出来的大量新工具、新交易、新技术、新服务，使金融机构积聚资金的能力大大增强，信用创造的功能得到充分发挥，导致了金融机构所拥有的资金流量和资产存量急速增长，由此提高了金融机构经营活动的规模报酬，降低了平均成本，加上经营管理方面的各种创新，使金融机构的盈利能力大为增强。

2. 提高了金融市场的运作效率。

首先，金融创新提高了市场价格对信息反应的灵敏度。金融创新通过提高市场组织与设备的现代化程度和国际化程度，使金融市场的价格能够对所有可得的信息作出迅速灵敏的反应，从而提高了金融市场价格变动的灵敏度，使价格能快速及时地对所获信息作出反应，进而提高价格的合理性和价格机制的作用力。

其次，金融创新增加了可供选择的金融商品种类。当代创新中大量新型金融工具的涌现，使金融市场所能提供的金融商品种类繁多，投资者选择的余地很大。面对各具特性的众多金融商品，各类投资者很容易实现他们自己满意的效率组合。

再次，金融创新增强了剔除个别风险的能力。金融创新通过提供大量的新型金融工具和融资方式、交易技术，增强了剔除个别风险的能力。投资者不仅能进行多元化资产组合，还能及时调整其组合。在保持效率组合的过程中，投资者可以通过分散或转移法，把个别风险减到较小的程度。特别是金融市场上各种避险性创新工具与融资技术，对于剔除个别风险有较强的功能。

最后，金融创新降低了交易成本与平均成本，使投资收益相对上升，吸引了更多投资者和筹资者进入市场，提高了交易的活跃程度。

3. 增强了金融产业发展能力。金融产业发展能力主要体现为金融机构在经营活动中开创未来的能力，包括开拓新业务和新市场的能力、资本增长的能力、设备配置或更新能力、经营管理水平和人员素质的提高能力等。在当代金融创新的浪潮中，金融产业发展的这些能力都有了较大幅度的提高。

4. 金融作用力大为增强。金融作用力主要是指金融对整体经济运行和经济发展的作用能力，一般通过对总体经济活动和经济总量的影响及其作用程度体现出来。当代金融创新主要通过以下四个方面从总体上提高了金融作用力，极大地推动了经济发展。第一，提高了金融资源的开发利用与再配置效率。当代金融创新使发达国家的经济发展水平从经济货币化推进到金融化的高级阶段，大幅度提高了发展中国家的经济货币化程度，导致了金融总量的快速增长，扩大了金融资源的可利用程度，并优化了配置效果。第二，社会投融资的满足度和便利度上升。一是投融资成本趋于下降，有力地促进了储蓄向投资的转化；二是金融机构和金融市场能够提供更多更灵活的投融资安排，可以从总体上满足不同投资者和筹资者的各种需求，从而使全社会的资金融通更为顺利；三是各种投融资的限制逐渐被消除，金融创新后各类投融资者实际上都能进入市场参与活动，金融业对社会投融资需求的满足能力大为增强。第三，金融业产值的迅速增长，直接增加了一国国民生产总值或国内生产总值的总量，加大了金融业对经济发展的贡献度。第四，增强了货币作用效率。创新后用较少的货币就可以实现较多的经济总量，这意味着货币作用能量和推动力的增大。

(二) 产生的新矛盾和挑战

历史和现实的考察证明，金融创新是金融发展的主要动力源，没有创新推动，就没有上层次和升级性的金融发展，金融就不可能对现代经济发展有如此巨大的推动和促进作用。但同样不容忽视的是，金融创新在繁荣金融、促进经济发展的同时，也带来了许多新的矛盾和问题，对金融和经济发展产生了不利影响。

1. 金融创新使货币供求机制、总量和结构乃至特征都发生了深刻变化，对金融运作和宏观调控影响重大。金融创新在货币需求方面引起的一个最明显变化就是货币需求的减弱，并由此改变了货币结构，降低了货币需求的稳定性。在货币供给方面，各类非银行金融机构和复合性金融机构在金融创新中也具备了创造存款货币的功能，从而增加了货币供给的主体。新型金融工具的不断涌现，使金融资产的流动性强弱已不明显，导致货币的定义和计量日益困难和复杂化。同时，通货—存款比率、法定存款准备金比率、超额准备金比率的下降，加大了货币乘数，增强了货币供给的内生性，削弱了中央银行对货币供给的控制能力与效果，容易导致货币政策失效和金融监管困难。

2. 在很大程度上改变了货币政策的决策、操作、传导及其效果，对货币政策的实施产生了一定的不利影响。金融创新降低了货币政策中介指标的可靠性，给货币政策的决策、操作和预警系统的运转造成了较大困难；削弱了存款准备金率和再贴现政策的作用力，减少了可操作工具的选择性；加大了政策传导的不完全性，创新后由于导体增多，时滞不定，使货币政策的传导过程离散化、复杂化，政策效果的判定也更为困难。

3. 金融风险有增无减，金融业的稳定性下降。当代金融创新在提高金融微观效率和宏观效率的同时，却增加了金融业的系统风险：一是因为创新加大了原有的系统风险（包括利率风险、市场风险、信用风险、购买力风险等），如授信范围的扩大与条件的降低无疑会增加信用风险；二是因为创新中产生了新的金融风险，如大规模的金融电子化创新所产生的电子风险、金融业务和管理创新中出现的伙伴风险、与金融国际化相伴而生的国际风险等。各种金融机构的业务创新和管理创新虽然带来了高收益和高效率，但也产生了高风险。20世纪80年代以来银行的资产风险和表外业务风险猛增，导致了金融业的稳定性下降。金融机构的亏损、破产、倒闭、兼并、重组事件频繁发生，整个金融业处于一种结构调整和动荡不定的状态之中。

4. 金融市场出现过度投机和泡沫膨胀的不良倾向。在当代金融创新中，金融市场上出现了许多高收益和高风险并存的新型金融工具和金融交易，尤其是从虚拟资本中衍生出了许多新奇的种类，如股票指数交易、股票指数期货交易、股票指数期权交易等；一些避险性的创新本身又成了高风险的载体，如外汇掉期、利率或货币掉期等。这些新型的金融工具和交易以其高利诱导和冒险刺激，吸引了大批的投资者和大量的资金，在交易量几何级数的放大过程中，价格往往被推到一个不切实际的高度，拉大了与其真实价值的差距，表现为其市价大大超过其净值，虚拟资本急剧膨胀，由此鼓吹出大量的泡沫，产生过度投机，极易引发金融危机。

综上所述，当代金融创新虽然利弊作用皆存，但从总体上看，金融创新的利远远大于弊，并且利始终是主要的和主流性的。正确认识和客观评价金融创新对于金融发展和经济发展的积极推动作用，是有效利用和充分发挥金融创新的动力作用，主动驾驭并把握金融创新的内在规律，最大限度地推动金融、经济发展和社会文明进步的基本前提。

> **专栏 20-1**
> **在中国共产党第十九次全国代表大会上的报告中提到的金融创新**
>
> 党的十九大报告中提出要"深化金融体制改革，增强金融服务实体经济能力，提高直接融资比重，促进多层次资本市场健康发展。健全货币政策和宏观审慎政策双支柱调控框架，深化利率和汇率市场化改革。健全金融监管体系，守住不发生系统性金融风险的底线。"
>
> 银行在我国金融体系中居主导地位，应以服务实体经济为己任，从消费金融、科技金融、普惠金融、绿色金融四个方面加大支持力度。
>
> 随着金融创新加快和金融混业经营加速，金融机构、市场、产品之间容易发生风险的交叉传染，造成系统性风险。我国金融业实行"分业经营、分业监管"的体制，相应监管部门负责金融机构的微观审慎管理，人民银行在负责货币政策制定和实施的同时，还要承担宏观审慎管理的职责，以确保宏观经济金融稳定运行。
>
> 资料来源：①《决胜全面建成小康社会 夺取新时代中国特色社会主义伟大胜利》——在中国共产党第十九次全国代表大会上的报告，2017年10月18日。
> ②投资必看！9位金融专家，9个角度，带你读透十九大报告[N].经济日报，2017-10-24.

## 第三节 中国农村金融的发展

### 一、我国的农村金融组织体系

目前我国农村金融组织体系由合作性金融机构、政策性金融机构、商业性金融机构和其他农村金融组织构成。主要分为银行类金融机构、非银行类金融机构和其他形式。这一体系以正规金融机构为主导，以农村合作金融机构为核心。

（一）农村合作金融机构

农村合作金融机构由原来的农村信用社改革而来。农村信用社是群众性合作制金融组织，由社员入股组成，实行民主管理，主要为社员提供信用服务。20世纪50年代，我国的农村信用社就有了普遍的发展。在其后几十年的发展过程中，农村信用社一度作为中国农业银行的基层机构存在，并由农业银行管理，在相当大的程度上丧失了合作性质。1996年我国对农村信用社进行了改革：一是农村信用社与农业银行脱离行政隶属关系，转而由县级联社负责其业务管理，金融监管由人民银行承担；二是按照合作制原则重新规范农村信用社，恢复合作社性质。在21世纪初，新一轮的农村信用社改革中，改革力度加大，在制度选择上，可以实行股份制，也可以继续完善合作制；在组织形式上，有条件的地区，农村信用社可以改制组建农村商业银行、农村合作银行等银行类机构或者实行以县为单位的统一法人，其他地区则可以继续实行乡镇农村信用社、县联社各为法人的体制。经过改革，目前农村合作金融机构包括以下几类机构。

1. 农村商业银行。农村商业银行是由辖内农民、农村工商户、企业法人和其他经济组织共同入股组成的股份制的地方性金融机构。在经济比较发达、城乡一体化程度较高的地区，"三农"的概念已经发生很大的变化，农业比重很低，有些只占5%以下，作为农村信用社服务对象的农民，虽然身份没有变化，但大都已不再从事以传统种植业和养殖业为主的农业生产和劳动，对支农服务的要求较少，农村信用社实际也已经实行商业化经营。对这些地区的农村信用社，可以实行股份制改造，组建农村商业银行。

2. 农村合作银行。农村合作银行是由辖内农民、农村工商户、企业法人和其他经济组织入股，在合作制的基础上，吸收股份制运作机制组成的合作制的社区性地方金融机构。与农村商业银行不同，农村合作银行是在遵循合作制原则基础上，吸收股份制的原则和做法而构建的一种新的银行组织形式。

3. 农村信用社以县（市）为单位统一法人制度。改革前，乡（镇）农村信用社和县（市）联社各为独立法人，机构分散、弱小、抗风险能力较弱。县（市）联社作为农村信用社入股组成的联合组织，既行使对农村信用社的管理职能，自身又经营业务，造成县（市）联社和基层社之间权责不清，矛盾较多。新一轮改革，将农村信用社与县（市）联社各为法人合并为一个法人，有利于明晰产权关系，有利于减少管理环节、降低管理成本、提高管理效率，有利于扩大经营规模，提高抗御风险的能力。

4. 乡镇农村信用社和县（市）联社各为法人的制度。根据国务院《深化农村信用社改革试点方案》（国发〔2003〕15号）的规定，在经济比较落后的地区，可在完善合作制的基础上，继续实行乡镇农村信用社和县（市）联社各为法人的制度。

由农村信用社改制而来的农村合作金融机构是农村金融体系的重要组成部分，从2001年起，在中国人民银行的指导下，农村信用社开办了农户小额信用贷款和农户联保贷款，对支持农村发展起到了重要作用。今后，农村合作金融机构在支持"三农"方面仍将发挥更大的作用。截至2018年末，共有1427家农村商业银行、30家农村合作银行、812家农村信用社。

（二）中国农业银行

中国农业银行是商业银行中唯一以"农业"命名的银行。农业银行最初成立于1951年，1979年2月再次恢复成立后，成为在农村经济领域中占主导地位的国有专业银行。1994年农业发展银行分设，1996年农村信用社与农业银行脱钩，农业银行开始向国有独资商业银行转变。

2009年1月15日，中国农业银行完成工商变更登记手续，由国有独资商业银行整体改制为股份有限公司，并更名为"中国农业银行股份有限公司"。2010年7月15日，农行公司网上发行的103.10亿股在上交所挂牌交易；H股交易时间在7月16日，四家国有大行都已全部完成"A+H"两地上市。中国农业银行通过全国24064家分支机构、

30089台自动柜员机和遍布全球的1171家境外代理行，以覆盖面最广的网点网络体系和领先的信息科技优势，向超过3.5亿客户提供便利、高效、优质的金融服务。截至2019年末，中国农业银行总资产达到24.88万亿元，较上年末增长2.27万亿元，增速10%；存款总额和贷款总额分别达到18.54万亿元和13.36万亿元，分别较上年末增长6.9%和11.9%。

在信贷结构方面，农行继续坚持面向"三农"的战略定位，进一步强化"三农"金融服务。截至2019年末，县域金融业务总资产达86999.05亿元，较上年末增长7.8%；发放贷款和垫款总额45531.04亿元，较上年末增长13.7%；吸收存款余额79605.58亿元，较上年末增长7.9%。同时，农行围绕扶贫搬迁、产业扶贫、到户扶贫不断加大金融支持，推进精准扶贫金融服务，在全国19个省份推广银证合作、"金融＋"等创新型金融扶贫模式。

（三）中国农业发展银行

中国农业发展银行是直属国务院领导的我国唯一的一家农业政策性银行。农业发展银行的主要业务包括：粮、棉、油、肉、糖等主要农副产品国家专项储备贴息贷款；粮棉油等农副产品收购、调销、批发贷款；粮棉油加工企业贷款；扶贫贷款、老少边穷地区发展经济贷款、贫困县县办工业贷款、农业综合开发贷款及其他财政贴息的农业方面的贷款；小型农、林、牧、水利基本建设和技术改造贷款。

（四）中国邮政储蓄银行

年轻的邮储银行已有近百年的历史。1919年，中国邮政储蓄银行的前身邮政储金局成立，开办邮政储金业务。1942年，储金汇业局成为当时六大金融支柱"四行两局"的重要组成部分。在新中国成立初期，1953年邮政储蓄业务停办，邮政继续办理汇兑业务。1986年，邮政储蓄正式恢复开办。

邮政储蓄自1986年恢复开办以来，到邮政储蓄银行成立前，经过近21年的发展，现已建成全国覆盖城乡网点面最广、交易额最多的个人金融服务网络。

2007年3月20日，中国邮政储蓄银行在北京成立。组建邮政储蓄银行是深化我国金融体制改革的客观要求，也是邮政体制改革的重要组成部分，对于促进我国邮政事业的发展，更好地为社会提供金融服务都具有积极意义。中国邮政储蓄银行的成立，可更好地利用其完善的网络服务功能，继续面向"三农"开展业务，逐步改善农村的金融服务环境。考虑到邮政储蓄银行有2/3的网点分布在县及县以下农村地区，特别是在一些偏远地区，邮政储蓄是当地居民唯一可获得的金融服务，因此，从满足广大农村群众日益增长的基础金融需求，完善农村金融服务角度出发，其农村网点要通过完善功能，充实业务，通过加强与政策性银行和农村合作金融机构的全面合作，进一步扩大农村基础金融服务的覆盖面和满足度。

在各级政府、金融监管部门以及社会各界的关心和支持下，中国邮政储蓄银行坚持普惠金融理念，自觉承担"普之城乡，惠之于民"的社会责任，走出了一条服务"三农"、服务中小企业、服务社区的特色发展之路。

目前，中国邮政储蓄银行已成为全国网点规模最大、覆盖面最广、服务客户数量最多的商业银行。截至 2019 年末，邮储银行拥有营业网点近 4 万个；服务客户超过 6 亿人；资产总额达 10.22 万亿元，信贷资产不良率为 0.86%。在 2019 年全球银行家排名中，邮储银行一级资本排名第 22 位。

中国邮政储蓄银行将继续依托网络优势，按照公司治理架构和商业银行管理要求，不断丰富业务品种、完善服务渠道、提升服务能力，为广大客户提供更全面、更便捷的金融服务，打造成为一家资本充足、内控严密、营运安全、品牌卓越、竞争力强的大型零售商业银行。

（五）农业保险机构

2004 年以前我国仅有中国人民财产保险公司和中华联合财产保险公司经营农业保险业务，且业务量极少。2004 年开始，我国一些地区试办了政策性农业保险和互助性农业保险，但仅仅处于试点阶段，试点地区有的是地方政府财力强的地区，有的是大的农业省份，其经验推广的可能性不大。2007 年中央财政首次对农业保险给予补贴，选择 6 省（自治区）的 5 种主要农作物开展试点，对农业保险的发展产生了重要的推动作用。

2019 年，农业保险参保农户达 1.91 亿户次，提供风险保障 3.81 万亿元，支付赔款 560.20 亿元，受益农户 4918.25 万户次。农业保险的发展为缓解受灾农民的生产生活困难和促进当地社会稳定作出了积极贡献。

（六）其他农村金融组织

我国从 20 世纪 90 年代初开始在农村试验小额信贷项目，取得了很好的扶贫效果。这类非政府组织的小额信贷项目和机构，特别是由国际捐赠机构资助、与国际规范接轨、以操作和财务可持续为目标的非政府小额信贷机构，属于非正规的农村金融机构。而最近几年由人民银行主导的在五个省份试点的商业性小额贷款公司和银监会发布《关于调整放宽农村地区银行业金融机构准入政策更好支持社会主义新农村建设的若干意见》后成立的村镇银行、贷款公司、农村资金互助社等新型农村金融机构，由于均取得了政府监管机构的认可，属于正规金融机构。

经过多年的改革与发展，我国初步形成了多层次、广覆盖、可持续的农村金融体系，金融机构可持续发展能力不断增强，农村存贷款持续增加，金融服务已覆盖了绝大部分农村地区。但是，农村金融仍是整个金融体系中最薄弱的环节，农村金融服务仍然不能满足"三农"的需求，各类农村金融机构的功能还有待加强。根据国家对农村金融体系中各类机构的定位，中国农业银行和中国农业发展银行要成为农村金融体系的骨干和支柱。中国农业银行要通过深化改革，稳定和发展在农村地区的网点和业务，进一步强化为"三农"服务的市场定位和责任，充分利用在县域的资金、网络和专业等方面的优势，更好地为"三农"和县域经济服务。中国农业发展银行要深化内部改革，完善功能定位和运作机制，适当扩大政策性业务范围，改进支农服务。农村信用社要继续深化改革，不断完善产权制度、组织形式和内控机制，进一步发挥农村金融主力军作用。增强中国邮政储蓄银行为"三农"服务功能，鼓励和促进邮政储蓄资金回流农村。同时，要制定相应政策，鼓励和引导其他金融组织为"三农"和县域经济服务。

## 二、新型农村金融机构的建立与发展

(一) 新型农村金融机构的主要类型

1. 村镇银行。村镇银行是指经银保监会依据有关法律、法规批准,由境内外金融机构、境内非金融机构企业法人、境内自然人出资,在农村地区设立的主要为当地农民、农业和农村经济发展提供金融服务的银行业金融机构。

村镇银行属于小型金融机构,是独立的企业法人,具有商业银行的性质,是经营综合性业务的新型农村金融机构。

2. 贷款公司。贷款公司是指经中国银行保险监督管理委员会依据有关法律、法规批准,由境内商业银行或农村合作银行在农村地区设立的专门为县域农民、农业和农村经济发展提供贷款服务的非银行业金融机构。

贷款公司属于一人公司,是独立的企业法人,也要遵守《商业银行法》规定的经营原则和经营方针。

3. 农村资金互助社。农村资金互助社是指经银行保险监督管理机构批准,由乡镇、行政村农民和农村小企业自愿入股组成,为社员提供存款、贷款、结算等业务的社区互助性银行业金融机构。

农村资金互助社是新型合作金融组织,是承担有限责任的独立企业法人,在经营上具有自主性。

4. 小额贷款公司。小额贷款公司是由自然人、企业法人与其他社会组织投资设立,不吸收公众存款,经营小额贷款业务的有限责任公司或股份有限公司。

小额贷款公司是企业法人,有独立的法人财产,享有法人财产权,以全部财产对其债务承担民事责任。小额贷款公司应执行国家金融方针和政策,在法律、法规规定的范围内开展业务,自主经营,自负盈亏,自我约束,自担风险,其合法的经营活动受法律保护,不受任何单位和个人的干涉。

(二) 新型农村金融机构的发展进程与现状

2006年12月20日中国银监会发布了《关于调整放宽农村地区银行业金融机构准入政策更好支持社会主义新农村建设的若干意见》,并在四川、青海、甘肃、内蒙古、吉林、湖北等6省(自治区)的农村地区开展村镇银行等三类农村金融机构的试点。2007年2月8日,中国首家村镇银行——四川仪陇惠民村镇银行有限责任公司开业。自此,一类崭新的农村银行业金融机构在我国正式诞生。之后,新型农村金融机构试点工作进展顺利。截至2018年底,共有1616家村镇银行。与此同时,贷款公司和农村资金互助社有所减少,截至2018年末,共有贷款公司13家,资金互助社45家。

(三) 小额贷款公司的发展历程与现状

2005年10月,中国人民银行先后在山西、四川、贵州、内蒙古、陕西五省(自治区)各选择一个县(区)进行小额贷款公司试点。当年末,两家私人资本投资的小额信贷组织获准在山西平遥成立并开始发放贷款。小额贷款公司具有如下特征:(1)向民营资本开放;(2)坚持"只贷不存";(3)监管权责下放至省级地方政府。

小额贷款公司的出现,对缓解小额融资需求,引导民间融资具有积极意义。从更深层次上讲,小额贷款公司的诞生,表明政府对纯私人性质的金融组织持认可的态度,对民间融资和小额信贷的作用有了认同,这预示着发展小额信贷有了宽松的社会和制度环境。截至2018年末,全国共有小额贷款公司8133家,贷款余额达9550亿元,全年减少190亿元。从业人员9.08万人,实收资本8363.2亿元。全国31个省(自治区、直辖市)都已设立小额贷款公司。小额贷款公司的迅速发展,凸显了长期受限的金融投资领域的民间资本的吸引力。小额贷款公司在引导民间资本支持"三农"方面发挥了积极作用。

## 第四节 互联网金融及其在中国的发展

随着互联网技术对金融领域的不断渗透,互联网与金融的深入融合是大势所趋。当前,以互联网支付、P2P网络借贷、众筹融资等为代表的互联网金融种类多样,形态各异,蓬勃发展,适应了电子商务发展、中小企业和个人融资的需求以及金融创新的需要,显示了旺盛的生命力和持续的创造能力。

### 一、互联网金融的内涵

当前,业界和学术界对互联网金融尚无明确的、获得广泛认可的定义,但对互联网支付、P2P网贷、众筹融资等典型业态分类有比较统一的认识。一般来说,互联网金融是互联网与金融的结合,是借助互联网和移动通信技术实现资金融通、支付和信息中介功能的新兴金融模式。广义的互联网金融既包括作为非金融机构的互联网企业从事的金融业务,也包括金融机构通过互联网开展的业务。狭义的互联网金融仅指互联网企业开展的、基于互联网技术的金融业务。

### 二、互联网金融的主要特征

互联网金融呈现三个主要特征:一是以大数据、云计算、社交网络和搜索引擎为基础,挖掘客户信息并管理信用风险。互联网金融主要通过网络生成和传播信息,通过搜索引擎对信息进行组织、排序和检索,通过云计算处理信息,有针对性地满足用户在信息挖掘和信用风险管理上的需求。二是以点对点直接交易为基础进行金融资源配置。资金和金融产品的供需信息在互联网上发布并匹配,供需双方可以直接联系和达成交易,交易环境更加透明,交易成本显著降低,金融服务的边界进一步拓展。三是通过互联网实现以第三方支付为基础的资金转移,第三方支付机构的作用日益突出。

### 三、我国互联网金融的主要业态

目前我国互联网金融主要有六种业态:互联网支付、P2P网络借贷、非P2P的网络小额贷款、众筹融资、金融机构创新型互联网平台、基于互联网的基金销售。

(一)互联网支付

互联网支付是指通过计算机、手机等设备,依托互联网发起支付指令、转移资金的服务，其实质是新兴支付机构作为中介，利用互联网技术在付款人和收款人之间提供的资金划转服务。典型的互联网支付机构是支付宝。互联网支付主要分为三类：一是客户通过支付机构链接到银行网银，或者在电脑、手机外接的刷卡器上刷卡，划转银行账户资金。资金仍存储在客户自身的银行账户中，第三方支付机构不直接参与资金划转。二是客户在支付机构开立支付账户，将银行账户内的资金划转至支付账户，再向支付机构发出支付指令。支付账户是支付机构为客户开立的内部账务簿记，客户资金实际上存储在支付机构的银行账户中。三是"快捷支付"模式，支付机构为客户开立支付账户，客户、支付机构与开户银行三方签订协议，将银行账户与支付账户进行绑定，客户登录支付账户后可直接管理银行账户内的资金。该模式中资金存储在客户的银行账户中，但是资金操作指令通过支付机构发出。目前，互联网支付发展迅速，截至2013年8月，在获得许可的250家第三方支付机构中，提供互联网支付服务的有97家。2013年，支付机构共处理互联网支付业务153.38亿笔，金额总计达到9.22万亿元。互联网支付业务的应用范围也从网上购物、缴费等传统领域，逐步渗透到基金理财、航空旅游、教育、保险、社区服务、医疗卫生等。

（二）P2P网络借贷

P2P网络借贷指的是个体和个体之间通过互联网平台实现的直接借贷。P2P网络借贷平台为借贷双方提供信息交流、撮合、资信评估、投资咨询、法律手续办理等中介服务，有些平台还提供资金移转和结算、债务催收等服务。

典型的P2P网贷平台机构是宜信和人人贷。传统的P2P网贷模式中，借贷双方直接签订借贷合同，平台只提供中介服务，不承诺放贷人的资金保障，不实质参与借贷关系。当前，又衍生出"类担保"模式，当借款人逾期未还款时，P2P网贷平台或其合作机构垫付全部或部分本金和利息。垫付资金的来源包括P2P平台的收入、担保公司收取的担保费，或是从借款金额扣留一部分资金形成的"风险储备金"。此外，还有"类证券""类资产管理"等其他模式。我国的P2P网贷从2006年起步，截至2013年末，全国范围内活跃的P2P网贷平台已超过350家，累计交易额超过600亿元。

从规模和经营状况看，平台公司的门槛较低，注册资本多为数百万元，从业人员总数多为几十人，单笔借款金额多为几万元，年化利率一般不超过24%。

（三）非P2P的网络小额贷款

非P2P的网络小额贷款（以下简称网络小贷）是指互联网企业通过其控制的小额贷款公司，向旗下电子商务平台客户提供的小额信用贷款。典型代表如阿里金融旗下的小额贷款公司。

网络小贷凭借电商平台和网络支付平台积累的交易和现金流数据，评估借款人资信状况，在线审核，提供方便快捷的短期小额贷款。例如，阿里巴巴所属的网络小贷向淘宝卖家提供小额贷款，旨在解决淘宝卖家的短期资金周转问题。截至2013年末，阿里金融旗下三家小额贷款公司累计发放贷款1500亿元，累计客户数超过65万家，贷款余额超过125亿元。

（四）众筹融资

众筹融资（Crowd Funding）是指通过网络平台为项目发起人筹集从事某项创业或活

动的小额资金,并由项目发起人向投资人提供一定回报的融资模式。典型代表如"天使汇"和"点名时间"。

众筹融资平台扮演了投资人和项目发起人之间的中介角色,使创业者从认可其创业或活动计划的资金供给者中直接筹集资金。按照回报方式不同,众筹融资可分为以下两类:一是以投资对象的股权或未来利润作为回报,如"天使汇";二是以投资对象的产品或服务作为回报,如"点名时间"。众筹融资在我国起步时间较晚,目前约有21家众筹融资平台。其中"天使汇"自创立以来累计有8000个创业项目入驻,通过审核挂牌的企业超过1000家,创业者会员超过20000人,认证投资人达840人,融资总额超过2.5亿元。

(五)金融机构创新型互联网平台

金融机构创新型互联网平台可分为以下两类:一是传统金融机构为客户搭建的电子商务和金融服务综合平台,客户可以在平台上进行销售、转账、融资等活动。平台不赚取商品、服务的销售差价,而是通过提供支付结算、企业和个人融资、担保、信用卡分期等金融服务来获取利润。目前这类平台有建设银行"善融商务"、交通银行"交博汇"、招商银行"非常e购"以及华夏银行"电商快线"等。二是不设立实体分支机构,完全通过互联网开展业务的专业网络金融机构。如众安在线财产保险公司仅从事互联网相关业务,通过自建网站和第三方电商平台销售保险产品。

(六)基于互联网的基金销售

按照网络销售平台的不同,基于互联网的基金销售可以分为两类:一是基于自有网络平台的基金销售,实质是传统基金销售渠道的互联网化,即基金公司等基金销售机构通过互联网平台为投资人提供基金销售服务。二是基于非自有网络平台的基金销售,实质是基金销售机构借助其他互联网机构平台开展的基金销售行为,包括在第三方电子商务平台开设"网店"销售基金、基于第三方支付平台的基金销售等多种模式。其中,基金公司基于第三方支付平台的基金销售本质是基金公司通过第三方支付平台的直销行为,使客户可以方便地通过网络支付平台购买和赎回基金。以支付宝"余额宝"和腾讯"理财通"为例,截至2014年1月15日,"余额宝"规模突破2500亿元,用户数超过4900万;"理财通"1月22日登录微信平台,不到10天规模已突破100亿元。

专栏20-2
**互联网带来的金融业变革**

互联网金融有效提升了金融服务效率,降低了金融服务的成本,在为传统金融创新带来新的发展机遇的同时,其快速发展更对传统金融机构带来了冲击。比如,阿里巴巴最开始是一个中小企业的跨境贸易平台,2003年开始,阿里巴巴开始建淘宝。而真正成就阿里巴巴的就是淘宝。有了淘宝以后,就要解决网络支付的问题,于是支付宝诞生了。支付是所有金融的基础,所以支付宝又衍生出阿里小贷接着又有了余额宝。从余额宝进入到了财富管理,进行金融产品的销售。现在的蚂蚁金服已经涉及金融全产业。由此,我们看到一个非常典型的互联网电子商务生态的构建,及其如何向金融领域的跨界、演变和进化。

平安银行也在传统金融业的基础上推出了一账通的账户体系。通过这个账户体系连通了平安银行（000001）、平安证券、平安保险、平安信托、基金、资产管理等。

2014年中国第三方支付机构达到了269家，P2P平台近2000家，年成交额超过2000亿元，众筹平台总数约128家。商业银行的主体业务通常包括存、贷、汇三个方面，互联网理财成功分流了传统商业银行的存款业务，P2P影响了商业银行的贷款业务，第三方支付挑战了商业银行的汇款业务。

随着整个市场的发展，传统金融机构和互联网金融企业互相渗透的趋势越来越明显，互联网金融已经成为金融行业不可逆转的发展趋势，有可能迎来新一轮的对互联网金融机构的并购潮。"互联网+"使得传统金融行业未来发展的空间更加广阔。

资料来源：上海金融报，2015-05-26。

### 四、互联网金融的风险

随着互联网金融的快速发展，其风险的隐蔽性、传染性、广泛性、突发性有所增加，实践中也出现了一些问题。互联网金融的风险主要体现在三个方面：一是机构的法律定位不明确，业务边界模糊。主要表现为：P2P借贷平台从事金融业务，但现有法律规则难以明确界定其金融属性并进行有效规范。互联网金融企业的业务活动经常突破现有的监管边界，进入法律上的灰色地带，甚至可能触及非法集资、非法经营等"底线"。二是客户资金第三方存管制度缺失，资金存管存在安全隐患。尤其是P2P借贷平台会产生大量资金沉淀，容易发生挪用资金甚至卷款潜逃的风险。近两年来先后发生了"淘金贷""优易网"等一些P2P平台的卷款跑路和倒闭事件，给放贷人造成了资金损失，也影响了整个行业的形象。三是风险控制不健全，可能引发经营风险。一些互联网金融企业片面追求业务拓展和盈利能力，采用了一些有争议、高风险的交易模式，也没有建立客户身份识别、交易记录保存和可疑交易分析报告机制，容易为不法分子利用平台进行洗钱等违法活动创造条件；还有一些互联网企业不注重内部管理，信息安全保护水平较低，存在客户个人隐私泄露风险。

## 【本章小结】

20世纪70年代以后的金融创新的表现主要分为：金融制度、金融业务和金融组织结构的创新。与以往的金融创新相比，当代金融创新体现了新型化、电子化、多样化和持续化的特征。这种金融创新不是由某一因素导致的，而是在特定的经济背景下多因素共同作用和影响的产物。其中经济思潮的变迁、需求刺激与供给推动、对不合理金融管制的规避以及新科技革命的推动是最主要的因素。金融创新使得金融对现代经济发展有巨大的推动和促进作用，同时也对金融和经济发展产生了不利影响。但从总体上看，金融创新的利远远大于弊，并且利始终是主要的和主流性的。各国必须对其加以有效的引导和监管，并进行防范和控制。

我国农村金融组织体系由合作性金融机构、政策性金融机构、商业性金融机构和其他农村金融组织构成。包括农村合作金融机构、中国农业银行、中国农业发展银行、中国邮政储蓄银行、农业保险机构和其他农村金融组织等。为解决农村地区银行业金融机构网点覆盖率低、金融供给不足、竞争不充分等问题，银监会按照商业上可持续的原则，适度调整和放宽了农村地区银行业金融机构准入政策，降低了准入门槛，批准试点成立了三类新型农村金融机构。在此之前，在中国人民银行的主导下，一些地区开展了小额贷款公司的试点工作。

【重要概念】

金融制度创新　国际货币制度的创新　金融业务创新　国际性联合银行

【思考题】

1. 金融创新指的是什么？当代金融创新的主要内容是什么？
2. 为什么创新活动形成一种趋势？从经济发展的角度来看，创新的意义何在，同时带来了哪些问题？
3. 简述农村信用社产权制度的内容。
4. 新型农村金融机构的主要类型有哪些？

# 第二十一章

# 十九大报告与我国金融改革实践

## 第一节 十九大报告的理论精髓

### 一、十九大报告关于金融改革的论述

2017年10月18日，中国共产党第十九次全国人民代表大会在北京开幕。习近平总书记向大会作报告，明确了我国未来一段时期经济社会发展的总体目标，同时确立了各项政策和体制改革的重点方向。在金融工作方面，报告明确提出"深化金融体制改革，增强金融服务实体经济能力，提高直接融资比重，促进多层次资本市场健康发展。健全货币政策和宏观审慎政策双支柱调控框架，深化利率和汇率市场化改革。健全金融监管体系，守住不发生系统性金融风险的底线"。

十九大报告谱写了新时代中国金融改革发展的新篇章，为做好金融工作指明了方向。其关于金融领域方面的论述呈现出六大亮点。

（一）着力加快建设实体经济、科技创新、现代金融、人力资源协同发展的产业体系

"现代金融"这一定位进一步理顺了金融与实体经济的关系。把"现代金融"归为产业体系的一部分这一举措，实际上强调了金融是现代化经济体系的重要组成部分，金融业发展与实体经济紧密联系、互相支撑，不能搞自我循环、自我发展。理顺金融与实体经济的关系，有利于解决金融与实体经济失衡的问题，实现金融与实体经济的协调发展。

（二）深化金融改革是金融发展与转型的重要动力，是实现金融服务实体经济和转型发展的必由之路

未来要稳步提高直接融资比重，积极有序发展股权融资，扩大债券融资规模，拓展保险市场的风险保障功能，深化市场互联互通，逐步建成具有国际竞争力的多层次资本市场体系。同时，未来几年利率和汇率市场化改革有望迈出新的关键步伐。

（三）强调金融要增强服务实体经济能力

十九大报告提出，深化金融体制改革，增强金融服务实体经济能力，表明金融工作

要把服务实体经济作为出发点和落脚点，全面提升服务效率与水平。

（四）健全货币政策和宏观审慎政策"双支柱"调控框架

十九大报告首次将宏观审慎政策提高到与货币政策同等的高度，这是相较十八大报告的新增内容，也是中央层面的报告文件中首次提及"双支柱"调控框架，突出了宏观审慎政策的重要性，表明当前中国"双支柱"调控框架已逐渐清晰。

（五）进一步强调守住不发生系统性金融风险底线

当前中国金融发展进入加速换挡期，金融体系杠杆率不断提升，关联性逐渐密切，复杂性日益显现，这对现行的金融监管体制带来挑战。股市、汇市、债市等金融市场风险此消彼长，房地产泡沫、影子银行、互联网金融、地方政府债务等风险不断积聚，违法犯罪风险、流动性风险不断涌现。未来金融监管的强度和广度都将大大增强，监管规则打架、标准不统一和监管真空等问题终将得到解决。

（六）绿色金融进入快速道

要求银行进一步完善绿色信贷考核体系，重点支持低碳经济、循环经济、绿色经济等的融资需求。积极探索通过发行绿色金融债、绿色资产证券化等方式多渠道筹集资金，加大对绿色发展项目的信贷投放。

金融是国家重要的核心竞争力，金融安全是国家安全的重要组成部分，金融制度是经济社会发展中重要的基础性制度。要深化对国际国内金融形势的认识，正确把握金融本质，创新和完善金融调控，健全现代金融企业制度，完善金融市场体系，推进现代金融监管框架的构建。紧紧围绕服务实体经济、防控金融风险、深化金融改革三项任务，深化金融供给侧结构性改革，平衡好稳增长和防风险的关系，精准有效处置重点领域风险，深化金融改革开放，增强金融服务实体经济能力，坚决打好防范化解包括金融风险在内的重大风险攻坚战，推动我国金融业健康发展。

## 二、科学价值观与金融改革

习近平指出，中国经济已由高速增长阶段转向高质量发展阶段，正处在转变发展方式、优化经济结构、转换增长动力的攻关期，建设现代化经济体系是跨越关口的迫切要求和中国发展的战略目标。必须坚持质量第一、效益优先，以供给侧结构性改革为主线，提高全要素生产率，着力加快建设实体经济、科技创新、现代金融、人力资源协同发展的产业体系。这就需要我们运用科学价值观来持续推动金融改革，促进金融业的健康繁荣发展。

科学价值观就是用科学的世界观和方法论来看待某一事物所具有的价值。科学价值的全面认识是和市场经济分不开的。从根本上讲，科学价值观的改变是社会大环境变迁的结果。在市场经济条件下，科学技术是第一生产力，是发展的重要内在推动力。社会希望科学技术能够创造更多的社会财富，从而增强国家的实力，提高人民的生活水平。

十九大报告指出"创新是引领发展的第一动力""突出关键共性技术、前沿引领技术、现代工程技术、颠覆性技术创新""深化科技体制改革，建立以企业为主体、市场为导向、产学研深度融合的技术创新体系，加强对中小企业创新的支持，促进科技成果转化。""加快建设制造强国,加快发展先进制造业,推动互联网、大数据、人工智能和实体经济深度融合,在中高端消费、创新引领、绿色低碳、共享经济、现代供应链、人力资本服务等领域培育新增长点、形成新动能。"而旧动能的退出、新动能的培育需要传统金融机构转变思维和经营模式,在新市场中实现自身转型。金融改革的方向应与新兴科技进行深度融合,成为促进金融业全面转型升级的重要推动力量。对于技术与实体经济的融合,中国正在经历一个经济社会转轨的阶段,如果打开管理、技术方面的空间和潜力,就能使我国这种发展中经济体在追赶的过程中出现守正出奇的效果,就能够让中国和其他经济体在良性互动中寻求到命运共同体式的完美共赢,进而在多赢的和平式发展中充分发挥出后发优势。

### 三、百年奋斗目标与金融改革

党的十九大明确提出了"两个一百年"的奋斗目标,在中国共产党成立100年,即2021年,我国将全面建成小康社会。在新中国成立100年,即2049年,把我国建设成富强、民主、文明、和谐、美丽的社会主义现代化强国。从十九大到二十大,是"两个一百年"奋斗目标的历史交汇期,此后可以分两个阶段来安排。从2020到2035年,在全面建成小康社会的基础上,再奋斗15年,基本实现社会主义现代化。从2035年到本世纪中叶,在基本实现现代化的基础上,再奋斗15年,把我国建成富强民主文明和谐美丽的社会主义现代化强国。金融改革应助力社会主义现代化强国目标的实现,为实现"两个一百年"奋斗目标奠定坚实的物质基础。

目前到2020年,要紧扣我国社会主要矛盾变化,统筹推进经济建设、政治建设、文化建设、社会建设、生态文明建设,坚定实施科教兴国战略、人才强国战略、创新驱动发展战略、乡村振兴战略、区域协调发展战略、可持续发展战略、军民融合发展战略,突出抓重点、补短板、强弱项,特别是要坚决打好防范化解重大风险、精准脱贫、污染防治的攻坚战。要解决人民对美好生活的需要同不平衡不充分发展之间的社会主要矛盾,必须要依靠高质量的发展。"不平衡""不充分"既体现在城乡差距、区域差距、贫富差距、收入差距上,也体现在经济发展与社会发展的不平衡上。因此,只有从经济建设、文化建设、法治建设、生态环境建设等多个方面着手,才能建立人人幸福安康、社会安全和谐、国家繁荣富强的公平正义社会,最终实现社会主义现代化的强国目标,使全面建成小康社会得到人民认可、经得起历史检验。

从2020年到2035年,我国经济实力、科技实力将大幅跃升,跻身创新型国家前列;人民平等参与、平等发展权利得到充分保障,法治国家、法治政府、法治社会基本建成,各方面制度更加完善,国家治理体系和治理能力现代化基本实现;社会文明程度达到新的高度,国家文化软实力显著增强,中华文化影响更加广泛深入;人民生活更为宽裕,中等收入群体比例明显提高,城乡区域发展差距和居民生活水平差距显著缩小,基本公共服务均等化基本实现,全体人民共同富裕迈出坚实步伐;现代社会治理格局基本形成,社会充满活力又和谐有序;生态环境根本好转,美丽中国目标基本实现。

从2035年到2049年,那时我国物质文明、政治文明、精神文明、社会文明、生态文明将全面提升，实现国家治理体系和治理能力现代化，成为综合国力和国际影响力领先的国家，全体人民共同富裕基本实现，我国人民将享有更加幸福安康的生活，中华民族将以更加昂扬的姿态屹立于世界民族之林。

可以看出，三个阶段的目标和任务并不相同。因此要求金融行业在这三个阶段中提供的金融产品、金融服务的侧重点也应有所不同。要求以市场需求为前提，适应经济发展阶段，并且随着经济发展、市场需求的提升、市场交易程度的发展而不断创新，在创新中实现自身的价值，完成自身的使命。

在金融方面，建设成社会主义现代化强国就是努力建立现代化经济体系，深化金融改革。现代化经济体系应以社会主义市场经济体制为基础。而市场经济有效性的保证体现在完善的产权制度与要素市场化配置为主。对于金融企业而言，需要促进产权激励的有效性、要素自由流动、竞争公平有序和企业优胜劣汰。习近平在十九大报告中表示，要完善各类国有资产管理体制，改革国有资本授权经营体制，加快国有经济结构调整，同时发展混合所有制经济，还将全面实施市场准入负面清单制度，激发各类市场主体活力。

## 第二节 十九大报告中相关的金融改革论述

### 一、关于金融风险的防范

随着中国经济进入新常态，实体经济部门进入动能转换、结构调整的新时期，实体企业在产能过剩、库存增加、杠杆率提高和成本上升的压力下，经济效益有所下滑。与此同时，国际金融危机发生以来，全球经济一直处于深度调整阶段，国际金融市场不确定因素还有很多，内外因素共同作用导致我国金融风险不断积聚。防范化解金融风险特别是防止发生系统性金融风险，是金融工作的根本性任务。要加快金融市场基础设施建设，稳步推进金融业关键信息基础设施国产化。要做好金融业综合统计，健全及时反映风险波动的信息系统，完善信息发布管理规则，健全信用惩戒机制。要做到"管住人、看住钱、扎牢制度防火墙"。

防范化解金融风险、维护金融稳定不仅要强化监管，其治本之道是深化金融改革，完善和健全金融市场，引导金融回归服务实体经济的本源。十九大报告提出："健全货币政策和宏观审慎政策双支柱调控框架，深化利率和汇率市场化改革。健全金融监管体系，守住不发生系统性金融风险的底线"。保持金融市场稳定，并加速提升为实体经济服务的能力和水平。维持金融系统稳定，同时还应充分考虑金融市场的外部性和敏感性，实行区别对待。在结构性去杠杆过程中保持服务实体经济力度不减。只有健全的货币政策还不够，金融系统性风险的主要来源是金融顺周期性和跨市场风险传染，宏观审慎就是对金融顺周期行为和跨市场风险传染对症下药。强监管和协调监管是宏观审慎政策的重要体现，也是防范重大金融风险不可或缺的措施手段。双支柱调控框架也要求不同部门之间的金融监管要进一步协调和统一。其主要可以起到两方面作用，一是保持币值稳定,二是维护金融系统的稳定。

防范化解金融风险,同时还要坚决巩固信贷资产质量向好局面,强化"新增、潜在、逾期、不良"四位一体统筹管理,持续推进信贷体制机制改革,推行专家治贷、从严治贷。抓好各类风险的管控,完善全面风险管理体系。尤其是突出抓好交叉性输入性风险管控,进一步明确跨市场业务发展的方向、重点和模式。统筹抓好汇率风险、国别风险及境外机构合规风险管理,坚持审慎稳健的流动性管理策略。持续强化内控合规三道防线建设,坚决保证安全稳定运营。

## 二、关于直接融资模式的论述

十九大报告中提出"提高直接融资比重,促进多层次资本市场健康发展"。长期以来,我国企业融资主要依赖银行信贷,增加了实体经济的融资成本,也不利于银行业降低系统性风险。因此,需要大力发展资本市场,调整直接融资和间接融资的融资结构,提高直接融资比重。发展直接融资,主要还是去银行中介作用,通过股票和债券市场融资,直接对接资金供给方和需求方,提高资金配置效率。一方面要发展多层次资本市场,改革股票发行制度,实施注册制,鼓励更多的企业通过股权融资,切实降低企业资产负债率;另一方面,还要积极发展企业债券市场,创新债券品种,从而有效降低企业融资成本。

从世界经验来看,侧重股权融资为主的直接融资比以银行贷款为主的间接融资更有利于发展新经济。从长远看,经济发展的长远动力是创新驱动,直接融资不仅优化资源配置、降低金融风险,更对助推资本形成,促进创新驱动有关键的作用。中国的金融体系一直以银行向企业发放贷款的间接融资为主,但是资本市场的发展速度与中国经济发展速度出现明显的不匹配。此外,以银行信贷为主的融资对企业而言是一笔债务要支付利息。如果经济下行会导致企业收入下降,企业负担加重,从而形成恶性循环。因此要把发展直接融资放在重要位置,形成融资功能完备、基础制度扎实、市场监管有效、投资者合法权益得到有效保护的多层次资本市场体系。中国资本市场是中国金融体系的短板。中国资本市场要打好防范化解重大风险的攻坚战,就要补短板,不能制约去杠杆的进程,要为融资结构的优化作出应有贡献。

## 三、金融脱虚向实的改革

金融要为实体经济服务,满足经济社会发展和人民群众需要。金融活,经济活;金融稳,经济稳。经济兴,金融兴;经济强,金融强。经济是肌体,金融是血脉,两者共生共荣。我们要深化对金融本质和规律的认识,立足中国实际,走出中国特色金融发展之路。

金融脱虚向实改革应落实到服务实体经济和供给侧结构性改革上。把服务现代化经济体系建设作为工作的出发点和落脚点,在促进经济发展质量变革、效率变革、动力变革及全要素生产率提高中,在增强我国经济创新力和竞争力中,发挥金融机构应有作用。落实好深化供给侧结构性改革的要求,科学把握信贷投放总量、节奏和投向,前瞻谋划信贷布局，优化存量资源配置，扩大优质增量供给，重点对银行同业业务及理财业务从多个方面严查严纠，严格控制资金空转。在加大监管行政处罚力度的同时，也督促商业银行开展自查，严格问责。坚定不移支持"三去一降一补"。

金融脱虚向实改革应落实到乡村振兴战略上。党的十九大报告中提出乡村振兴战略，需要金融业在针对"三农"等领域提供更多普惠金融服务，完善承包地"三权"分置制度，深化农村集体产权制度改革，培育新型农业经营主体，健全农业社会化服务体系，实现小农户和现代农业发展有机衔接。促进农村一、二、三产业融合发展，支持和鼓励农民就业创业，拓宽增收渠道。加快完善社会主义市场经济体制、推动形成全面开放新格局的要求、建设美丽中国、保障和改善民生等各项要求，不断提升对经济新领域、"一带一路"、绿色金融、普惠金融等服务水平。重点支持普惠金融、小微企业融资、"三农"融资、脱贫攻坚方面的融资。同时，继续支持基础设施建设、安居工程等重大的公益性项目。

### 四、十九大之后金融系统的反腐

中共中央总书记习近平在十九届中央纪委二次全会的讲话中作出"一个判断"，总结"六条经验"，提出"五项举措"，明确"八项任务"，被视为是中共十九大后中国反腐如何开局的"密钥"。

在金融系统方面，不断加强党对金融工作的集中统一领导，把党的政治建设融入重大决策部署的制定和落实全过程，着力防范化解重大金融风险。切实加大金融领域反腐力度，聚焦金融乱象背后的利益勾结和关系纽带，依法严惩不法金融集团、违法犯罪分子和金融监管机构"内鬼"，严肃查处选人用人、货币信贷、行政许可、行政处罚等重点领域和关键环节的腐败案件，坚决清除害群之马特别是甘于被"围猎"的腐败分子。

持续推进形式主义、官僚主义集中整治，弘扬实践实干实效之风。要以强监督推动强监管，深化中央八项规定精神落实巩固；拓展日常监督的深度和广度，提高发现和解决问题的能力；坚持激励与约束并重，促进监管部门依法履职、勇于担当；倡导廉政金融文化，构建和谐健康的"亲""清"关系。要继续保持高压态势，切实加大金融领域反腐败斗争力度，坚持严字当头，对存在腐败问题的，发现一起查处一起；严格依规依纪依法开展审查调查工作，讲究政策、注意方法，确保取得良好的政治效果、纪法效果和社会效果。要全面落实深化派驻机构改革各项要求，持续推动各级纪检监察机构转职能、转方式、转作风，聚焦主责主业，推动纪检监察工作实现高质量发展。要坚持打铁必须自身硬的要求，选优配强纪检监察干部，进一步提高政治素质和履职能力，努力建设成政治过硬、本领高强、作风优良，让党放心、人民信赖的纪检监察铁军，为打赢防范化解金融风险攻坚战提供有力的纪律保障。

要管住金融机构、金融监管部门主要负责人和高中级管理人员，加强对他们的教育监督管理，加强金融领域反腐败力度。要运用现代科技手段和支付结算机制，适时动态监管线上线下、国际国内的资金流向流量，使所有资金流动都置于金融监管机构的监督视野之内。要完善金融从业人员、金融机构、金融市场、金融运行、金融治理、金融监管、金融调控的制度体系，规范金融运行。

### 专栏 21-1
### 金融反腐撕开潜藏腐败网络——中纪委通报查处金融领域领导干部

【案例通报】据中纪委网站的公开信息不完全统计，自党的十八大以来，金融领域涉嫌违规违纪被调查的金融监管人员和金融机构人员至少有近 50 个，其中不乏"大老虎"。2017 年 4 月，保监会主席项俊波被调查。2015 年 11 月，中国证监会原党委委员、副主席姚刚涉嫌严重违纪被组织调查。2017 年 2 月，人保集团党委副书记、副董事长、总裁王银成涉嫌严重违纪接受组织审查；2015 年 11 月，中国出口信用保险公司首席审计官、审计部总经理、监事会办公室主任马仑涉嫌严重违纪，接受调查；同一天，中国出口信用保险公司党委办公室主任胡正明也因干扰中央巡视组对公司专项巡视工作的开展，构成违反中央巡视工作纪律和党的政治纪律错误，被调离党委办公室、办公室主任岗位；而在 2013 年 12 月，中国出口信用保险公司原副总经理戴春宁伙同他人贪污巨额公款，利用职务上的便利为有关公司或个人谋取利益，单独或伙同他人收受巨额贿赂，也被开除党籍。2015 年 11 月，银行业协会原党委书记王岩岫，因长期隐瞒其配偶加入美国国籍的事实，多次未经批准出席有关论坛、会议，违反中央八项规定精神，违反党的组织纪律；违规收取报酬，并超标准接受接待，被撤销党内职务、行政降级处分。相隔一天，辽宁银监局原党委书记、局长李林也因履职不到位，对干部任职相关程序性规定不落实负有领导责任，导致不良后果，违反党的组织纪律受到党内警告处分。2017 年 2 月，交通银行原党委委员、首席风险官杨东平也因违反政治纪律，对抗组织审查；违反廉洁纪律，利用职权和职务上的影响为私营企业主获取贷款提供帮助，本人和亲属从中谋取私利，被开除党籍和公职。2016 年 9 月，国开行原党委副书记、监事长姚中民也因顶风违纪，收受礼金、礼品，搞权色、钱色交易，利用职务上的便利为他人谋取利益并收受财物，涉嫌受贿犯罪等被开除党籍和公职。

【案件启示】金融从业人员需着重从以下五个环节加以注意。

一是滥用权力。例如，滥用审批特权，管理部门通过拒绝、提高准入门槛或增加不合理要求，故意刁难，谋求腐败利益。有些金融机构高管，利用手中权力，为企业发放贷款、逃废债务等提供方便，例如，在对融资风险把握不大或者明知风险较大的情况下向关系方提供利率低、还贷期限长、放宽额度等优惠贷款，为企业和老板牟取非法利益。

二是利用职务便利。有些金融机构高级管理人员及重要岗位人员利用其职责范围内主管、经手、管理公共财产的职权所形成的便利条件，通过假借执行职务，侵吞、窃取、骗取本机构的公共财产，或通过非规范交易收受经营者以手续费、劳务费、佣金等名义给付的现金或实物。有的伪造单据，假借户头，凭空转让私吞资金，透支储户存款、利息，收入不入账，贪污、挪用公款，为自己的亲属、朋友经商办企业提供资金和财产上的便利等。

三是泄露重大信息。一方面我国对金融的管控严格，另一方面金融市场的竞争日趋激烈，这就导致了核心机密的市场价格昂贵。一些人为了谋取不当利益，将重大金融决策以种种不正当的途径泄露。

四是灰色商业贿赂和单位犯罪多发。在有些情况下，商业贿赂并不是直接贿赂给本人，而是某一个集体，导致单位内部的小团体性犯罪。银行业不正当交易和商业贿赂行为，主要发生在存贷款业务、票据承兑贴现业务、出具信用证（保函、资信证明）、信用卡等授信（授权）管理、结算、不良资产处置等业务领域和基建工作、营业用房装修、商业广告制作和大宗物品采购以及科技设备购置等业务环节。

五是参与洗钱等金融犯罪活动。境内外犯罪分子已经开始拉拢、腐蚀我国金融从业人员，已有银行工作人员协助了国际洗钱活动。另外，驻外中资银行工作人员可能成为职务犯罪高发人群。

## 第三节 我国现代金融改革趋势

经过40多年的改革开放，我国金融体系已初步解决"有没有"的问题，很好地适应了相对粗放的追赶型经济增长模式，但远非完善，今后将转向"好不好"和"适应不适应"的问题，逐步朝着"稳健、高效、包容"的服务实体经济方向发展，促进金融体系上的资源优化配置。

### 一、加强我国私募股权基金改革

近年来我国私募股权行业发展迅猛，带来了空前的社会和经济影响。根据中国基金业协会的不完全统计，截至2018年5月底，私募股权投资基金已达2.53万只，基金规模7.15万亿元，较上月增加1054.05亿元，增长1.50%；创业投资基金5490只，基金规模0.74万亿元，较上月增加181.90亿元，增长2.53%。私募股权基金几乎已经参与到了经济社会的每个角落，小到影响居民日常生活的某个票房火爆的电影以及随处可见的共享单车，大到配合供给侧结构性改革、"一带一路"等国家战略的诸多项目。私募股权投资基金在培育新的经济增长点、促进动能转换和产业升级方面发挥了不可替代的作用，已经发展成为支持实体经济和服务供给侧结构性改革的重要力量。

现阶段，我国进一步推动资本市场的全面对外开放，优化完善沪深港通，扎实稳妥推进沪伦通；推动A股进一步纳入明晟新兴市场指数（MSCI）和富时罗素国际指数；大幅放宽证券基金期货行业外资股比限制；放开外国人开立A股账户政策，将在境外工作的外籍员工纳入股权激励范围；放开外商独资和合资私募管理人登记。在资本市场对外开放的进程中，中国基金行业迎来了新的发展机遇。

中国证监会将继续深入学习贯彻习近平新时代中国特色社会主义思想和党的十九大精神，按照党中央、国务院关于经济金融工作的方针政策，全面深化资本市场改革：一方面鼓励私募股权与创投基金积极参与企业并购重组、债转股以及股权融资，鼓励各类各级政府管理的投资基金、私募股权投资基金管理人和券商资管等设立股权并购基金，提升上市公司的融资便利，改善上市公司的治理结构，有效防范股权质押风险；另一方面充分发挥私募基金积极作用，激发市场活力。进一步健全适应创投行业的差异化监管机制，研究完善并购重组领域创投基金所投企业上市解禁期与投资期限反向挂钩机制。优先支持设立主要投资于民营企业的各类股权和债权投资基金。推动完善相应的财税政策，进一步支持私募股权基金投向高新技术企业与产业。

## 二、加强互联网金融监管与改革

改革开放 40 周年以来，我国金融科技以及互联网、信息技术取得了突飞猛进的发展，这使"互联网 + 金融"模式成为当代金融服务业发展的新潮流，而大数据在各个行业跨领域式的大范围应用，超级计算机技术、云端存储技术跨越式的兴起，有效地推动了互联网在金融行业中的发展，使我国传统金融行业产生新气象，并诞生了第三方资金支付结算平台等一系列的新型商业模式。

互联网金融既要应对基于技术层面的特有风险，又要防范基于传统金融层面的相关风险。一方面互联网金融依托于计算机网络技术，对金融工具、软件、平台的依赖性极强，具有较高被攻克的风险，进而可能导致严重的信息泄露、信息篡改、系统瘫痪等问题。如《移动互联网金融 APP 信息安全现状白皮书》指出，现存部分 APP 存在加密算法误用，加密协议显示不正确、不完整等情况，易造成信息篡改，信息盗用。另一方面，传统金融所面临的信息不对称风险、流动性风险、长尾风险等风险同样对互联网金融也造成威胁。互联网金融业务由于高虚拟性、模糊性和分散性，在信息系统尚未完善的条件下，交易信息确认真实可信的难度较大，导致信息优势一方促使利益分配不均衡，容易出现道德风险及逆向选择。再者，互联网金融具有高周转、流量大、联动性强等特征，会出现风险保障金不足、杠杆比例过高等情况，存在较高挤兑风险隐患。当资金在短时间内不能集中取现时，互联网金融相较传统金融更易发生资金链断裂，爆发流动性风险。长尾定律原指主流市场外满足差异化需求的利基产品其总体份额可与主流市场相同。基于互联网金融行业的长尾风险指因交易对象的差异性、分散性、个体数量庞大而导致的风险。互联网金融产品主要为普惠性的利基产品，主要交易对象为尾部的一般投资者，其中大部分客户为中小企业和中低收入群体，其金融知识相对匮乏，对金融风险的衡量、辨识能力较差，在交易中常常处于弱势地位，易发生盲目投资、欺诈等现象。

2019 年是继续开展互联网金融风险专项整治和推进互联网金融规范发展长效监管机制建设的重要一年。按照国家关于促进社会组织健康有序发展的决策部署和互联网金融风险专项整治工作再动员再部署的任务要求，银保监会、证监会、网信办、统计局、外汇局、国标委等部门应通力配合和支持，充分凝聚广大会员机构合力，始终秉持"服务监管、服务行业、服务社会"的职责定位，全力参与互联网金融风险专项整治工作，按照将互联网金融从业机构全面纳入自律管理的要求，持续完善并充分发挥登记披露、统计监测、信息共享、举报受理、资金存管、身份核验、反洗钱监测等行业基础设施功能作用，有效夯实标准、研究和科技支撑，针对性开展金融知识普及教育培训和风险提示，切实加强金融科技研究与应用的国际交流，各项工作不断取得新突破，为打好防范化解金融风险攻坚战和促进行业规范健康发展发挥积极作用。

## 三、加强普惠金融改革与精准扶贫

在"十三五"规划下，扶贫工作成为第一个百年奋斗目标。2015 年颁布的《中共

中央 国务院关于打赢脱贫攻坚战的决定》，明确提出到2020年实现让7000多万农村贫困人口摆脱贫困的既定目标，并提出坚持精准扶贫和加大金融扶贫的战略政策支持。在该政策的指引下，以普惠金融和精准扶贫策略来解决贫困问题迅速成为社会关注的重点和热点。

普惠金融助力精准扶贫的重要意义主要包含以下几点：第一，普惠金融的创新性符合精准扶贫的内生扶贫目标。普惠金融支持精准扶贫是通过运用新服务理念、新工具、新模式、新制度，因地制宜，因人而异，可有效提高农村基础金融服务的能力和水平，不断提高贫困家庭的生活质量的创新发展模式。第二，普惠金融的广覆盖性符合精准扶贫的均等扶贫目标。长期以来，在贷款资金获得上，大企业明显占据巨大优势，中小企业在信贷和融资支持上较为不足。但是，普惠金融在机会均等的基础上，通过将边远农村和贫困农民纳入服务范围、努力改善基本金融覆盖面等行为，为实现农村金融机构和农村金融发展奠定了良好的基础。第三，普惠金融的可持续性符合精准扶贫政策的持续扶贫目标。综上，普惠金融的发展以发展型扶贫为基础，以可持续性为原则，具有长期效应，并与精准脱贫的战略目标相一致。

人民银行发布的金融统计数据显示，截至2018年末，普惠口径小微贷款余额8万亿元，同比增长18%，增速比上年高8.2个百分点。全年增加1.22万亿元，增量是上年全年的2倍。截至2018年11月末，普惠口径小微贷款支持小微经营主体1713万户，比上年末增加387万户，增长29.2%。小微企业贷款利率有所下降。2018年12月，新发放的500万元以下小微企业贷款利率平均水平为6.16%，比上年同期低0.39个百分点。

建立有中国特色的普惠金融体系，加强对小微企业、"三农"和偏远地区的金融服务，充分运用金融工具，让低收入人群获得小额信用贷款，推进金融精准扶贫。发展农村草根金融是金融扶贫的重要内容。多位专家指出，应探索建设适宜中国农村的金融服务体系，活跃中国农村的金融市场，改"输血式扶贫"为"造血式扶贫"，提高贫困农户的自立和自我发展能力。具体到实践上，要为农村市场量身打造保险、汇兑、理财等多方位的金融服务产品，以市场经济的手段帮助农户早日实现脱贫致富。另外，多层次组织体系是加强普惠金融服务的基础，其中涵盖了大型国有银行普惠金融事业部、中小银行、农村商业银行和农信社，以及与"三农""小微"关系密切的非银行金融机构。尤其是小微金融机构扎根基层、服务灵活、业务便利，与大型商业银行优势互补，是普惠金融的"毛细血管"，近年来在提升金融可获得性、降低融资成本方面取得了明显实效，在未来也应继续立足这个方面，建立长期可持续的金融服务体系，培育能够实现商业化、市场化运作的普惠金融服务模式。

## 四、加强金融机构对乡村振兴战略的支持

实施乡村振兴战略，是党的十九大作出的重大决策部署，是决胜全面建成小康社会、全面建设社会主义现代化国家的重大历史任务，是新时代"三农"工作的总抓手，是实现农业农村现代化总目标的有效途径。金融部门要按照"产业兴旺、生态宜居、乡风文明、治理有效、生活富裕"的总要求，认真研究和找准金融支持乡村振兴战略的方向

和重点,准确把握金融服务乡村振兴战略的难点和问题,借鉴国际经验,在现有"三农"金融服务模式基础上,深入推进金融服务乡村振兴战略模式创新,积极支持乡村振兴战略总体目标的实现。

2018年,中共中央政治局召开会议审议通过了《乡村振兴战略规划(2018—2022年)》,标志着乡村振兴这一重大战略全面进入落地实施期,为新时代"三农"提供了历史性的发展机遇,必将给我国"三农"发展带来重大而深远的影响。现阶段我国金融服务的供给总量过剩,但是存在结构性失衡掣肘,对于"三农"领域的支持仍然不足,乡村金融一直是金融服务的灰色地带和薄弱环节。尽管在党中央的政策扶持下和金融机构的努力下,截至2018年末,全国银行业金融机构涉农贷款(不含票据融资)余额33万亿元,同比增长5.6%,相比2007年的6.1万亿元翻了五番;普惠型涉农贷款余额为5.63万亿元,增长10.52%。但在发展现代农业、实施乡村振兴战略的"五个要求"框架下,乡村金融仍是乡村振兴各个系列中的短板。

发挥乡村金融在支持乡村经济振兴中的主观能动性,基于供给侧结构性背景下的乡村金融体制改革与机制建设,坚持市场主导的改革方向,在发挥政府推进改革、健全农村金融体系、宏观调控作用的同时,大力发展乡村持牌微型金融机构,优化乡村金融供给机构的布局,充分发挥其在支持乡村振兴战略实施中的作用,探寻有效提升乡村金融支持效率等是我国未来落实乡村振兴战略,发展农村金融的重点工作方向。

### 五、我国利率市场化改革进程

(一)我国利率市场化的进程

1. 1996年,银行间同业拆借市场利率先行放开,债券市场利率以及部分存贷款利率也随后相继放开。1999年10月,银行间市场利率、国债和政策性金融债券发行利率市场化。至此,货币市场和债券利率已经基本放开,贴现率也在逐渐放开中。2000年9月21日,放开了外币贷款利率,并放开大额外币存款利率下限;2003年11月,小额外币存款利率下限放开(先外币后本币,先贷款后存款,先大额后小额)。

2. 2003年以后,不断扩大贷款利率的浮动范围,存款利率的改革也在进行中。2004年10月29日,不再设置贷款利率上限和存款利率下限,至此,我国金融机构的贷款利率基本过渡到"上限放开、下限管理"的阶段;人民币存款利率则实现了"放开下限、管住上限"的既定目标。

3. 2012年6月7日,存款利率浮动区间调整为基准利率的1.1倍,贷款利率调整为基准利率的0.8倍;7月5日,将贷款利率浮动下限调为基准利率的0.7倍,两次浮动区间的调整,拉开了利率市场化最后攻坚战的序幕。2013年7月20日起,放开贷款利率下限,至此,对贷款利率的管制全面放开,就剩存款上限了。

4. 2014年11月12日,下调基准利率,人民币存款浮动区间改为基准利率的1.2倍。2015年4月10日扩大到1.3倍,5月11日扩大到1.5倍。当然,利率的市场化不只是扩大浮动区间,我国近年来的一系列政策都是为日后的利率市场化铺路。

5. 2015年5月1日,正式开始实施《存款保险条例》,银行一旦破产,储蓄额小于

50万元的储户由保险公司赔偿,这一条例的颁布告诉我们,存款也不一定是保险的,当然,最重要的是为民营银行的发展铺路。

我国利率市场化改革稳步推进,特别是货币市场利率放开的进度比较快,利率市场化改革取得了阶段性成果。一是逐步实现货币市场利率品种的市场化,包括银行同业拆借利率、债券回购利率、票据市场转贴现利率、国债与政策性金融债的发行利率和二级市场利率等。二是不断简化存贷款利率管理。过去管理的利率品种很多,近年来,通过放开或取消管制,提高了商业银行管理利率的自主性。三是先后三次扩大对中小企业贷款的利率浮动幅度,增强了银行贷款的风险管理能力,缓解了中小企业贷款难问题。四是放开了对外币利率的管理。目前,人民银行管理的外币利率品种已经很少了。五是中资银行法人对中资保险公司法人试行大额定期存款业务,利率由双方协商确定。总之,从制度方面看,我国利率市场化改革的近中期目标已经基本实现。

(二) LPR改革已取得重要成效

贷款市场报价利率(LoanPrimeRate,LPR)是商业银行对其最优质客户执行的贷款利率,其他贷款利率可在此基础上加减点生成。贷款基础利率的集中报价和发布机制是在报价行自主报出本行贷款基础利率的基础上,指定发布人对报价进行算术计算,形成报价行的贷款基础利率报价平均利率并对外予以公布。按照国务院决策部署,2019年8月17日中国人民银行发布改革完善贷款市场报价利率(LPR)形成机制公告,深化贷款利率市场化改革,经过一段时间的持续推动,LPR改革已取得重要成效。

1. 市场化的LPR更好地反映了市场供求变化。2013年LPR推出之后,受银行贷款定价惯性等因素影响,LPR报价与贷款基准利率保持相对固定的利差,市场化程度较低。LPR改革后,由报价行根据自身对最优质客户实际发放贷款的利率水平,在中期借贷便利(MLF)利率基础上加点报价。MLF利率由市场化招标形成,反映了银行平均的边际资金成本,LPR在MLF利率上加点形成,市场化程度明显提升。2019年8月以来,LPR报价水平逐步下行,1年期LPR累计下降0.4个百分点,充分体现了市场资金供求的变化情况。

2. 按照"先增量、后存量"的顺序推动LPR运用。将银行新发放贷款运用LPR定价情况纳入宏观审慎评估(MPA)考核,推动银行有序运用LPR进行贷款定价。2019年12月末,新发生贷款中运用LPR定价的占比已超过90%。自2020年1月1日起,要求金融机构不得新签参考贷款基准利率定价的浮动利率贷款合同。在此基础上,存量浮动利率贷款定价基准转换于2020年3月1日如期启动,按市场化、法治化原则有序推进。

3. 货币政策向贷款利率的传导效率明显增强。2020年4月中旬,新发放贷款中,利率低于原贷款基准利率0.9倍的占比为28.9%,超过LPR改革前2019年7月的3倍,贷款利率的隐性下限已完全被打破。银行内部定价机制进一步改善,市场化形成的LPR逐渐取代贷款基准利率成为商业银行内部资金转移定价(FTP)的主要参考基准。

4. 以改革的办法促进降低贷款实际利率成效显著。LPR改革后,企业议价意识和能力提高,贷款市场竞争性增强,一些银行主动下沉客户群,加大对小微企业的贷款支持力度,促使企业贷款利率整体明显下行。2020年3月,一般贷款(不含个人住房贷款)利率为5.48%,较LPR改革前的2019年7月下降了0.62个百分点,降幅明显超过同期

LPR 降幅。

5. 对存款利率市场化改革起到重要推动作用。随着 LPR 改革的深入推进，贷款利率实现和市场利率并轨，市场化水平明显提高。随着贷款市场利率整体下行，银行发放贷款收益降低，为了保持和资产收益相匹配，银行会适当降低其负债端成本，高息揽储的动力也会随之下降，从而引导存款利率下行。从实际情况看，银行存款利率已出现一定变化，部分银行主动下调了存款利率，市场化定价的货币市场基金等类存款产品利率也有所下行，存款利率与市场利率正在实现"两轨合一轨"，贷款市场利率改革有效地推动了存款利率市场化。

## 第四节 我国金融监管的改革

以 2018 年"两会"落幕为标志，我国基本完成金融管理机构改革，形成了"一委一行两会"的新监管格局。其中，中国人民银行负责"货币政策保障币值稳定"和"宏观审慎监管"，中国银保监会和中国证监会负责"加强微观审慎保障个体金融机构稳定"和"保障消费者权益"，金融稳定委员会在"一行两会"之上，起"加强宏观审慎保障金融稳定"和"监管协调"之责。

### 一、国务院金融稳定发展委员会的建立

2017 年 7 月 14 日至 15 日召开的全国金融工作会议宣布设立国务院金融稳定发展委员会（以下简称金稳会），金稳会办公室设在中国人民银行。金稳会内含"稳定"和"发展"两个关键词，稳定是前提，发展是目的，二者是相辅相成的辩证关系。在当前突出强调金融稳定的背景下，实践中有的部门和官员容易过于偏重"稳定"而可能牺牲发展，将安全理念异化为绝对安全理念，将"坚决守住系统性风险的底线"以及传统思维中"安全第一"理念异化为"安全唯一"理念，"不求有功，但求无过"，害怕风险，不敢担当，踟蹰不前，陷入保守，不敢创新，畏惧变革。"稳"不等于"进"，因此需要"稳中求进"，但也不能"冒进"。安全稳定并不是金融的终极目标，除了金融稳定外还要追求金融发展。

金稳会的主要职责可以归为九类：（1）落实党中央、国务院关于金融工作的决策部署权；（2）金融业改革发展重大规划审议权；（3）金融改革发展与监管的统筹权；（4）货币政策与金融监管的协调权；（5）统筹协调金融监管重大事项；（6）金融政策与相关财政政策、产业政策的协调权；（7）国际金融风险应对和研究系统性金融风险防范处置和维护金融稳定重大政策；（8）指导地方金融改革发展与监管；（9）对金融管理部门和地方政府进行业务监督和履职问责。金稳会的设立，是中国金融监管体制改革的一个里程碑。

金稳会位于监管顶层设计关键地位，这也决定了它的职能的全局性和战略性：一是它不是一般的咨询议事机构，而是在党中央、国务院领导下的重要决策协调机构。从其职能中可以清楚看到，它对许多重大的金融改革发展问题都具有决策、统筹、协调、监

督之职能。二是它不是对其他机构的替代，而是强化、协调和监督，并且这些职能建立在原有监管职能强化基础之上。从设立后首次公开会议看，它具有广泛的参与性和代表性，有众多成员单位和协作单位，既有原有的金融管理部门，也有中央相关部委和部门，这样便于集思广益、协同作战、科学决策，也可以看出协调和监督在其中的分量。三是金稳会的根本出发点是为了宏观审慎和金融稳定。在整个制度安排中，人民银行承担金稳会办公室职责，也就是负责对金稳会职能的具体组织、上下沟通、推动落实，探索有效的实现方式，对问题的提出和落实发挥着重要作用。

## 二、"三会"变"两会"的改革意义

2018年4月8日，中国银保监会正式挂牌。近年来，国内金融行业混业经营的趋势明显，影子银行、场外配资、保险杠杆并购上市公司等问题层出不穷。保险公司和银行以跨行业形式创立了复杂的金融商品，进行不透明的资金募集，造成企业背负巨额债务，对金融系统构成了潜在的系统性风险。同时，银监会和保监会合并还有出于沟通成本的考量。银监会、保监会和证监会由于行政级别相同，相互之间只有建议权，没有行政命令权。这导致沟通成本上升，各监管部门难以达成有效的沟通。例如，保险公司在股票市场高调举牌上市公司，由于保险公司所属的监管机构是保监会，证监会往往只能通过喊话"野蛮人"的形式来提醒、敲打险资的越界行为。

银保监会职能合并、部分职责划入中国人民银行的改革目的就是为了解决分业监管体制存在的监管职责不清晰、交叉监管和监管空白等问题，强化综合监管，补监管短板空白，让不该混业的交叉金融回归本业，合并分业监管体系适应正常的混业经营趋势，守住不发生系统性金融风险的底线。银行和保险公司之间的相互监督，这对于我国金融市场的稳定发展将起到重要支撑作用。坚持问题导向，实事求是、善作善成，持续推进构建灵活有效、统筹协调、适应金融市场特点的现代金融监管框架，有效落实"服务实体经济、防控金融风险、深化金融改革"三项任务，促进经济和金融良性循环、高质量发展。

## 三、人民银行与银保监会的关系

银监会保监会合并，并提出"将银监会和保监会拟定银行业、保险业重要性法律法规草案和审慎监管基本制度的职责，均划入中国人民银行"。

职责进行重新划分后，中国人民银行主要负责通过货币政策和宏观审慎政策的"双支柱"调控框架防范系统性金融风险，同时为整个金融业制定发展方向和规划；银保监会和证监会在机构和市场层面贯彻微观审慎监管，从机构监管到行为监管来统一把控，金融机构可以由此统一建立金融监管标准，金融监管套利、投机空间出现的可能性会大大降低。金融监管将更加具有针对性、前瞻性和可控性。由中央银行从维护金融系统全局稳定的角度，负责重大金融监管规则制定，包括制定跨市场交叉性金融产品的监管规则实现穿透式监管，统一同类产品监管标准和规则落实功能监管，从而有效防控系统性金融风险，有力维护金融稳定。

我国中央银行金融监管地位上升的模式，与英国经验有相似之处。国际金融危机过后，英国将审慎监管和金融行为监管区分开来，英国中央银行开始通过下属的审慎监管局，在金融监管中负责微观审慎监管。

银保监会合并后除了二者有关部门合并，职责重新整合之外，还涉及银保监会和中国人民银行"交叉"任职的人事安排，目前郭树清担任银保监会党委书记、主席，银行保险改革领导小组组长，中国人民银行党委书记、副行长。在混业监管的背景下，郭树清在银保监会与中国人民银行的交叉任职有利于中国人民银行与银保监会，加强信息共享和动作协调，避免监管政策重叠或存在漏洞。横跨银保监会与中国人民银行担任职务，郭树清的"双重身份"同样基于"工作需要"。按照要求，在银保监会成立后，原属于银监会、保监会的重要立法权及审慎规制权被移交给中国人民银行。对于"一行两会"而言，需保证信息的沟通和交流，使"一行两会"能够确保沟通和协商渠道的持续通畅。因此，通过交叉任职，能使得郭树清及时准确知悉银保监会与中国人民银行的情况，协调发力监管，加强信息共享和动作协调，避免监管政策重叠或存在漏洞，保障金融环境的稳定。

## 【本章小结】

十九大报告在金融领域方面提出"深化金融体制改革，增强金融服务实体经济能力，提高直接融资比重，促进多层次资本市场健康发展。健全货币政策和宏观审慎政策双支柱调控框架，深化利率和汇率市场化改革。健全金融监管体系，守住不发生系统性金融风险的底线"。从金融风险的防范、直接融资模式的加强、金融脱虚向实的改革以及金融系统的反腐等方面明确了金融改革的方向。

我国现代金融改革的趋势主要包括：加强我国私募股权基金改革、加强互联网金融的监管与改革、加强普惠金融的改革与精准扶贫、加强金融机构对乡村振兴战略的支持、推进我国利率市场化的改革进程。

我国金融监管主要由之前的"一行三会"转变为"一委一行两会"的新监管格局。国务院金融稳定发展委员会的成立在"一行两会"之上起到加强宏观审慎保障金融稳定和监管协调的作用，"三会"变"两会"的进程使人民银行与银保监会、证监会各司其职，深入贯彻审慎监管原则，从而有效防控系统性金融风险，有力维护金融稳定。

## 【重要概念】

金融改革　宏观审慎政策　科学价值观　现代金融　金稳会

## 【思考题】

1. 十九大报告关于金融领域的论述有哪些亮点？
2. 简述我国现代金融的改革趋势。
3. 金稳会的主要职责是什么？
4. "三会"变"两会"的改革意义是什么？

# 第二十二章

# 构建中国绿色金融体系

## 第一节 绿色金融的概念

### 一、绿色金融的起源

绿色金融发端于20世纪70年代的西方发达经济体,是随着人类探索未来经济、社会和环境可持续发展问题而产生的。1974年,联邦德国便以"生态银行"命名成立了第一家政策性环保银行,专门负责为一般银行不愿接受的环境项目提供优惠贷款。1992年,联合国环境规划署成立了由世界主要银行和保险公司参与的"金融行动机构"(UNEP FI),推广和普及可持续金融的理念。2003年,花旗银行、巴克莱银行、荷兰银行和西德意志州立银行等10家国际性银行共同创立了"赤道原则"(the Equator Principles),旨在管理项目中的环境和社会风险。在国际金融和绿色金融发展史上,"赤道原则"第一次确立了国际项目融资的环境与社会的最低行业标准,并成功运用于国际融资实践。2014年7月,世界银行发布《环境和社会框架:为可持续发展确定标准》报告,对绿色金融发展的框架、要求、标准和流程作出建议性论述。目前,绿色金融在全球已经发展到一定程度,根据彭博新能源金融的预测,到2020年,全球碳信用供给将达到31.30亿吨。

### 二、绿色金融的定义及其内涵

绿色金融是一个新兴概念,又称环境金融或可持续性融资。当前,关于绿色金融的内涵有四种比较有代表性的观点:一是《美国传统词典》(第四版,2000年)提供的定义:环境金融(绿色金融)是环境经济的一部分,研究的是怎样使用多种金融工具来保护生态环境及生物多样性。二是指金融业在贷款方面,如贷款政策、贷款对象、贷款条件、贷款种类和方式,将绿色产业作为重点扶持项目,从信贷的投放量、期限及利率等方面给予倾斜和优惠的政策。三是指金融相关部门把环境保护作为基本国策,通过金融业务的运作来体现可持续发展战略从而达到促进环境资源保护和经济协调发展的目的,并以此来实现金融领域的可持续发展。四是将绿色金融作为金融和资本的手段来支持环境经济政策，如绿色信贷、绿色保险。根据人民银行等部委在《关于构建绿色金融体系的指导意见》中对绿色金融的定义，绿色金融是指为支持环境改善、应对气候变化和资源节约高效利用的经济活动，包括绿色建筑、清洁能源、绿色交通等各类绿色环保节能产业诸多领域的项目投资、运营、管理等提供的金融支持。

相比于传统金融，绿色金融的突出特点就是将生态因素纳入金融业务的核算和决策体系中，重点关注绿色环保产业，以未来良好的生态效益和环境效益支持金融的长远发展。总的来看，绿色金融有两层含义：

第一，金融业促进环保和协调经济社会的可持续发展。即金融机构在投融资决策中充分考虑环境因素的影响，如商业银行在贷款时考虑环保因素，优先支持发展绿色产业；在资本市场方面，优先满足环保型企业或资源再生类企业的上市融资需求等。

第二，金融业自身的可持续发展。强调金融业对社会责任的承担，避免对短期利益的过度投机，转而支持社会整体可持续发展，从而提高资金的使用效率。

### 三、绿色金融与传统金融的关系

对于绿色金融和传统金融之间的关系，主要从两者的理念本质和经营导向来考察。

1. 从理念本质来看，绿色金融与传统金融都是以保障国民经济发展为目的。但是相比于绿色金融，传统金融的目的过于单一，完全以盈利为核心，而在此基础上的其他诸如生态、环境以及人文等要素则被完全忽略，所以传统金融的缺陷在于其与生态经济的脱钩。而绿色金融是通过金融部门自身的运作来支持环保，维护生态环境的平衡。它强调金融业在投融资活动中自始至终必须体现"绿色"，无论是面向企业、团体的借贷行为还是面向个人的零售业务，都要注重对环境的保护、治理和对资源的节约使用。

2. 从经营的导向看，传统金融业在对资金的配置方面不是以经济效益为导向，就是以执行国家下达的政策性任务为己任，例如商业银行往往以"盈利性、安全性、流动性"为经营目标，在其经营过程当中，经济利益排在首位；而传统的政策性金融则往往以执行国家的特定政策为己任，如中国农业发展银行，其业务范围是办理农副产品的国家专项储备贷款以及粮、棉、油收购和调销贷款，无权涉足其他领域。相对于传统金融，绿色金融的经营理念更具有前瞻性。首先，绿色金融将人类社会生存环境的利益作为其最终归属，力求实现长远经济效益与维护生态环境的和谐统一；其次，绿色金融以保护环境、节约资源为己任，将资金输送到与人类健康密切相关的环保产业、生态产业，以实现社会的可持续发展与繁荣，生态环保支出不再由政府单一提供，还可以通过市场提供。

## 第二节 绿色金融在国外的发展实践

绿色金融制度在全球经济可持续发展中起着非常重要的作用，是未来全球经济向着绿色增长模式发展的有力保障措施之一。为达到经济的可持续发展、人类发展的代际公平以及人与自然的和谐发展,世界各国在绿色金融制度发展上积极探索。目前,国际上的发达国家已建立起比较完善的绿色金融制度体系,本章将介绍美国、欧洲及日本三个发达地区的绿色金融发展经验。

## 一、美国的绿色金融发展经验

美国作为发达经济体,在绿色金融领域起步较早,是世界上最先制订绿色金融体系的国家之一。从19世纪中后期,由格兰特总统颁布的《黄石国家公园法》开始,美国便不断将绿色环保责任写入相关环境法律,并制定相应的绿色金融法规,保证绿色金融有法可依,运用法律制度的强制力促进绿色金融发展。

20世纪70年代以来,美国国会相继通过了20多部涉及水环境、大气污染、废物管理、污染场地清除等有关环境保护的法律,每部法律都对污染者或公共机构应采取的措施提出了严格要求。比如20世纪70年代颁布的《清洁空气法》和《清洁水法》是分别针对空气污染、水污染的法律,其中详细地介绍了针对公共废物、石油污染物等对于空气与水质的破坏,并明文规定了相关的惩治手段与解决方法。

在完善的环境法律之下,联邦政府及各州政府还制定了多部促进绿色金融发展的法律、法规,明确了对金融机构、产业部门、市场中介和个人等主体的相应规范,为优化配置绿色金融资金奠定了良好基础。例如,1980年,美国联邦政府出台了《全面环境响应、补偿和负债法》,该法规定银行必须对客户造成的环境污染负责,并支付修复成本,且这种贷方责任可以追溯,政府不仅约束银行,还对投资者和第三方评级机构设立了环境条款。

绿色金融产品的创新也是美国绿色金融发展的另一大特点,这与美国拥有发达的金融市场有关。绿色金融创新产品包括绿色信贷、绿色保险、绿色债券等,涉及生产、消费诸多环节。例如,在绿色信贷方面,岸边银行作为北美第一家致力于可持续发展经济振兴的监管机构,为客户提供生态储蓄(EcoDeposits),储蓄资金主要用于本地节能公司借贷,以减少废弃物污染和自然资源保护。绿色保险方面,1988年,美国成立了专业的环境保护保险公司,之后在强制保险方式、个性化保险设计、政府担保上不断创新。绿色证券方面则主要包括金融业(如银行)发行的绿色证券和企业发行的绿色证券。前者是银行发行的为环保项目投资而设立的证券,其主要目的是为环保项目融资,后者主要是企业通过发行绿色证券、股票来聚集本企业发展所需的资金,弥补企业资金不足。总之,通过各种金融产品的创新,美国为绿色金融资金提供了丰富的投资渠道,推动绿色金融资金供给与需求形成相互促进的良性循环。

## 二、欧洲的绿色金融发展经验

绿色金融在欧盟的发展历史十分悠久,目前已建立起成熟的法律体系,而且产品创新非常活跃。相比于美国,欧盟在发展绿色金融的过程中,政府的支持和引导更为积极主动,欧盟及各成员国政府在催化和便利社会资金支持绿色增长方面发挥着关键性作用,在市场化运作的前提下,通过政府少量的资金撬动了大量社会资源投入绿色项目,在资金运用上收到了良好的杠杆效应。

一是通过税收优惠、政府担保激励绿色环保项目。例如，德国政府对绿色项目贷款给予一定的贴息和利率优惠，欧盟规定绿色信贷及证券化产品可以享受税收优惠，英国政府采用"贷款担保计划"支持中小企业，尤其是环保类中小企业，等等。

二是通过政策性金融机构带动私有资本投入绿色经济。欧洲投资银行（European Investment Bank，EIB）是欧洲经济共同体各国政府间的一个金融机构，成立于1958年。该行的宗旨是利用国际资本市场和共同体内部资金，促进共同体的平衡和稳定发展，其主要贷款对象是成员国不发达地区的经济开发项目。目前，欧洲投资银行已成为全球最大的气候金融融资机构，从数字上看，它的气候融资规模在2017年已达到194亿欧元，占其公共政策领域总贷款额的28.4%。为促进绿色投融资的可持续性，EIB在撬动民间资本方面进行了很多尝试，如创新融资机制和开发金融工具等。这些创新机制包括股权基金、分层风险基金（绿色发展基金、欧洲能效基金）和母基金（全球能效和可再生能源基金）。EIB及其合作伙伴还一起设计了其他金融工具促进绿色投融资发展，如在能效方面设有私人能效融资（Private Finance for Energy Efficiency），自然资本保护方面有自然资本融资机制（Natural Capital Financing Facility）等。EIB还是全球首家绿色债券发行者。从2007年发行的全球第一只绿色债券——总额6亿欧元的"气候意识债券"（Climate Awareness Bond）开始，在之后的十年里，EIB共发行了超过100只债券，这些债券累计价值达218亿欧元，为超过160个国家的气候变化项目如"减缓气候变化"和"适应气候变化"进行了融资。

### 三、日本的绿色金融发展经验

日本是发达经济体，在绿色金融方面也走在世界前列。1990年，日本开始加强推动环保经济的开展，经济导向逐渐转向环保型经济。日本非常关注绿色方针策略的建设，主要由环境省进行策略的制定与实际的操作。首先在制订绿色体系的时候，充分利用政府与民间的力量一起促进绿色策略的实施；其次是通过多样化的财政方法，列出相关的需求明细；最后将社会监督看作是努力的基点，开展高效监督。

为了保证环保经济活动的有效开展，主要采用以下两类手段来加以完成绿色行业与经济市场的沟通：一是把财务都用于环保产业的发展，主要有开发新资源、保护环境等部分；二是评估与支撑将绿色环保的认知放到企业做法的经济主体，进行环境评价等级集资与社会义务投资（RI），给予低碳公司良好的集资环境，帮助促进绿色产业的发展与进步。例如，1993年，通产省为了进一步推动节能技术的发展，提高与能源、环境相关的各类财政投资和贷款，总量从1992年的5600亿日元提高到9700亿日元。2007年，环境省建立了包括经济单位在内的生态类集资借贷贴息机构，从国家的角度出发开展环保信誉贷款服务。2007年11月，财政部附属的日本金融公库明确指出生态与资源政策资金，为中小型公司给予低利息借贷服务，推动中小型公司在绿色减排范围内的机械改造。2013年6月，公益财团法人日本环境协会建立了生态化集资利息补助资金体系。另外，日本政府还执行环保汽车减免税收体制、太阳能发电剩余电力收购体系、环保建筑返点体系、环保汽车消费补贴体系等。中央与各级地方政府提供相关的资金支持，除此之外,还会致力于能源的回收利用、技能提高等有关方面。

此外,为了支持减轻环境污染,促进企业投资环保产业,日本政策投资银行于2004年开始,实施促进环境友好经营融资业务。2006年日本政策投资银行在原来环境评级融资业务基础上,引入了"促进实现京都议定书目标"的新评分项。2007年,在环境省的支持下,日本政策银行再次推出环境评级贴息贷款业务。日本通过其政策投资银行支持促进环境友好企业的发展,充分发挥政策性银行的支持环保功能,同时给绿色信贷的繁荣构建了一个宽广的平台。同时,商业银行还能够充分合理地利用政策银行的环境评级系统,评估和监督贷款目标企业,以更实际的策略去规避投资风险,提高投资效率。例如,2004年,日本政策投资银行(DBJ)第一次开展了"环境评级贷款项目"(Environmentally Rated),赞同并帮助公司在生态领域中所做的贷款项目努力,如图22-1所示。

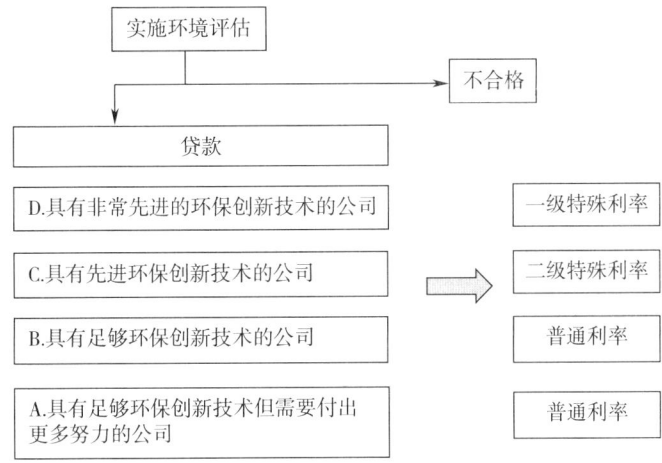

图22-1　DBJ"环境评级贷款项目"环保评级与利率种类划分

## 第三节　我国绿色金融发展历程

### 一、萌芽阶段(2005年之前)

自1972年参加第一届联合国人类环境大会起,中国政府便认识到保护环境的重要性。1981年,国家出台《国务院关于在国民经济调整时期加强环境保护工作的决定》,其中便规定了"利用经济杠杆"保护环境的政策。1995年,环保总局发布了《关于运用绿色信贷促进环保工作的通知》,同年中国人民银行下发《关于贯彻信贷政策与环保工作通知》规定"各级金融部门在信贷工作中要重视自然资源和环境保护,把支持国民经济的发展和环境资源的保护、改善生态环境结合起来,要把支持生态资源的保护和污染的防治工作作为银行贷款的考虑因素之一,以促进经济建设和环境保护事业的协调发展"。到中国"十五规划"(2000—2005年)中已有环境保护的篇章,并提出了主要污染物排放总量比2000年减少10%的目标。在监管政策方面,1997年8月,财政部发布

《全球环境基金项目管理暂行规定》,目的是规范和加强全球环境基金赠款项目管理,以确保我国实施的全球环境基金赠款项目符合国民经济和社会发展战略。

## 二、起步阶段(2005—2008年)

到2006年,"十一五"规划(2006—2010年)对节能减排与环境保护的重视程度显著提高,并提出了单位GDP能耗下降20%、主要污染物排放总量减少10%的约束性目标。2007年,《节能减排综合性工作方案》出台,提出控制高耗能、高污染行业过快增长,加速淘汰落后产能,以及实施10大重点节能工程。进入"十一五"时期,有关绿色信贷、绿色保险、绿色证券的政策相继出台,进一步推动绿色金融在中国取得初步的发展。2007年,中国人民银行、国家环保总局以及银监会联合发布了《关于落实环境保护政策法规防范信贷风险的意见》。意见要求银行严格依据国家产业政策进行分类放款;对未通过环评审批或环保设施验收的项目,不得新增任何形式的授信支持;对违规排污的企业严格限制流动资金贷款。在证券和保险领域,2007年12月,国家环保总局和中国保险监督管理委员会联合发布了《关于环境污染责任保险工作的指导意见》,这一文件的发布意味着绿色保险制度的正式启动。2008年1月,证监会发布的《关于重污染行业生产经营公司IPO申请申报文件的通知》,以及接着在2月国家环保总局发布的《关于加强上市公司环境保护监督管理工作的指导意见》,这两个文件代表了"绿色证券"制度在中国的正式开启。

随着国家政策的不断出台,第一个绿色信贷产品、第一家赤道银行相继出现。但是由于当时节能减排项目属于银行还未触及的新型项目,故银行在绿色项目的信贷投入较少,也缺乏积极性。为此,应中国财政部要求,国际金融公司(IFC)在全球环境基金、芬兰政府、挪威政府和中国财政部的支持下,设计了中国节能减排融资项目(CHUEE),并创立了损失分担的商业模式,与选定的国内商业银行合作,在节能减排相关贷款中提供本金损失分担,同时为项目参与各方提供技术援助。2006年,IFC与兴业银行合作,推出了中国市场上第一个绿色信贷产品——能效融资产品,后又与浦发银行和北京银行展开合作,支持气候变化领域的相关项目,包括能效项目和新能源可再生能源项目。在IFC的协助下,2008年,兴业银行承诺采纳国际绿色金融领域的黄金标准——赤道原则,成为中国首家采纳赤道原则的金融机构,并按照赤道原则提供的方法、框架和工具,逐步建立和完善该行的环境与社会风险管理体系。

## 三、发展阶段(2009—2014年)

随着环境经济政策的地位在环境政策体系中不断提升,亟需一个统一的规划以明确发展方向,在此背景下,"十二五"首次就环境经济政策建设出台专项规划,颁布了《"十二五"全国环境保护法规和环境经济政策建设规划》,其中对中国环境经济政策覆盖范围(包括10个领域、33项具体任务)进行详尽的表述。

在明确的规划指导下,"十一五"期间确立的各项绿色金融政策得到了进一步的深化。2012年,银监会印发了《绿色信贷指引》,成为中国绿色信贷体系的纲领性文件,其中对绿色信贷内涵进行了说明：(1) 支持绿色经济、低碳经济或循环经济；(2) 起到防范环境与社会风险的作用；(3) 能够提升自身的环境和社会表现等。2013 年，中国银监会下发了《关于绿色信贷工作的意见》，要求各银监局和银行业金融机构应切实将绿色信贷理念融入银行经营活动和监管工作中，认真落实绿色信贷指引要求。同年，银监会制定了《绿色信贷统计制度》，要求各家银行对所涉及的环境、安全重大风险企业贷款、节能环保项目及服务贷款进行统计。2014 年，银监会进一步印发了《绿色信贷实施情况关键评价指标》，作为绿色银行评级的依据和基础。

由此，中国形成了以《绿色信贷指引》为核心，以绿色信贷统计制度和考核评价机制为两大基石的绿色信贷政策体系。更多的银行加入了绿色金融市场，除了兴业银行、浦发银行和北京银行外，国家开发银行、中国工商银行等银行也进入绿色金融市场。银行支持绿色项目的范围也逐步扩大，从能效项目、新能源和可再生能源项目，扩大到污水处理、水域治理、二氧化硫减排、固体废弃物的处理和利用等领域。同时，绿色金融的产品也开始丰富，除了传统的绿色信贷，银行推出了针对国际碳交易的碳金融产品（如碳资产质押贷款、碳保理、碳交易撮合服务、CDM 项目融资等），以及针对国内排污权的排污权抵押贷款等产品。

### 四、绿色金融规模化发展阶段（2015 年至今）

2016 年 8 月，人民银行等七部委联合印发《关于构建绿色金融体系的指导意见》，明确了我国绿色金融的定义，提出了大力发展绿色信贷、推动证券市场支持绿色投资、设立绿色发展基金等八大举措，标志着我国绿色金融顶层框架体系的建立，我国成为全球首个建立了比较完整的绿色金融政策体系的国家。按照该意见，绿色金融覆盖绿色信贷、证券市场、绿色基金、政府和社会资本合作（PPP）、绿色保险、环境权益交易等工具。2017 年，《落实〈关于构建绿色金融体系的指导意见〉的分工方案》推出，中国的绿色金融体系建设正有条不紊地推进中。

（一）绿色金融逐步成为银行重要业务

2015 年至今，中国 21 家主要银行不断加大对绿色信贷的投入，加强环境和社会风险管理，提高自身的绿色表现，绿色金融成为了主流银行的重要业务之一。中国人民银行 2019 年 1 月 25 日公布的《2018 年金融机构贷款投向统计报告》显示，2018 年末，本外币绿色贷款余额 8.23 万亿元，同比增长 16%，比同期企业及其他单位贷款增速高 6.1 个百分点；全年增加 1.13 万亿元，占同期企业及其他单位贷款增量的 14.2%。

（二）绿色债券市场发展迅速

2015 年中国人民银行发布的《绿色金融债券公告》与《绿色债券支持项目目录》，标志着中国的绿色债券市场开启。同期，中国银监会发布的《能效信贷指引》也将继续鼓励和指导金融机构发展绿色信贷。此后，国家发展改革委、证券交易所、证监会和银行间市场交易商协会陆续发布绿色债券发行的指引和指导意见，中国的债券市场形成了绿色金融债、绿色公司债、绿色企业债、绿色债务融资工具为主要债券品种的绿色债券市场。《中国绿色债券市场 2018 年度报告》显示，中国是全球绿色债券市场的第二大发行来源，符合国际绿色债券定义的中国绿色债券发行额达到312亿美元，约合2103亿元人民币，与2017年的235亿美元相比增长了约33%。

（三）绿色保险全面发展

2018年5月，生态环境部审定发布了《环境污染强制责任保险管理办法（草案）》，通过"评估定价"环境风险，强制性征收污染责任保险，提高了环境风险监管、损害赔偿等工作的成效，有效丰富了我国目前实现外部成本内部化的政策工具。截至2018年4月底，保险资金以债权投资计划形式进行绿色投资的总体注册规模达6854.25亿元，其中包括直接投向的一些重点领域，如投资新能源行业666亿元、水利行业506.44亿元、环保行业52.7亿元等。

2018年，《上海证券交易所服务绿色发展推进绿色金融愿景与行动计划（2018—2020年）》出台，其目的在于鼓励绿色证券市场的发展，这将有助于我国绿色金融市场的均衡发展；同年11月《绿色投资指引》正式发布，ESG投资渐渐进入中国投资的主流，指引界定了绿色投资，明确了适用范围，对基金管理人进行绿色投资的目标原则、基本方法及监督管理等提出了详细要求，在方法和监管方面依托和借鉴成熟的制度和评价体系，具有较强的可操作性，有助于形成国内的责任投资群体。

# 第四节 我国绿色金融机构的发展

绿色金融的发展需要具体金融机构的支持，绿色金融理念的执行和实施也要依托绿色金融机构这个载体，具体包括绿色银行、绿色证券公司、绿色基金公司等，目前参与绿色金融的主要金融机构是银行机构。

## 一、中国人民银行绿色金融体系构建

中国人民银行的主要职责之一就是拟定金融业改革和发展战略规划，承担综合研究并协调解决金融运行中的重大问题、促进金融业协调健康发展的责任。所以从1995年至今，中国人民银行一系列政策的出台对于引导我国银行业发展绿色金融方面起到了积极作用。比如2016年8月，由中国人民银行牵头印发的《关于构建绿色金融体系的指导意见》使得绿色金融体系整体框架在我国得以初步构建。

在推动市场创新方面，中国人民银行发行了绿色金融债券公告以及对绿色债券的标准进行界定，支持开发性银行、政策性银行、商业银行、企业集团财务公司以其他依法设立的金融机构申请发行绿色金融债券，这标志着国内绿色债券市场正式启动。绿色债券市场的发展，有助于进一步缓解银行期限错配问题，提升银行长期绿色信贷投放能力。同时在国家高度重视绿色金融体系构建的背景下，人民银行积极指导上海清算所推动建立碳排放市场统一的清算和托管体制，深入研究碳交易金融衍生产品的创新和风险控制，围绕人民币碳排放金融衍生品开展中央对手清算业务的研发工作。作为我国绿色金融领域的一项创新，这一业务的上线，对我国绿色金融的创新发展和上海国际金融中心建设具有相当重要的意义。

## 二、政策性银行绿色金融体系构建

我国政策性银行包括国家开发银行、中国进出口银行和中国农业发展银行。

国家开发银行（China Development Bank，CDB）的主要业务是向国家基础设施、基础产业、支柱产业以及战略性新兴产业的大中型基本建设和技术改造等政策性项目及其配套工程发放政策性贷款，发挥开发性金融的作用和优势，重点对电力、公路、铁路、石油化工、城建及邮电通信等行业提供贷款。针对绿色金融领域公益或准公益性项目，国家开发银行综合运用各类金融工具，充分发挥机构优势，不断开拓创新，努力提升绿色项目的长期商业价值，实现业务、项目和地方经济社会多方共赢的可持续发展：一是通过采用PPP、BT、BOT、融资租赁、债券融资等模式，多渠道引入资金降低融资成本，提高融资效率，破解绿色项目融资难问题；二是帮助统筹财政资金，整合水费、电费、土地出让收入及相关经营权等各类资金资源，做实项目还款现金流，有效提升绿色项目商业价值；三是积极推动资源整合，增强企业自我造血和滚动发展的能力，帮助企业做大做强，反哺公益性绿色项目建设，促进地方经济社会发展的良性循环。

中国进出口银行作为政策性金融机构，一直高度重视履行环境保护和社会责任，主动将对国家、社会、经济和环境的四重责任与自身改革发展相结合，积极通过提供绿色金融服务，发挥政策性金融的弥补、导向和调节作用，推动中国及全球的绿色、可持续发展。从2016年第一期绿色金融债券起，进出口银行正式形成了涵盖绿色信贷、绿色债券、绿色基金、绿色咨询等在内的多元化绿色金融服务体系。作为在"一带一路"建设中发挥引领作用的金融机构，进出口银行于2017年发行20亿元"债券通"绿色金融债券，重点支持"一带一路"沿线地区绿色信贷项目。截至2018年末，中国进出口银行绿色信贷余额逾2500亿元。在未来，进出口银行在自身践行绿色发展理念的同时，还推动参与"一带一路"建设的各利益相关主体主动关注社会经济活动对气候变化和碳排放的影响，约束贷款项目实施方采取有效措施节约能源、参与环境保护、履行社会责任。

中国农业发展银行是隶属于国务院领导的唯一一家农业政策性银行，为深入贯彻落实中共中央、国务院关于加快推进生态文明建设的战略部署，积极参与我国绿色金融体系建设，践行绿色发展理念，经中国人民银行批准，于2016年12月通过银行间债券市场公开招标发行60亿元绿色金融债券，这是当时境内机构首次通过公开招标方式发行的最大规模绿色金融债券。继此次债券发行之后，农发行在2017年2月27日通过银行间债券市场增发40亿元绿色金融债券。这是农发行在绿色金融市场的进一步举措，此次募集资金将全部投向林业资源开发和保护方面的42个项目，将有效支持国家储备林、林业扶贫及城市生态林等项目建设，对增强环境承载能力、调节区域气候、净化空气以及保护生物多样性等具有促进作用。

## 三、商业银行绿色金融体系构建

商业银行作为我国金融体系的主体，在构建绿色金融体系、推动我国绿色发展中扮演着更为重要的角色。其中，最先在国内绿色金融领域探索的是兴业银行，作为中国首家"赤道银行",兴业银行不断完善绿色金融业务,创造了业内多项第一,以显著优势走在国内银行绿色金融领域前沿。2016年,兴业银行发行了国内首批绿色金融债,有力地支持了绿色产业的发展。除此之外,该行还注册发行了全国首只绿色非公开定向债务融资工具、投资国内首单非上市公司绿色ABS、面向个人投资者发行投资绿色环保项目和绿色债券的绿色理财产品,并加大在绿色信贷资产证券化、PPP融资、产业基金、绿色消费信贷等新兴业务领域的探索创新。截至2018年12月末,兴业银行已累计为16862家企业提供绿色金融融资17624亿元,融资余额达8449亿元。

近年来,在国家产业政策指引和金融管理当局信贷政策指导下,商业银行在支持绿色发展方面取得了令人瞩目的成绩。为了绿色金融业务的有序开展,目前兴业银行、浦发银行、平安银行、北京银行、江苏银行等已经在总行成立绿色金融业务主管部门或事业部或专业团队,不断加强绿色金融业务产品创新、市场营销、服务方案和体制机制建设。可以预见,中国绿色金融业务从无到有,由点及面,蓬勃发展,已经成为商业银行业务体系的一个重要门类,并将迎来更加广阔的发展空间。

### 四、非金融机构绿色金融体系构建

随着中国绿色金融市场全方位、多层次的逐步深入发展,单一以银行为主体的绿色金融体系越来越无法满足市场参与者的多样化需求,比如对于低碳项目开发与投融资、咨询、资产管理、经纪、信用增级以及担保等业务的需求,在这些方面绿色金融机构还存在着广阔的发展前景。

以"绿色保险"为例,它可通过环境污染责任险、科技保险等险种在促进传统产业绿色转型、促进绿色发展动能培育等方面发挥其独特的作用。同时,"绿色保险"还可以促进绿色产业资本的深化,通过信用增级和直投,助力解决绿色产业投入不足的问题。一方面,通过将绿色低碳知识产权、绿色低碳技术装备等纳入保险保障,可显著提升信贷底层基础资产的抗风险能力及可抵押性;另一方面,可直接通过信用保证保险提供增信服务,有效分散和分担绿色信贷风险,促进金融资源流向绿色经营主体。此外,保险还可以向绿色产业直接"输血",通过债权投资计划、股权基金等方式,直接投资中长期绿色项目。

## 第五节 我国绿色金融产品与市场的发展

金融产品是指在金融市场中可交易的金融资产,是用来证明贷者与借者之间融通资金余缺的书面证明,例如债券、股票、基金、保险等。因为它们有不同的功能,能达到不同的目的,如融资、避险等,故又称金融工具。本节主要以绿色信贷、绿色债券、绿色基金、绿色保险以及碳金融为例对我国当前绿色金融产品与市场进行阐述。

### 一、我国绿色信贷发展

绿色信贷是我国绿色金融体系中起步最早、规模最大、发展最为成熟的部分。绿色信贷也通常被称为可持续融资或环境融资,宏观上它是指银行业金融机构在遵循对应产业政策的基础上利用利率杠杆调控信贷资金的流向，实现资金的"绿色配置"。目前金融机构对环保企业、环保项目以及绿色产业提供的债权融资方式，主要表现为三种机制：第一，在践行赤道原则背景下，金融机构出于防范金融风险考虑而对高环境风险企业不予贷款或者压缩贷款规模及年限，从而促进金融资源向绿色产业流动。第二，在价格扭曲、市场失灵条件下，政策性金融机构（或政策性金融产品）为环保企业、环保项目以及绿色产业提供的优惠贷款，如降低贷款利率、延长贷款期限等。第三，通过应用排污权（收费权）质押方式，为环保企业、环保项目以及绿色产业进行资金融通创造新条件。

近年来，我国绿色信贷市场规模稳步增长，截至 2019 年末，21 家主要银行绿色信贷余额超过 10 万亿元。且近五年来 21 家主要银行的绿色信贷占金融机构整体贷款的比重稳定在 7% 以上，2019 年上半年占比达 9.6%。从贷款方向来看，主要是《绿色信贷统计制度》里明确的 12 类节能环保项目，包括绿色农业开发项目、绿色林业开发项目、自然保护、生态修复及灾害防控项目、资源循环利用项目、垃圾处理及污染防治项目、可再生能源及清洁能源项目、农村及城市水项目、建筑节能及绿色建筑、绿色交通运输项目、节能环保服务以及采用国际惯例或国际标准的境外项目。截至 2019 年末，绿色交通运输项目和可再生能源及清洁能源项目贷款余额分别为 4.47 万亿元和 2.49 万亿元，绿色交通运输项目和可再生能源及清洁能源项目是我国绿色信贷投放的两个最主要领域。

**专栏 22-1**
**我国部分商业银行绿色信贷产品一览表**

| 银行名称 | 产品名称 | 投资领域 |
| --- | --- | --- |
| 农业银行 | ETC 卡、合同能源管理融资、CMD 财务顾问、"五水共治专项信贷"、"美丽乡村贷"、"特色小镇建设贷"、排污权质押贷、绿色贷款+、油茶贷、碳排放权、排污权、节能量（用能权）环境权益抵质押融资贷款等 | 清洁能源、绿色交通、绿色农业、绿色建筑、区域污染防治、工业节能节水、资源循环利用等 |
| 中国银行 | CDM 清洁发展机制、未来收益权质押融资项目产品、产业基金、收益权质押、"绿色账户借记卡"等 | 风力发电、光伏发电、污水处理和城市轨道交通等 |
| 交通银行 | 合同能源管理、碳排放权交易试点、未来收益权质押融资、应收账款质押融资等 | 节能环保、新能源、新能源汽车等 |
| 招商银行 | 节能收益抵押贷款、绿色融资租赁、排污权抵押贷款、绿色设备买方信贷、清洁发展机制融资综合解决方案、法国开发署绿色转贷款等 | 清洁能源发展、绿色环保、节能改造、节能减排等 |
| 华夏银行 | 排污权抵押贷款、绿色债券融资工具承销世界银行能效项目融资、企业未来收益权资产证券化、光伏贷、绿色并购融资、法国开发署绿色中间贷、特许经营权质押融资、质押融资、合同能源管理未来收益权等 | 耗能企业节能改造、清洁能源发展、绿色环保、绿色供应链、研发节能技术、海绵城市建设等 |

资料来源：新闻网站和近几年银行社会责任报告。

**个人绿色信贷产品创新思路**

| 产品属性 | 产品名称 | 产品简介 |
|---|---|---|
| 房产类 | 房屋净值贷款 | 鼓励居民为家庭购买节能环保设备,商业银行为此类消费者提供低于市场利率的绿色贷款 |
| | 生态住房绿色信贷 | 一方面,鼓励开发商设计生态性住房,另一方面积极鼓励个人购买此类住房,商业银行为这两类客户提供优惠贷款 |
| 交通类 | 绿色汽车贷款 | 商业银行为购买低排放环保汽车的个人提供优惠汽车贷款 |
| | 绿色燃料贷款 | 商业银行为那些使用绿色燃料的交通工具给予低于市场利率的贷款支持 |
| 信用卡类 | 气候绿色信用卡 | 商业银行对信用卡使用者每年的绿色消费金额进行统计,并按消费总额的一定比例为野生动物基金会捐款 |
| | 呼吸信用卡 | 商业银行为进行绿色消费的个人给予折扣优惠,并将此信用卡的一部分利润投资给清洁能源项目 |

## 二、绿色债券发展

绿色债券是指任何将所得资金专门用于资助符合规定条件的绿色项目或为这些项目进行再融资的债券工具,由世界银行和欧洲投资银行于2007年首次提出。绿色债券与传统债券最主要的区别是,绿色债券募集的资金只被用于特定的绿色项目,不仅如此,这些绿色项目会受到严格的专业评估,资金的使用过程会受到跟踪和监测,以确保资金的正确使用。作为一种新型债券,目前的绿色债券通常要求具有简单、透明、可比性、流动性等特征,并且需要接受信用评级,以更有效地吸引投资者。

自绿色债券于2015年12月在中国银行间市场问世以来,中国人民银行采用政府引导和市场化约束相结合的方式,对绿色金融债券从绿色产业项目界定、募集资金投向、存续期间资金管理、信息披露和独立机构评估或认证等方面进行引导和规范,同时明确了鼓励绿色金融债券发行的优惠政策。主要包括以下四个方面:

1. 强调募集资金只能用于支持绿色产业项目。

2. 对债券存续期间募集资金管理进行明确规定。要求发行人应按照募集资金使用计划,尽快将资金投放到绿色产业项目上;要求发行人开立专门账户或建立台账。此外,为降低发行人成本,允许发行人在资金闲置期间投资于信用高、流动性好的货币市场工具及非金融企业发行的绿色债券。

3. 严格信息披露要求,充分发挥市场化约束机制的作用。发行人不但要在募集说明书中充分披露拟投资的绿色产业项目类别、筛选标准、决策程序、环境效益目标,以及发债资金的使用计划和管理制度等信息,债券存续期间还要定期公开披露募集资金使用情况。

4. 引入独立的评估或认证机构。鼓励发行人聘请独立机构对所发行的绿色金融债券进行评估或认证；要求注册会计师对募集资金使用情况出具专项审计报告；鼓励专业机构对绿色金融债券支持绿色产业项目发展及其环境效益影响等实施持续跟踪评估。第三方的评估认证意见和专项审计报告，应及时向市场披露。

随着绿色债券市场制度体系的进一步完善及绿色债券财政激励政策的不断落地，我国绿色债券市场快速发展。截至2019年末，我国绿色债券发行规模为2893.44亿元，同比增长26.94%。

### 三、绿色基金发展

绿色基金是指在证券市场上只专门针对节能减排战略、低碳经济发展、环境优化改造项目而建立的，以企业的环境绩效为考核标准筛选投资对象进行投资的基金。它的发行目的除了经济收益，还追求生态与经济的协同发展，其目的旨在通过资本投入促进节能减排事业发展。

我国绿色投资基金发展比较滞后，2011年才出现了第一只绿色投资基金——兴全绿色投资股票型证券投资基金，这是国内首只明确提出绿色投资理念的基金，其投资领域将主要涵盖三个层次：绿色科技产业或公司（主要是清洁能源和环保产业），以及传统产业中积极履行环境责任、致力于向绿色产业转型，或在绿色相关产业发展过程中作出贡献的公司。截至2019年末，全球社会责任投资基金规模已超过1万亿美元。作为社会责任投资的细分领域，基于环境标准进行投资的绿色证券投资基金也开始受到投资者青睐。我国绿色证券投资基金数量持续上升，由2010年的3只增长到2018年的31只，整体呈快速上升趋势。虽然增速明显，但绿色证券投资基金的数量远少于传统证券投资基金。

### 四、绿色保险发展

绿色保险是指与环境风险管理有关的各种保险计划，是一种可持续发展的金融工具，是绿色金融中的重要组成部分，以应对气候变化、能源替代、环境污染与生态破坏等问题。我国对环境保护历来重视，从20世纪90年代开始，绿色保险便得以在我国发展。1991年我国率先在大连、吉林、长春等城市开展环境责任保险试点。2007年由原国家环保总局和原中国保监会联合印发的《关于环境污染责任保险工作的指导意见》，启动了环境污染责任保险政策试点。2016年8月31日，由中国人民银行牵头印发的《关于构建绿色金融体系的指导意见》一文件中明确指出要发展绿色保险，建立环境污染强制责任保险制度，至此，我国绿色保险相关试点已取得初步成就。到2017年6月，环境保护部和保监会公开征求《环境污染强制责任保险管理办法（征求意见稿）》的意见，标志着环境污染责任险开始走上立法的轨道。2018年1月1日，全国开始试行生态环境损害赔偿制度。以下重点介绍环境污染责任保险的进展情况和发展趋势。

环境污染责任保险市场总体发展较快，保险经济补偿作用初步显现。目前全国大部分省份开展环责险试点，覆盖涉重金属、石化、危险化学品、危险废物处置等行业。对于环责险的推进，国际经验集中在两类做法，一是将环责险视作准公共物品，由政府购买商业保险公司的服务，政府兜底保险责任；二是在市场机制十分完善的国家，依靠市场机制和市场化机构运行环责险。与走第二条路的英国相比，我国保险机构和保险市场尚不成熟，尽管一些保险公司在积极布局和探索实践，但环责险的整体市场局面依然不佳。与走第一条路的美国相比，我国政府的战略思路还未清晰明确，在中央决策层面，多年的摸索和试点情况仍不足以支持决策层在全面强制以及如何强制方面下定决心，陷入了推行强制环责险缺乏法律依据，和法律要求强制性环责险时机不成熟的互为掣肘的局面，推行环境污染责任保险仍需大力方能破局。

### 五、碳金融市场发展

碳金融是指服务于控制温室气体排放的相关金融活动，主要包括温室气体的排放权及其衍生品的交易和投资、低碳项目开发的直接与间接投融资及其他相关的金融中介活动。碳金融产品主要分为三类：一是碳金融原生产品。目前，碳市场上，碳金融原生工具主要有碳排放配额和核证自愿减排量（Certified Emission Reduction，CER），也就是通常简称的碳现货，通过交易平台或者场外交易等方式达成交易，随着碳排放配额或核证自愿减排量的交付和转移，同时完成了资金的结算。二是碳金融衍生品，包括碳远期、碳期货、碳期权和碳掉期。三是碳现货创新衍生产品，是指以碳排放权配额或核证自愿减排量的现货为标的，创新和衍生出来的碳金融产品，也可称之为碳金融创新衍生产品，包括碳基金、碳债券、碳质押、碳抵押和碳信托。

我国碳市场以配额市场为主，自愿减排市场（CCER）为其补充。我国七大碳交易试点市场各自尝试了不同的政策思路和分配方法，并于2014年全部启动上线交易。《"十三五"控制温室气体排放工作方案》提出，到2020年中国单位GDP的二氧化碳排放比2005年下降60%~65%，二氧化碳排放量在2030年左右达到峰值并努力争取提前达到峰值。

我国于2013年开始在北京、天津、上海、重庆、广东、湖北、深圳共7个省市建立碳交易试点，到2016年，福建省也正式跨入了全国碳排放权交易行列。截至2019年末，碳交易累计成交额约15.62亿元人民币，比2018年同比增长了24%，年度增长主要来源于广东碳市场成交量的突破，占到总成交量的64%左右。各试点碳市场之间的成交量和成交额差距进一步拉大。广东碳市场成交量和成交额均居于试点碳市场首位，2019全年成交约4.47千万吨碳配额，是试点市场中唯一交易量破千万吨的碳市场。由于在成交量上的巨大领先优势，广东碳市场虽成交价格较低，但全年成交额仍居八省市碳市场首位，达到约8.47亿元人民币，占到总成交额的半数以上。重庆、天津试点的交易量和交易额较小。2019年全年，重庆共计成交约5.12万吨碳配额，累计成交额约为35.35万元；天津碳市场累计成交配额量约为62万吨，共计约868万元成交额。

我国虽然出台了相关法律法规，但未对碳排放权制度进行明确规定，企业的相关社会责任和义务履行不到位，法律效力普遍较弱，部分地区的推行和差异不容乐观。不过这也从侧面说明我国的碳交易市场还蕴含着相当大的潜力。

## 第六节 我国绿色金融监管的发展

### 一、绿色金融监管概述

绿色金融监管是指金融监管当局依据国家法律法规对整个绿色金融业（包括绿色金融机构和绿色金融业务）实施全面性、经常性的检查与监督，以此促进金融机构依法稳健地经营和发展，使之符合绿色金融发展的要求。现阶段我国绿色金融体系还不成熟，短时间内，传统金融追求经济利润的观念不会发生巨大改变，中国绿色金融的发展仍然会有一个较长时期的演化过程。所以在当前阶段，绿色金融市场仍需要政府的监管和调控。

从经济学外部性的视角来看，金融机构向环保型企业融资具有正的外部性，会产生边际外部收益。而由于这部分收益金融机构无法获得，金融机构没有进一步向绿色企业融资的动力，金融机构向绿色企业的融资数量小于社会最优融资数量，从而产生市场的无效率。而从企业的角度来讲，企业进行环保治理无疑会增加企业的负担，正因为如此，许多企业设法逃避环保行为，从而降低成本，获取更高的利润，将部分社会成本转移给了公众。所以绿色金融市场的外部性特征要求政府的介入，一方面要鼓励金融机构向绿色企业融资，促进绿色产业的发展；另一方面，要限制金融机构向高污染、高能耗企业的贷款。这样，企业贷款、担保、上市等融资行为需要进行环保审核，提供环保证明，这就使得企业不得不主动进行环境治理，金融机构只能为符合环保要求的企业融资，从而避免了企业获利、社会受害、政府埋单的现象。

### 二、绿色金融监管机构的设置

绿色金融的监管不仅需要金融业的监管部门，而且需要环保部门的配合。如果环保部门不能及时准确地发布环境质量信息，发布的企业环境违法信息缺乏针对性和有效性，商业银行也就难以根据其发布的信息来审查借款企业的信贷申请，金融监管部门也就无法监督金融机构的信贷行为。

在我国，目前绿色金融业务的监管主要由中国人民银行、证监会、银保监会、环保部门、财政部门和发改委负责。这就需要良好的跨部门协调和沟通机制。但目前跨部门协作仍存在信息沟通不足、政策不协调等问题。具体表现：一是信息共享机制尚未落实，未建立起环保部门与金融监管部门之间的有效信息沟通机制。二是信息呈现单向流动态势。以绿色信贷为例，目前的政策文件仅要求环保部门向监管机构提供企业环境违法信息，而未要求监管机构与环保部门共享企业信贷融资信息。这样既不利于环保部门加强监督，也影响部门之间的长效合作。三是缺乏工作平台，导致环保部门和金融部门之间的责、权、利关系无法落实，绿色政策推出后缺乏可操作的工作标准，使金融机构无所适从。四是缺乏来自外部公众的有效监督。绿色金融的部门协作涉及环境安全和公共利益，但目前我国对民众有关污染企业相关信息的披露仍显不足。

### 三、中国绿色金融体系法律制度发展

在目前我国金融业实行分业经营、分业监管的条件下，由中央银行牵头推动与绿色金融相关的监管协调，明晰绿色金融体系的顶层设计，加强金融部门与其他有关部门的沟通协调，可避免政出多门、众说纷纭的情形，齐心协力地为绿色金融体系添砖加瓦。与此同时，这也有利于中央银行正在全力推进的、以宏观审慎管理为核心的金融监管体制改革。

最早在1981年，国务院在《关于在国民经济调整时期加强环境保护工作的决定》中就规定了"利用经济杠杆"保护环境的政策。银监会也在2007年发布了《节能减排授信工作指导意见》，该意见吸收了"赤道原则"的部分理念，对银行业金融机构提出了一些指引性的要求。这表明我国绿色金融的范围不断扩大，并逐步涉及证券、保险、基金和衍生金融等领域。中共中央、国务院于2015年9月发布了《生态文明体制改革总体方案》，2016年七部委联合发布了《关于构建绿色金融体系的指导意见》，这预示着构建绿色金融体系及相关法律制度成为金融工作的重中之重，这对于促进绿色金融的发展具有重要意义。

从以上绿色金融法律制度的演进过程中，我们可以看到我国在绿色金融立法上的不足：首先，这些规范性法律文件的立法层次太低，可以看出这些规范性法律文件大部分都是国务院及其部委制定的，国家权力机关及其常设机构制定的规范性法律文件很少，并且即使是由国家权力机关及其常设机构制定的，也只是纲要性质的发展规划，难以称其为法律；其次，这些规范性法律文件多为"软法"，多为指引、建议、办法、方案、指导意见、通知、公告和决定等，只能依靠金融机构或其他主体的主动性和自律性实施，多数不具有法律强制力，不能依靠法律保障强制实施；最后，这些规范性法律文件大多数只规定了某项制度的大体框架，缺乏可行的具体制度和实施细则，使得这些规范性法律文件的可操作性不强。

## 【本章小结】

本章对绿色金融、绿色金融的发展以及绿色金融体系的构建作一个简单的介绍。绿色金融的概念发端于20世纪70年代的西方发达经济体，它是指一类有特定"绿色"偏好的金融活动，即金融机构在投资决策中充分考虑环境因素的影响，并通过一系列的体制安排和产品创新，将更多的资金投向环境保护、节能减排、资源循环利用等可持续发展的企业和项目，同时降低对污染性和高耗能企业和项目的投资。它和传统金融的区别在于它将生态、环境以及人文等要素融入金融的发展过程中。目前我国绿色金融体系的构建是以绿色银行为主体，绿色保险、绿色基金、绿色证券等机构共同发展的局面。

## 【重要概念】

绿色金融　绿色金融机构　绿色银行　绿色债券　绿色金融产品　绿色金融市场　绿色金融监管

【思考题】

1. 什么是绿色金融?
2. 绿色金融和传统金融的区别是什么?
3. 简述绿色金融在我国的发展历程。
4. 绿色金融机构包括哪些?

# 参考文献

[1] 毛泽盛,卞志村. 中央银行学 [M]. 北京:人民出版社,2009.
[2] 王广谦. 中央银行学 [M]. 北京:高等教育出版社,2006.
[3] 艾洪德,范立夫. 货币银行学 [M]. 大连:东北财经大学出版社,2005.
[4] 陈学彬. 中央银行概论 [M]. 北京:高等教育出版社,2000.
[5] 张庆君,朱方圆. 货币银行学 [M]. 大连:东北财经大学出版社,2014.
[6] 白钦先,刘刚,杨秀萍,郭翠荣. 各国金融体制比较(第3版)[M]. 北京:中国金融出版社,2013.
[7] 丁孜山. 政策性银行经营管理 [M]. 北京:中国金融出版社,2001.
[8] 庄俊鸿. 政策性银行概论 [M]. 北京:中国金融出版社,2001.
[9] 郭也群,许文新. 金融概论 [M]. 上海:上海财经大学出版社,2005.
[10] 郑道平,贵乐. 货币银行学原理(第六版)[M]. 北京:中国金融出版社,2009.
[11] 李健. 金融学(第二版)[M]. 北京:高等教育出版社,2014.
[12] 沈伟基. 货币金融学 [M]. 北京:北京工业大学出版社,2001.
[13] 张亦春. 金融市场学 [M]. 北京:高等教育出版社,1999.
[14] 巴曙松,朱元倩,等. 巴塞尔资本协议Ⅲ研究 [M]. 北京:中国金融出版社,2011.
[15] 巴曙松,刘晓依,朱元倩,等. 巴塞尔协议Ⅲ:金融监管的十年重构 [M]. 北京:中国金融出版社,2019.
[16] 中国人民银行长沙中心支行课题组. 实施巴塞尔Ⅲ对我国经济金融影响研究 [J]. 金融发展评论,2013(5):37-51.
[17] 陈颖,甘煜. 巴塞尔协议Ⅲ的框架、内容和影响 [J]. 中国金融,2011(1).
[18] 丁鹊. 浅谈金融风险的特征与防范的对策 [J]. 时代金融,2011(9):67.
[19] 祁敬宇,祁绍斌. 金融全球化的金融监管 [M]. 北京:首都经济贸易大学出版社,2011.
[20] 菲利普·乔瑞. 金融风险管理师考试手册(第六版)[M]. 王博,刘伟林,赵文荣,译. 北京:中国人民大学出版社,2012.
[21] 董小君. 金融风险预警机制研究 [M]. 北京:经济管理出版社,2004.
[22] 刘东民. 金融危机背景下的金融监管理论:文献综述. 中国社会科学院世界经济与政治研究所国际金融研究中心,RCIF working paper No. 0909,2009.8.1.
[23] 卫新江. 金融监管学 [M]. 北京:中国金融出版社,2005.
[24] 《金融监管理论与实务》编写组. 金融监管理论与实务 [M]. 北京:中国金融出版社,2002.
[25] 尹洪霞,刘振海. 中央银行与金融监管 [M]. 北京:中国金融出版社,2005.
[26] 胡维波. 金融监管的理论综述 [J]. 当代财经,2004(3):50-54.

[27] 杰格迪什·汉达. 货币经济学（第二版）[M]. 北京：中国人民大学出版社，2013.
[28] 胡庆康. 现代货币银行学教程（第四版）[M]. 上海：复旦大学出版社，2013.
[29] 黄达. 金融学（第三版）[M]. 北京：中国人民大学出版社，2013.
[30] 任碧云，姚莉. 货币金融学 [M]. 北京：中国财政经济出版社，2009.
[31] 张玉智. 货币银行学 [M]. 北京：中国铁道出版社，2009.
[32] 刘应森，等. 金融学 [M]. 北京：经济管理出版社，2012.
[33] 沈中华. 货币银行学 [M]. 武汉：武汉大学出版社，2009.
[34] 阮加. 金融学 [M]. 北京：清华大学出版社，2013.
[35] 蒋远胜. 金融学 [M]. 成都：西南财经大学出版社，2009.
[36] 姜波克. 国际金融学 [M]. 北京：高等教育出版社，2000.
[37] 黄达. 金融学（第二版）[M]. 北京：中国人民大学出版社，2009.
[38] [美] 米什金. 货币金融学 [M]. 北京：中国人民大学出版社，2006.
[39] 中国人民银行金融稳定分析小组. 中国金融稳定报告（2014）[M]. 北京：中国金融出版社，2014.
[40] 杜金向. 新型农村金融机构可持续发展研究 [M]. 北京：经济日报出版社，2014.
[41] 弗雷德里克·S. 米什金（Frederic S. Mishkin）. 货币金融学（原书第2版）[M]. 马君潞，等译. 北京：机械工业出版社，2011.
[42] 蒋先玲. 货币金融学 [M]. 北京：机械工业出版社，2013.
[43] 戴国强. 货币金融学（第三版）[M]. 上海：上海财经大学出版社，2012.
[44] 易纲，等. 货币银行学 [M]. 上海：格致出版社，2013.
[45] 庄毓敏. 商业银行业务与经营 [M]. 北京：中国人民大学出版社，2010.
[46] 安东尼. 桑德斯，马西娅·米伦·科尼特. 金融风险管理（第5版）[M]. 王中华，陆军，译. 北京：人民邮电出版社，2013.
[47] 张金清. 金融风险管理（第二版）[M]. 上海：复旦大学出版社，2012.
[48] 杜惠芬，杨筱燕. 金融风险管理 [M]. 北京：中国财政经济出版社，2012.
[49] 周晔. 金融风险度量与管理 [M]. 北京：首都经济贸易大学出版社，2010.
[50] 王明涛. 金融风险计量与管理 [M]. 上海：上海财经大学出版社，2008.
[51] 任碧云，姚莉. 货币金融学 [M]. 北京：中国财政经济出版社，2009.
[52] 杨军. 风险管理与巴塞尔协议十八讲 [M]. 北京：中国金融出版社，2013.
[53] 多恩布什，费希尔，斯塔兹. 宏观经济学（第七版）[M]. 北京：中国人民大学出版社，2000：417-419.
[54] 高鸿业. 宏观经济学原理 [M]. 北京：中国人民大学出版社，2012：295-296.
[55] [美] 劳埃德·B. 托马斯. 货币银行学：货币、银行业和金融市场 [M]. 杜朝运，译. 北京：机械工业出版社，2008：465-466.
[56] [美] 乔治·考夫曼. 现代金融体系：货币、市场和金融机构（第六版）[M]. 北京：经济科学出版社，2001：451-452.
[57] 郑道平. 货币银行学原理（第五版）[M]. 北京：中国金融出版社，2005：269-270.

# 相关网站

1. 中国人民银行，http://www.pbc.gov.cn/。
2. 中国银行保险监督管理委员会网站，http://www.cbirc.gov.cn/cn/view/pages/index/index.html。
3. 中华人民共和国国家统计局网站，http://www.stats.gov.cn/。
4. 美国联邦储备委员会网站，http://www.federalreserve.gov/。
5. 欧洲中央银行网站，http://www.ecb.europa.eu/home/html/index.en.html。
6. 国际货币基金组织网站，http://www.imf.org/external/index.htm。
7. 世界银行网站，http://www.worldbank.org/。